비판적 사고, 논리를 잡아라

Critical Thinking

비판적 사고, 논리를 잡아라

논술의 기본 가이드

트레이시 보웰 · 게리 켐프 지음

하상용 · 한성일 옮김

모티브
BOOK

제2판 서문

제2판은 이 책을 교재로 사용하고 유용한 조언과 제안을 해준 교사들에게 많은 도움을 받았다. 그들의 도움에 의해 이 책은 다음과 같이 개선되었다. 우선, 연습문제의 범위를 확대하고 몇몇 선택된 문제들에 대한 해답을 제시했다. 또, 형식 논리와 이 책의 비형식적 접근법 사이의 관계에 대한 논의를 포함했으며, 논증나무의 사용을 확대했다. 그 밖에 수사를 제거하고 논증의 논리적 구조를 분명하게 드러내는 것과 관련된 교수敎授법과 추가 정보를 보충하였으며, 특히 완벽하게 작성된 논증 분석의 실례를 예시하였다. 비판적 사고와 인식론이 이론적 문제들과 가질 수 있는 연관성에 대해 철저하게 수정한 마지막 장도 제2판의 개선점 가운데 하나다. 요컨대 우리는 초판보다 책을 간결하고 명료하게 만들었다.

도움을 준 여러 교사들과 독자들에게 고맙다는 말을 전하고 싶다. 특히 헬렌 비비Helen Beebee, 로렌스 골드스테인Lawrence Goldstein, 크리스 린드세이Chris Lindsay, 앤 피톡Anne Pittock에게 고맙다. 켐프 교수에게 2004년 봄에 와이카토 대학을 방문할 수 있도록 재정적으로 도움을 주고, 또한 이 책을 작업할 수 있도록 보웰 교수에게 연구 휴가를 준 와이카토 대학의 인문사회과학대학 측에도 고맙다는 말을 전하는 바다.

2005년 1월 7일

초판 서문

다른 비판적 사고나 추리에 관한 교재의 저자들과 마찬가지로, 우리는 이 책에 진정으로 유용한 내용을 담고자 노력하였다. 그러나 어떤 내용을 유용한 것으로 보는가는 다른 저자들과 다소 다를 수도 있다.

우선, 우리는 형식 논리적 방법을 가능한 한 피했다. 복잡한 논리 구조를 다룰때는 형식 논리적인 방법을 적용하는 것이 유용하겠지만, 일상적 논증의 구조가그만큼 논리적으로 복잡한 경우는 거의 없다. 그렇기 때문에, 일상 언어로 표현된 논증에 대해서는 일상적 직관만으로도 타당성이나 합당성을 평가하기에 충분하다. 게다가 일상적 논증들의 경우에 그 논리를 표현하기 위해서는 수준 높은 논리적 도구와 방법을 사용해야 하는 것이 대부분인데, 이 책에서 그 정도 수준의 논리적 이해를 도모하는 것은 다소 무리인 듯하다. 따라서 우리는 아주 좁은 영역에만 적용될 수 있는 형식 논리적 방법을 적당하게 소개하는 타협안 대신에 아예 그것들을 완전히 배제하는 쪽을 택했다.

그런 한편, 우리는 형식 논리적 방법을 피하는 교재들이 관습적으로 채택하는수준을 넘어서, 훨씬 철저하게 논리의 개념을 채택하고 전개하였다. 그런 맥락에서 가능한 한 논리적 개념을 정확하고 상세하게 정의하려 했다. 그 이유는 세가지다. 첫째, 논리학을 배우려는 학생들이 이러한 개념들을 파악하고 있을 때에만 논증을 제시하고 분석하는 목적을 확고하고 명시적으로 이해할 수 있기 때문이다. 둘째, 이러한 개념들을 능숙하게 사용하게 되면, 논증에 대해서 좀더 체계적이면서 정확하게 생각하고 말하는 게 가능해지기 때문이다. 셋째, 우리를 비롯해 논리학을 가르치는 여러 사람들의 경험에 따르면, 논증적 맥락에서 논리적 개념들 자체가 말썽과 혼동을 일으키는 원인이 되는 경우가 많기 때문이다. 상대주의는 그 예라고 할 수 있다. 우리는 상대주의의 뿌리에 '참'이라는 표현에 대한 애매모호성이 들어 있다고 생각한다. 이러한 점을 상식적인 방법을 사용해 분명하게 드러내 보임으로써 진리의 개념에 의존하는 다른 개념들, 예를 들어, 타당성, 개연성(확률), 귀납적 합당성, 건전성, 정당화, 지식 등등의 개념을 더욱 명료하게 만들고자 했다. 독자들이 이러한 개념을 분명하게 이해하고, 그것을 자신 있게 적용할 수 있게 된다면, 아마도 이 책을 학습함으로써 얻을 수 있는 가장 가치 있는 성취가 될 것이다.

우리는 비판적 사고에 관한 책에서 다루는 예들이 반드시 현실적 또는 실제적이어야 한다는 견해를 전적으로 받아들이지 않는다. 그러한 견해가 학생들이 실생활과 밀접한 관계를 가진 논증들을 다룰 수 있어야 한다는 목적에서 비롯된 것임은 잘 알고 있다. 그러나 현실적 예들은 여러 가지 전략들과 다양한 개념들을 한꺼번에 적용하라고 요구하는 게 보통이지만, 우리는 그러한 전략들과 개념들을 하나씩 차근차근 배워나가는 것이 좋다고 생각한다. 상황에 맞춰 꾸며낸 예들은 그러한 개념들과 전략의 요점을 보여주는 데 유용하기 때문에, 이 책에서는 현실적인 예와 인위적인 예를 적절하게 혼합하여 사용했다.

이 책의 원고를 수정·보완하는 데 도움을 주고, 많은 유용한 예들을 제공해준, 리 처치먼Lee Churchman과 데미언 콜Damien Cole에게 고맙다. 또한 많은 아이디어를 제공해준 와이카토Waikato 대학의 비판적 추리 강좌의 조교들과 학생들에게 고맙다. 또한 켐프 교수와 함께 작업할 수 있도록 1999년 10월에 글래스고에 머물도록 허락해준 와이카토 대학의 철학과에도 고맙다.

2001년 1월

옮긴이 서문

최근에 우리 사회에서는 논리적/비판적 사고에 대한 관심이 높아지고 있다. 대학 입시 논술 고사를 준비하는 학생에서, PSAT나 SSAT와 같은 공무원 시험이나 입사 시험을 준비하는 예비사회인들, 그리고 합리적인 의사결정, 효과적인 문제 해결 능력, 여러 가지 기획서/보고서/계획서를 논리적이고 체계적으로 구성/작성하는 능력 그리고 합리적인 의사소통 능력을 기르고자 하는 비즈니스맨들에 이르기까지, 각 분야의 다양한 사람들이 논리적/비판적 사고 능력을 기르기 위해 많은 관심을 기울이고 있다. 이러한 시기에 비전문가들의 수준에 알맞으면서도 논리적인 관점에서 접근하여 비판적 사고를 포괄적이면서도 체계적이고 정확한 이해를 도모하기에 부족함이 없는 이 책을 소개하게 된 것은 옮긴이로서 매우 기쁘고 얼마만큼은 가슴 뿌듯한 일이라고 생각한다. 옮긴이들은 다양한 목적과 관심을 가지고 비판적 사고를 증진하고 학습하고 가르치고자 하는 모든 사람들에게 이 책의 일독을 주저함이 없이 권하고자 한다.

옮긴이 서문을 빌어 이 책과 비판적 사고에 관한 몇 가지 말을 하자면 다음과 같다.

1.

어떤 의견이나 견해를 비판적으로 생각한다는 것은 무엇을 말하는가? 간단히 말하자면 그 견해가 올바른지를 비판적으로 생각해보는 것이다. 비판적으로 생각한다는 것은 그 견해의 논리적 구조를 분석하여 그 견해의 주장이 합당한 근거에 기초하고 있는지를 검토하는 것을 말한다. 이 책은 어떤 견해의 논리적 구조를 분석하는 방법을 알게 해주고 제시된 근거가 주장을 적절히 지지해 주는가를 평가하는 방법을 연마하도록 구성되어 있다. 다시 말해서, 논증을 찾아내고, 분석하고, 재구성하고, 평가하는 방법을 배우고 익힐 수 있도록 독자들을 도울 것이다.

이 책은 비판적 사고를 주로 논리적 관점에서 접근하고 있다. 비판적 사고와 논리적 사고는 어떤 관계가 있을까? 앞으로 본문에서 확인하겠지만, 어떤 논증이 좋은 논증이 되기 위해서는, 타당성(귀납 논증의 경우 귀납적 합당성)과 함께 전제들이 모두 실제로 참이어야 한다. 우리는 이러한 두 가지 조건을 모두 만족할 때, 그 논증은 연역적으로 건전하다(귀납적으로 건전하다)고 말한다. 일반적으로, 논리적 사고에 대해서는 주로 타당성 또는 귀납적 합당성의 관점에서 말하며, 비판적 사고에 대해서는 건전성의 관점에서 말한다. 그런데 논증의 타당성과 귀납적 합당성은 보편적으로/일반적으로 성립하는 성질인 반면에, 어떤 주제에 관한 명제가 실제로 참인지 여부는 대부분의 경우 그 명제가 사용되고 있는 구체적인 상황이나 맥락에서 결정된다. 그러므로 논리적 사고는 여러 가지 예에 적용될 수 있는 보편적/일반적인 성격을 띠는 반면에, 비판적 사고는 그 논증이 실제로 사용되고 있는 맥락과 상황에서의 구체성이 더욱 문제가 된다. 따라서 우리는 타당성(귀납적 합당성)이 건전성의 필요조건이듯, 논리적 사고는 비판적 사고의 근간이요 핵심이라고 말할 수 있으며, 논리적 사고를 익힘으로써 보편적으로 또는 일반적으로 적용할 수 있는 원리를 이해하고 나아가 이를 구체적인 상황과 맥락에 적용함으로써 논리적 원리를 기반으로 비판적 사고 능력을 증진할 수 있으리라고 기대해볼 만하다.

사실 비판적 사고를 증진하거나 학습하는 방법들은 다양하다. 가령 형식 논리학, 특히 기호화된 인공 언어를 통해 비판적 사고의 기초가 되는 논리적 사고를 학습하는 방식이 있을 수 있다. 이러한 방식은 일상 언어로 이루어지는 다양한 논증을 다루기에는 너무나 형식적이고 적용의 범위가 매우 제한되어 있다. 한편, 오류, 즉 잘못된 논증을 찾아내고 무엇이 잘못되었는지를 검토하면서 이를 피하는 방식으로 비판적 사고를 학습하는 방법도 있을 수 있다. 이러한 방법은 오류가 없는, 좀더 나은 논증이 어떤 것인가를 직접 알아보는 접근법을 보완하는 방법이 될 수 있다. 그런가 하면, 다양한 논증에서 주장이 근거에 의해 잘 지지되는지, 좋은 논증의 유형과 성격은 무엇인지, 그리고 좋은 논증은 어떠한 특성을 가지는지 등을 따져보는 접근법도 가능할 것이다. 이를 통해서 논증 분석과 평가에 관한 일반적인 지식과 기량들을 배우고 익힐 수 있을 것이다.

이 책은 이러한 접근법들의 장점을 종합하는 형식으로 구성되어 있다. 이 책은 지나치게 엄밀한 형식적 접근법은 피하면서도 논증의 논리적 구조를 이해하기 위한 기본 개념과 지식을 간결하고도 정확하게 소개하고 있다. 그리고 논증을 분석 · 재구성 · 평가하기 위한 일반적 지식과 기량들을 다양한 예—인위적인 예와 일상적인 구체적 예—를 통해 배우고 익힐 수 있도록 하였다. 특히 몇 가지 중요한 실례와 다양한 연습문제를 통해 이러한 지식과 기량들을 다양한 상황과 맥락에서 적용하고 연습하게 하였다. 또, 저자들은 적지 않은 분량을 오류에 할당하였다. 사실 이 책에 소개된 오류들은 학생들이나 일반인들이 자주 범하는 잘못이어서, 비판적이지 않은 사고를 개선하고 비판적 사고를 증진하는 데 큰 도움이 될 것이다. 무엇보다도 이 책의 가장 큰 장점은 책 전체가 체계적인 구조를 이루며 전개되고 있다는 점이다. 따라서 옮긴이들은 독자들이 이 책이 흐름에 따라 각 장의 내용을 능동적으로 학습함으로써 비판적 사고의 기본 개념과 지식, 기량을 체계적이면서도 포괄적으로 이해할 수 있을 것으로 기대한다.

2.

우리는 이 책의 독자들이 논술 고사를 준비하는 수험생과 가르치는 교사들에 국한되기만을 희망하지는 않지만, 이 책이 논술 고사를 준비하는 기본서로서의 역할을 해줄 것을 기대하는 사람들이 많을 것이라는 점을 고려하여 논술과 관련된 언급을 간단히 하고자 한다. 논술에 대비하는 학생들과 논술을 지도하는 교사들은 아마도 비판적 사고의 중요성을 너무나 잘 알고 있을 것이므로 상식적인 수준에서 요점만을 간단하게 말하겠다. 대부분의 대학들의 입시 요강을 살펴볼 때, 논술을 '논리적 글쓰기'라는 말로 이해하면 가장 적절할 것으로 생각된다. 예를 들어, 서울대학교 입학관리본부에서 제시한 〈서울대 논술 고사 성격 안내〉

를 살펴보면, 논술이 무엇인지, 그리고 논술 고사를 어떻게 준비해야 하는지를 쉽게 이해할 수 있다.

> 논술 고사는 비판적으로 글을 읽는 능력과 창의적으로 문제를 설정하고 해결하는 능력, 그리고 논리적으로 서술하는 능력을 종합적으로 평가하는 시험이다. 비판적으로 글을 읽는다는 것은 반성적으로 생각하면서 글을 읽는 것을 말하며, 창의적으로 문제를 설정하고 해결하는 능력이란 심층적이고 다각적으로 논제에 접근함으로써 독창적인 아이디어를 끌어낼 수 있는 능력을 말한다. 그리고 논리적 서술 능력은 글 구성 능력, 근거 설정 능력, 표현 능력 등을 포괄한다.

논리적인 글쓰기를 하기 위해서는 논제 및 제시문을 명확히 이해/분석하고 이를 바탕으로 자신의 주장이나 요점을 논리적으로 전개하고(이를 위해서는 주장이나 요점에 대한 근거 설정 능력과 글의 구성 조직 능력이 필요하다) 자신의 생각을 적절하게 표현하는 능력이 반드시 필요할 것이다. 아울러 창의적인 생각(다각적·심층적·독창적 생각)까지 동반할 수 있다면 가장 훌륭한 논술문을 작성할 수 있을 것이다. 간단하게 말해서 좋은 논술문을 작성하기 위해서는 이해·분석력, 논증력, 창의력, 표현력을 갖추어야 한다.(서울대학교 입학관리본부 〈논술 평가 기준〉 참조)

독자들은 이 책을 통해 논증을 찾아내고, 분석하고, 재구성하고, 평가하고, 아울러 논증 및 논증재구성에 대한 해설문을 작성해봄으로써, 그리고 이러한 기량들을 체계적이고 반복적인 훈련을 통해 발전시킴으로써, 직접적으로는 이해력, 분석력, 논증력의 향상을 도모할 수 있다. 가령 논증자의 주요 요점이나 결론을 찾고, 그것을 지지하는 근거들이 분명한지, 유관한지, 적절한지, 숨은 전제가 없는지, 다른 가능한 해석은 없는지, 제시된 결론이나 요점은 이슈와 유관한지, 불필요한 근거들이 제시되어 있는지, 논의가 정합적인지, 좀더 적절하게 논증을 재구성할 수 있는 것은 아닌지, 논증의 진정한 의도를 더 잘 살리기 위해 자비의 원리에 따라 논증을 다른 방식으로 재구성할 것인지 등의 논의에 능동적으로 참여하는 작업만으로도 이해력, 분석력, 논증력을 체계적인 방식으로 익히고 발전시킬 수 있을 것이다. 한편 창의적인 글쓰기를 하기 위해서는 논의를 심층적이고 다각적으로, 그리고 독창적으로 전개할 수 있는 능력이 있어야 한다. 심층적인 논의를 전개하기 위해서는 가능한 반론이나, 함축이나 귀결을 파악하고, 논의의 맥락에 대한 고려, 숨은 전제에 대한 검토 등이 필요한데, 이러한 사항들은 이 책에서 주요하게 다루어지는 주제들이다. 다각적 논의를 위해서는 대안의 고려, 암묵적으로 가정된 전제들에 대한 비판적 고찰이 필요한데, 이러한 주제들 역시 이 책에서 비중 있게 다루어지고 있다. 요컨대 요점은, 비판적 사고야말로 창의적 사고의 토대가 되고 좋은 논술문을 작성하기 위해 필요한 가장 근본적인 능력이며, 이러한 능력을 이 책을 통해 익힐 수 있다는 것이다.

물론 이 책은 논증의 분석과 평가를 통해 비판적으로 사고하기 위한 기본적인 개념과 방법을 소개하고 예제나 연습문제를 통하여 배운 기량을 익힐 수 있는 계기를 마련하는 데 초점을 맞추고 있을 뿐이지, 대학 입시 논술 고사를 준비하기 위한 모든 것을 마련해놓고 있지는 않다. 저자들도 분명히 밝히고 있듯이, 이 책은 논증을 통해 설득하려는 시도를 다루고 있기 때문에, 어떤 의미에서 이 책은 비판적 사고를 논리적인 측면에서만 접근하고 있으며(좀더 중요한 의미에서 말하자면, 논리가 비판적 사고의 근본이자 핵심이다), 훌륭한 논술문을 작성하는 데 필수적인 수사의 가치를 정당하게 평가하고 소개하고 있지 않다. 실제로 논술을 잘 하기 위해서는 수사, 즉 맥락이나 상황 그리고 청자나 독자에게 알맞은 방식으로 표현하는 능력이 필요하며, 때로는 언어적 표현의 설득적 힘에 기댈 필요도 있다. 또한 창의적이고 좋은 표현력이 뒷받침된 논리적 글쓰기 능력을 완성하기 위해서는 실제로 글을 써보고 평가하는 연습을 많이 해보아야 할 것이다. 하지만 분명한 사실은, 아무런 기본적인 개념과 지식 없이, 논리가 없는 수사만 구사하는 실전(연습)만을 일삼아서는 결코 좋은 성과를 거둘 수 없다는 점이다. 먼저 논증 분석과 평가에 관한 기본적인 개념과 방법을 배우고 익힌 다음, 이러한 지식과 기량을 바탕으로 논술, 즉 논리적 글쓰기에 접근한다면 더욱 효율적이고 효과적인 결실을 맺을 수 있을 것이다. 한편 논술을 포함하여 앞으로의 대학 입시에서는 비판적 사고 능력의 평가가 점점 중요하게 다루어지게 될 가능성이 크다. 이러한 점들을 고려할 때, 이 책은 논술 고사를 포함하여 대학 입시를 준비하는 모든 수험생들에게 매우 유익할 것이라고 확신한다.

3.

우리가 생각하기에 '비판적 사고'는 '좋은' 것이다. 그런데 '비판적 사고'가 '좋지 않은' 것 내지는 '나쁜' 것이라고 생각하는 사람들이 있다. 비판적 사고에 관한 책을 번역한 사람으로서 우리는 독자들이 비판적 사고와 관련해 가지고 있을지도 모를 몇 가지 오해를 해소하는 것이 우리에게 주어진 책임 있는 역할이라고 생각한다. 그래서 우리는 그러한 오해를 없애고, 독자들이 비판적 사고의 참된 기능, 중요성 등을 더욱 명확히 이해할 수 있기를 기대하면서, 비판적 사고와 관련된 개인적 단상을 전하고자 한다.

사람들 사이에서의 인정이나 정서적 교감을 중시하는 우리나라의 사회 풍토에서 비판적 사고를 강조하는 것은 중요한 인생의 덕목을 훼손하는 것처럼 이해될지도 모른다. 하지만, 이는 매우 큰 오해이다. 그런 오해는 비판적으로 생각하는 사람은 자기 이해관계만을 중시하는 계산적인 사람일 것이라는 잘못된 생각에서 비롯하곤 한다. 하지만 비판적인 사람은 자신에게 분명히 손해가 되더라도 비판적인 생각을 통해 세금 인상을 주장할 수도 있고, 사랑하는 사람을 위해 100송이 장미꽃의 값을 기꺼이 지불할 수도 있다. 비판적으로 사고하는 것과 이해관계에 밝다는 것은 전혀 별개다. 오히려 비판적으로 생각하는 훈련은 인간관계를 유지하는 데 매우 중요한 역할을 한다. 예를 들어, 당신의 연인이 업무가 쌓여 일주일 전에 약속한 저녁 데이트를 취소했다고 해보자. 그날을 일주일 전부터 기대해왔고 정성어린 선물까지 준비했던 당신으로서는 몹시 실망스러운 일일 것이다. 실망한 당신이 저녁식사를 위해 길을 가던 중 연인이 다른 이성과 근사한 레스토랑에서 저녁을 먹고 있는 모습을 보게 되었다! 이로부터 연인이 거짓말을 했다고 결론 내린다면 당신은 연애에 성공할 가능성이 별로 없다. 그 연인은 일의 연장으로 저녁식사를 하고 있는 것일 수도 있기 때문이다. 당신이 비판적으로 생각하는 훈련이 되어 있다면, 〈애인의 말에 따르면 그(녀)는 이 시간에 일을 하고 있어야 한다. 지금 이 시간에 그(녀)는 레스토랑에서 다른 이성과 식사를 하고 있다.〉란 전제로부터 〈그(녀)의 말은 거짓이다.〉란 결론을 추론할 수 없음을 잘 알고 있을 것이다. 왜냐하면 위의 추론은 〈레스토랑에서는 일을할 수 없다.〉라는 가정을 암묵적으로 전제하고 있고, 이 가정은 아직 정당화되지않았기 때문이다. 이와 같이 비판적 사고는 인간관계 속에서 발생할 법한 불필요한 오해를 줄이고 다른 사람에 대한 이해의 폭을 넓히는 역할을 할 수 있다.

또한, 비판적 태도는 종종 관용이 부족한 것으로 이해되곤 한다. 하지만, 실상은 그와 정반대인 경우가 많다. 오히려 편협함과 편견은 비판적으로 생각하지못하는 사람들에게서 발견되는 특징인 경우가 많다. 비판적으로 사고하는 훈련이 되어 있지 않은 사람은 자신이 가지고 있는 믿음들이 어떤 근거에 기반하는지, 그 근거가 정당한지에 대해 비판적으로 검토하지 않으며, 그저 자신에게 익숙하고 자연스런 것들만이 옳다고 생각하는 오류를 범하기 쉽다. 이런 사람들이자신의 믿음과 상충하는 견해에 직면하게 되면—실제로는 그 견해가 옳을 때조차도—무조건 그 견해가 틀렸다고 간주해 버린다. 예를 들어, 동성애에 대한 견해를 생각해보자. 평소 한없이 너그럽고 인자한 어떤 사람이 동성애에 대해서는반대의 뜻을 가진다고 해보자. 비판적으로 생각하지 못하면, 그가 취할 수 있는태도는 기껏해야 인자한 편협함일 것이다. "그들에겐 안타깝지만 그래선 안 되지." 하지만 비판적으로 생각하는 사람은 동성애를 반대하려면 동성애가 어떤점에서 잘못인지에 대해 합당한 근거를 제시할 책임을 가지게 된다. 만약 동성애에 대한 자신의 반대가 정당하지 못함을 발견한다면, 자신에게 그 거부감이자연스럽게 느껴지더라도, 그것이 불합리한 정서임을 인정하고 동성애를 수용할 자세를 가질 수 있다(물론, 동성애에 대한 반대가 정당화된다고 생각하게 된다면설사 다른 사람들 모두가 동성애를 주장한다고 해도 자신의 견해를 바꿀 필요는 없다. 이처럼 비판적 사고는 대중적 사고에 부화뇌동하지 않을 기초를 마련한다). 비판적 사고없이는 진정한 관용이 성립할 수 없다.

또 다른 오해는 비판적 사고에서 전제하는 객관적이고 절대적인 진리(참)와관련이 있다. 객관적이고 절대적인 참이란 게 정말 있는가? 그렇다고 전제하는것은 일종의 독단이 아닌가? 분명 아니다. 주목해야 할 점은 객관적이고 절대적인 참이 있다는 믿음과 바로 자신의 견해가 객관적이고 절대적인 참이라는 믿음은 전혀 별개라는 것이다. 다른 견해는 틀렸고, 내가 가진 견해만이 객관적이고 절대적인 참이라고 믿는다면, 그것이 바로 독단이다. 하지만, 비판적으로 사고하는 사람은 그런 믿음을 가질 필요도 없고, 가져서도 안 되며, 심지어 가질 수조차 없다. 왜냐하면 자신의 견해가 객관적이고 절대적인 참이라고 믿는다면 자신의 견해에 대해 비판적으로 생각하는 것 자체가 불가능하기 때문이다. 비판적 사고는 그 정의상 독단과는 거리가 멀다.

우리는 비판적 사고와 관련해 가지고 있을지도 모를 오해를 해소하고자 했다. 만약 이 말에 동의한다면, 여러분 또한 비판적 사고가 얼마나 중요하고 필요한지를 깨달았으리라고 생각한다.

그런데 비판적 사고가 중요하기는 한데 그것을 습득하기 위해 특별히 노력할 필요가 있을까? 특히 이 책을 읽는 노력을 기울일 필요가 있기는 한가? 단지 일상생활에서 주의를 기울여 비판적으로 생각하는 습관을 들이면 되지 않은가? 여기에 대한 답은 원리상 '그렇다'이다. 하지만 우리는 여러분이 '원리상'이란 말에 주목하기를 바란다. 이 책은 비판적 사고를 위한 개념과 방법을 구체적인 예들을 통해 보임으로써 책을 읽는 과정에서 독자가 직접 비판적 사고를 수행해볼 수 있는 안내자 역할을 한다. 예를 들어, 이 책에서 다루고 있는 여러 종류의 개념들이나 오류의 이름을 아는 것은 중요하지 않다. 하지만, 여러분은 어떤 글에서 논증을 찾아내고 자비의 원리에 의해 논증을 재구성하고 평가함으로써, 논증자의 추론에 스며들어 있는 오류의 종류와 성격을 찾아봄으로써, 논증을 분석하고 평가하고 오류를 식별하는 능력을 갖추게 됨으로써, 민감한 비판적 사고력을 획득할 수 있을 것이다. 이 책을 통해 여러분은 비판적 사고의 전형을 섭렵하게 될 테고, 그것은 여러분의 일상생활 또는 학문이나 산업 현장에서 비판적으로 생각하는 훈련을 하는 데에 좋은 밑거름이 될 것이다.

독자들이 이 책을 읽고 나서 비판적 사고의 진정한 의미를 깨닫게 된다면, 비판적 사고는 우리가 진리(참)를 사랑하고, 진리 앞에서 겸손하고, 진리를 위해서 용감한 사람이 되도록 격려하고 북돋운다는 점에 동의하게 될 것이다. 우리가 이러한 덕목들을 칭송하고 지향한다면, 비판적 사고와 관련된 여러 가지 오해는 설 자리를 잃게 될 것이다. 우리들은 사회가 인정 많고, 감상적이며, 관용적이고, 모든 독단으로부터 자유롭기를 바란다. 이런 사회는 결코 비판적으로 생각하는 사회풍토와 상충하지 않을 뿐 아니라, 오히려 비판적 사고가 살아 있을 경우에만 가능할 것이다.

끝으로, 번역과 관련하여, 이 책에서 다루어진 일부 예들은 저자의 의도를 훼손하지 않는 범위 내에서 우리나라의 독자들에게 친숙하게끔 일부 수정하였음을 밝힌다. 그리고 원서에서 각 장의 끝에 있던 연습문제를 책의 뒤편에 몰아 실어두었으며, 연습문제 역시 우리 실정에 적합하지 않거나 더 적절한 문제로 대체하는 게 가능한 경우에 수정하거나 대체했음을 밝히는 바이다.

이 책이 나오는 데 도움을 주신 모든 분들에게 고맙다는 말을 전한다. 특히 번역 원고를 정성껏 읽고 유용한 조언을 해준, 과학 커뮤니케이션에 관심이 많은 미국 존스홉킨스의 서재형 학생에게 고맙다는 말을 전한다. 그리고 이 책을 포함하여 좋은 책들을 독자들에게 소개하기 위해 언제나 열심히 일하시는 모티브북의 양미자 사장님과 출판의 즐거움을 함께 나누고 싶다.

하상용, 한성일

머리말

  일상생활 속에서 논증을 접하는 것은 그리 드문 일이 아니다. 논증은 우리를 설득하여 우리의 믿음이나 행동에 영향을 미치려는 시도다. 즉 논증은 우리가 이런저런 것을 믿거나 행동하도록 우리에게 이유를 제공한다. 이 책은 그런 논증을 찾아내고, 분석하고, 평가하는 데 이용될 수 있는 개념들과 기법들을 배우고 익히도록 도와서, 과연 논증이 주어져 있는지 여부를 판단하는 것뿐만 아니라, 그 논증이 정확하게 무엇인지, 그 논증에 의해 우리가 설득되어야 하는지에 대해 말할 수 있는 능력을 향상시키고자 한다.

  제1장은 비판적 사고를 위해 꼭 필요한 논증의 개념을 소개하고 있다. 논증은 사람들이 어떤 것을 하게 하거나 믿게 하려는 다른 언어적 수단들과 구별되는데 그런 논증을 제시하고 드러내는 방법을 소개하고 있다. 이것들은 논증을 좀더 분명하게 이해하는 데 도움이 될 것이다. 또 언어가 논증자의 의도를 가리거나 흐리게 하는 다양한 방식들에 대해서도 다루고 있다. 제2장은 타당성과 건전성의 개념을 소개하고 있다. 이것들은 연역 논증을 분석하고 평가하는 데 가장 주요한 개념이다. 연역 논증이란, 그 전제들이 모두 참이면 그 결론이 반드시 참임이 보장되는 논증이다. 제2장에서는 연역 논증의 타당성과 건전성을 어떻게 평가할 수 있는지에 대해 살펴보고, 자비의 원리의 의미와 그 적용 방법에 대해 설명하고 있다. 제3장에서는 귀납 논증을 분석하고 평가하는 데 필요한 귀납적 합당성과 귀납적 건전성의 개념들을 소개하는 한편, 귀납 추론과 개연성의 정도에 대해서 다루고 있다. 제4장에서는 수사적 전략과 오류들에 대해 자세하게 언급하고 있다. 앞의 장에서 다룬 개념과 기법들을 더욱 자세하게 다루는 한편으로,

오류 추리를 드러내고, 그것들이 왜 오류인지를 밝히는 방법을 제시하고 있다. 제5장에서는 논증재구성을 하는 데 필요한 기법들을 자세히 소개하고, 실제로 논증을 재구성할 때 나타날 수 있는 구체적인 문제들에 대해서 다루고 있다. 여기서는 논증과 유관한 자료들을 결정하는 데 적용될 기법들을 예시하고 있는데, 애매하거나 모호한 언어를 다루는 기법과 논증의 숨은 전제를 드러내는 기법 이외에도 연결하는 전제들을 추가하거나, 실천적 추리와 인과 논증을 다루는 방식들을 제시하고 있다. 제6장에서는 논증 평가에 필요한 개념들과 기법들을 다루고 있다. 합리적 설득력이란 무엇인지, 논증을 평가하고 반박하는 데 필요한 여러 가지 기법에는 어떤 것들이 있는지를 소개하고 있으며, 이 책을 통해 발전시킨 분석 기법들과 개념들을 적용한 실례를 예시하였다. 마지막으로 제7장에서는, 이 책에서 소개된 개념들과 기법들의 바탕에 깔린 철학적 문제들 몇 가지에 대해 살펴보았다. 이를 위해 참(진리)이 믿음, 지식과 어떤 관련이 있는지에 대해 논의하고, 이러한 논의를 합리적 설득력의 개념과 연관시켜 보는 한편으로, 지식 이론에서 제기되는 몇 가지 철학적 질문들과의 연관성에 대해서 간략하게 언급하였다.

'요약'에는 각 장의 핵심내용들은 정리해 두었으며, 반드시 기억해야 할 개념들과 관련해서는 연습문제를 제시했다. 책에 소개된 예 이외에도 다양한 예들을 찾아서 적용하고 연습해 본다면 훌륭한 비판적 사고가로 성장해나갈 수 있을 것이다.

차 례

제1장
우리는 왜 비판적 사고가가 되어야 하는가 23

Why should we become critical thinkers?

이 책은 우리가 어떤 것을 믿고 어떻게 행동해야 하는가에 대해 말이나 글로 설득하는 방법을 다루고 있다. 우리는 날마다 무엇을 하고, 하지 말아야 하는지에 대한 이런저런 이야기들을 접한다. 이 청량음료를 사라, 이 즉석 요리 제품을 먹어보라, 모 후보에게 투표하라, 음주운전을 하지 마라, 이러저러한 약물들을 복용하지 마라, 그 회사의 상품은 사지 마라, 낙태는 살인행위다, 육식은 살생행위다, 외계인이 지구에 왔었다, 경제가 잘 돌아가고 있다, 자본주의는 공정하다, 유전자 변형 농산물은 안전하다 등등. 어떤 말들은 무시해 버리고, 어떤 말들은 비판 없이 받아들이며, 어떤 말들은 별 생각 없이 거부한다. 하지만 우리는 '왜 이렇게 해야 하는가?' 또는 '왜 그런 일을 그렇게 하지 말아야 하는가?' 또는 '내가 왜 그렇다고 믿어야 하는가?' 또는 '왜 그것을 믿지 말아야 하는가?'라고 의문을 제기할 수도 있다.

'왜?'라는 의문을 제기하는 것은 해야 하거나 믿어야 하는 것들에 대한 **이유**reason를 묻는 것이다. 나는 왜 모 후보에게 투표해야 하는가, 왜 특정 상표의 즉석 요리 제품을 먹어야 하는가, 왜 육식이 살생행위라고 믿어야 하는가, 왜 나라의 경제가 잘 돌아간다고 믿어야 하는가. 이러한 물음을 통해 어떤 행동을 하거나 믿음을 받아들이는 데 필요한 **정당화**justification를 요구한다. 그것은 단순한 이유를 요구하는 것이 아니라, 제시된 믿음이나 행동을 우리가 받아들여야 하는 이유를 묻는 것이다. 예를 들면, 어떤 식품회사에서 새로 출시된 즉석 요리 제품이 영양도 많고 무가당에 저지방 식품이라는 이야기를 들었다고 하자. 이 말이 사실이고 우리가 몸에 좋은 음식을 섭취하기 원한다면, 우리는 그 즉석 요리 제품을 먹어야 하는 좋은 이유를 가진 셈이다. 반면에, 그 제품에 대해 현란한 광고 기법에 기대는 이미지만 전달받았다고 하자. 예컨대 아주 멋진 모델들이 분위기 있는 장소에서 풍성한 과일과 맛깔스런 디저트와 함께 이 제품을 즐겁게 먹고 있는 광고 장면에 설득당했다고 하자. 그런 경우, 그 광고는 우리에게 그 제품을 사라고 설득하긴 했지만, 왜 그것을 먹어야 하는지에 대한 좋은 이유를 제공했다고 볼 수는 없다.

좋은 이유를 제시함으로써 설득을 시도하는 것이 곧 **논증**argument을 제시하는 것이다. 하지만 우리가 접하는 다양한 설득 방식*들이 모두 논증을 제시하는 것은 아니다. 따라서 우선 우리는 논증을 통해서 설득하려는 시도와 논증이 아닌 다른 방식으로 설득하려는 시도를 구분하는 데 관심을 가져야 한다. 이 책의 앞부분에서 다룰 주제가 바로 그것이다. 비판적인 사고를 위해서는 우선 논증들에 관심을 갖고 그 논증들이 행동이나 믿음을 받아들이기에 좋은 이유를 성공적으로 제공하고 있는지에 대해 잘 살펴야 한다.

우리는 논증적 설득과 비非논증적 설득 방식을 구분하는 것과 더불어 비논증적 설득 방식들을 고려하고 검토할 수도 있어야 한다. 이러한 작업이 언제나 쉽지는 않은데, 특히 어떤 견해나 행동 방식을 받아들이도록 설득하는 데 논증적 기술과 비논증적 기술들이 다양하게 혼재되어 사용되는 경우에 그렇다.

플라톤이나 데카르트 같은 철학자들만 논증을 다루는 것은 아니다. 오히려 논증은 우리와 같이 평범한 사람들이 일상생활에서 늘 접하고 있다. 예를 들어, 우리는 친구들과의 대화에서도 논증을 사용하고 있다. 왜 친구가 저녁식사에 늦을 것이라고 판단했는지, 왜 버스를 기다리는 것보다 걷는 게 더 나은지 등과 같이, 어떤 것을 믿거나 행동하는 것에 대해 이유를 제시하는 것은 우리의 일상을 이루고 있다. 논증은 신문의 독자투고나 사설과 기사, 그리고 텔레비전이나 라디오의 시사 프로그램 등에서 흔히 접할 수 있으며, 지금 이 순간에도 온라인 상의 토론에서 수많은 사람들이 자신의 관심사에 대해 논증을 하고 있다. 대학 강단에서는 비교적 전문적인 방식의 논증이 이루어진다. 교수나 학생들이 다루는 수많은 자료들은 특정 문제들에 대해 논증을 제시함으로써 읽는 이들을 설득하려

---

*모든 설득에 언어가 사용되지는 않는다. 이미지만 사용되기도 하고, 언어와 이미지가 결합되어 사용되기도 한다. 예를 들어, 대부분의 광고는 제품을 구매하도록 유도하기 위해 이미지, 텍스트, 이야기 등을 결합하는 비논증적 수단을 사용한다. 물론 이미지가 가지는 설득력은 흥미로운 주제이긴 하지만, 이 책에서는 말이나 글을 통한 논증적인 설득 방식에만 관심을 갖도록 하겠다. 논증적 설득 방식에 이미지가 사용되는 경우도 있다. 예를 들어, 텔레비전 공익광고에서 더러운 강물 위를 떠다니는 죽은 물고기 떼의 장면과 함께, "이것이 우리가 오염방지법을 더욱 강화해야 하는 이유입니다."라는 내레이션이 나온다면, 그 이미지는 어떤 전제들을 암묵적으로 진술하고 있다고 볼 수 있다. 암묵적 전제는 제5장을 참조하라.

하고 있다. 직장에서도 예외가 아니어서 특정한 행동방침에 대해 논증하거나, 고객이나 동료의 편에 서서 논증하는 일은 매우 흔하게 벌어진다.

설득 시도를 분석하는 능력은 타인의 말이나 글에 대한 정확한 해석을 가능하게 해준다. 상대방이 좋은 논증을 제공하고 있는지를 제대로 평가할 수만 있다면, 우리는 무턱대고 다른 사람의 주장을 받아들이는 일에서 자유로워질 것이다.*

새로운 믿음을 받아들이라는 설득을 수용하기 전에 합당한 이유를 요구하는 것이 어떻게 우리에게 자유를 선사하는 걸까? 어떤 행동이나 믿음을 받아들이기에 좋은 이유를 가지고 있느냐 아니냐에 대해 아무 걱정도 하지 않고 그저 마음 내키는 대로 살아가는 편이 골치가 덜 아프지 않을까? 짧게 보면 그렇게 사는 게 좋아보일지도 모르지만, 결국에는 불만족스러운 결정들과 그로 인한 불만들로 가득 차게 될 것이다. 소크라테스는 "음미되고 성찰되지 않은 삶은 가치 있는 삶이 아니다."**라고 갈파했다. 그의 말이 옳든 그르든 간에, 참truth(진리, 진실)을 알아내기 위해서는 그 문제에 비판적이고 합리적인 방법으로 다가서는 방법밖에 없다. 우리는 논증에 주의를 기울임으로써 여러 문제에 대한 참에 다가갈 수 있으며, 세계와 다양한 인간들을 좀더 잘 이해하고 대처할 수 있게 될 것이다.

인간에게 참에 대한 욕구가 있기 때문에 어떤 행동과 믿음의 수용을 정당화하기에 좋은 이유가 있는지 여부에 관심을 기울여야 한다는 설명으로는 이해가 어려울지도 모르겠다. 하지만 좀더 나은 삶을 위해서라도 우리를 설득하고자 하는 여러 사례들을 올바르게 해석하고 평가하는 능력이 꼭 필요하다. 예를 들어, 법

---

*이 책에서는 이성의 가치, 그리고 합리적인 설득의 기법을 사용할 때 따르는 이점들을 강조하고 있다. 하지만 우리가 명심해야 할 점이 있다. 누군가 어떤 것이 합리적인 것이라고 주장한다고 해서 그것이 항상 실제로 합리적인 것은 아니며, 항상 긍정적인 귀결만을 낳는 것도 아니다. 예를 들어, 역사상 수많은 권력자들은 그들이 행사하는 권한이 '합리적인' 것에 바탕을 두었다고 주장했으며, 현 상황을 위협하는 것에 대해 '비합리적인' 것이라고 비난해왔다. 하지만 이런 종류의 수사적 책략에 대해 "그래서 합리성은 문제가 있다!"라고 하는 것은 올바른 대응이 아니다. 어떤 행위가 비합리적이라고 비난하는 그들의 주장에 대해 그 주장이 정당화되는지, 아니면 합리적이란 용어가 단순히 남용되거나 조작된 것은 아닌지를 문제 삼는 것이야말로 올바른 대응이라 할 수 있다. 합리성 자체는 중립적 영향력을 가지고 있으며, 따라서 특정 개인의 이해관계 또는 믿음과 독립적이다.
**플라톤, 『변명Apology』, 38a (Harmondsworth ; Penguin, 1969), p. 72.

정에서 검사가 합당한 의심을 물리치고 유죄를 증명하면 배심원은 피고인에게 유죄판결을 내린다. 이때 배심원은 피고인이 유죄라는 검사의 주장과 제출된 증거들을 세심하게 검토해야 한다(아마도 검사는 제출된 증거들이 피고인의 유죄 여부를 드러낸다는 식으로 배심원을 설득하려 할 것이다). 배심원은 검사의 논증을 받아들일 만한 이유가 있는지, 또는 검사의 주장이 참임을 의심하게 할 만한 결점이나 실수는 없는지를 검토해야 한다. 이런 경우에, 우리는 검사의 주장이 강한지 약한지를 결정하기 위해서 그의 논증을 분석하고 해석하고 평가해야 한다. 사실, 우리가 개인적으로 어떤 결정을 내려야 하는 때조차도 다른 사람의 삶과 관련되어 있는 경우가 적지 않기 때문에, 논리적으로 사고하고 그 과정에 실수나 오류가 없는지를 밝혀내는 능력은 반드시 필요하다.

우리가 시민으로서의 역할을 제대로 수행하기 위해서도 비판적인 사고 능력은 반드시 필요하다. 권력자들조차 도덕적, 사회적, 경제적, 정치적 문제들에 대해 비판적으로 사고할 수 있는 능력을 가진 사람들을 두려워했다. 이런 모습에서도 우리가 얻고자 하는 비판적 사고 능력이 얼마나 중요한 것인지를 잘 알 수 있다. 비판적 사고자로서 가장 유명한 소크라테스가 때로 '성가신 잔소리꾼'으로 취급받은 것도 바로 그런 이유 때문이다.

비판적 사고의 시작: 논증 인지

우리는 언어를 통해 많은 활동을 하고 있다. 사실을 말하고, 질문을 하고, 무언가를 지시하고, 누군가를 모욕하거나 칭찬하고, 약속하거나 맹세하고, 위협하고, 이야기를 전하고, 시를 읊고, 노래를 부르고, 뭔가에 대해 설명하고, 축구 경기에서 응원을 한다. 이 책은 논증이나 그 외의 수단을 이용해서 **설득하려는 시도**를 다루고 있다. 이미 말한 대로, 언어를 사용하여 설득하려는 시도가 모두 '논증에 의한 설득'은 아니다.

우리는 수사적 장치를 동원하여 사람을 설득하려고 시도할 때가 있다. 이러한 수사적 장치들 중 가장 일반적인 것들에 관해서는 제4장에서 살펴보겠다.

수사란 일반적으로 무엇을 뜻하는가? 다음과 같이 정의할 수 있다.

수사
누군가가 어떤 믿음이나 욕구를 가지게 하거나 행하도록 설득하려 할 때, 좋은 이유를 제시하지 않고 오로지 그 주장에 사용된 표현들의 힘을 통해서만 그러한 목적을 이루려고 하는 모든 말이나 글로 된 시도.

여기서 꼭 이해해야 할 사항은 다음과 같다. 논증으로 설득한다는 것은 사람들이 어떤 주장을 믿게 하거나, 욕구를 가지게 하거나, 행동을 하게 하는 **이유**를 제공하려는 시도다. 또, 논증은 사람들의 비판적 능력, 즉 이성에 호소한다. 하지만 수사는 특정한 표현이 가지고 있는 설득력에 의지한다. 수사는 욕구나 두려움과 같은 인간의 감정에 호소함으로써 사람들의 믿음, 욕구, 행동에 영향을 미치고자 하는 말이나 글로 된 기술 내지 기법이다.

협박과 뇌물은 특별한 경우에 해당하는데, 이 책의 내용에 따르면 수사로 분류될 듯하다. 하지만 사실상 이것들은 논증에 더 가깝다. 협박이나 뇌물은 그 행위를 하기에 나름대로 그럴 듯한 이유를 제시하기 때문이다. 예를 들면, 갑순의 자동차를 빌리고 싶은 갑돌이 그녀를 설득하기 위해, 그녀가 가짜 운전면허증을 가지고 다니는 것을 경찰에게 신고하겠다고 협박할 수 있다. 이때 그는 그녀가 자동차를 빌려주어야 할 이유를 암묵적으로 제시하고 있는 셈이다. 만약 그녀가 자동차를 빌려주지 않으면, 갑돌의 신고를 받은 경찰이 면허증을 제시하라고 요구할 테고, 그런 상황은 그녀가 원하는 바가 아니다. 따라서 갑순은 갑돌에게 자동차를 빌려줘야 할 좋은 이유를 가지게 되는 것이다.

설령 협박과 뇌물이 도덕적인 행위가 아니며, 부분적으로는 두려움이나 탐욕 등의 감정에 호소하여 행위의 동기를 제공하려는 시도라고 해도, 어쨌든 이유의 힘을 사용하는 것은 분명하다. 따라서 이러한 의미에서 협박과 뇌물은 수사가 아니라고 간주될 수 있다.

수사적 기법은 사람들의 생각을 교묘하게 조작하고 심지어 강요하는 경우도 있기 때문에, 비판적인 사고를 원하는 사람들은 가능한 한 수사적 기법을 사용하지 않아야 한다. 물론 수사적 기법이 언제나 바람직하지 않은 것은 아니다. 수사적 기법이 선의의 동기에 의해 사용되어 큰 효과를 발휘하는 경우도 있다.

윈스턴 처칠은 제2차 세계대전 당시에 국회에서 유명한 연설을 했다. 그는 이

자리에서 영국군이 됭케르크에서 성공적으로 철수한 것을 축하하는 한편으로, 나치스와 연합군 사이의 전쟁은 상당 기간 계속될 것임을 국회의원들과 국민들에게 환기시켰다. 이때 처칠은 선의로부터 비롯된, 탁월한 설득력을 가진 수사를 구사했다. 이런 점에서 그는 천부적인 수사가로 평가될 만하지만, 그의 연설은 논증에 의한 설득이 아니었다.

대영제국과 프랑스공화국은 각자의 동기와 필요에 의해 서로 힘을 합해 자국의 영토를 목숨 바쳐 사수하고 서로를 동지로 받아들여 최대한 힘을 발휘하고 있습니다. 비록 유럽의 방대한 영역에서 옛 영화를 누리던 수많은 국가들이 게슈타포와 나치스의 비열한 세력에 장악당하고 있지만 우리는 항복하지 않을 것입니다. 우리는 끝까지 계속 싸울 것입니다. 우리는 프랑스에서 싸울 것입니다. 우리는 더 높은 확신을 가지고 바다에서 싸울 것이며 더 강한 힘으로 하늘에서 싸울 것입니다. 우리는 해변에서도, 육지에서도, 거리에서도, 언덕 위에서도 싸울 것입니다. 우리는 결코 쓰러지지 않을 것입니다. 단 한 순간이라도 믿고 싶지는 않지만, 만약 이 땅이 정복당해 굶주려 간다면 영국 함대가 지키고 있는 우리의 대영제국은 신의 축복된 시간인 새로운 세상이 올 때까지 모든 힘을 바쳐 이 땅을 구하고 해방시키기 위한 조치를 적극적으로 취할 것입니다.

어떤 수사가들은 도저히 선의라고 볼 수 없는 동기에 의해 강한 설득력을 지닌 수사를 구사하기도 한다. 지난 세기 유럽의 파시스트인 히틀러, 무솔리니, 프랑코 같은 사람들이 좋은 예다.

논증에 의한 설득이라고 해서 모두 좋은 논증은 아니다. 그러므로 설득하려는 시도를 분석할 때에는 다음의 세 가지 과제를 수행해야 한다.

- 가장 먼저 논증 제시 여부를 확인한다. 논의되고 있는 현안 문제가 무엇인지 **찾아내고**, 그것이 논증을 통해 설득되고 있는지를 결정한다.
- 일단 논증이 제시되고 있음이 확인되었다면, 다음으로는 논증이 명료하게 표현되고 논증 추론의 각 단계와 형식을 분명하게 알아볼 수 있도록 논증을 **재구성해야** 한다.

● 논증을 알아보기 쉽게 재구성하면 **논증 평가**라는 세 번째 과제를 수행하기가 한결 수월해진다. 논증 평가는 논증의 좋은 점과 나쁜 점에 대해 질문을 던짐으로써 이루어진다.

다음 장에서는 이른바 논증의 재구성이 의미하는 바와 함께, 논증을 좀더 좋게 만드는 것에 대해 설명하겠다.

이 책은 글이나 말의 내용을 제대로 파악하는 데 필요한 기본적인 이해력을 개발하기 위해 쓰인 것이 아니다. 독자들이 필요한 기본적인 이해력과 이와 관련된 기량을 이미 갖추고 있다고 가정할 것이며, 이 책을 읽어나가는 동안 그러한 기량을 더욱 정교하게 발전시킬 수 있을 것으로 기대하겠다.

이제 의견을 제시하고 어떤 행동을 하도록 설득하는 여러 가지 방식들 가운데 논증을 구분해내는 방법에는 어떤 것이 있는지를 생각해 보면서, 설득 시도를 분석하기 위한 첫 번째 단계를 시작하기로 하겠다.

우리는 논증을 통해 의견(우리의 생각이 참이라는 주장)을 제시하거나 어떤 행동을 권한다. 또 어떤 의견이나 행동을 지지하기 위해 수없이 많은 주장을 한다. 이 두 가지 종류의 논증은 결국 하나로 연결되는데, 어떤 행동을 권하는 논증은 그렇게 하라는 주장과 마찬가지이기 때문이다. 즉, 어떤 물건을 구매하도록 하는 것이 목표인 논증은 〈당신은 그 물건을 사야 한다.〉는 의견을 주장하는 것과 마찬가지다.

모든 논증은 어떤 주장을 **참**으로 받아들일 만한 이유를 제시하려는 시도다. 참(진리)이 무엇인가 하는 문제는 여기서 자세히 살펴보기에는 무리가 있는 철학적 주제다. 이 책에서 사용되고 있는 참은 일상적인 의미로, 어떤 사람이 자기의 주장이 참이라고 하는 것은 〈그 주장은 사실 그대로다.〉라는 것을 뜻한다. 예를 들면, 어떤 사람이 "서울의 면적은 춘천보다 넓다."라고 주장한다면, 우리는 직관적인 참의 개념을 사용하여 그 주장이 참이라고 말할 수 있다. 실제로 서울의 면적은 춘천보다 크기 때문이다. 참의 정의는 다음과 같다.

어떤 주장이 **참**이라고 말하는 것은 다음과 같다:
주장된 것은 실제로 사실 그대로다.

하나의 주장으로는 논증을 구성하지 못한다. 논증이 되기 위해서는 하나 이상의 주장이 필요하다. 구체적으로는 논증자가 상대방이 받아들이기를 바라면서 제시한 주장과, 그 주장을 뒷받침하는 주장이 하나 이상 제시되어야 한다. 논증과 주장의 차이를 설명하기 위해 다음과 같이 **지지되고 있지 않은 주장**을 살펴보자.

- 곧 비가 내릴 것이다.
- 이번에 집권한 자유당은 보수당이 집권했을 때보다 나라 경제를 더 잘 운영하고 있다.
- 철학자는 괴상하고 비현실적인 사람들이다.
- 세계는 환경적으로 대재난에 직면해 있다.

이와 대조적으로 다음의 예들은 각 주장들을 지지하려 하고 있다. 그것이 적절한 지지인지 아닌지에 대한 문제는 나중에 살펴보도록 하자. 중요한 것은 위의 예들과 아래의 예들 사이에 어떤 차이점이 있는지를 아는 것이다.

- 곧 비가 내릴 것이다. 조금 전에 들은 라디오 일기예보는 대체로 믿을 만하기 때문이다.
- 이번에 집권한 자유당은 보수당이 집권했을 때보다 나라 경제를 더 잘 운영하고 있다. 실업률이 낮아지고 소득은 늘었으며 수출도 비약적으로 증가했다. 이러한 현상들은 현재 나라 경제가 잘 돌아가고 있음을 보여주는 중요한 징후다.
- 나는 몇몇 철학자들을 만났는데 그들은 언제나 이상한 사람들이었다. 그들의 머리는 항상 구름 위에 있었으며, 그들의 생각은 현실의 세계와 전혀 관련이 없었다. 철학자는 괴상하고 비현실적인 사람이다.
- 기상학자들은 세계가 환경적으로 대재난에 직면해 있다고 예측하고 있다.

그들은 이 분야에 전문가다.

논증은 두 부분으로 구성되어 있다. 그 중 다른 사람들이 받아들여 주기를 원하는 주장을 **결론**이라고 한다. 또, 주장을 지지하기 위한 명제가 제시되는데, 여기에서 논증자는 사람들이 결론을 받아들여야 하는 이유를 제공한다. 이것을 **전제**라고 한다. 이 책에서는 '논증'과 마찬가지로 '전제'라는 표현도 다소 제한적인 의미로 사용되기 때문에, 일상적으로 사용될 때의 의미와 반드시 일치하지는 않는다. 사람들은 때로 다른 사람의 주장이 참인지 여부를 의심하면서 "그건 단지 당신의 전제일 뿐이지요. 하지만 그것이 확실한지는 아무도 모릅니다."라고 대답한다. 이때의 '전제'는 논증을 분석하고 논의하는 과정에서 사용되는 '전제'와는 다른 의미다. 논증 분석에서 언급되는 전제는, 간략하게 말해서 논증의 결론을 지지하기 위하여 제시된 모든―그 내용이 확실하든 확실하지 않든―주장들을 말한다.

논증의 정의는 다음과 같다.

논증
하나의 결론과 그 결론을 지지하도록 의도된 전제들로 구성되어 있는 명제들의 집합.

그렇다면 **명제**의 정확한 의미는 무엇일까?

명제
어떤 개별적 사례(사태)에 관해 서술문으로 표현된 사실적 내용. 동일한 명제라도 여러 가지 문장들로 표현될 수 있다. 예를 들면, 〈정부는 공공조사를 실시하기로 결정했다.〉라는 명제는 〈정부의 공공조사 실시가 결정되었다.〉라고도 표현된다.

이에 따르면, 서로 다른 문장들의 집합이 동일한 하나의 논증을 표현하는 것도 가능하다.

의미의 여러 측면

우리가 문장을 어떻게 사용하는가에 따라서, 그 문장은 사실적, 명제적 내용 이외의 추가적인 의미를 표현할 수도 있다.

수사적 힘

한 문장의 수사적 힘은 수사적인 측면에서 드러나는 것으로, 명제의 일부가 아니다. 그보다는 명제를 둘러싸고 있는 정서적인 무언가를 떠올리게 하는 일종의 장식이며, 그런 면이 우리를 설득시키는 데 작용하기도 한다. 문장에 쓰인 표현들에 일상생활에서 사용되는 언어적 관행이 적용되면, 어떤 수사적 메시지를 표현하기도 한다. 이것은 동일한 명제가 서로 다른 수사적 힘을 발휘하는 사례를 살펴보면 이해하기 쉽다. 예를 들어, '그녀는 아이들을 혼자 키운다.'라는 문장은 '그녀는 싱글맘이다.'라는 문장과 동일한 명제를 표현하고 있다. 그러나 전자는 단순히 어떤 사람의 가족 구성에 관한 문장이지만, 후자는 '싱글맘'이라는 정서적이면서 정치적인 의미를 가진 표현을 사용함으로써 단지 하나의 사실을 알려주는 것을 넘어서 그녀에 대한 연민의 감정(부모의 자격에 대한 우리의 믿음과 감정에 따라서)을 불러일으킨다.

함의

함의*는 명시적으로 진술되어 있지는 않지만, 그 문장이 쓰이거나 말해진 맥락상 의도된 것으로 합당하게 간주될 만한 의미를 가리킨다(언어학에서는 대화적 함축이라고 한다). 수사적 힘과 달리, 함의는 문장에서 사용되고 있는 단어들에

---

*함의는 함축의 일종이다. 함의는 맥락을 고려했을 때 나타나는 함축이다. 함의를 화용론적 함축이라고도 한다. 사막을 횡단하던 어떤 여행자가 동료에게 "저기, 나무 그늘이 있다."라고 말했다면, 진술은 맥락상 〈저기 나무 그늘에서 쉬자.〉라는 의미를 가진다. 이렇게 맥락을 고려한 함축을 화용론적 함축이라고 한다.—옮긴이

대한 일상적인 언어적 관행의 적용만으로는 해석하기 어려운 경우가 많다. 함의되어 있는 것을 이해하기 위해서는 문장이 진술된 맥락을 알 필요가 있다. 진술의 맥락을 이루는 요소로는, 누가 진술자인가, 그는 어디에 살고 있는가, 그 문장은 어떤 구체적 환경에서 진술되었는가 하는 것 등이 있다.

한 학부모가 교사에게 자녀의 성적이 어느 정도인지를 질문했다. 이에 교사가 "글쎄요, 댁의 자녀는 낙제를 할 만한 상태에 있지는 않습니다."라고 대답했다면, 〈그 학생이 아주 잘하고 있지는 않다.〉라는 명제가 함의된 것이다. 이와 같이 사람의 감정을 자극하는 함의는 수사적 힘을 발휘한다(수사적 전략에 대해서는 제4장에서 다루고 있다). 또한, 함의는 명시적으로 말했을 경우에 감수해야 할 책임을 피하려고 할 때 이용되기도 한다.

말하는 이가 의도한다고 해서 언제든 함의가 가능한 것은 아니다. 어떤 진술이 명제를 함의하기 위해서는, 듣는 이가 문맥상 함의된 명제가 있음을 합당하게 파악할 수 있어야 한다. 같은 이유로, 발언자가 의도하지 않았는데도 어떤 내용이 함의되기도 한다. 만약 필요한 정보를 이미 알고 있는 사람이 어떤 발언 내용 가운데 어떤 명제가 암묵적으로 의도되고 있다고 (합당하게) 간주한다면, 비록 발언자가 의도하지 않았더라도 그 명제는 함의되어 있다고 볼 수 있다. 그러므로 올바른 표현들을 잘 선택해서 말해야 할 책임은 우리가 알고 있는 것 이상으로 중요하다.

표준형식

논증은 어떤 주제든 다룰 수 있으며, 전제의 수는 많아도 상관없지만 결론은 오직 하나뿐이다. 다음은 전제가 하나인 논증이다.

철수에게는 두 명의 누나가 있다.
그러므로 철수는 외동이 아니다.

다음은 전제가 둘인 논증이다.

자살하도록 도와주는 것은 살인 행위와 같다.

살인은 나쁜 것이다.

그러므로 자살하도록 도와주는 것은 나쁜 일이다.

다음은 전제가 셋인 논증이다.

자동차 사용은 환경을 심각하게 훼손시킨다.

자동차 사용을 줄인다면 환경의 훼손을 줄일 수 있다.

우리는 가능한 한 환경을 보호해야 한다.

그러므로 우리는 자동차를 덜 사용해야 한다.

위의 예처럼, 논증은 논리적 **추리** 과정의 순서대로 전제를 배열하고, 마지막에는 결론이 등장하는 형식을 띤다. 이러한 방식을 좀더 세련되게 가다듬어, 전제들에 P1, P2 등과 같이 순서를 매기고, 마지막 전제와 결론 C 사이에 선을 그어서, 논증을 더욱 명료하게 만들 수 있다. 전제와 결론 사이의 선을 **추론 막대**라고 한다. 〈그러므로〉를 의미하는 이 선은 추리의 단계를 구분하는 역할을 한다. 이렇게 논증을 구성한 것을 표준형식이라고 하는데, 논증을 **표준형식**으로 재구성하는 것은 명료성을 극대화하기 위해서다. 표준형식은 추리의 각 단계를 파악하고 유사한 형식의 논증들을 비교하는 데 도움을 준다. 일상적인 형태로 제시된 논증을 그대로 다루게 되면, 부적절한 문장들로부터 전제들을 찾아내고 전제들로부터 정확한 결론을 이끌어내는 일이 쉽지만은 않다. 논증을 표준형식으로 재구성하는 것은 논증을 가장 이해하기 쉬우면서도 분명하게 파악할 수 있도록 하며, 논증을 검토하고 평가할 때 길을 잃지 않게 한다.

이 책에 포함된 연습문제들을 풀기 위해서는 먼저 논증들을 표준형식화해야 한다. 논증을 표준형식으로 만드는 것을 가리켜 논증을 **재구성**한다고 하며, 표준형식으로 재정리된 논증을 논증의 **재구성** 또는 **논증재구성**이라고 부른다. 논증을 재구성할 때에는 다음과 같은 단계들을 거친다.

1. 결론을 찾아낸다.

2. 전제를 찾아낸다.

3. 전제들에 번호를 매기고 순서대로 쓴다.

4. 추론 막대를 긋는다.

5. 결론을 쓰고 그 앞에 'C)'라고 쓴다.

앞의 예들을 표준형식으로 만들면 다음과 같다.

P1) 자동차 사용은 환경을 심각하게 훼손시킨다.

P2) 자동차 사용을 줄인다면 환경의 훼손을 줄일 수 있다.

P3) 우리는 가능한 한 환경을 보호해야 한다.
_____
C)   우리는 자동차 사용을 줄여야 한다.

결론과 전제 찾아내기

어떤 글이나 말이 논증을 포함하고 있는지는, 발언자가 어떤 결론과 그 결론을 지지하는 전제들을 제시함으로써 다른 사람들을 설득하려고 했는지의 여부에 달려 있다. 그것은 발언자의 의도에 관한 문제로, 그 말이나 글의 맥락, 즉 그것들이 발생하고 있는 상황을 이해하지 못한다면 알아차리기 어려울 수도 있다. 따라서 논증의 유무 여부를 파악하기 위해 '그가 지금 여기에서 이런 말을 함으로써 무엇을 의도하고 있는가?'라는 물음을 던질 때는, 문제의 말(글)이 발언된 상황에 대해 구체적으로 알고 있어야 한다. 또 논증을 파악하는 데 필요한 전제와 결론이 그 말(글)의 여러 요소들 속에 깊이 감추어져 있는 경우도 종종 있다. 하지만 말(글) 속의 여러 가지 요소들 중에서 논증을 이루는 명제들을 쉽고 빠르고 올바르게 찾아내기 위한 특별한 규칙이 있는 것은 아니다.

논증을 찾아내는 것은 발언자의 말(글)을 해석함으로써 그의 의도가 무엇인지를 결정하기 위해서다. 그러한 능력은 많은 연습을 통해서 얻어진다. 발언자가 전제를 명시적으로 드러내지 않는 경우도 있는데, 이것은 상대방이 자신의 생각을 이미 다 알고 있을 것이라고 짐작하기 때문이다. 따라서 글 전체의 구조와 내용을 완성된 형태로 만들기 위해 논증을 재구성하는 과정에서 전제들을 추가하기도 한다. 게다가 발언자가 논증을 분명하게 표현하는 것만은 아니기 때문에, 논증을 올바르게 파악하기 위해서는 각각의 명제들을 분명하게 만들 필요가 있다(언어가 가진 의미가 불분명한 데서 오는 어려움에 관해서는 제1장의 후반부에서 살펴보겠다).

결론 찾아내기

일단 어떤 말(글)이 논증에 의한 설득을 의도한다고 판단되었다면, 결론을 찾아내는 일은 어렵지 않다. 또한 어떤 글이나 말이 논증에 의한 설득을 의도하는지를 판단하는 일과 그 논증의 결론을 찾아내는 일이 언제나 독립적으로 이루어지는 것은 아니다. 가끔은 어떤 글에 논증이 들어 있는지를 살펴보는 과정에서 결론을 찾아내기도 한다. 또는 결론을 찾아내지 못한 상태에서 글의 형식이나 맥락에 주의를 기울이다가 논증을 찾아내기도 한다. 여기서는 두 과정을 독립적인 단계로 다루겠다.

아래의 예들은 한눈에도 결론이 분명하게 드러나 보인다.

철수는 정치가이고 정치가는 누구나 도덕적으로 타락했기 때문에, 철수는 도덕적으로 타락한 사람일 것이다.

나는 사냥반대론자이다. 왜냐하면 토끼를 사냥하는 것은 나쁘다고 생각하기 때문이다. 무엇보다 단지 쾌락을 위해 동물을 죽이는 일은 나쁘다. 그리고 토끼 사냥은 단지 쾌락을 위해 아무 잘못도 없는 동물을 죽이는 일이라고 할 수 있다.

이러한 예들에서 결론을 확실하게 찾을 수 있는 능력은 중요하다.

결론 찾아내기를 돕는 몇 가지 방법

1.

어떤 글이 논증에 의한 설득 시도라고 판단했다면, 핵심 주장이 무엇인지를 파악하기 위해 노력하라. 우선, 발언자가 내세우려는 핵심 주장이 무엇인지에 대해 질문하라. 그것이 바로 결론이기 때문이다. 논증을 재구성하게 되면, 즉 글의 핵심 주장을 하나의 명제로 다시 써보면 결론을 찾는 일은 좀더 쉬워진다. 명심할 점은, 발언자는 동일한 핵심 주장을 다양한 방식으로 표현할 수 있으므로, 요점을 찾아내기 위해서는 그 주장을 표현하는 여러 가지 방식들 중에서 오직 한 가지 방식만을 골라낼 필요가 있다.

2.

글의 내용 중 어떤 명제라도 결론이 될 수 있다. 이론적인 내용부터 가장 평범한 내용에 이르기까지 논증이 다루는 내용에 한계란 없다. 그러므로 그 명제가 다루는 주제가 무엇―종교, 도덕, 과학, 날씨, 정치, 스포츠―인가 하는 것이 결론인지 아닌지를 판단하는 기준이 되지 않는다. 논증의 전제와 결론은 서술문으로 표현되는 것이 이상적이지만, 실제로는 다른 방식으로도 얼마든지 표현될 수 있다. 논증을 재구성하는 과정에서 명제를 더욱 분명하게 표현하기 위해서는 전제와 결론을 서술문으로 다시 써볼 필요가 있다. 예를 들면, "모든 사회주의자는 이상주의자가 아닌가?"라는 질문에는 〈모든 사회주의자는 이상주의자다.〉라는 명제가 표현되어 있는 경우가 많다. 명료한 분석을 위해 다시 쓸 필요가 있는 언어적 표현들에 관해서는 나중에 자세히 다루기로 하겠다.

3.

하나의 글에 서로 다르지만 결국에는 연결되는 결론들로 이루어진 여러 개의 논증이 한꺼번에 들어 있는 경우가 있다. 때로 우리는 한 논점에 대해서 논의를 진행한 뒤, 두 번째 논점을 다루고, 그 결론들을 세 번째 또는 마지막 결론을 위한 논증의 전제로 사용하기도 한다. 이처럼 연쇄적인 논증들을 **확장된 논증**이라고 한다. 이에 관해서는 뒤에서 자세히 다루겠다.

4.

발언자가 논증을 제시하고 있음을 나타내기 위해 쓰는 표현들이 있다. 예를 들면, 어떤 사람이 "A, B 그리고 C라는 사실들이 주어진다면, D가 **따라 나온다**." 라고 한다면, D는 그 논증의 결론이다(A, B, C는 전제가 된다). 논증을 제시하고 있음을 알려주는 논증지시어* 가운데 **결론지시어**에는 다음과 같은 것들이 있다.

> 그러므로
> 그러한 까닭으로
> 따라서
> 이로부터 내릴 수 있는 결론은

어떤 경우에는 논증의 전제들의 뒤를 이어 논증지시어가 등장하기도 한다. 또, 한 문장에 전제와 결론을 모두 포함시키면서, 그 사이를 연결하는 표현이 사용되기도 한다. 예를 들면, 'K가 정치가라는 사실은 그가 매우 이기적인 사람이라는 점을 입증한다.'라는 문장에서, 〈K가 이기적인 사람이다.〉라는 결론은 〈그는 정치가다.〉라는 전제와 '~라는 ……라는 점을 입증한다'라는 **논증지시어**에 의해 서로 연결되어 있다. 유사한 기능을 가지는 지시어에 다음과 같은 것들이 있다.

> ~라는 점은 ……라는 점을 함축한다.
> ~라는 점은 ……라는 점을 입증한다.
> ~라는 사실로부터 ……라는 점이 따라 나온다.
> ~이기 때문에 ……이다.
> ~라는 점은 ……에 의해서 입증된다.

---

*논증을 제시하고 있음을 나타내는 논증지시어에는 크게 전제지시어와 결론지시어가 있다. 어떤 논증지시어들은 두 가지 기능을 복합적으로 수행하기도 한다.―옮긴이

~라는 점은 ……라는 사실에 함축되어 있다.

전제를 말하기도 전에 논증의 결론이 먼저 진술되기도 한다. 이러한 경우에는 결론 뒤에 곧바로 지시어와 전제들이 따라나오는 형태가 전형적이다. 'H는 매우 중요한 사람임에 틀림없다. 왜냐하면 그는 법무장관이기 때문이다.'라는 문장에서 〈H는 매우 중요한 사람이다.〉라는 결론은 '왜냐하면, ~이기 때문이다'라는 지시어에 의해 〈그는 법무장관이다.〉라는 전제와 연결된다. 유사한 기능을 가지는 지시어에는 다음과 같은 것들이 있다.

~이다. 그 이유는 ……이기 때문이다.
~이다. 그 까닭은 ……이기 때문이다.
~이다. ……이기 때문이다.

물론 이런 지시어가 논증을 찾아내고 해석하는 작업을 쉽게 만들어주는 만병 통치약이 아니고, 모든 논증에 논증지시어가 사용되는 것도 아니다. 그리고 어떤 말(글)에 논증지시어가 없는데도 논증은 있을 수 있다.

어떤 글(말)에는 논증지시어가 전혀 없는 경우에는 결론이 될 만한 문장의 적당한 위치에 논증지시어를 넣어보는 것이 결론 찾기에 도움이 된다. 그런 뒤에 그 글(말)이 표현하고자 하던 애초의 의미가 변하지 않고 자연스러운지를 살펴보는 것이다.

다음의 예에는 논증지시어가 없지만 설득을 목적으로 하는 논증이 들어 있다.

지방의회는 파손된 도로를 수리하지 않았기 때문에 A가 넘어져 발목이 부러졌다는 점을 인정했다. 이는 A가 보상을 받아야 할 충분한 이유가 된다. 나는 A가 지방의회를 고소해야 한다고 생각한다.

'그러므로'라는 결론지시어를 두 번째 문장의 앞부분에 넣어보자. 이것이 논증에서 의도한 결론인가? 그렇지 않다는 것을 알 수 있다. 그렇다면, '그러므로'를 두 번째와 세 번째 문장 사이에 넣어보자. 문장의 의미는 그대로이면서 발언자가 청자에게 받아들여지기를 의도하는 주장, 즉 결론이 더욱 분명해짐을 알 수 있다. 물론 우리는 문장의 순서를 바꾸고, 전제들을 먼저 쓴 다음에, 추론 막대를 긋고, 그 아래에 결론을 배치하여, 논증을 표준형식으로 구성할 수 있다. 위의 문장을 표준형식으로 재구성하면 다음과 같다.

> P1) 지방의회는 부주의하게 일처리를 했다는 것을 시인했다.
> P2) 부주의함을 시인한 것은 부상당한 부분을 보상받을 수 있는 충분한 이유가 된다.
> ――――――――――――――――――――――――――――――――――――――
> C) 지방의회는 A에게 보상해야 한다.

5.

논증지시어는 논증을 구성하는 명제의 일부분이 아니다. 논증지시어는 결론과 전제를 소개하고 논증틀을 갖추게 한다. 따라서 논증을 표준형식으로 다시 쓸 때 결론지시어는 생략한다.

6.

이제까지는 발언자가 결론을 직접적으로 표현하거나 어느 정도 명료하게 표현하는 경우, 즉 **명시적 결론**의 경우에 대해서만 다루었다. 그러나 결론이 명시적이지 않은 경우도 있다. 이를 **암묵적 결론**이라고 한다. 암묵적 결론들은 말이나 글에 명시적으로 표현되지 않고, 암묵적·함축적으로 암시된다. 이미 글이나 말의 내용상 결론을 명백하게 보여주었다고 판단한 발언자가 그 결론을 '굳이 말할 필요가 없다'고 생각할 때 암묵적 결론이 쓰인다. 하지만 설득 내용이 상대방에게도 언제나 명백하지는 않기 때문에, 결론을 암묵적으로 표현하려는 생각은 종종 오해를 불러온다.

암묵적 결론은 논증 내용이 불확실하다는 것을 감추기 위해 사용되기도 한다. 명료하고 명시적인 글(말)을 추구하려면 가능한 한 암묵적 결론을 피하는 게 좋다. 다음의 글은 결론이 무엇인지가 분명치 않다.

요즘은 인터넷을 통해 음란물을 많이 접할 수 있다. 청소년들은 음란물의 영향을 매우 쉽게 받는다. 음란물은 강간, 약물 남용, 문란한 생활 등의 사회적 파국현상을 초래한다.

전제 찾아내기

논증의 결론을 찾아내는 과정에서 전제의 전부 또는 일부를 찾아내기도 한다. 이처럼 결론과 전제를 찾아내는 일이 완전히 분리되어 진행되는 것은 아니다. 논증의 전제를 찾아내는 일은 발언자가 결론을 참이라고 생각하는 이유를 찾아내는 것이다. 결론을 찾아내는 일이 그렇듯, 전제를 찾아내기 위해서는 발언자의 입장에 최대한 접근할 필요가 있다. 이와 관련하여 도움이 되는 몇 가지 방법을 소개하겠다.

1.
발언자가 자신의 결론이 옳다고 믿는 이유가 무엇일까를 질문해보자. 그들이 생각하기에, 결론이 참인 증거는 무엇일까? 문장 중에 이러한 질문에 대답이 되는 명제가 있다면 논증의 전제일 가능성이 높다.

2.
결론과 마찬가지로 전제들이 다루는 주제의 범위도 무한대다. 그것은 논쟁의 여지가 있는 명제일 수도 있고, 보편적인 동의를 받은 명제일 수도 있다.

3.
일상생활에서 접하게 되는 논증들에는 애초에 의도하지 않은 내용들이 살짝 끼어 있는 경우가 있다. 그것들 가운데 일부는 이른바 **속임수 추리**일 가능성이 있다(제4장을 참조하라). 전제를 찾아낼 때는 말이나 글의 전반적인 구조를 파악하는 것이 도움이 된다.

나는 정부가 고등교육에 관한 정책을 재검토해야 한다고 생각한다. 교육은 매우 복잡한 문제이며, 교육정책은 여론에 의해 좌지우지되는 것을 뛰어넘어야 한다. 정치가들은 그들이 걸친 고급 의복에 걸맞은 이미지에 연연하듯이, 대중스타를 전당 대회에 초대하여 마치 자신이 대중스타인 것처럼 이미지를 연출하는 데에만 골몰하고 있다.

위의 사례는 제대로 된 비판 없이 정치인의 의복과 전당 대회의 초대명단, 잘못된 행동들, 그리고 여론에 좌지우지되는 정책 등에 대해 막연한 비판을 가함으로써, 이야기가 옆길로 새고 있다. 대부분의 내용이 핵심 주장과 관련하여 기껏해야 미미한 연관성만이 있을 뿐이다.

4.

결론의 경우와 마찬가지로, 전제임을 알리는 **전제지시어**가 있다. 앞에서는 전제에서 결론으로, 또는 결론에서 전제로 나아감을 표시하기 위해 사용되는, '~이기 때문에', '왜냐하면', '~이므로, ……', '~라는 사실은 ……라는 점을 입증한다' 등의 논증지시어를 살펴보았다. 전제지시어는 한 개의 전제 또는 여러 개의 전제들을 진술하는 문장을 도입하기 위해 사용되며, 다음과 같은 것들이 있다.

> 나의 근거는 ~
> 그 이유는 ~
> 내가 그렇게 주장하는 까닭은 ~
> 왜냐하면 ~
> ~이기 때문에

예문을 살펴보자.

나는 용의자가 노래방에서 야구방망이로 B를 죽였다고 생각한다. 내가 이렇게 주장하는 이유는 B가 죽은 날 밤에 용의자가 노래방에서 B의 뒤통수를 야구방망이로 내리치는 것을 C가 보았다고 진술했고, 나중에 그 야구방망이에서 용의자의 지문과 B의 핏자국이 발견되었기 때문이다.

어떤 전제지시어들은 전제와 결론이 모두 포함된 한 문장 중에 등장하기도 한다. 예를 들면 다음과 같다.

그들이 대폭적인 감세안을 공약으로 내걸었다는 사실에 근거하여, 나는 보수당이 내년 총선에서 승리할 것이라고 결론 내린다.

5.

논증의 전제들을 표준형식으로 재구성할 때는 전제지시어를 전제에 포함시키지 않도록 주의해야 한다. 그러나 전제나 결론을 지시하는 역할을 하지 않으면서 '～때문에', '왜냐하면～' 등과 같은 논증지시어들이 논증을 이루는 명제 **내에** 있다면, 재구성된 논증에 포함되어야 한다. 특히 '～때문에'는 설득하기 위해서가 아니라 **설명**하기 위해서 사용되기도 하기 때문에 주의가 필요하다(논증과 설명의 차이점에 관해서는 제2장에서 다루겠다).

6.

앞에서 언급했다시피, 어떤 글(말)에 분명히 논증이 포함되어 있지만 전제지시어가 쓰이지 않는 경우도 있다. 이때 전제를 찾아내기 위해서는 맥락을 고려할 필요가 있다. 경우에 따라서는 글(말)을 좀더 자연스럽게 만들기 위해 전제지시어를 적절한 위치에 삽입하기도 한다.

7.

일상 언어 생활에서는 논증을 찾아내는 일이 쉽지만은 않다. 전제들이 모두 분명하게 드러나 있다면 논증을 파악하는 일도 그만큼 쉽겠지만, 발언자가 모든 전제를 언제나 명시적으로 표현하지는 않는다. 또, 논증의 결론이 암묵적 전제들에 의존하고 있는 경우도 생각보다 많다. 물론 발언자는 암묵적 전제들이 결론을 지지한다고 생각하고 있을 것이다. 이런 이유로 암묵적 전제에 해당하는 명제들을 명시하지 않는 경우가 많으며, 심지어 일부러 빠뜨리기도 한다. 어떤 경우에는 글의 맥락상 당연하다는 이유로 암묵적 전제들을 명시하지 않기도 한다. 제5장에서는 숨은 전제들을 해석하는 방법과 더불어, 암묵적 전제들을 포함한 논증의 재구성에 대해 살펴보겠다.

논증과 설명

논증지시어는 글의 맥락에 따라 서로 다른 의미를 전달하기도 한다. 예를 들어, '나는 한국 사람이다. 그래서 나는 한국을 사랑해야 한다고 생각한다.'에서 앞 문장은 한국을 사랑해야 하는 이유를 제시하고 있으며, 여기서의 '그래서'는 논증지시어다. 하지만, '나는 한국 사람이다. 그래서 나는 열정적이다.'에서 앞 문장은 뒤 문장에 대한 이해를 돕기 위해 '설명'하고 있다. 이와 비슷한 역할을 하는 '왜냐하면 ~때문이다'('~때문에')라는 표현은 특히 주의 깊게 살펴볼 필요가 있다. '왜냐하면 ~때문이다'는 논증을 지시하기 위해 사용되기도 하고 설명하기 위해 사용되기도 한다.

논증과 **설명**을 구분하는 일은 중요하다. 논증과 설명은 종종 매우 비슷한 구조를 띠기 때문에 구분해내는 것이 쉽지만은 않다. 효과적인 구분을 위해서는 어떤 글이나 말이 맥락상 의도하는 바가 무엇인지를 곰곰이 생각해볼 필요가 있다. 예를 들어, 이러이러한 사건의 결과로 다른 사건이 일어났다는 식으로 원인과 결과의 관계를 말해야 하는 경우에 '~때문에'라는 표현이 사용된다. 이때 '왜냐하면 ~때문이다'라는 표현은 **설명**을 위해 도입된 것이지, 논증을 위한 것이 아니다. 그런가 하면 '왜냐하면 ~때문이다'라는 표현은 논증지시어로 사용되기도 한다.*

---

* '왜냐하면, ~이기 때문이다'('때문에')는 제시된 현상에 대하여 설명을 제공하기 위해서 사용되기도 하고, 제시된 주장을 정당화하기 위해 사용되기도 한다. 예를 들어, "자동차가 멈추었다. 왜냐하면 연료가 떨어졌기 때문이다."에서 '왜냐하면'에 이어지는 문장은 설명을 제시하고 있지만, "여러분은 업무에 더욱 힘써야 합니다. 왜냐하면 이번 프로젝트는 우리 회사의 사활이 걸려 있기 때문입니다."에서 '왜냐하면'에 이어지는 문장은 주장을 정당화하는 이유를 제시하고 있다.—옮긴이

논증과 설명이 차이점에 대해 알아보기 위해 다음의 명제를 보자.

　　욕실에서 물방울 떨어지는 소리가 난다.

이에 대해 발언자는 다음과 같은 설명을 제시했다.

　　(1)욕실에서 물방울 떨어지는 소리가 난다. 왜냐하면 동생이 수도꼭지를 꽉 잠
　　그지 않았기 때문이다.

다른 한편, 동일한 명제에 대하여 논증을 제시할 수도 있다.

　　(2)욕실에서 물방울 떨어지는 소리가 난다. 그러므로 욕실의 수돗물이 샌다.

　(1)과 (2)는 각기 설명과 논증으로 분류된다. 그렇다면 (1)과 (2)의 차이점은
정확히 무엇일까? (1)의 발언자는 상대방이 수돗물이 샌다는 명제를 이미 받아
들이고 있음을, 적어도 그 사실을 설득할 필요가 없음을 가정하고서는 그에 대
한 설명을 제시하고 있다. 발언자는 설명의 형식을 통해, 어떤 사실이 이미 주어
졌음을 가정하고 그 사실이 일어나게 된 원인이 동생의 어떤 행동 때문이라고
단언하고 있다. 이와 대조적으로 (2)의 발언자는 상대방이 수돗물이 샌다는 것
을 사실로 당연히 받아들이거나 또는 받아들일 것이라고 가정하지 않는다. 따라
서 수돗물이 샌다는 것을 상대방에게 설득시키기 위해 그럴 듯한 이유를 논증의
형식으로 제시하고 있다.
　(1)에서 '왜냐하면 ~때문이다'라는 표현은 전제와 결론 사이의 논리적 연관
성을 지시하는 것이 아니라, 두 사건 사이의 인과적 연관성을 나타낸다. 다음의
예들에서 볼 수 있듯이, '~ 때문에', '그래서', '그리하여' 등의 표현도 설명을
하는 데 사용된다. 그런 경우에 이것들은 어떤 행동이나 믿음을 유도하는 데 필
요한 이유를 제공하려고 의도하지 않는다.

빵이 부풀지 않았다. 왜냐하면 우리가 이스트를 넣는 것을 잊었기 때문이다.

우리가 이스트를 넣는 것을 잊었기 때문에, 빵이 부풀지 않았다.

우리는 이스트를 넣는 것을 잊었다. 그래서 빵이 부풀지 않았다.

우리는 이스트를 넣는 것을 잊었다. 그리하여 빵이 부풀지 않았다.

논증과 설명을 구분하기가 혼란스러운 경우가 있다. 사람들의 행위에 대한 설명이 제시될 때가 그렇다. 이것은 행위의 이유가 그 행위의 원인이기 때문에 발생하는 혼란이다. 다시 말하자면 일반적으로 한 행위에 대한 설명은 그 행위에 대한 특정한 이유를 포함한다. 어떤 행위자는 특정한 이유를 가졌기 때문에 그 행동을 한다. 그러므로 우리가 어떤 행위들에 대한 이유를 묻는―예를 들어, '당신은 왜 그렇게 했지요?'라고 할 때―것은 그 행위에 대한 **정당화**를 요구하고 있는 것과 다름없다. 다시 말해, 그 행위자에게 왜 그 행위가 받아들여질 만한가에 대한 논증을 제시하라고 요구하고 있는 것이다. 어떤 때에는 그 행위의 원인만을 알고 싶다는 의미에서 단순한 설명만을 원하기도 한다. 그럼에도 불구하고 논증과 설명의 차이는 여전히 성립한다.

차를 빠른 속도로 운전하고 있는 우리에게 동승자가 '왜 그렇게 빨리 운전하고 있나요?'라고 물었다고 하자. 우리는 그의 말을 그렇게 빨리 운전해서는 안 된다는 뜻이 아니라고 받아들일 수 있다. 우리는 전혀 그렇게 생각하지 않으며, 단지 동승자는 왜 그렇게 빨리 운전하는지―늦어서? 경찰에 쫓기고 있어서? 새 차의 최대 속력을 시험해보고 싶어서?―에 대해 궁금해하고 있다고 생각할 수 있다. 그래서 이렇게 대답한다. '그냥 재미 삼아서요.' 이때 우리는 설명을 한 셈이 된다. 즉 우리의 대답은 동승자에게 왜 그렇게 빨리 달리는지에 대해 설명하는 것이지, 그 이상의 무엇인가를 설득하려는 것이 아니다.

그런데 우리는 동승자가 빠른 속도를 문제 삼는다고 받아들일 수도 있다. 그가 빠른 운전에 대한 정당화를 요구한다고 받아들이는 것이다. 이 경우에 우리가 '그냥 재미 삼아서요.'라고 대답한다면, 그 정도의 속도로 운전하는 것은 우리의 자유이자 권리이므로 정당하다는 내용의 논증을 제시하는 것과 다름없다. '그냥 재미 삼아서요.'라는 대답을 전제로 삼은 논증은 다음과 같다.

내가 원하는 대로 빠르게 운전하는 것은 정당하다. 왜냐하면 나는 빨리 운전하는 것을 좋아하기 때문이다. 나는 좋아하는 일은 무엇이든지 마음대로 할 수 있는 권리를 가져야 한다고 생각한다.

이것을 표준형식을 구성하면 다음과 같다.

P1) 나는 고속으로 운전하는 것을 좋아한다.
P2) 내가 좋아하는 것을 하는 것은 정당하다.
─────────────────────────────────────
C)   내가 고속으로 운전하는 것은 정당하다.

이런 경우, 우리가 빠르게 운전하는 것을 즐긴다는 점은 그렇게 하는 이유도 되고 원인도 된다.

중간 결론

한 논증의 결론이 그 다음에 오는 논증의 전제가 되는 경우가 있다. 또, 그 논증의 결론이 또 다른 논증의 전제가 될 수도 있다. 간단한 예를 살펴보자.

바둑이는 개다. 모든 개는 포유동물이다. 그러므로 바둑이는 포유동물이다. 그리고 모든 포유동물은 온혈동물이다. 따라서 바둑이는 온혈동물이다.

이 논증에서 **중간 결론**인 〈바둑이는 포유동물이다.〉라는 명제는 바둑이가 온혈동물이라는 다음 논증의 전제로 사용되고 있다. 이것이 **확장된 논증**이다.

P1) 바둑이는 개다.
P2) 모든 개는 포유동물이다.
─────────────────────────────────────
C1) 바둑이는 포유동물이다.

P3) 모든 포유동물은 온혈동물이다.

C2) 바둑이는 온혈동물이다.

이처럼 두 개의 결론에 번호를 붙일 수 있다. 이때 C1은 P1과 P2를 전제로 하는 논증의 결론이며, C2는 C1과 P3을 전제로 하는 논증의 결론이다. 그러므로 C1은 한 논증에서는 결론이지만 다른 논증에서는 전제가 된다.

이런 경우에 마지막 결론, 즉 번호가 가장 마지막인 결론은 일반적으로 논증자가 가장 입증하고 싶어하는 최종 목적이다. 따라서 그 결론이 논증의 결론이며, 그 밖의 다른 결론들은 전체적인 과정의 중간 단계에 있다고 해서 **중간 결론**이라고 부른다.

확장된 논증의 특정한 부분에 주의를 집중하는 것도 가능하다. 위의 예에서는 논증의 첫 부분 혹은 두 번째 부분에 집중적으로 관심을 기울일 수 있다. 때때로 우리는 P1과 P2를 전제로 C1을 결론 내리는 논증과 C1과 P3을 전제로 C2를 결론 내리는 논증에 대해서 말할 수 있다. 그리고 P1과 P2에서 C1의 추론, C1과 P3에서 C2의 추론에 대해서도 말할 수 있다.

일상 언어 생활에서 '추론'이라는 말은 다소 제한된 방식으로 사용되고 있다. 모든 **추리**는 **추론**으로 구성되어 있다. 논리학자들에 따르면, 추리는 여러 단계로 이루어질 수 있으며, 추리를 이루는 각 단계, 즉 전제들에서 결론으로 나아가는 것을 추론이라고 말한다. '추론'이 가지는 일상적인 의미와 달리, 추론은 의심할 여지가 있는지 여부와는 아무 관계가 없다. 예를 들어, "그렇지만, 그것은 단지 추론에 불과하다."라는 말은 주어진 하나의 명제가 다른 명제들을 근거로 하여 실제로 받아들여질 수 있는지가 의심스럽다는 뜻이다. 그러나 이 책에서의 추론은 완전히 확실하여 의심의 여지가 없는 경우에도 사용된다. 예를 들면, 〈A는 클래식 음악가다.〉로부터 〈A는 음악가다.〉라는 결론을 이끌어낸다면, 이것은 추론이다(앞의 문장이 참이면 뒤의 문장이 참이라는 사실에 의심의 여지가 없다. 그것은 이 추론이 **타당함**을 뜻한다. 연역적 타당성에 대해서는 제2장에서 살펴보겠다).

언어적 현상

이미 살펴본 대로, 어떤 글이나 말이 논증에 의한 설득을 시도하고 있다고 판단되었다면, 그것을 가능한 한 정확하게 해석하는 일이 남는다. 우리는 발언자가 우리에게 무엇을 이해시키려고 하는지, 어떤 믿음을 갖게 하려는지, 어떤 행동을 하게 하려는지 등을 파악하기 위해 노력해야 한다. 하지만, 일상 언어 생활에서 나타나는 현상들 때문에 이러한 작업이 어려워지기도 한다. 언어의 일상적인 의미들은 발언자의 의도를 흐리게 하거나, 문장이 전달하고자 하는 명제를 파악하기 어렵게 만들기도 한다. 따라서 비판적 사고를 위해서는 언어가 어떤 방식으로 발언자의 의도를 감추는지에 대해 알 필요가 있다. 또 잠재적으로 문제가 될 만한 문장들을 찾아내는 연습이 필요하다. 이번 단계에서는 해석하는 데 문제가 될 만한 문장을 가려내고, 그 문장들을 통해 전달될 수 있는 명제들을 제시하는 능력을 기르고자 한다.

애매성

하나의 문장이 주어진 맥락에서 한 가지 이상의 방식으로 해석된다면, 그 문장은 **애매하다.** 즉, 맥락상 문장이 표현할 수 있다고 판단되는 명제가 하나 이상 존재할 때, 그 문장은 애매하다고 한다.

사전적 애매성

어떤 단어나 표현이 애매하다는 사전적 의미는, 그것이 하나 이상의 의미를 가진다는 것을 뜻한다.

하나의 단어나 표현이 적용될 수 있는 사물의 집합을 **외연**이라고 하는데, 이는 어떤 단어나 표현이 자체로 적용되는 범위 내에 있는 모든 사물들을 말한다. '학생'의 외연은 모든 학생들이다.*

---

*좀더 정확하게 말하자면, '학생'의 외면은 모든 학생들 그리고 오직 학생들만으로 이루어진 집합이다.—옮긴이

단어나 표현이 애매하다는 것은 두 가지 이상의 서로 다른 외연을 가지고 있다는 의미다. 즉, 단어나 표현이 외연으로 가리키는 사물들의 집합이 두 가지 이상이라는 뜻이며, 두 가지 이상의 해석이 가능하므로 그 단어나 표현이 쓰인 문장은 애매해진다. '말'이라는 단어가 그 예다. 'C의 말은 매우 빠르다.'라는 문장은 다음의 명제들 중에서 아무 의미나 가능하다.

- C가 소유한, 머리와 목, 다리가 길고 몸집이 큰 말과科의 포유동물은 매우 빠르다.
- C는 생각이나 감정을 나타내기 위해서 음성을 사용하여 전달하는 이야기를 매우 빠르게 한다.

잠재적으로 사전적 애매성을 가진 표현들이라고 해서 모든 문맥에서 반드시 애매성을 갖지는 않는다. 위의 'C의 말은 매우 빠르다.'가 회의 중에 C의 발언이 너무 빨라 청자들이 메모하는 데 곤란한 상황에서 나온 것이라면, '말[馬]'과 관련된 해석이 나올 이유가 없다.

언어적 애매성이 단지 명사에 한정된 이야기는 아니다. 예를 들어, '그녀는 부드러운 여자다.'라는 친구의 말 이외에 어떤 사전 정보도 없는 여성과 만나기로 했다면, 친구의 말은 여러 가지로 해석해볼 수 있다. 그녀는 성격이 온화한 사람이다, 그녀는 말투나 태도가 거칠지 않은 사람이다, 그녀는 피부가 고운 사람이다 등등. 우리가 어떻게 해석하든지 간에 그 해석은 미지의 그녀에 대한 우리의 기대에 중요한 영향을 미친다.

해석하려는 문장이 사전적으로 애매할 때는 문장의 맥락에 초점을 맞춰서 모든 가능한 해석들 중에서 과연 어떤 것이 올바른지, 즉 어떤 해석이 가장 높은 개연성을 갖는지를 결정하려고 노력해야 한다. 예를 들어, '연산군의 어리석은 정치로 나라가 도탄에 빠졌다.'라는 문장은 사전적 애매성을 갖는다. 문맥상 '정치'라는 낱말은 두 가지 의미로 해석이 가능하기 때문이다. 즉, 이 문장은 다음의 두 가지 명제 가운데 하나를 표현하고 있다.

- 연산군이 국가 권력을 획득하고 유지하며 행사하기 위하여 벌인 여러 가지 활동들이 어리석어서 나라가 도탄에 빠졌다.
- 연산군이 어리석게도 색정色情에 빠져 비이성적으로 행동하여 나라가 도탄에 빠졌다.

구체적인 문맥이 주어지지 않는다면 여기서의 '정치'가 '정치政治'인지 '정치情癡'인지를 알 수 없다. 만약 우리가 연산군에 대해 아무 정보도 가지고 있지 않다면, 또 '정치'에 대한 일반적인 개념들만이 주어지고, 매우 특수한 문맥에서 '정치'라는 단어가 사용된 것이 아니라면, 위의 문장은 첫 번째 명제를 의도하고 있다고 해석하는 게 합당할 것이다. 물론 이러한 결론이 옳지 않을 수도 있으므로 매우 신중해야 한다.*

어떤 표현들은 실제로 애매하지 않은데도 표기법으로 인해 마치 애매한 것처럼 보이는 경우도 있다. 예를 들어, 우리말에는 한자어가 많은데, 전혀 다른 의미를 가진 단어가 우리말로는 완전히 동일하게 표기되기도 한다. 그런 경우, 한자가 병기倂記되어 있거나 그 의미를 이미 알고 있는 경우에는 사전적 애매성이 없어진다.

한자어뿐 아니라 우리말의 경우에도 비슷한 문제가 발생한다. '삶은 달걀'이라는 표현을 단지 읽거나 듣기만 해서는 '삶은 상태의 계란'이라는 것인지, '인생은 마치 계란처럼 둥글둥글하게 살아야 한다.'라는 우스갯소리인지 알 수 없다. 물론 우리가 어떤 맥락에서 그러한 표현이 사용되었는지를 알거나, 애매할 위험이 있는 단어들에 적절한 표현이 보충된다면, 예를 들어, 삶에 한자어 '생生'을 병기한다면 사전적 애매성은 사라진다.

'말'이나 '정치' 등의 단어는 여러 대안적인 의미들 사이에 뚜렷한 차이가 있기 때문에 이해하기가 비교적 간단하다. 그러나 단어가 가지고 있는 여러 의미들이

---

*두 번째 해석이 옳을 개연성은 얼마든지 있다. 예를 들어, 영화 〈왕의 남자〉의 마지막 장면에서 연산군은 그동안의 잘못된 정치情癡한 생활로 인하여 신하들에게 신뢰를 잃고 결국 역모를 당하는 것으로 암시된다. 이러한 맥락에서라면, 진술자가 두 번째 명제를 의도하고 있다고 볼 수 있다.─옮긴이

서로 매우 비슷하기 때문에 비롯되는 사전적 애매성의 경우에는 해석이 더욱 곤란하므로, 단어가 사용되고 있는 맥락과 그것이 가지고 있는 여러 의미들 중에서 발언자가 의도했을 개연성이 가장 큰 해석을 결정하는 데 많은 주의를 기울여야 한다.

"최근 6년 동안 평균 가계담보대출이 두 배로 증가했다."는 진술은 아마도 다음과 같은 생각에서 비롯됐을 것이다. 지난 6년 동안 평균 가계담보대출액이 두 배로 증가했으므로, 6년 전보다 가계 부채가 두 배로 늘었으며, 비교적 짧은 시간 동안에 상당히 많은 가계가 채무자 신세가 되었다. 게다가 가계 부채가 크게 증가한 것은 매우 걱정스러운 현상이다.

반면에 다음의 이유 때문에 이런 발언이 나왔는지도 모른다. 현재 이루어지고 있는 전체 가계담보대출액의 평균값이 6년 전보다 두 배로 증가했으며, 이것은 단지 부동산 가격이 그만큼 상승했음을 반영하고 있을 뿐이다.

구문적 애매성

문장에서 단어들이 배열되어 있는 구문적(형태적) 특성에 따라 문장의 의미가 두 가지 이상으로 이해될 때, 즉 두 가지 이상의 명제를 표현한다고 판단될 때, 그 문장은 구문적 애매성을 갖는다고 한다. 우리는 이미 우스갯소리나 농담을 통해 구문적 애매성의 예를 알고 있다. "세상에서 제일 아름다운 당신의 보석이 당신과 함께할 것입니다."라는 문장은 다음의 의미로 해석될 수 있다.

세상에서 제일 아름다운 당신이 소유한 보석이 당신과 함께할 것입니다.
당신이 소유한, 세상에서 제일 아름다운 보석이 당신과 함께할 것입니다.

따라서 이 문장은 구문적 형태에 따라 서로 다른 여러 명제를 표현할 수 있으므로, 구문적 애매성을 갖는다. 하지만 첫 번째 명제는 주어진 예문을 다소 억지스럽게 해석한 듯하며, 대부분의 사람들은 두 번째 명제야말로 올바른 해석이라고 볼 것이다. 그러므로 위의 예문이 실제로 사용되었을 때에는 애매하지 않다고 보는 것이 옳다.* 하지만 다음의 예문을 보자.

정부는 내년에 서민 주택 공급을 확대하는 방안을 적극 검토할 것이다.

이것은 구문적 애매성을 갖는다. 이 진술만으로는 내년에 서민 주택 공급이 확대될 것이라고 기대해도 좋은지, 아니면 내년에야 비로소 서민 주택 공급의 확대 방안이 정부에서 검토될 것인지가 분명하지 않다. 우리는 각각의 경우가 성립하는 문맥을 얼마든지 생각해낼 수 있다.

일단 어떤 해석이 가장 개연성 있다고 결정했다면, 애매성을 제거하기 위해서 문장을 다시 써볼 필요가 있다. 위의 문장도 애매성의 여지를 없애기 위해 다음과 같이 다시 쓸 수 있다.

정부는 서민 주택 공급을 내년에 확대하는 방안을 적극 검토할 것이다.
정부는 서민 주택 공급을 확대하는 방안을 내년에 적극 검토할 것이다.

우리는 종종 다른 대안적인 해석들을 고려하지 않은 채 우리가 의도한 대로 문장의 의미가 전달될 것이라고 가정한다. 그러나 어떤 경우에는 그러한 차이가 매우 중요할 수 있다. 구문적 애매성은 조금만 주의를 기울이면 쉽게 피할 수 있다. 따라서 때에 따라서는 구문적 애매성을 제거하고 문장의 의미를 분명하게 하기 위해 문장을 완전히 변화시킬 필요가 있다.

모호성

모호성은 애매성과 다르지만 자주 혼동된다. 예를 들면, 클린턴 전 미국 대통령은 "나는 그녀와 성적인 관계를 갖지 않았다I did not have sexual relations with that woman……."라고 말했는데, 이것은 애매한 표현을 통해 사실을 호도하려 한 것이기보다는 '성적인 관계'라는 모호한 표현을 사용하여 자신의 의도를 이루고자

＊국어 문법에서는 반점(,)을 적절한 위치에 사용하여 의도된 의미를 전달할 수 있도록 규정하고 있다. "세상에서 제일 아름다운, 당신의 보석이 당신과 함께할 것입니다."와 같이 반점이 사용된다면 '세상에서 제일 아름다운'은 '보석'을 수식하게 되지만, 반점이 없다면 '당신'을 수식하게 된다. 이렇게 반점을 적절하게 사용하여 구문적 애매성을 제거할 수 있다.—옮긴이

한 것으로 볼 수 있다.

이미 애매성에서 살펴본 대로, 애매성은 한 표현이 두 가지 이상의 서로 다른 의미를 가지는 경우, 그러므로 두 가지 독립적인 외연을 가지고 있는 경우를 말한다. 각각의 의미 자체는 완전히 분명하고 정확하다. 그러나 어떤 단어나 표현이 모호하다는 것은, 그것이 실제로 가지고 있는 특성에 문제가 있다는 것이다. 즉, 하나의 단어나 표현이 전달하는 의미가 명료하지 않고 불확실할 때 모호하다고 말한다. 그러므로 하나의 단어가 모호하지는 않지만 애매할 수는 있고('사과'처럼 과일의 한 종류를 가리킬 때도 있고, 미안한 마음을 전하는 형식적 표현을 말할 수도 있다), '성적인 관계'와 같이(성적인 관계가 정확히 어떤 것일까?) 어떤 단어나 표현이 애매하지는 않지만 모호할 수는 있다.

자신이 처한 상황이 불리하다는 것을 알아차린 사람이 상대방의 강한 동의나 반대를 회피하기 위해 말하려는 바를 일부러 모호하게 남겨두는 경우도 있다. 그런가 하면, 공개 토론 등에서 수사적 힘을 발휘하는 표현들이 모호하게 사용되기도 한다. '권리', '자유주의', '성추행', '인종차별주의', '성차별주의' 등이 그렇다. 이런 말들의 의미를 정확하게 이해하기란 결코 쉽지 않으며, 애당초 그것을 기대하는 것 자체가 비현실적이다. 이런 표현들의 외연은 분명한 방식으로 그 범위가 통합될 수 없는, 믿음과 행위의 집합을 포함하는 경향이 강하다. '자유주의'도 아래와 같이 여러 가지 특성을 표현하는 단어 중 하나다.

> 관용적인 사회에서 통용되는 믿음
>
> 의사표현, 결사, 선택의 자유가 있다는 믿음
>
> 특정한 종류의 규제 법률(예컨대 약물 사용을 반대하는 것)이 완화되어야 한다는 믿음*
>
> 정부가 시민의 삶에 개입하는 범위가 최소화되어야 한다는 믿음

---

*짐작할 수 있듯이, 이때의 '약물'은 모호하게 사용되고 있다. 입법이나 범죄와 관련된 대부분의 논증에서 이 단어는 불법적 약물을 가리킨다고 보지만, 일반적으로 약물에는 술, 처방용 약품, 진통제, 니코틴 등도 포함된다. 고의적으로 이 단어를 모호하게 사용하는 것은 모호성을 활용하려는 수사적 전략일 수도 있다.

자유방임적 경제 정책을 지지하는 믿음

자유주의적 민주정당에 대한 지지

엄격하지 않은 것

정치적 좌파

범죄에 관대한 것

어떤 사람이 자유주의자라고 할 때, 그는 위에 열거한 믿음을 모두 가지지 않을 수 있다. 또는, 위의 특성들을 모두 가지고 있을 수도 있다. 심지어 어떤 사람은 위의 믿음들 중 일부나 대부분을 가지고 있음에도 불구하고 자유주의자가 아닐 수 있다.

다음의 예는 전체적으로 모호한 부분이 너무 많다.

논란의 여지가 있는 인간 게놈 지도 프로젝트의 연구원들은 선례가 없는 심각한 영적 의미를 가지는 급진적 프로젝트에도 포함되어 있다. 이것은 의심의 여지가 없는 사실이다. 과연 그들이 조심스럽고 겸손한 태도로 그런 연구를 진행할 수 있을까? 그들이 하고 있는 일은 원자폭탄 연구와는 비교조차 될 수 없는데, 왜냐하면 그 연구가 인간의 본질과 직결되어 있기 때문이다. 마치 프랑켄슈타인 박사처럼 그들은 생명을 마음대로 주무르고 있으며, 이전의 어떤 과학자들도 감히 시도조차 하지 못한 미지의 신성한 영역을 여행하고 있다. 그러나 우리를 호모사피엔스로서 존재하게 하는 생명의 원천은 아직까지 우리에게 굳게 닫혀져 있으며, 맹목적이고 오만하고 심원하며 자연적인 과정들에 의해 잘 감추어져 왔다. 그리고 이러한 사실들이 어떤 사람들에게는, 비록 과시하는 일에만 급급한 과학과 기술의 요란한 전시에도 불구하고, 조물주, 즉 자연 그 자체를 창조한 창조자의 손에 의해 감추어져 왔다고 여겨질 것이다.

이 글의 필자가 이토록 흥분된 과장법을 구사하면서 논증하려는 것이 과연 무엇일까? 아마도 인간 게놈 지도 프로젝트에 위험한 요소나 잘못된 점이 있다고 생각하는 듯하다. 그러나 무엇이 위험하다는 것인지는 분명치 않다. 인간 게놈

지도 프로젝트가 원자폭탄의 연구와 구별되는 점은 생명에 대한 특별한 관심이라고 말하고 있지만, 이 프로젝트가 그토록 위험한 이유에 대해서는 아무 언급이 없으며, 단지 '신성한', '급진적', '심각한', '영적 의미' 등과 같이 매우 모호한 장광설을 늘어놓고 있을 뿐이다. 하지만 문제가 심각한 만큼, 의학적인 혜택이 보장됨에도 불구하고 이 프로젝트를 위험하다고 봐야 하는 이유가 무엇인지를 정확하게 제시해야 한다.

철학적인 측면에서 모호성을 띠는 단어들이 있다. 언어철학자들은 언어적 표현의 외연이 명확한 경계를 가지지 않을 때 모호하다고 말한다. '오렌지색'을 생각해보자. 오렌지색을 띠는 사물과 노란색을 띠는 사물 사이에는 뚜렷한 경계가 없다. 그러나 우리는 그러한 속성과 관련하여 사물들을 서로 정확하게 비교할 수 있다. 예를 들면, 우리는 X가 Y보다 머리카락이 길다, 더 뚱뚱하다, 더 조용하다, 더 크다, 더 빠르다 등등을 정확하게 비교할 수 있다.

그런데 X의 머리카락이 긴지, 뚱뚱한지, 조용한지, 키가 큰지, 빠른지 등이 명확하게 구분되는 것은 아니다. 이러한 경계에 관한 문제는 명사에서도 발생한다. 사실, 모호성은 생각보다 매우 많은 사례에서 나타난다. '도시'의 경우를 생각해보자. 예를 들어, 대구는 흔히 도시라고 말한다. 그러나 정말 그러한가? 전주는 어떠한가? 춘천은? 제주는? 태백은?

우리는 대체로 이러한 모호성과 관련된 문제에 비교적 잘 대처하고 있으며, 모호성에 개의치 않고 일상적인 언어생활을 해나간다. 그러나 아주 사소한 경우에서조차 오해가 발생할 수 있다. 한 회사의 사장이 금년에는 '큰 폭의 임금 인상'을 단행하겠다고 약속했다. 그런데 막상 임금을 받아보니 물가 상승률에도 못 미치는, 기존 연봉에서 겨우 5퍼센트만이 인상된 금액이었다. 직원들의 불만에 사장은 그 약속이 작년의 연봉을 기준으로 한 금액이며, '큰 폭'이라는 것은 임금 인상이 없었던 작년과 비교했을 때의 차이라고 변명하며 자신의 입장을 방어할 수 있다(더 깊은 논의는 암묵적 상대성에 관한 부분을 보라.)

1차 내포와 2차 내포

어떤 낱말들은 2차 내포가 풍부한 덕분에 모호성을 갖는다. 모든 명사와 형용사—'코끼리', '회사', '비도덕적인', '어리석은' 등—는 그 단어가 적용되는 대상들의 집합, 즉 **외연**을 가진다. 모든 바나나들의 집합은 '바나나'의 외연이 되며, 사각형을 띠는 모든 사물의 집합은 '사각형'의 외연이 된다. 어떤 사물이 한 낱말의 외연에 속하는 경우, 그리고 그 경우에만* 그 사물은 그 단어 사용에 관련된 규칙의 적용을 받는다. 예를 들어, '총각'에 대한 사용 규칙은 '결혼하지 않은 남자 성인'이다. 이 규칙을 그 단어의 **1차 내포**라고 한다. 그것은 어떠한 특성들의 특정 집합을 이루고, 그 집합은 그 단어로 정의되는 모든 것들로 이루어져 있으며, 그리고 오직 그것들로만 이루어져 있다. '총각'이라는 단어는 결혼하지 않은 사람과 남자, 성인의 교집합을 가리키며, 정의상 모든 총각들과, 그리고 오직 총각들로만 이루어진 집합을 가리킨다. 어떤 단어에 대한 1차 내포는 그 용어가 적용될 수 있는 대상에, 그리고 그 대상에만 적용되어야 한다. 예를 들면, '여성 총각'은 논리적으로 불가능하며 모순적이다.

그러므로 '어떤 것은 B이다.'라고 할 때는, B가 일반적 용어인 경우에 '어떤 것'은 B의 1차 내포를 예화해야 한다. 즉, B의 1차 내포의 예가 되어야 한다. 만약 우리가 "그 사람은 총각이야."라는 말을 들었다면, '그 사람'이 결혼하지 않은 성인 남성임을 쉽게 유추한다. 그런데 우리는 어떤 것(사람)이 총각이라는 말을 듣고는, '총각'에 관한 1차 내포에 포함되지 않는 것들에 대해서도 가정하는 경향이 있다. 예를 들어, 덩치가 크다든가, 목소리가 낮고 굵다든가, 기운이 넘친다든가, 말수가 적다든가 등등을 떠올린다. 만약 우리가 어떤 것(사람)이 '총각'이라고 생각했다면, 그것이 앞에 서술된 특성을 가졌을 것이라는 생각은 어느 정도 합당하다. 이처럼 '총각'이라는 단어가 전달하는 추가적 특성들을 '총각'의 **2차 내포**라고 한다.

---

* '~인 경우 그리고 그 경우에만'은 필요충분조건임을 진술하고자 할 때 사용된다. 여기에 대해서는 필요충분조건에 관한 설명을 참조하라.—옮긴이

어떤 용어로 규정되는 사물들은 일반적으로 앞에서 서술한 특성들을 가지고 있다. 하지만 어떤 사물이 그 용어의 적용 예임에도 불구하고 2차 내포에 해당하는 특성을 가지지 않을 수 있으며, 그것이 논리적 잘못은 아니다. 예를 들면, 어떤 것(사람)이 '총각'이라서 총각이라는 단어의 1차 내포가 요구하는 조건을 만족하지만, 위에서 지적한 총각의 2차 내포에 해당하는 나머지 특성들을 모두 가지고 있지 않더라도 논리적 모순이 아니다. 어떤 사람이 총각이지만, 덩치도 작고, 목소리는 가늘고 높으며, 기운이 없는 약골이고, 말만 많은 수다쟁이인 것은 논리적으로 불가능하지 않다.

왜 우리는 1차 내포와 2차 내포를 구분하는 데에 관심을 가져야 할까? 우선, 그것은 모호성을 따지는 일과 관련 있다. 예를 들어, '자유주의' 같은 단어의 정확한 의미를 가려내는 일은 매우 까다로운데, 단어의 1차 내포를 정확하게 규정해내기가 어려우면서 1차 내포가 대단히 풍부하기 때문이다. 사실상 모호성을 가지는 표현들은 1차 내포와 2차 내포 사이의 구분이 무너져 있으며, 그 구분을 적용하기도 쉽지 않다. 예를 들어, '자유주의'의 경우에도 그것의 1차 내포는 어디까지이며, 2차 내포는 어디까지인지를 정확히 구분하여 말하는 것은 매우 어렵다.

이러한 구분에 관심을 가져야 하는 또 다른 이유는, 많은 단어나 표현들의 2차 내포가 그 문장들에 수사적 힘을 부여하기 때문이다. '페미니스트'를 생각해보자. '페미니스트'의 1차 내포를 정확하게 가려내는 일은 매우 어려울 뿐만 아니라, 이 표현에는 페미니즘 반대자나 지지자 모두에게 각각 수사적으로 유리한 2차 내포들이 매우 풍부하다. 몇몇 학생들을 상대로 '페미니스트'라는 표현에서 떠올릴 수 있는 특성들에 어떤 것이 있는지를 물었더니, 다음과 같은 대답이 나왔다.

남성 혐오, 투쟁가, 동성애(레즈비언), 단호함, 두꺼운 청바지, 좌파, 낙태 옹호, 강인함, 여성성의 옹호, 정치적 성향

말이나 글이 은유적으로 사용될 때는 그것들의 2차 내포가 어떤 역할을 하는

지를 파악할 필요가 있다. 많은 경우 **은유**는, 그 표현이 가지고 있는 2차 내포를 전달한다. 특정한 사람이나 대상을 지목하여 은유를 사용하는 경우에는 그 표현이 전달하는 1차 내포가 사실상 거짓인 경우가 많다. 예를 들어, 어떤 사람을 향해 '돼지'라고 했다고 하자. '돼지'라는 단어를 그 사람에게 문자 그대로 적용했을 때는 거짓이 된다. 그러나 사실상 그것은 '돼지'의 특성과 관련된 2차 내포, 예컨대, 돼지가 먹는 방식, 냄새 맡는 모습, 진흙을 좋아하는 취향 등을 상대방에 부여하여 모욕하려는 의도를 담고 있다.

우리는 말이나 글의 은유적 표현을 문자 그대로 받아들이거나, 은유적 표현 방식과 애매한 표현 방식을 혼동하지 않도록 조심해야 한다. 셰익스피어의 작품 속 로미오는 연인인 줄리엣의 아름다움을 "나의 사랑, 그대는 한 송이 장미꽃"이라고 표현한다. 이것은 장미의 2차 내포인 아름다움, 연약함, 달콤함 등으로 연인을 표현하려는 은유다. 이런 경우, '장미'의 문자대로의 의미와 은유적인 의미 사이에 애매성은 없다.

수사적 의문

수사적 의문은 의문문이라는 형식을 빌려 간접적인 방식으로(예컨대, 서술문처럼) 주장을 펼친다. 말하자면, 수사적 의문들은 실제로 의문을 제기하는 것이 아니라 간접적인 방식으로 어떤 요점을 전달한다. 비교적 분명하다고 생각하는 사항을 강조할 때 수사적 의문이 사용되는 경우가 많으며, 수사적 의문에 대해서는 별 다른 대답을 제시하지 않는다. 그러나 발언자가 지적하려는 요점이 분명치 않으며 보편적인 동의를 얻을 만한 것이 아닌 경우에도 수사적 의문이 사용된다. 수사적 의문은 발언자의 의도에 오해를 불러오기도 하는데, 그들이 실제로 그러한 주장을 지지하는지 아닌지에 대한 해석을 어렵게 만드는 경우가 있기 때문이다. 이러한 수사적 의문들은 일반적으로 공격적 논쟁이 자주 등장하는 신문기사나 독자투고란에서 자주 발견된다.

수사적 의문을 접했을 경우에는 문장을 서술문으로 다시 써보는 게 좋다. 예를 들면, 다음과 같은 문장을 가정해보자.

단지 당신이 반대하기 때문에 자유롭게 의사 표현을 할 수 있는 나의 권리가 제한되어야 하나요?

이것은 아마도 자유로운 의사 표현의 권리가 침해당해서는 안 된다는 명제를 전달하려는 의도로 보이며, 따라서 진정으로 질문을 던지고 있는 것 같지 않다. 발언자는 상대방이 거의 자동적으로 '물론 아니지요.'라고 대답하기를 기대하고 있는 듯하다. 이 수사적 의문문을 다음과 같은 서술문으로 다시 써볼 수 있다.

자유롭게 의사 표현을 할 수 있는 나의 권리가 단지 당신의 반대 때문에 제한 받을 수는 없다.

논증을 제시할 때는 수사적 의문을 가능한 한 피하는 게 좋다.

반어

반어를 사용해 표현된 발언자의 주장을 문자 그대로 받아들이면, 그들의 주장에 대한 반대의 내용 또는 매우 다른 내용을 전달하는 것처럼 보인다. 다음의 예를 보자.

비가 억수같이 쏟아지고 바람이 세게 불고 춥다. 영수는 말한다. "음, 오늘은 날씨가 기가 막히게 좋구나."

아마도 영수는 반어를 사용하여, 날씨가 지독하게 나쁘다는 것을 말하고 싶은 듯하다.

반어의 가능성을 인식하는 것은 중요하다. 발언자는 반대하는 어떤 것을 조롱하기 위해 그것을 풍자적으로 찬양하는 반어를 사용한다. 그러나 그들이 정말로 그것을 찬양하고 있다고 보아서는 안 될 것이다.

암묵적 상대성

다음의 사례를 보자.

> 그녀는 평균 임금 이상의 수익을 올린다.
> 그는 평균적인 지성의 소유자다.
> 희철은 빨리 달린다.
> 세금이 높다.
> 우리 아파트는 임대료가 저렴하다.

위의 문장들은 비판적인 사고를 원하는 사람들에게 또 하나의 잠재적인 문제를 제공한다. 우리는 발언자가 이러한 문장을 통해 전달하고자 하는 것이 정확하게 무엇인지를 파악해야 한다. 하지만 위의 문장들은 **암묵적으로 상대적**이다. 어떤 사물의 집단들을 비교하고 있지만 비교의 대상이 분명치 않다. 예를 들어, 그녀가 '평균 임금 이상'의 수익을 올린다는 것을 이해하려면, 비교 대상의 평균 임금을 알아야 한다. 비교 대상이 무엇인지에 따라 진리값이 상대적으로 결정되기 때문이다. 희철의 경우는 어떠한가? 발언자가 "희철은 빨리 달린다."고 할 때, 그것은 세계 신기록을 수립할 정도라는 뜻인가? 아니면 희철과 비슷한 나이의 사람들 중에서 빨리 달린다는 뜻인가? 또는 일반인들보다 빨리 달린다는 뜻인가? 만약 이러한 문장이 암묵적으로 상대적이라는 점을 인식하지 않은 채 해석하게 되면, 발언자의 의도와는 다른 집단을 비교 대상으로 삼을 위험이 있다. 희철을 세계적인 단거리 선수들과 비교하게 되면 그다지 빨리 달리는 게 아니라고 할 수 있으며, 그렇게 되면 그 주장은 거짓이 된다. 그러나 희철의 달리기 실력을 노인들과 비교하게 되면, 그가 빨리 달린다는 주장은 참이 된다.

일단 위와 같은 주장들이 암묵적으로 상대적임을 인식하게 되면 명확한 진리값을 가지게 될 가능성이 훨씬 높아진다. 물론 언제나 그렇지는 않다. 암묵적 상대성은 종종 모호성을 일으키는 다른 요인들과 복합되어 나타나기도 한다. 희철의 사례에서도, 만약 우리가 구체적인 비교 대상을 알더라도 희철이 비교 대상

집단의 평균인과 비교하여 얼마나 빠른지가 분명치 않기 때문에 문제는 여전히 남는다.

양화 표현

양화 표현(양화사)은 어떤 것이 얼마나 많이 있고, 얼마나 자주 발생하는가를 말해준다. 모든 양화 표현이 언제나 사물의 정확한 양을 말해주지는 않으며, 대강의 범위만을 알려주기도 한다. 다음의 사례에서 양화 표현에는 밑줄이 그어져 있다. 여기에 제시되어 있는 양화 표현 이외에도 양화 표현은 매우 많다.

<u>모든</u> 남자들은 너무 빨리 운전한다.

국회의원들은 <u>종종</u> 자신의 이익만을 챙긴다.

의료 개혁안을 지지하는 의사들은 <u>거의 없다</u>.

그는 <u>거의 모든</u> 과제에서 A학점을 받았다.

그녀는 동료들 <u>거의 대부분</u>을 좋아하지 <u>않는다</u>.

<u>어떤</u> 검사관도 뇌물을 받지 <u>않는다</u>.

<u>수많은</u> 컴퓨터에서 결점이 나타나고 였다.

<u>9개</u>의 병원이 올해 말에 문을 닫을 것이다.

그녀는 문을 닫는 법이 <u>결코 없다</u>.

기업들 중에서 탁아시설을 갖춘 곳은 <u>절반도 되지 않는다</u>.

그는 <u>언제나</u> 연설문을 자신이 직접 쓴다.

<u>대부분의</u> 여성들은 가능한 한 값 싸고 질 좋은 상품을 선택할 것이다.

양화 표현과 관련하여 생각해볼 잠재적인 문제는 다음의 네 가지다.

1.

양화 표현이 충분히 정확하게 사용되지 않는 경우가 많다. 그런 경우에는 발언자가 의도하는 명제의 명료성이 방해받고, 때로는 오해되거나 수사적으로 남용될 위험도 있다. "일류 축구선수들은 막대한 광고 수입을 올려."라고 친구가 말했다고 해보자. 이에 우리는 "김남수 선수는 스포츠 회사 광고를 한다거나 해서 돈을 벌지 않던데."라며 예외를 거론하며 친구의 의견에 동의하지 않는다고 해보자. 여기에 대해 친구는 주장을 고수하며 일류 축구선수 모두가 막대한 광고 수입을 올린다는 것이 아니고, 대부분 혹은 거의 모든 선수들이 그렇다고 말한다면, 이로써 친구의 주장은 분명해지고, 우리는 그 주장에 조금 더 동의할 수 있게 된다.

2.

어떤 양화 표현들은 표현 자체가 모호하다. 다음과 같은 주장을 보자.

어떤 국회의원들은 대마초 사용의 금지 법안에 동의한다.

이때 '**어떤**'은 무엇을 뜻하는 것일까? 매우 소수만이 그런 의견을 가지고 있다는 뜻일 수도 있고, 대다수의 국회의원들이 그런 의견을 가지고 있다는 뜻일 수도 있다. '어떤'으로 의도하고 있는 국회의원의 수를 정확히 알 수 없다면, 이 주장에 어떤 반응을 보여야 할지 아는 것은 대단히 어렵다. 게다가 이런 주장은 대마초 문제에 대한 찬성과 반대 입장 모두에서 남용될 위험에 노출되어 있다. 그것은 금지 법안에 대한 찬성 의견을 지지하는 근거로 사용될 수 있는가 하면, '오직 몇몇 국회의원들만이 금지 법안을 지지하고 있다.'라고 하면서 반대 의견을 지지하는 근거로도 사용될 수 있다.

3.

사람들은 양화 표현을 너무 쉽게 생략하는 경향이 있다. 누군가가 다음과 같이 항의하고 있다고 해보자.

교사들은 학생들에게 수업에 대한 불만을 제기할 기회를 주지 않는다.

이것을 말 그대로 받아들여 아래와 같이 명제화할 수 있다.

　　모든 교사들은 (지금까지 한 번도) 학생들에게 수업에 대한 불만을 제기할 기
　　회를 준 적이 없다.

그러나 사실상 발언자의 의도는 아래와 같을 것이다.

　　대부분의 교사들은 지금까지 학생들에게 수업에 대한 불만을 제기할 충분한
　　기회를 주지 않았다.

일단, 적절한 양화 표현이 명시적으로 사용되면, 암묵적일 때 가정했던 것보
다 좀더 적은 수의 교사들에만 양화 표현이 적용된다.
또 다른 사례를 살펴보자.

　　오늘날의 학생들은 아주 열심히 공부한다.

이것은 다음 명제를 표현한다고 해석될 수 있다.

　　오늘날의 학생들은 모두 아주 열심히 공부한다.

이런 종류의 일반화에 대해서는 예외가 되는 사례를 제시함으로써 어렵지 않
게 반대 의견을 제시할 수 있다. 만약 발언자의 의도에 더욱 충실하도록 이 주장
을 해석하고자 한다면, '대부분의' 또는 '거의 모든'이라는 양화 표현을 명시적으
로 사용하면 된다. 그러면 위의 주장은 다음과 같이 된다.

　　오늘날 학생들 대부분은 아주 열심히 공부한다.

이로써 명제가 참일 개연성이 더욱 높아진다. 일반화의 형식을 띤 주장이 참

인지 여부를 알아보기 위해 사용되는 사례를 **반례**라고 한다. 하지만 여기서의 반례는 논증을 논박하기 위해서 제시하는 반례와 다르므로 혼동해서는 안 된다(반례에 의한 논박에 대해서는 제6장을 참조하라).

양화 표현과 일반화

어떤 사실에 대한 일반화는 불가능하다고 말하는 사람들이 있다. 그러나 그것은 참이 아니다. 예컨대, 그 주장은 〈모든 일반화는 거짓이다.〉와 같은 명제로 이해된다. 그러나 이 명제 자체가 일반화다. 그러므로 그의 주장이 참이면, 이 주장은 거짓이 된다! 따라서 이 명제가 발언자의 의도일 리 없다.

아무튼 어떤 일반화가 참임은 분명하다(비록 그런 일반화가 흥미롭지는 않아도). 다시 말해, 모든 일반화가 거짓이라는 주장에 대한 반례가 있다. 〈대한민국의 모든 도시에는 사람들이 살고 있다.〉라는 명제는 분명히 참이며, 이 명제에 대한 진리값을 뒤집을 만한 반례를 제기할 수 있는 사람은 아마도 없을 것이다.

일반화는 정확히 무엇일까? 사실 일상용어로서의 '일반화'는 다소 모호하다. 대체로 일반화는 어떤 사물들의 범주에 관한 진술이다. 양화 표현을 포함하고 있다고 해서 무조건 일반화 표현인 것은 아닌데, '냉장고에 달걀이 다섯 개 있다.'라는 진술에는 '다섯 개 있다'는 양화 표현이 사용되었지만 일반화가 아니다. 그러나 이런 구분에 지나치게 연연해할 필요는 없다. 우리에게는 '모든', '항상', '언제나', '전혀 ~이 아니다', '결코 ~이 아니다', '대부분의', '보통', '많은 경우에', '대체로' 등과 같이 '범주적' 진술까지도 표현할 수 있는 양화 표현들이 있기 때문이다.

논증을 분석하고 평가하는 과정에서 어떤 유형의 일반화들이 문제를 일으키는지를 이해하려면 **보편적 일반화**와 **통계적 일반화**를 구분할 필요가 있다. 다음의 일반화 문장들을 살펴보도록 하자. 이때 문장들 거의 대부분에 명시적인 양화 표현이 쓰이지 않았다는 데 유의하라.

사립학교는 공립학교보다 더 우수한 학업 성취도를 보이고 있다.

서울은 교통이 나쁘다.

규칙적인 운동은 건강에 이롭다.

나이가 들어가면서 사람들은 점차 운동을 덜 하게 된다.

반례를 제시하는 데 열을 올리는 사람들은 위의 일반화에 대한 예외들을 수없이 많이 들이댈 수 있을 것이다. 예를 들어, 혼잡하지 않은 서울의 여러 지름길, 체육관에서 정기적인 운동을 마친 후 심장마비를 일으킨 사람 등등. 이러한 점에 착안하여, 모든 일반화에는 언제나 적어도 하나의 예외는 존재한다면서 모든 일반화가 거짓이라고 주장하는 사람이 있을지도 모른다. 그러나 그것은 일반화를 통해 전달하고자 하는 의도를 오해하는 것이다. 일반화를 주장하는 사람들 중에서 예외란 결코 없다는 식으로 말하는 사람은 거의 없다. '모든'이라는 양화 표현은 '대부분', '거의 모두', '대개의 경우' 등을 의미하는 게 전형적이다. 이러한 일반화를 가리켜 **통계적 일반화**라고 한다.

통계적 일반화는 '**일반적으로**', '**전형적으로**', '**보통**', '**평균적으로**', '**대부분의 경우**' 등의 표현을 사용함으로써 명제가 참이 되도록 의도한다. 위의 사례에서도 그 같은 표현들을 덧붙임으로써 발언자의 의도를 더욱 명료하게 만들 수 있다. 예를 들어보자.

사립학교는 일반적으로 공립학교보다 더 우수한 학업 성취도를 보인다.

다른 한편, 사람들이 **보편적 일반화**를 사용할 때에는 그 일반화가 예외 없이 적용됨을 의도한다. 이러한 일반화에는 '**모든**', '**어떤**', '**어떤 것도 ~가 아니다**', '**언제나**', '**결코 ~이 아니다**', '**~한 사람은 전혀 없다**' 등과 같은 양화 표현들이 사용된다. 예를 살펴보자.

모든 여행객들은 유효한 여권을 소지하고 있어야 한다.

우리 신문사에는 선정주의에 빠진 기자가 전혀 없습니다.

만약 누군가가 보편적 일반화를 시도한다면, 그에 대한 반례를 제시함으로써 논박할 수 있다. 그러나 양화 표현이 없는 일반화는 대개의 경우 보편적 일반화를 의도하지 않는다. 일반화에 제기되는 문제도 사실상 수사의 문제일 뿐이지 진리의 문제가 아닌 경우가 대부분이다. 사실상 반反일반화론자들이 염려하는 것도 인종, 종족, 국적, 계급, 성이나 성별 등에 대한 일반화인 게 보통이다.

화성에 조르몬인과 링곤인이 산다고 가정해보자. 그리고 〈링곤인들이 조르몬인들보다 더 난폭하다.〉라는 일반화가 통계적 일반화로는 참이지만 보편적 일반화로는 거짓이라고 가정해보자. 아마 링곤인들 중의 반일반론자 한 명이 이러한 주장에 반대할지도 모른다. 여기서 우리는 모든 링곤인이 모든 조르몬인보다 난폭한 것은 아니라는 사실에도 불구하고, 문제의 일반화가 참이 아니라고 말할 수 없다는 데에 유의해야 한다. 주장된 일반화가 만약 통계적 일반화로 간주된다면, 이 일반화는 참이라고 받아들일 수밖에 없다.

그러나 위의 일반화는 수사적으로 위험하다. 이유는 두 가지다. 첫째, 많은 사람들은 위와 같은 진술에 들어 있는 애매성을 분명하게 인식하지 못한다. 그래서 위의 진술을 보편적 일반화로 잘못 생각할 수 있으며, 더 나아가 난폭성이 마치 링곤인의 천성이나 유전적 성향인 듯 주장한다고 여길 수 있다. 그러나 사실상 위의 일반화는 이러한 명제에 대해서 말하는 바가 전혀 없다. 따라서 만약 의도된 정확한 의미를 분명하게 밝혀서 오해의 여지를 없애지 않는다면, 이 일반화는 듣는 사람을 자극하여 좋지 않은 감정을 일으킬 수 있다. 두 번째 이유는 다름 아니라 바로 인간의 천성 탓이다. 비록 단어의 애매성이 해소된다 하더라도, 한 집단에 대한 일반화(보편적 일반화이든 통계적 일반화이든 간에)는 그 집단에 속한 사람들에 대한 공격을 의미할 수 있고, 또 공격을 초래할 수도 있다. 역사적으로도 한 집단에 대한 일반화라는 전혀 합리적이지 않은 이유를 내세워 공격을 감행한 사례는 얼마든지 있다. 이러한 경우에 통계적 일반화와 보편적 일반화에 대한 차이를 아무리 설명한들, 또 실제 사실에 대한 진술과 추정상의 진술은 구분된다고 아무리 설명한들 상황을 바꾸기는 어렵다. 이것은 많은 종류의 비합리성과 같이 쉽게 극복될 수 없는, 인간의 천성에서 비롯된 비합리성이다.

어떤 일반화가 실제로 참이라 해도, 그에 대해서 굴욕감을 느끼는 것은 자연스러운 일이다. 그러므로 사람들이 그런 굴욕감을 언제나 극복해낼 것이라고 기대하기는 어렵다. 윤리는 우리의 행동이 어떤 결과를 불러올 것인지에 대해 생각해 보라고 요구한다. 그리고 말이나 글도 행동의 일종이다. 때문에 우리가 무엇을 말할 것인지를 결정할 때, 그 내용을 접한 사람들이 보이게 될 자연스러운 (또는 비합리적인) 반응들을 고려해야 할 때가 종종 있다. 우리는 거짓을 말해서는 안 되지만, 어떤 명제가 참이라는 사실이 그 명제에 대한 발언을 언제나 정당화해 주지는 못한다. 바로 이러한 점이 반일반화론자의 입장이 전하는 한 줌의 진리다.

요 약

　사람들이 우리에게 어떤 믿음이나 행동을 가지거나 하도록 설득할 때, 우리는 비판적 사고를 통해 그것을 받아들이기에 **좋은 이유**들이 우리에게 있는지 없는지에 대해 확신할 수 있다. 설득에는 논증적인 것과 비논증적인 것이 있다. **비논증적인 설득**은 대부분 수사로 취급되는데, 여기서 **수사**는 좋은 이유를 제공함으로써 어떤 믿음이나 욕구나 행동을 받아들이도록 설득하려는 것이 아니라, 사용된 표현의 힘에 의존하여 그것들을 받아들이라고 동기를 부여하려 하는 것이다. **논증적 설득**은 좋은 이유들을 제공함으로써 어떤 주장이나 행동을 수용하도록 설득한다.

　모든 논증들이 좋은 논증은 아니다. 좋은 논증은 어떤 주장이나 행동을 받아들이기에 **좋은 이유**를 제공하는 논증이다.

　논증은 **명제들의 집합**으로 이루어진다. 진술된 명제들은 그 진술의 사실적 내용이며, 가능한 한 문장의 수사적 힘과 구별되어야 한다. 명제들은 명시적으로 진술되지 않은 채 함의되기도 한다. 즉 어떤 말이나 글에 어떤 명제가 의도되었다고 합당하게 판단된다면, 그 명제는 그 말이나 글에 **함의**된 것이다. 논증을 이루는 명제들 가운데 논증이 결국 주장하고자 하는 한 개의 명제는 **결론**이고, 나머지 명제들은 결론을 받아들여야 할 만한 이유를 제공하는 전제들이다. 일단 어떤 글이나 말에 논증이 포함되었다고 판단되면, 논증의 결론을 표현하고 있는 문장과 전제들을 표현하고 있는 문장들을 찾아야 한다. 이때 **결론지시어**와 **전제지시어**의 도움을 받을 수 있다(물론 언제나 그런 것은 아니다). 또 글이나 말이 나오게 된 문맥에 주의를 기울일 필요가 있다.

　논증들을 **표준형식**으로 만드는 작업은 다섯 단계의 과정을 거친다. 특히 **논증의 재구성**은 논증의 형식을 잘 드러나게 하며, 논증을 비교·분석·평가하는 작업을 더욱 쉽게 해준다.

논증은 설명과 엄격하게 구분되어야 한다. 논증은 참인지 거짓인지 판단되지 않은 명제들에 대해 그것을 믿기에 좋은 이유를 제공하려는 데 비해, **설명**은 어떤 특정 명제가 이미 사실로 받아들여지고 있다고 가정한 상태에서 거기에 대한 원인을 상술한다.

논증을 찾아내고 해석하는 작업을 더욱 어렵게 만드는 다양한 **언어적 현상**들이 존재한다. **애매성, 모호성, 은유, 수사적 의문, 반어** 등은 발언자의 의도를 흐리게 만들어 오해를 불러일으킨다. **암묵적으로 상대적**이거나 부적절한 **양화 표현**이 사용된 문장들은 발언자의 의도를 왜곡시킬 위험이 있다. **일반화**를 표현하기에 부적절한 양화 문장들은 논증 해석에 문제를 일으킬 수 있다.

일반화에는 **통계적 일반화**와 **보편적 일반화**가 있다. 어떤 일반화가 모든 경우에 예외 없이 참이라면 보편적 일반화다. 보편적 일반화는 '**모든**', '**모두**', '**어떤 ∼도 아니다**', '**∼는 전혀 아니다**', '**언제나**', '**결코 ∼가 아니다**' 등과 같은 양화 표현이 주로 사용된다. **통계적 일반화**는 대상 집단의 일부분에 대해서만 참이다. 여기에는 '**대부분**', '**거의 대부분**', '**대부분의 경우**', '**일반적으로**', '**전형적으로**', '**대개**' 등과 같은 양화 표현이 주로 사용된다.

이러한 언어적 현상들이 문장에서 의도한 의미가 명시적으로 드러나는 것을 방해한다면, 애초의 설득 시도를 가장 개연성 있게 해석할 수 있도록 문맥에 주의를 기울어야 한다. 개연성 있는 적절한 해석을 찾아내면, 그 문장을 **다시 써서** 의도된 의미를 명시적으로 나타내야 한다.

Logic: deductive validity

비판적 사고를 하는 과정에서 우리는 종종 당혹감에 빠진다. 어떤 논증이 분명히 잘못되었다고 느끼더라도 정확히 무엇이 문제인지를 밝혀내기란 쉽지 않기 때문이다. 이러한 당혹감은 때로 우리 자신 탓이기도 하지만 어떤 경우에는 논증을 제시한 사람 탓이기도 하다(물론 그에게는 그런 해석이 당연한 일이라도 그렇다). 비판적 사고를 훈련하려는 1차적인 목적은, 논증에서 잘못된 것이 무엇이며, 그로 인해 우리에게 당혹감을 안겨주는 것이 무엇인지를 명료하게 표현해내기 위한 개념과 방법을 배우는 것이다. 이것은 우리의 논증 평가를 도와서 참된 것을 추구할 수 있도록 한다. 또한 비판적 의식을 강화하게 되면 논증을 접했을 때 느끼는 당혹감을 덜어주어 우리의 정신이 더욱 건전한 성향을 가지는 계기가 된다. 더 나아가 다른 사람들과의 관계를 부드럽게 발전시키는 데에도 도움이 된다(하지만 비판적 사고 능력을 발전시킬수록 더 밉상스런 언쟁가가 되지 않을까 하고 걱정하는 사람들이 있을지도 모르겠다).

논증을 접했을 때 느끼게 되는 당혹감은 다음의 두 가지 이유 때문이다. 첫째, 그 논증을 전체적으로 분명하게 파악하는 것은 물론이고, 그 논증이 도대체 무엇인지조차 정확하게 말하기 어렵다는 점을 본능적으로 느끼기 때문이다. 둘째, 우리가 논증을 비교적 분명하게 파악하고 인지하는 데 성공하더라도 그 논증에서 무엇이 잘못되었는가를 제대로 설명하는 일이 쉽지 않음을 알기 때문이다.

- 첫 번째 이슈에 대해서는 **논증재구성**(한 논증을 명료하고 종합적으로 이해하기 위해 표준형식으로 나타내는 것)에 대한 논의에서 다루겠다.
- 두 번째 이슈에 대해서는 **논증 평가**(논증이 결론에 대해 좋은 이유를 제시하고 있는지 여부를 판단하는 것)에 대한 논의에서 다루겠다.

논증의 재구성과 관련한 실용적인 세부 사항들은 제5장에서 다루겠다. 제2장과 제3장에서는 논증의 평가에 대해서 다루겠다. 흔히 우리는 어떤 논증을 평가하는 데 좋다, 나쁘다, 강하다, 약하다, 타당하다, 타당하지 않다(부당하다), 건전하다, 건전하지 않다, 합당하다, 합당하지 않다, 지적이다, 어리석다 등의 표현을 사용한다. 하지만 그 표현의 의미를 명료하게 이해하고 있지는 못하다. 때문에 논증을 비판할 목적으로 이런 표현들을 사용한다면 스스로도 의미가 모호해질 뿐 아니라, 그런 식의 설명 자체가 모호하게 될 위험이 있다. 그러므로 우리가 우선적으로 해야 할 작업은 논증 평가에서 가장 기본적이고 중요한 논리적 개념들, 즉 **타당성, 건전성, 귀납적 합당성** 등에 대해 살펴보는 것이다.

논증재구성에 관하여 자세히 살펴보기도 전에 논증 평가에 관하여 살펴본다는 것이 의아할 수 있다. 논증을 평가하기 전에 논증의 재구성을 먼저 검토하는 게 맞는 것 같다는 생각에도 일리가 있다. 사실, 논증재구성보다 논증 평가를 먼저 살펴보는 것은 다소 우회적인 방법이다. 논증을 재구성한 뒤에 논증 평가를 실시하는 게 합리적인 듯 보이겠지만, 논증 평가에 필요한 개념들을 이해한 뒤에 논증재구성을 학습하는 편이 더욱 효과적이다. 이 점은 매우 중요하므로 좀더 자세히 살펴보겠다.

자비의 원리

논증은 **명제**들의 체계, 즉 하나의 결론과 그것을 지지하기 위해 제시된 전제들의 집합이다. 사람들이 머릿속에 생각하고 있는 명제들을 표현하는 방법은 매우 다양하다. 게다가 어떤 논증은 암묵적으로 가정하고 있는 숨은 전제들에 의존하기도 한다.

"L은 약물을 복용하고 있다. 그러므로 그녀는 불법 행위를 하고 있다."라는 말에서, 논증자는 '약물'이라는 모호한 용어를 '불법적인 쾌락용 약물' 또는 '마약'이라는 좁은 의미로 사용했다. '약물'을 의료용 약품을 포함하는 넓은 의미로 보면, 위의 논증은 명백하게 나쁜 논증이다. 더욱이 논증자는 명시적으로 진술하지 않은 채 약물 복용이 불법 행위라고 암묵적으로 가정하고 있다. 그러므로 이 논증에는 두 가지 전제가 암묵적으로 가정되어 있다. 첫째, 논증자는 '약물'에 대해 명시적으로 표현한 것보다 좀더 정확한 어떤 의미를 이미 가정하고 있다.

둘째, 논증자는 그런 결론을 이끌어내는 데 이용한 모든 사실들을 명시적으로 드러내지 않고 있다. 요컨대 전제들이 암묵적인 상태로 남아 있다.

논증의 재구성은 정확하게 어떤 논증이 제시되었는가를 결정하기 위한 과정 중 하나다. 따라서 논증자의 진술을 **분명하게** 만들고 **보완하는**(논증자의 진술 속의 암묵적인 내용을 명시적으로 드러내는 것) 작업이 포함된다. 다시 말해, 논증을 실제로 구성하고 있는 명제들과 표준형식으로 재구성된 명제들을 완벽하게 일치시키기 위한 노력이다. 논증재구성과 관련해 다음과 같은 두 가지 사실을 기억해둘 필요가 있다.

- 논증재구성에 사용되는 문장이 논증자가 애초에 사용한 문장과 반드시 같을 필요는 없다. 우리는 논증의 명제들을 좀더 명확하게 표현하는 문장들을 채택해야 한다.
- 재구성한 논증에는 논증자가 실제로 사용한 문장들에서 표현되지 않은 전제들이 포함될 수 있다.

논증의 재구성은 본질적으로 '**해석**'하는 작업이다. 우리가 재구성하고자 하는 것은 일련의 생각 또는 추리들이며, 이것을 가능한 한 분명하게 표현하는 것이 목표다. 물론 논증자가 이것들을 성공적으로 표현해냈을 수도 있고 전혀 그렇지 못했을 수도 있다.

논증의 재구성은 정확성을 추구하는 과학적 작업이 아니다. 즉, 기계화·자동화되지 않는다. 그것은 판단력을 요구하며, 비판적이되 동정어린 눈과 귀, 어느 정도의 직관, 그리고 사람에 대한 이해력(사람들이 주어진 상황에서 사고하는 일정한 경향이나 방식, 또한 자신을 명료하게 표현하는 전형적인 몇 가지 방식 등에 대한 이해)을 요구한다.

그럼에도 불구하고 논증을 재구성하는 과정은 체계적인 방법으로 수행될 수 있으며, 따라야 할 일반적인 지침들이 제시된다. 가장 일반적인 지침은 이른바 **자비의 원리**다. 이에 대해 살펴보도록 하자.

논증의 재구성은 논증자가 생각하고 표현하려던 것을 추측하는 일이다. 여기에 필요한 1차적인 증거는 당연히 논증자가 실제로 사용한 구체적인 표현들이다. 그 밖에, 논증자가 그런 말을 하게 된 **맥락**이나 **상황**들을 살펴봐야 한다. 다음의 논증을 보자.

> 그러나 미영은 여전히 서울에 있다. 그러므로 미영이 내일까지 부산에 도착할
> 가능성은 없다.

오늘날, 서울에서 부산은 고속철도로 몇 시간이면 갈 수 있는 거리다. 따라서 오늘날의 맥락에서 보면, 미영이 오늘 서울에 머물러 있다고 해서 내일 부산에 갈 수 없다고 말하기는 어렵다. 만약 오늘날을 사는 인물, 예컨대 유명한 연예인에 대해 위와 같이 논증했다면, 우리는 실소를 지을지도 모른다. 모든 사람이 고속철도에 대해 알고 있으므로, 오늘날을 살아가는 사람이라면 하루 만에 서울에서 부산으로 가는 것이 불가능하다고 생각하지 않는다. 그러므로 오늘날의 맥락에서 위의 논증은 논증자가 어째서 미영—예컨대 유명 연예인—이 하루 만에 부산까지 가는 것이 불가능하다고 생각하는지를 조사해 보아야 한다. 반면에 이것이 이순신 장군을 염두에 두고 임진왜란 무렵에 제시된 논증이라면, 논증자는 하루 만에 서울(한양)에서 부산(부산포)으로 가는 것이 불가능하다고 가정했을 것이다. 그러한 가정은 당시에는 확실히 옳다. 때문에 논증자는 자신의 가정을 특별히 언급하지 않아도 괜찮다고 판단하고서는 명시적으로 표현하지 않았을 것이다. 임진왜란 무렵에 가장 빠른 이동 수단은 말이었다.

논증의 맥락과 관련된 요소들은 논증자가 사용한 구체적 표현들과 함께 논증을 재구성하는 데 필요한 전체 증거를 이룬다. 어떤 경우에는 맥락과 관련된 사실들이 미리 알려지기도 하는데, 이때는 논증자가 암묵적으로 가정하고 있는 전제들이 무엇인지를 분명하게 드러내기가 쉬워진다. 그렇지 않다면 그런 사실들에 관해 더 많이 알아낼 필요가 있다. 역사적 기록물에 대한 해석이 대표적인 예다.

우리는 논증자가 제시한 논증을 한 가지 이상의 방법으로 재구성할 수 있다. 그 가운데 어떤 것은 좋은 논증이지만, 어떤 것은 좋지 않은 논증일 수 있다. 이

때 우리는 어떤 논증재구성을 선택해야 할까? 어떤 논증재구성을 다른 것의 앞에 내세워야 할까?

답은 우리의 목적에 달려 있다. 만약 논증자가 틀렸음을 보여주는 게 목적이라면 논증자의 논증을 아주 나쁜 논증으로 표현할 수 있다. 사실 이러한 전략은 자주 시도된다. 만약 우리의 목적이 상대방, 즉 논적論敵을 물리치는 것이라면(또는 물리친 것처럼 보이는 데 있다면) 그가 제시한 논증을 약한 형태로 구성하여 공격하는 방법을 사용할 수 있다. 이것은 공개적인 토론 등에서 종종 효과를 발휘한다. 청중의 눈에 우리가 논증자보다 우위에 있는 것처럼 보이게 하기 때문이다. 논적(예를 들어, 상대 패널)이 실제보다 더 약한 처지로 보이게 하는 만큼 승리는 우리 것이 된다.

또한 논적, 가령 상대방을 공격하여 그가 방어하는 데 급급한 것처럼 보이게 하는 방법도 있다. 예를 들어 그의 입에서 "그것은 내가 말한 의미가 아니에요."라는 식의 대응이 나오도록 유도하는 것이다. 우리의 목적이 상대방을 설득하거나 우리 자신이 승리자처럼 보이게 하는 데에 있다면, 상대방의 논증에서 취약한 부분을 집중적으로 공략하면 된다. 이 전략은 청중이 상대방의 논증에 대한 더 강한 해석이 있는지 여부를 알지 못하는 경우에 더욱 효과를 발휘한다.

그렇지만 논증의 결론이 참인지 여부를 알아내는 것이 목적이라면, 우리는 그 논증을 가장 훌륭하게 재구성해야 한다. 이유가 무엇일까? 어떤 명제에 대해 참인지 아닌지를 궁금해한다고 가정해보자. 예를 들어, 부자들이 세금을 더 많이 내면 실업률이 높아지는지 여부가 궁금하다. 우리는 이 명제가 참인지 여부를 모르고 있다. 이제, 어떤 사람이 이 명제가 참임을 설득하기 위해 논증을 제시한다고 해보자. 이 논증은 두 가지로 재구성된다고 하자. 하나는 명제가 참임을 받아들이기에 좋은 이유를 제공하지만, 다른 하나는 명제가 참임을 받아들이기에 이유가 부족하다. 그런데 후자의 방법으로 논증을 재구성한다고 해보자. 즉, 좋지 않은 논증을 제시한 것이다. 이런 상황에서 명제가 참인지 거짓인지를 결론 내리는 것이 가능할까? 논증이 나쁘게 재구성되었기 때문에, 거기에 기초하여 명제의 참 또는 거짓 여부를 결론 내리기는 어렵다.

어떤 명제에 대해 나쁜 논증이 제시되었다고 해서, 그 명제를 거짓이라고 거부할 만한 이유가 되지 못한다. 예를 들면, 경철이 주장하기를 3은 행운의 숫자이므로, 제3차 세계대전은 일어나지 않을 것이라고 했다면, 그가 제시한 논증은 나쁜 논증이다. 거기에는 제3차 세계대전이 일어나지 않을 것임을 믿게 할 만한 좋은 이유가 전혀 없다. 그러나 이 논증이 나쁜 논증이라는 것이, 제3차 세계대전이 일어날 것이라고 믿을 만한 이유를 제공하지도 못한다. 요컨대, 어떤 명제에 대하여 나쁜 논증이 제시되었다는 사실 자체는, 우리를 출발점으로 정확하게 되돌려놓을 뿐이다. 만약 우리가 그 명제에 반대하거나 찬성할 만한 아무런 증거도 가지고 있지 않다면, 우리의 입장에는 아무 변화도 없다. 즉, 우리는 그 명제를 참으로 받아들이거나, 거짓이라고 거부할 만한 이유가 전혀 없다.

그렇다면, 우리가 재구성된 논증 중 전자의 경우를 받아들이기로 했다면 어떻게 될까? 전자의 경우는 좋은 논증이므로 입장이 다르다. 우리는 그 명제가 참인지 아닌지에 대하여 알려주는 뭔가를 가지게 되었고, 특히 그 논증이 참임을 보여주는 이유를 가지게 되었다. 우리가 재구성된 두 논증 가운데 전자를 채택함으로써, 논증자는 토론에 훌륭한 공헌을 하게 되었다.

이처럼 우리의 관심이 비판적 사고를 통해 사물들에 관한 참truth(진리, 진실) 여부를 알아내는 데 있다면, 좋은 논증을 찾아내는 일에 관심을 기울여야 한다. 그러기 위해 논증을 가장 좋은 형태로 재구성해야 한다. 그래야 논증을 받아들일지 거부할지에 관한 이유들을 발견하게 될 테고, 그 이유들은 우리를 참된 지식 쪽으로 인도할 것이다. 이것이야말로 **자비의 원리**를 적용함으로써 얻는 혜택이다.

자비의 원리를 준수해야 하는 또 다른 이유는 논리보다 윤리와의 관련성에서 찾을 수 있다. 우리는 논증을 분명하게 제시할 수도 있고 그렇지 못할 수도 있지만, 어쨌든 그것을 통해 상대방이 우리를 제대로 이해할 수 있기를 원한다. 만약 상대방이 우리를 제대로 이해하기는커녕, 가능한 한 재빨리 반박할 구실을 찾기 위해 말꼬리를 잡고 늘어진다면, 우리는 (기분이 나빠져서라도 더욱 그러하겠지만) 듣는 이가 올바르지 않다고 느낄 것이다. 우리는 이런 태도를 공정하지 않다고 생각한다. 따라서 우리가 다른 사람에게 바라는 것과 똑같이 우리 역시 다른 사람들을 이해하려고 해야 한다. 즉, 우리는 상대방을 의심하고 논박하느라 열을 올리기 전에 상대방을 좀더 이해하려고 노력해야 한다.

　때로는 논증을 하면서 이런저런 이유를 장황하게 늘어놓는 사람들이 있다. 실제로는 좋은 이유를 제시하지 못한 채 그저 설득하려고만 하는 사람들도 있다. 특정 상품을 구매하도록 설득·유도하는 경우가 그렇다. 사람들이 전적으로 비논리적인 경우는 거의 없지만, 대다수의 사람들은 논증의 이유를 분명하게 표현하려고 노력하기는커녕, 그런 일에 제대로 관심을 두지 않는다. 그렇지만 다른 사람의 설득을 왜 받아들여야 하는지에 대해 진정으로 이해하고 싶은 우리들은, 설득하는 사람들의 진심이 무엇인지를 이해하기 위해 노력해야 한다. 그렇지 않고 다른 사람들을 대하는 것은 공정하지 못한 태도다. 우리가 다른 사람들과 의사소통을 하면서 그들을 이해하려고 하지 않는다면, 다른 사람들이 우리를 이해해주길 바랄 수 없다.

　그러나 자비의 원리에도 분명한 한계가 있다. 만약 그 한계를 넘어버린다면 우리의 일은 논증 자체를 아예 바꿔버리는 게 된다. 논증자가 실제로 의도한 논증을 적절한 증거에 기초해서 재구성하는 것이 우리가 할 일이다. 그것을 제대로 해냈다면 논증자의 마음속에 그러한 논증이 있었을 것이라고 합당하게 기대할 수 있다. 하지만 논증자가 마음속에 가지고 있었을 것이라고 합당하게 추정되는 내용을 넘어선다면, 그때부터는 논증자가 제시한 논증을 해석하고 있는 게 아니다. 아예 우리가 또 다른 논증자가 되어버린 것이다.

　만약 우리의 관심이 논증자가 논증을 얼마나 잘 했는가에 있다면, 결코 이러한 경계를 넘어서는 안 된다. 그렇지만 만약 우리의 관심이 논증의 참 여부에 있다면, 그러한 경계를 뛰어넘는 것은 옳다. 실제로 어떤 논증을 재구성하다 보면, 결국 동일한 결론을 지지하는 유관한 논증, 특히 우리가 재구성하고 있는 논증보다 더 좋은 논증을 접하게 되기도 한다. 만약 우리가 어떤 문제에 대해 가장 좋은 논증을 찾는 데만 관심 있다면, 더 좋은 논증으로 재구성하도록 노력해야 한다.

참

우리의 목적이 논증을 가능한 한 좋은 형태로 재구성하는 데 있다면, 논증을 좋게 혹은 나쁘게 만드는 것이 무엇인지에 대해 알아야 한다. 다행스럽게도 논리학에서는 논증을 좋게 또는 나쁘게 만드는 요소가 무엇인지에 대해 명료한 대답 몇 가지를 제공한다.

논리학의 가장 근본적인 개념은 참이다.* 비판적 사고자의 주된 관심은 논증의 결론이 참(또는 거짓)인지 여부에 있다. 논리학자들은 참이라는 개념에 의존하여 그 밖의 다른 모든 것들을 설명하려고 한다. 그러므로 무엇보다도 중요한, 참이라는 개념에 관하여 몇 가지 사항을 살펴보면서 논리학의 개념을 알아보도록 하자.

많은 사람들, 특히 철학자들은 '참'에 대해 어느 정도 유보적인 입장을 취한다. 이것은 '참'에 대해서는 간단하게 말할 수 없다는 철학적 걱정거리에서 빚어진 증후군이다. 진정 '참'인 것은 아마 없다는 사람들도 있다. 예컨대, 한 사람이나 한 집단에 대해 참인 것이 다른 사람이나 다른 집단에게도 참일 필요는 없다고 주장한다. 또는, 참은 인간의 인식 너머에 존재하며, 오류를 저지를 가능성이 있는 인간으로서는 접근조차 할 수 없다고 말하기도 한다. 그러나 이처럼 난해한 철학적 걱정거리들은 우리의 목적과 상관 없으므로 여기서는 그냥 한쪽으로 제쳐두기로 하겠다.

제1장에서 잠깐 살펴본 것처럼, 논리학자들이 '참'이라는 말을 사용하는 방식은 매우 단순하며, 여기서의 '참'은 우리가 일반적으로 알고 있는 바로 그 개념이다.

다음의 명제를 살펴보자.

---

*독일의 유명한 논리학자인 고트로프 프레게Gottlob Frege(현대논리학의 창시자로 인정되고 있다)는 다음과 같이 말했다. "논리의 법칙은 '진리의 법칙'이다. 물리학의 법칙이 물리적 세계의 법칙인 것과 마찬가지다."

(A) 물고기는 물에 산다.

이 명제는 참이다. 그것은 무엇을 의미하는가? 간단히 말해서, 이 명제가 말하는 바가 사물의 상태 그대로라는 의미다. 어떤 명제가 참이라는 것은 그 이상도 이하도 아니다. 그렇다, 물고기는 물에 산다! 그렇다면, 다음 명제에 대해 생각해보자.

(B) 물고기가 물에 산다는 것은 참이다.

(A)와 (B)는 서로 **동치**다. 만약 (A)가 참이면 (B)도 참이다. 그리고 만약 (B)가 참이면 (A)도 참이다. 다시 말해, 물고기는 물에 사는 것이 참이라는 것은, 물고기가 물에 산다고 말하는 것과 같은 의미다. 이처럼 논리학이나 비판적 사고에서 요구되는 방식대로 '참'의 개념을 사용하면, '물고기는 물에 산다.'에서 나타나는 언어적 표현들이 전혀 이상하지 않은 것처럼, '참'이라는 용어도 이상하지 않다. 이러한 의미에서, 물고기가 물에 사는지, 하늘이 푸른지, 지구가 포도보다 더 큰지 등에 대하여 의심할 여지가 없다면, 마찬가지의 이유로 참(진리)이라는 게 '실제로' 있는지, 사람들이 참(진리)이라는 것을 인지할 수 있는지 등에 대해 의문을 던질 필요가 없다.

'참'에 대해 불편한 마음이 드는 것은 '참'을 **믿음**과 구분하지 못하는 데에서 비롯된다. 만약 철수가 "물고기는 물에 산다."고 말한다면, 그는 물고기는 물에 산다는 것을 믿고 있다는 의미다. 그리고 추정하건대, 철수는 물고기가 물에 산다는 것을 안다. 마찬가지로, 철수가 말한 것에 대해 영희가 "그 말은 참이야."라고 말한다면, 영희도 물고기가 물에 산다는 것을 믿고 있다는 의미다. 비록 서로 다른 방법으로 말하지만, 철수와 영희는 모두 〈물고기는 물에 산다.〉는 명제를 단언했다. 영희는 철수와 달리 '참'이라는 단어를 사용했음에도 불구하고, 그들은 동일한 명제를 단언한 것이다. 그러나 이 명제가 참인지의 여부는 영희의 믿음과는 관련이 없다. 명제의 참 여부는 물고기와 관련된 사실에 의존하고 있으며, 물고기에 관한 사실은 사람들의 생각에 의존하지 않는다. 그러므로 영희가 어떤 내용을 단언하기 위해 '참'이라는 말을 사용하더라도, 영희가 단언한 내용이 참인지 여부는 그녀의 믿음에 의존하지 않는다.

영희의 믿음은 영희 자신에 의존하며, 사람들은 물고기에 관해 서로 다른 믿음을 가질 수 있다. 그러나 사람들이 어떻게 생각하는지는 물고기에 대한 사실에 아무 영향을 미치지 않는다(이와 관련해서는 제7장에서 다시 한번 다루도록 하겠다).

다른 면을 고려해보자. 어떤 명제가 거짓이라는 것은 그저 그 명제를 부인하는 것이다. 예컨대, 뱀이 물고기의 한 종류라고 잘못 알고 있는 사람은 다음과 같이 말할 수 있다. "어, 그건 거짓인데. 모든 물고기가 물에 산다는 말은 거짓이야." 이때 〈모든 물고기가 물에 산다는 말은 거짓이다.〉라는 명제는 〈모든 물고기가 물에 사는 것은 아니다.〉라는 명제와 동치다.

때때로 우리는 한 명제의 **진리값**에 대해 이야기한다. 어떤 명제에 대해 그 명제가 참이면 진리값은 '참'이고, 거짓이면 진리값은 '거짓'이다. 진리값은 참과 거짓 두 가지밖에 없다. 예컨대 〈물고기는 물에 산다.〉는 명제의 진리값은 참이고, 〈물고기는 하늘에 산다.〉라는 명제의 진리값은 거짓이다. 〈오늘은 화요일이다.〉의 진리값과 〈오늘은 금요일이다.〉의 진리값은 언제나 서로 다르다. '그 명제의 진리값이 무엇인가?'라는 질문은 '그 명제가 참인가 아닌가?'를 묻는 것과 같다.

여기서 한 가지 의문이 생길 수 있다. 만약 한 명제가 참이라고 하는 것이 그 명제를 단언하는 것과 동일하다면, 굳이 그 명제에 대해 '참이다' 또는 '거짓이다'라는 용어를 사용하는 이유는 무엇일까? 목적은 무엇일까? 어째서 그런 용어의 사용이 그저 쓸데없는 사족이 아닌 걸까?

'참' 또는 '거짓'이라는 표현을 사용하는 이유 중의 하나는 편리함 때문이다. '그것은 참이다.'라는 것은 '예' 또는 '아니오'라는 말처럼, 또는 고개를 끄덕이거나 가로젓는 행동처럼 쉽고 빠르며 편리하다. 좀더 중요한 이유로는, 명제들을 참과 거짓이라는 관점에서 일반화하기 위해서다. 우리는 때때로 어떤 구체적인 명제들을 자세히 고려하지 않은 채로 참이나 거짓인 명제들에 관해 일반화하여 말하기를 원한다. 이것은 형식 논리학에서 매우 중요하게 다뤄지는 주제로, 여기서는 형식 논리학에 관한 전문적인 예만큼은 아니지만 그만큼 중요한 일상적인 예들을 살펴보고 있다. 그 중 하나를 살펴보자. 비판적 사고는 참(진리)을 목적으로 한다. 그렇기 때문에 우리는 다음과 같은 명제들에 관심을 가진다. 자본주의는 최선의 경제 시스템인가, 이런저런 행위들은 범죄인가, 전쟁의 위험성은 증가하고 있는가 등등. 이외에도 우리는 많은 것들에 대해 알고 싶어한다. '참'을 목적으로 하는 비판적 사고는 이러한 모든 개별적인 참들을 하나로 묶는 일반화 작업이다.

연역적 타당성

연역적 타당성이라는 중요한 개념을 정의하기 위해서는 바로 앞에서 언급한 종류의 일반화가 필요하다. 연역적 타당성을 '타당성'이라고 줄여서 말하기도 한다. '타당성'의 개념을 배우기 위해서 우선 우리가 일상적으로 사용해오던 이 용어의 여러 의미들은 잠시 잊도록 하자. 여기서의 '타당성'은 논리적 타당성을 의미하며, 추리를 연구하는 학문인 논리학과 관련된 타당성을 뜻한다.

다음의 논증들을 살펴보자.

A.

P1) 선미의 개는 피부병균에 감염되었다.

P2) 모든 피부병균은 박테리아다.

C) **선미의 개는 박테리아에 감염되었다.**

B.

P1) 영철은 개를 한 마리 가지고 있다.

P2) 모든 진돗개는 개다.

C) **영철은 진돗개 한 마리를 가지고 있다.**

논증 A는 '선미의 개'를 말하고 있다. 그러나 그것이 어떤 개인지는 명확하지 않다. 이 논증이 언제, 어디에서 제시되었는지, 심지어 어느 나라에서 제시되었는지에 대해서도 확실치 않다. 그래서 우리는 어떤 개별적인 개가 지칭되고 있는지를 모른다. 심지어 지칭되고 있는 개가 있는지 없는지도 모른다. 게다가, 논증 A의 P2는 어떤 상황에서도 거짓이다. 피부병은 박테리아 때문에 발병하기도 하고, 곤충, 예를 들어 벼룩 때문에 발병하기도 한다.

논증들을 좀더 자세하게 살펴보면, 논증 A에는 뭔가 옳은 것이 있으며, 논증 B에는 뭔가 잘못된 것이 있다는 것을 알 수 있다. 즉, 논증 A의 결론은 그 전제들로부터 따라 나오고, 논증 B의 결론은 전제들로부터 따라 나오지 않는다. 따라서 논증 A는 **타당하고** 논증 B는 **타당하지 않다.**

이것은 무슨 뜻인가? 논증 A가 타당하고 논증 B가 타당하지 않다는 것은 정확히 무엇을 보고 말하는 것일까? 논증 A를 살펴보자. 일단 그것이 타당하다는 것을 인지했다면, 논증 A의 P1 또는 C가 참인지, 또는 선미의 개가 어떤 종류인지, 어느 나라에서 이 논증이 제시되었는지 등에 대해서는 알 필요조차 없다. 논증 A의 P2가 실제로는 거짓임을 확인해볼 필요도 없다. 그 이유는 무엇일까? 정리하면 다음과 같다.

만약 논증 A의 전제들이 모두 참이라면, 결론도 참이어야 한다. 다시 말해, 전제들이 모두 참인데 결론이 거짓인 경우는 불가능하다. 전제들이 참이라는 것은, 가능한 또는 상상할 수 있는 모든 상황에서 결론이 참임을 보장한다. 만약 모든 피부병균이 박테리아이고, 지칭된 개가 피부병균에 감염되었다면, 선미의 개는 박테리아에 감염된 것이다.

이번에는 논증 B를 살펴보자. 위에서 말한 것처럼, 논증 B는 타당하지 않다. 이로부터 인지할 수 있는 것은 다음과 같다. 비록 전제들이 모두 참이어도 결론은 거짓일 수 있다. 그 결론은 전제들로부터 따라 나오지 않는다. 전제들이 실제로 참이든 아니든 간에, 모든 전제들이 참이면서 결론이 거짓인 경우는 가능하다 (또는 그런 경우를 생각해볼 수 있다). 전제들의 참은 결론의 참을 보장하지 않는다.

그런데 논증 B의 전제들은 실제로 참이다. 영철은 개를 한 마리 가지고 있다. 그리고 모든 진돗개는 개다. 논증 B의 결론도 실제로는 참이다. 즉, 영철의 개는 진돗개다. 그러나 이것은 타당성에 관한 요점을 벗어난다. 〈영철이 진돗개를 한 마리 가지고 있다.〉라는 명제가 사실이어도, 그것이 〈영철이 개를 한 마리 가지고 있다.〉라는 명제와 〈모든 진돗개는 개다.〉라는 명제에서 따라 나오는 것은 아니다. 만약 영철에 관한 추가적인 정보가 전혀 없다면, 논증에서 제시된 전제들만으로는 영철이 진돗개를 가지고 있다고 추론할 수 없다.

이런 설명이 이상하다면, 다음과 같은 사항을 다시 한번 곰곰이 생각해보자. 우리는 이 논증의 전제들과 결론이 어떤 진리값을 갖는지를 알기 전에 논증이 타당하지 않음을 먼저 인지했다. 즉, 우리는 어떤 논증을 구성하고 있는 명제들의 진리값을 알지 못해도, 그 논증이 타당한지 아닌지를 말할 수 있다. 논증의 타당성은 명제들의 실제 진리값에 의존하지 않기 때문이다.

다르게 설명하자면, 타당성은 논증의 전제와 결론 사이에 성립하는 관계에 대해 적용되며, 각 명제들의 진리값과는 관련이 없다. 이것이 바로 타당성 개념에서의 핵심이다. 즉, 타당성은 논증 전체에 속하는 성질이다. 확장된 논증들은 하나 이상의 논증을 가지므로 각각의 논증들이 타당하거나 또는 부당하거나 하는 성질을 반드시 가진다.

하나의 명제를 두고 타당하다고 말하는 것은 잘못이다. 그것은 마치 하나의 젓가락을 두고 짝이 맞는다고 말하는 것과 같다. 젓가락의 짝이 맞으려면, 먼저 젓가락들 사이의 관계, 즉 젓가락들의 크기나 길이나 모양 등에서 성립하는 관계가 있어야 한다. 마찬가지로, 하나의 논증을 두고 참이라고 하는 것도 말이 안 된다. 그것은 마치 임의의 형제들의 관계가 한국인이라고 말하는 것과 같다. 임의의 형제들은 각각 한국인일 수는 있지만, 한국 사람이라는 성질은 형제들의 관계가 될 수 없다. 하나의 명제는 참이나 거짓일 수는 있지만, 타당하거나 타당하지 않거나 할 수는 없다. 하나의 논증은 타당하거나 타당하지 않을 수는 있지만, 참 또는 거짓일 수는 없다. 적지 않은 사람들이 참과 타당성의 개념을 혼동하는데, 이는 개념들을 대상에 잘못 적용했기 때문이다.

이제 **타당성**에 대한 두 가지 정의를 살펴보자. 다음의 두 가지 정의는 동치이다. 즉 똑같은 것을 말한다. 그러므로 우리는 다루기 쉽고 편리한 쪽을 선택하여 자유롭게 활용하면 된다.

한 논증이 **타당하다**는 것은 다음과 같은 말이다:*
모든 전제들이 참이고 결론이 거짓인 경우는 불가능하다.**

타당성에 관한 두 번째 정의는 다음과 같다.

 한 논증이 **타당하다**는 말은 다음과 같은 말이다:
만약 모든 전제들이 참이라면, 그 결론도 반드시 참이어야 한다.

　만약 어떤 논증이 위의 정의를 만족시키지 못하면, 그 논증은 부당하다(타당하지 않다). 우리는 **타당성**의 정의로부터 몇몇 유용한 논리적 귀결들을 얻을 수 있다. 즉, 타당한 논증들은 다음과 같은 유형이다.

1. 전제들 모두가 (실제로) 참이다. 그리고 결론이 (실제로) 참이다.
2. 전제들 모두가 (실제로) 거짓이다. 그리고 결론이 (실제로) 거짓이다.
3. 전제들 모두가 (실제로) 거짓이다. 그리고 결론이 (실제로) 참이다.
4. 전제들 중 일부는 (실제로) 참이고, 나머지는 (실제로) 거짓이다. 그리고 결론이 (실제로) 참이다.
5. 전제들 중 일부는 (실제로) 참이고, 나머지는 (실제로) 거짓이다. 그리고 결론이 (실제로) 거짓이다.

---

* 여기서 용어나 문장의 정의를 제시할 때 "～(라)는 것은 다음과 같은 말이다 : "라는 식의 표현을 사용하고 있다. "～(라)고 말하는 것은 다음과 같이 말이다 : "라는 표현 대신에 필요충분조건임을 나타내는 "～인 경우 그리고 오직 그 경우에만"이라는 표현을 사용할 수도 있다. 이에 따라, 타당성의 정의를 표현하자면 다음과 같다.

　한 논증이 타당한 경우 그리고 그 경우에만, 모든 전제들이 참이고 결론이 거짓인 경우가 불가능하다.
　한 논증이 타당하기 위한 필요충분조건은 다음과 같다 : 모든 전제들이 참이고 결론이 거짓인 경우가 불가능하다.
　—옮긴이

** 이 정의에 따르면, 논증의 어떤 전제가 필연적으로 거짓이거나, 결론이 필연적으로 참이면, 논증은 타당하다. 여기서 필연적으로 거짓이라는 것은 참이 될 가능성이 없다는 뜻이고, 필연적으로 참이라는 것은 거짓이 될 가능성이 없다는 뜻이다. 예를 들면, 〈결혼한 독신남자가 있다. 그러므로 달은 녹색 치즈로 만들어져 있다.〉는 논증은 타당하다. 또한, 〈달은 녹색 치즈로 만들어져 있다. 그러므로 결혼한 독신남자가 있다.〉는 논증도 타당하다.

정리하자면, 전제들 모두가 (실제로) 참인데도 결론이 (실제로) 거짓일 때만 논증은 타당하지 않다.

몇 가지 예를 살펴보면 이해가 좀더 쉽다. 다음의 사례들은 앞의 다섯 가지 타당한 논증의 예에 해당하는데, 오른쪽 괄호에 표시된 'T'와 'F'는 그 명제가 참인지 거짓인지를 표시한다.

1.

P1) 조수미는 오페라 가수다.   (T)

P2) 모든 오페라 가수는 음악인이다.   (T)

C) **조수미는 음악인이다.**   **(T)**

2.

P1) 조수미는 바리톤 가수다.   (F)

P2) 모든 바리톤 가수는 이탈리아인이다.   (F)

C) **조수미는 이탈리아인이다.**   **(F)**

3.

P1) 조수미는 바리톤 가수다.   (F)

P2) 모든 바리톤 가수는 한국인이다.   (F)

C) **조수미는 한국인이다.**   **(T)**

4.

P1) 조수미는 소프라노 가수다.   (T)

P2) 모든 소프라노 가수는 한국인이다.   (F)

C) **조수미는 한국인이다.**   **(T)**

5.

P1) 조수미는 소프라노 가수다.	(T)
P2) 모든 소프라노 가수는 이탈리아인이다.	(F)
C) 조수미는 이탈리아인이다.	(F)

다음은 부당한(타당하지 않은) 논증의 예다. 우리가 흔히 범하는 여러 가지 부당한 논증 유형에 관해서는 제4장에서 좀더 자세히 살펴보겠다.

6.

P1) 조수미는 소프라노 가수다.	(T)
P2) 조수미는 음악인이다.	(T)
C) 조수미는 이탈리아인이다.	(F)

7.

P1) 조수미는 여성이다. (T)

P2) 모든 바리톤 가수는 여성이다. (F)

_____

C) 조수미는 바리톤 가수다. **(F)**

8.

P1) 조수미는 가수다. (T)

P2) 모든 소프라노 가수들은 가수다. (T)

_____

C) 조수미는 소프라노 가수다. **(T)**

9.

P1) 조수미는 바리톤 가수다. (F)

P2) 모든 가수는 바리톤 가수다. (F)

_____

C) 조수미는 가수이다. **(T)**

타당성을 결정하는 방법

한 논증이 타당한가 그렇지 않은가를 결정하기 위해서는, 전제들과 결론의 실제 진리값을 무시해야 한다(물론, 결론이 거짓이고, 전제가 모두 참인 논증은 틀림없이 부당하다. 그러나 일상생활에서 만나게 되는 논증은 그 결론이 참인지 거짓인지 알기 어려운 경우가 대부분이다. 사실상, 논증을 따져보는 것 자체가 결론의 진리값을 알아내기 위한 작업이다). 논증의 타당성 여부를 결정하는 것은 다음과 같은 내용을 추리하는 과정이다.

 전제들이 모두 참이라고 가정하자(또는 그렇다고 상상하자). 그런 상황에서 결론이 거짓일 가능성이 있는가? 만약 그럴 수 없다면, 그 논증은 **타당하다**. 만약 결론이 거짓일 수도 있다면, 그 논증은 **부당하다**.

타당성에 관한 체계적인 연구는 **논리학**의 주요 관심사다. 논리학자들은 논증들이 타당한지 부당한지를 검사할 수 있는 완벽하게 신뢰할 만한 절차들을 고안해 내는 일에 관심을 가져왔다. 물론 그들이 다루는 논증들은 수학적 증명들처럼 매우 복잡한 구조를 가지고 있다.

논증의 타당성은 전제들의 진리값에 독립적으로 성립하기 때문에, 논리학은 과학 분야에서도 독보적이면서 유일한 지위를 차지한다. 다른 과학 분야들은 특정한 주제에 대하여 구체적인 명제들의 진리값을 찾아내는 데 관심을 둔다. 예를 들면, 어류학에서는 물고기에 관한 명제들이 참인지 거짓인지 알기 위해 탐구한다. 그러나 논리학자들은 물고기에 관한 구체적인 내용에 별 관심이 없으며, 그것은 다른 사물들에 대해서도 마찬가지다. 논리학은 개별적인 참(진리)에는 관심을 두지 않으며, 오직 명제들 간의 관계에만 관심을 가진다. 논리학은 명제들이 실제로 참인지 거짓인지에는 관심을 두지 않는다. 논리학자들이 관심이 가지는 것은 앞의 다섯 개의 타당한 논증 유형에서 보듯이 전제들과 결론 사이에 어떤 관계가 성립하는가 하는 것이다.

추가적 예

이제까지 살펴본 타당한 논증들의 예들은 모두 동일한 유형 또는 형식이라고 볼 수 있다. 추가적으로 몇 가지 타당한 논증 형식들—단순하긴 마찬가지이지만—을 살펴보겠다. 이 사례들은 모두 꾸며낸 이야기로, 전제들과 결론의 실제 진리값이 논증의 타당성과 무관함을 깨닫는 데 도움이 될 것이다.

P1) 어떤 좀비도 간지럼을 타지 않는다.

P2) 꺼벙이는 좀비다.

C) 꺼벙이는 간지럼을 타지 않는다.

P1) 꺼벙이는 화성에 살거나 금성에 산다.

P2) 꺼벙이는 화성에 살지 않는다.

C) 꺼벙이는 금성에 산다.

P1) 같은 날에 화성과 금성을 방문하는 것은 가능하지 않다.

C) 만약 꺼벙이가 오늘 화성을 방문했다면, 꺼벙이는 오늘 금성을 방문하지 않았다.

P1) 만약 꺼벙이가 간지럼을 타지 않는다면, 맹꽁이는 간지럼을 타지 않는다.

P2) 만약 맹꽁이가 간지럼을 타지 않는다면, 꺼벙이는 간지럼을 타지 않는다.

P3) 맹꽁이는 간지럼을 타지 않는다.

C) 꺼벙이는 간지럼을 타지 않는다.

P1) 만약 꺼벙이가 화성에 있으면, 꺼벙이는 맹꽁이를 만날 것이다.

P2) 꺼벙이는 화성에 있다.

C) 꺼벙이는 맹꽁이를 만날 것이다.

P1) 만약 꺼벙이가 과자를 다 먹었다면, 과자 봉지는 비어 있을 것이다.

P2) 과자 봉지는 비어 있지 않다.

C) 꺼벙이는 과자를 다 먹지는 않았다.

조건 명제

조건 명제는 '만약 ~이면, ……이다'라는 형식의 서술문으로 표현된다. 조건 명제를 간단히 조건문이라고도 한다. 다음의 예를 살펴보자.

만약 비가 오면, 구름이 낀다.

앞의 〈만약 꺼벙이가 과자를 다 먹었다면, 과자 봉지는 비어 있을 것이다.〉라는 명제도 조건문의 예다. 이 밖에도 조건문은 여러 방식으로 표현될 수 있다.

다음의 모든 문장들은 〈만약 비가 오면, 구름이 낀다.〉와 동일한 명제를 나타내고 있다. 이것들은 모두 비와 구름 사이에 성립하는 논리적 연관성을 표현하고 있다.

> 구름이 낄 때에만 비가 온다.
> 구름이 끼거나 비가 오지 않는다.
> 구름이 끼거나 아니면 비가 오지 않는다.
> 비가 오지 않거나 또는 구름이 낀다.
> 구름이 끼지 않으면 비가 오지 않는다.
> 구름이 끼지 않을 때에는 비가 오지 않는다.
> 구름 없이는 비도 없다.

어쩌면 이러한 문장들이 〈만약 비가 오면, 구름이 낀다.〉라는 명제와 동일한 명제를 포함하는지가 불분명해 보일지도 모르겠다. 이와 관련하여, 사람들은 다음과 같은 경우에 가장 많이 혼동을 일으킨다.

1. '만약 ~이 아니면, ……이 아니다'

> 만약 비가 온다면 구름이 낀다.
> 그리고 구름이 없다면 비도 없다.
> 그러므로, 만약 구름이 끼지 않으면, 비도 오지 않는다.

우리가 〈만약 P이면, Q이다.〉라는 명제를 가지면, 〈만약 Q가 아니면, P가 아니다.〉라는 명제를 갖게 된다. 마찬가지로 〈만약 Q가 아니면, P가 아니다.〉라는 명제로부터 〈만약 P이면, Q이다.〉라는 명제로 나아가는 것도 가능하다.

한 형사가 "만약 삼식의 신발에 진흙이 묻어 있지 않다면, 삼식은 범인이 아니다."라고 말했다. 이때, 형사가 〈만약 삼식의 신발에 진흙이 묻어 있다면, 삼식은 범인이다.〉라고 말한 것은 아니다. 그는 〈만약 삼식이 범인이라면, 삼식의 신발에 진흙이 묻어 있을 것이다.〉라고 말했을 뿐이다. 그러므로 〈만약 Q가 아니면, P가 아니다.〉라고 하는 것은 〈만약 P이면, Q이다.〉라고 하는 것과 동치다.

2. '~이거나 ……이다', '~ 또는 ……', '~ 아니면 ……'

보통 두 개의 진술이 '~이거나 ……이다', '~ 또는 ……', '~ 아니면 ……'등에 의해 하나의 복합 진술을 형성하기도 한다. 이렇게 만들어진 복합 진술은 '만약 ~이면 ……이다'를 사용하는 진술과 동치를 이루며, 그 역도 성립한다. 이때, '또는'을 사용하는 문장이 '만약 ~이면 ……이다'를 사용하는 문장과 같기 위해서는 '아니다'를 추가해야 한다. 다음의 진술들은 서로 동치다.

브라질팀이 월드컵에서 우승하거나 독일팀이 월드컵에서 우승을 할 것이다.
만약 브라질팀이 월드컵에서 우승하지 않는다면, 독일팀이 우승할 것이다.

금순이가 열심히 공부하거나 금순이가 시험에 떨어질 것이다.
만약 금순이가 열심히 공부하지 않는다면, 금순이는 시험에 떨어질 것이다.

3. '오직 ~인 경우에만', '오직 ~일 때에만'

이것은 약간 까다롭다. 다음의 두 진술은 비와 구름 사이의 관계에 대해서 동일하게 진술한다는 점에서 서로 동치다.

(1)오직 구름이 끼는 경우에만 비가 온다.
(2)만약 비가 오면, 구름이 낀다.

이 두 진술이 동치이기 위해서는 (2)번 진술이 참이라면, (1)번 진술도 참이어야 한다. 〈만약 비가 오면, 구름이 낀다.〉라는 명제가 참이라고 하자. 만약 구름이 끼지 않았다면, 비는 어떻게 될까? 비는 오지 않을 것이다. 이것은 비가 오기 위해서는 구름이 끼어야 한다는 것을 말한다. 〈구름이 낀다는 조건 아래에서만 비가 온다. 즉, 구름이 끼는 경우에만 비가 온다.〉가 성립하는 것을 알 수 있다.

(1)번 명제에서, '~인 경우에만'이라는 표현이 비구름과 관련된 문장에 뒤따라 나오고 있다는 데 주의를 기울이자. (1)을 다르게 표현하자면, 〈구름이 낀다는 조건 아래에서만 비가 온다.〉가 된다. 그러므로 만약 비가 오고 있다면, 조건이 충족된 것이다. 즉, 만약 비가 오고 있다면, 틀림없이 구름이 끼어 있을 것이다. 정리하자면, (1)번 명제에서 '오직 ~인 경우에만'이라는 표현이 구름과 관련해서 사용되었을 때, 이 명제가 참이면 〈만약 비가 오면, 구름이 낀다.〉도 참이다. 그런데 '~인 경우에만'이라는 표현이 다른 부분에 적용되는 경우에 대해서는 주의해야 한다. 즉 〈오직 비가 오는 경우에만 구름이 낀다.〉고 하면 거짓이 될 수 있다. (2)번 명제가 변형된 〈만약 구름이 끼면, 비가 온다.〉는 명제도 비슷한 이유로 거짓이 된다. 구름이 꼈는데도 비가 오지 않는 경우가 있기 때문이다.

이제 일상적으로 접할 수 있는 사례를 살펴보겠다. 미숙이 "삼식이 올 때만, 삼순은 모임에 온다."라고 했으며, 그것이 참이라고 가정하자. 미숙의 말에 따르면, 만약 삼순이 모임에 온다면, 그때는 삼식도 모임에 온다. 하지만 〈만약 삼식이 모임에 온다면, 삼순이 모임에 온다.〉라는 명제에 대해서 미숙이 책임질 만한 말을 했는가 하면, 그렇지 않다. 아마도 삼순은 삼식이 없는 모임에는 오지 않을 것이다. 그러나 삼식이 오더라도 삼순은 오지 않을 수 있다.

우리는 이에 대해 다음과 같이 말할 수 있다. 〈오직 Q인 경우에만, P이다.〉는 〈만약 P이면, Q이다.〉와 동치이지만, 〈만약 Q이면, P이다.〉에 대해서는 논리적으로 아무 보장도 하지 않는다. 이것이 다소 이해하기 어려운 것은, 일상적인 맥락에서 많은 경우가 〈오직 Q인 경우에만, P이다.〉가 〈만약 Q이면, P이다.〉를 함의하기 때문이다(함의에 대해서는 제1장에서 살펴보았다). 예를 들면, 어떤 부모가 다음과 같이 말했다. "네가 오직 콩을 다 먹을 때에만 아이스크림을 먹을 수 있어." 이것은 만약 아이가 콩을 다 먹지 않는다면 아이스크림을 먹지 못한다는 것을 말하고 있다. 그런데 부모의 경고가 〈만약 네가 콩을 다 먹는다면, 너는 아이스크림을 먹게 될 것이다.〉와 같은 명제를 포함하고 있느냐 하면, 전혀 그렇지 않다. 이에 대해서는 앞의 비와 구름의 사례로 설명할 수 있다. 〈구름이 끼는 경우에만 비가 온다.〉라고 진술했다고 해서 〈구름이 낀다면, 비가 온다.〉는 의미는 아니다. 앞 문장이 참이라고 해서 뒤 문장이 늘 확실하다는 보장은 없다. 이것이 콩과 아이스크림의 사례와 약간 다르게 보이는 이유는, 부모의 경고가 비록 〈아이가 콩을 다 먹는다면, 아이스크림을 먹게 될 것이다.〉라는 명제를 단언하고 있지 않지만, (보통의 그러한 상황 또는 맥락에서는) 그 진술을 함의하고 있기 때문이다.

　마지막으로, '오직 ~인 경우에만'을 '~인 경우에 그리고 그 경우에만 ……'이라는 논리적 도구와 혼동하지 않도록 주의해야 한다. 〈P인 경우 그리고 그 경우에만, Q이다.〉라고 말하는 것은, 〈만약 P이면, Q이다.〉 그리고 〈오직 P인 경우에만, Q이다.〉를 동시에 말하는 것이다. 이제까지 우리가 '~인 경우에만'에 대해 서술한 바에 따르면, 〈오직 P인 경우에만, Q이다.〉는 〈만약 Q이면, P이다.〉와 똑같다(즉, 동일한 명제다). 그러므로 〈P인 경우 그리고 그 경우에만 Q이다.〉라고 말하는 것은 〈만약 P이면 Q이고, 그리고 만약 Q이면 P이다.〉와 같다. 또, 이것은 〈P와 Q가 동시에 참이거나, 동시에 거짓이다.〉를 의미한다. 예를 들어, 앞의 비와 구름의 예에서 〈구름이 끼는 경우 그리고 오직 그 경우에만 비가 온다.〉라는 명제는 거짓이다. 다른 한편, 삼순과 삼식의 예에서, "삼식이 오지 않으면, 삼순은 모임에 오지 않을 거야. 그런데 삼식이 모임에 온다면 삼순은 틀림없이 올 거야."라는 것은 "삼식이 오는 경우 그리고 오직 그 경우에만 삼순은 모임에 온다."처럼 논리적으로 좀더 분명한 문장으로 표현할 수 있다.

　4. '~가 아니라면', '만약 ~하지 않는다면', '~이 없다면'
　구름과 비의 관계에 대한 진술들을 다시 한번 살펴보자.

　　　구름이 끼지 않으면, 비가 오지 않는다.
　　　만약 비가 온다면, 구름이 낀 것이다.

　'만약 ~하지 않는다면', '~가 아니라면', '~이 없다면'은 '오직 ~인 경우에만'과 마찬가지로 혼동을 일으킨다. 어떤 사람이 다음과 같이 말했다. "날파리가 없다면, 그 씨앗은 잘 자랄 것이다." 이것은 〈만약 날파리가 있다면, 그 씨앗이 잘 자라지 못할 것이다.〉라는 뜻인가? 전혀 그렇지 않다.

　이에 대한 분명한 이해를 바란다면, 먼저 '～하지 않는다면'이 포함된 진술을 생각해보자.

　　　Q하지 않는다면, P가 아니다.
　　　(만약 구름이 끼지 않으면, 비가 오지 않는다.)

　'～하지 않는다'와 같은 표현을 '～라는 것은 사실이 아니다' 또는 '～가 아니다' 라는 표현으로 대체하여 동일한 의미를 표현하는 문장으로 적절하게 바꿔보자.

　　　만약 Q가 아니면, P가 아니다.
　　　(만약 구름이 낀 것이 아니라면, 비가 오는 것이 아니다.)

　앞에서 말한 바에 따르면, 위의 진술은 다음과 동치다.

　　　만약 P이면 Q이다.
　　　(만약 비가 오면, 구름이 낀다.)

〈Q하지 않으면, P가 아니다.〉라는 명제는 〈만약 Q가 아니면, P가 아니다.〉와 논리적으로 동일하며, 〈만약 P이면, Q이다〉와 같은 의미다. 그런데 〈만약 날파리가 없으면, 씨앗은 잘 자랄 것이다.〉는 〈날파리가 있으면, 씨앗이 잘 자라지 못할 것이다.〉와 동치가 아니다. 마찬가지로, 〈당신이 공부하지 않으면, 당신은 실패할 것이다.〉는 〈만약 당신이 공부하면, 당신은 실패하지 않을 것이다.〉와 동치가 아니다. 한편 〈당신이 공부하지 않으면, 당신은 성공하지 않을 것이다.〉는 〈만약 당신이 성공했다면, 당신은 공부했을 것이다.〉라는 진술과 동치다.

　일반적으로, 조건문은 두 명제로 구성되어 있는 복합 명제이며, 두 명제는 '만약 ～이면, ……이다', '……하지 않으면, ～이다', '오직 ……인 경우에만, ～이다' 등등과 같은 연결사(또는 '논리적 연결사')로 연결되어 있다.

이러한 조건문은 한 명제의 참이 다른 명제의 참을 보장한다는 것을 말한다. 형식 논리에서는 조건문에서 찾아볼 수 있는 연결관계를 '→'를 사용하여 간단히 표현한다.

비가 온다 → 구름이 낀다.
P(전건) → Q(후건)

화살표가 시작되는 부분의 명제를 **전건**, 화살표가 가리키는 부분의 명제를 **후건**이라고 한다. 두 용어들은 자주 사용되므로 기억해둘 필요가 있다.

약간 까다롭지만 중요한 문제를 살펴보도록 하겠다. 앞에서는 비와 구름 사이에 성립하는 연관성에 관하여 여러 문장들을 제시하였는데, 그것들은 모두 동일한 조건 명제를 표현하고 있다. 그것들의 전건과 후건은 모두 동일하며, 논리적 전건은 비가 온다는 명제이고, 논리적 후건은 구름이 낀다는 명제다. 여기서, 조건문 가운데 한 명제가 전건이고 다른 명제가 후건이라는 것은 순전히 그 진술의 논리적인 문제이며, 진술의 문법과는 관련이 없다. 다시 말해, 두 문장이 어떤 순서로 배열되어 있는가 또는 나타나 있는가 하는 문제가 아니라, 그 문장에 의해 주장되고 있는 논리적 관계가 문제다. 위의 예문에서도 비에 관한 문장이 구름에 관한 문장의 앞에 서술되기도 하고 뒤에 서술되기도 한다는 사실에서 이런 요점을 파악해볼 수 있다.

앞에서 제시된 비와 구름에 대한 여러 조건문이 참일 수도 있고, 거짓일 수도 있다. 예를 들어, 우리나라에 잠깐 들른 한 외국인이 "만약 구름이 끼면, 비가 온다."라고 말했다면, 우리는 그 조건문이 거짓이라고 말할 것이다. 우리나라에서는 구름이 끼어도 비가 오지 않는 경우가 있기 때문이다.

조건문이 참인지 거짓인지를 따질 수는 있어도, 타당한지 부당한지를 따지지는 못한다. 조건문 자체는 논증이 아니기 때문이다. 조건문은 두 개의 명제가 '만약 ~이면, ……이다.' 등의 논리적 장치로 연결되어 있는 하나의 (복합) 명제다. 하나의 명제로는 논증을 구성할 수 없다. 논증을 이루기 위해서는 최소한 두 개의 명제가 필요하다. 그러나 다음의 문장은 논증이 될 수 있다.

비가 오고 있다. 그러므로 구름이 끼어 있다.

　이것은 조건문이 아니라, 두 개의 명제로 구성되어 있는 논증이다. 이 논증은 실제로 비가 오고 있다는 것과 구름이 끼어 있다는 것을 주장하고 있다. 즉, 논증자는 두 가지 명제를 실제로 주장하고 있으며, 그에 대응하는 조건문을 주장하고 있는 것이 아니다. 〈만약 비가 온다면, 구름이 낀 것이다.〉라는 조건문은 비가 오고 있고 구름이 끼었다고 주장하고 있는 것이 아니다. 바로 이 부분에서 사람들은 종종 잘못을 저지르곤 한다. 다음의 대화도 마찬가지다.

　금순 : 만약 정심이 술에 취한다면, 그녀의 졸업 기념 파티는 엉망진창이 될
　　　　거야.
　은주 : 너는 왜 정심이 취할 거라고 말하니? 너는 왜 정심은 그렇게 나쁘게만
　　　　보니?

금순 : 나는 정심이 취할 거라고 말하지 않았어. 내가 말한 것은, '만약 정심이
　　　술에 취한다면'이라는 거지.

은주 : 그 말이 그 말이잖아!

금순 : 아니, 그렇지 않아!

은주 : 빠져나가려 하지 마! 너는 항상 정심을 나쁘게만 생각하려고 해. 그러고
　　　는 네가 한 말을 되돌리려고 애쓰고 있는 거잖아.

　은주는 조건문이 전건과 후건에 대해 주장하는 게 아님을 이해하지 못하고 있
다. 논증은 전제들과 결론을 주장한다. 그러나 금순은 파티가 엉망진창이 될 거
라고 논증하고 있는 게 아니다. 그녀는 단지 정심이 술에 취하게 되면(아마도 금
순은 정심이 술을 마실 때면 이상하게 행동하는 경우가 너무 많다고 생각하는 것 같다),
그렇게 될 것이라고 말하는 것뿐이다. 엄밀히 말해, 금순은 정심이 취할 것이라
고 말하지 않았다. 물론 정심에게 술과 관련된 문제점이 없다고 생각했다면, 그
런 조건문을 제시하지 않았을 것이다. 따라서 금순의 반응에 대해 이해할 만도
하다. 일상적인 맥락에서 조건문을 주장하는 경우, 조건문의 주장 자체에서 조건
문의 전건이 참이거나 참일 개연성이 있다는 점을 함의하는 경우가 많다(**함의**에
대해서는 제1장을 참조하라). 그렇더라도 정심이 취할 개연성이 매우 높다고 하기
는 어렵기 때문에, 금순은 정심이 반드시 취할 것이라고 말한 것이 아니다.

　마지막으로, 많은 논증들에는 결론 자체가 조건문인 경우가 있다는 것을 알아
둘 필요가 있다. 예를 들면, 다음과 같다.

P1)　만약 혁신당이 그 정책을 바꾸지 않으면, 새로운 지지자를 끌어들이지 못
　　　할 것이다.

P2)　만약 혁신당이 새로운 지지자를 끌어들이지 못한다면, 내년 선거에서 패배
　　　할 것이다.

C)　　**만약 혁신당이 그 정책을 바꾸지 않으면, 내년 선거에서 패배할 것이다.**

　위의 논증에서 결론과 두 개의 전제는 조건문으로, 이러한 형식의 논증은 매

우 흔하다. 이런 경우에 조건문들은 마치 도미노처럼 연쇄적으로 연결되어, 만약 P1의 전건이 참이면 P2의 후건이 참임을 말하고자 한다. 이런 논증은 꼬리에 꼬리를 무는 형태로 매우 길게 제시되기도 한다.

연역적 건전성

대개의 경우, 논증의 결론이 참인지 여부를 알기 위해 논증을 평가한다. 우리는 논증자가 결론이 참이라고 생각할 만한 이유를 제시하고 있는지를 궁금해한다. 만약 논증이 타당하지 않다면, 전제들이 참일지라도 그 결론은 거짓일 수 있다. 그러므로 논증자가 제시한 이유들(전제들)은 결론을 입증하기에 충분하지 않을 수도 있다. 논증이 타당하다면, 다음과 같은 두 가지 사항이 가능하다.

  (A) 전제들 중의 하나 이상이 (실제로) 거짓이다.
  (B) 전제들 모두가 (실제로) 참이다.

88~89쪽의 (예2)와 (예5)에서 알 수 있듯이, 논증이 타당하다는 것으로는 결론의 참 여부를 알기에 충분하지 않다. 결론이 참인지를 알기 위해서는 전제들의 진리값을 결정해야 한다. 우리는 전제들이 참인지 거짓인지를 미리 알 수도 있고, 그렇지 않을 수도 있다. 만약 전제들이 참인지 거짓인지를 모른다면, 논리는 아무 도움도 줄 수 없다. 전제들 중 하나가 〈문어는 물고기이다.〉라는 명제인데, 그것이 참인지 거짓인지를 알지 못한다면, 관련 서적을 참조하거나 전문가에게 물어보아야 한다.

전제가 참인지 거짓인지를 알아냈으며, (A)의 경우와 같이 그 중 하나 이상이 거짓인 경우를 가정해보자. 이때 우리는 결론의 진리값에 대해서 아무 결정도 내릴 수 없다. 88~89쪽의 (예4)와 (예5)의 논증에서 알 수 있듯이, 하나 이상의 전제가 거짓인 타당한 논증에서는, 결론이 참일 수도 있고 거짓일 수도 있다. 반면에 (B)의 경우라면, 참인 전제들을 가진 타당한 논증이 된다. 이런 경우에 타당성의 정의에 따르면, 참인 전제를 가진 타당한 논증의 결론이 거짓이 될 수는 없다. 그러므로 결론은 참이며, 논증은 결론이 참임을 보여준다는 목적을 달성했다. 따라서 논증은 **연역적으로 건전**하다. 88쪽의 조수미에 관한 (예1)은 연역적으로 건전한 논증이다.

 한 논증이 **연역적으로 건전하다**고 말하는 것은 다음과 같다: 그 논증이 타당하고, 모든 전제들이 (실제로) 참이다.

이 정의는 타당성의 개념이 가지는 중요성을 보여준다. 타당성의 정의와 연역적 건전성의 정의로부터, 연역적으로 건전한 논증의 결론은 틀림없이 참임을 알 수 있다. 결론이 거짓이면서 연역적으로 건전한 논증은 있을 수 없다.

연역적으로 건전하지 않은 논증은 전제들 중 하나 이상이 거짓이거나, 논증 자체가 타당하지 않거나, 또는 두 경우 모두가 성립하는 경우다. 연역적 건전성은 타당성과 마찬가지로, 논증 전체에 대해서 말하는 것이며, 명제 각각에 대해서 말하는 것이 아니다.

논증의 결론이 거짓임을 알게 되었다면, 그로부터 무엇을 알 수 있을까? 어떤 사람이 신촌동물원에 오리너구리가 있다는 결론을 가진 논증을 제시했다고 하자. 이것은 참이 아니라고, 즉 신촌동물원에는 오리너구리가 없다고 해보자. 그러므로 이 논증은 연역적으로 건전하지 않다. 우리는 그 이유를 분명하게 말할 수 있어야 한다. 만약 그렇지 못하다면, 타당성과 건전성의 정의를 다시 한번 되살펴보라.

신촌동물원에 오리너구리가 없다는 것을 알고 있는 우리는 그에 대한 연역적으로 건전한 논증을 제시할 수 있다. 그러나 어떤 현안 문제에 대해서 서로 의견이 다른 양쪽의 입장 모두에게 연역적으로 건전한 논증은 있을 수 없다. 연역적으로 건전한 논증의 결론은 참이어야 한다. 위의 문제에 대해 연역적으로 건전한 논증이 양쪽 입장 모두에서 성립하려면, 동물원에 오리너구리가 있다는 것과 없다는 것이 모두 따라 나오게 된다. 하지만 그것은 불가능하다. 이것은 매우 중요한 개념인데, 어떤 주제에 관해 양쪽 모두에게 '좋은' 논증을 제시하는 게 가능하다는 사람도 있기 때문이다. 첨예한 의견 대립을 일으키는 주제인 경우에는 더욱 그렇다. 아마도 서로 다른 견해를 존중하고자 해서, 또는 그 문제에 관한 입장을 미처 결정하지 못했기 때문일 수 있다. 그러나 이런 경우에 양쪽 견해가 모두 **연역적으로 건전하다**고 할 수는 없다. 어떤 주제에 대해 서로 의견이 다른 양쪽 모두에 '좋은' 논증이라는 것이 정확하게 무엇인지에 관해서는 뒤에서 다시 설명하기로 하겠다.

어떤 논증의 결론이 거짓이라면, 그 논증은 연역적으로 건전하지 않다. 이것이 함축하는 의미는 무엇일까? 연역적 건전성의 정의를 다시 한번 살펴보자. 만약 한 논증이 연역적으로 건전하지 않다면, 그 논증은 하나 이상의 거짓 전제를 가지고 있거나, 타당하지 않거나, 하나 이상의 거짓 전제를 가지면서 타당하지 않다. 만약 어떤 논증이 타당하다면, 그것은 적어도 하나의 전제가 틀림없이 거짓이라는 의미다. 반면에 그 논증이 타당하지 않다면, 전제들의 진리값에 관해 가능한 판단에는 어떤 것이 있을까? 아무것도 없다. 거짓 결론을 가진 부당한 논증은, 전제가 참일 수도, 거짓일 수도 있기 때문이다.

만약 주어진 논증의 결론이 거짓이라는 것을 알지는 못하지만(또는 확신하지는 못하지만), 그렇게 믿거나 희망하고 있다면 다음과 같은 절차를 밟아야 한다. 예를 들면, 우리는 오리너구리가 동물원에서는 도저히 행복할 수 없다는 생각에 오리너구리가 신촌동물원에 없다는 것이 참이기를 바란다고 해보자. 이것은 합리적인 추측이다. 오리너구리는 매우 수줍음이 많은 동물로, 구경꾼들이 많은 곳에서는 스트레스를 받을 수 있다. 그렇다면 우리는 이 논증이 연역적으로 건전하지 않기를 바랄 테고, 논증이 타당하지 않거나 전제가 거짓이기를 바랄 것이다. 또는 두 가지 모두에 해당할 수도 있다. 이것은 법정에 선 변호사가 검사의 논증을 논박하기 위해 하는 일과 같다. 우리는 검사의 논증이 건전하지 않음을 밝히려는 변호사의 역할을 맡아야 한다.

형식 논리를 통해 이해하기

논리학에서는 문장이 들어가야 할 자리에 '자리표시' 문자들을 사용하기도 한다. 〈만약 Q가 아니라면, P가 아니다.〉와 〈만약 P라면, Q이다.〉가 동치라는 서술에서 보듯, '비가 온다', '고양이가 있다'와 같은 임의의 서술문 대신에 'P'와 'Q'라는 문자가 사용된다. 이는 구체적인 명제들에 의존하지 않고 'P'와 'Q'라는 문자를 통해 말하고자 하는 요점을 전달하기 위해서다. 이로써 '만약 ~이면, ……이다' 등과 같은 표현들의 의미나 논리적 성질들에 대해서만 관심을 기울이려고 하며, 그것들의 논리적 성질은 'P'나 'Q' 자리에 어떤 문장을 대체해도 성립된다.

88~89쪽의 조수미에 관한 타당한 논증 형식을 다시 살펴보자. 이미 지적한 바와 같이 제시된 예들은 모두 동일한 형식을 띠고 있다. 우리는 이 형식을 자리 표시 문자들을 사용하여 다음과 같이 나타낼 수 있다.

P1) x는 F이다.
P2) 모든 F는 G이다.
C)   **x는 G이다.**

이것은 타당한 논증 형식의 한 예이며, 타당한 논증틀이라고 부르기도 한다. 'x'의 자리에 어떤 고유명사를 넣든지('조수미'든 '백두산'이든 '서울'이든), 'F'나 'G'의 자리에 어떤 일반적인 단어를 넣든지('소프라노 가수'이든, '사死화산'이든 '수도'이든) 간에 상관없이, 이 논증은 타당하다(물론 동일한 문자에 동일한 이름이나 단어를 넣어야 한다). 논증의 타당성은 '조수미'나 '소프라노 가수'와 같은 단어들의 개별적인 의미들에 독립적이다. 즉, 'x', 'F', 'G'의 자리에 문법적으로 적절하다면 어느 단어를 넣든지 간에, 어떤 의미를 가진 표현을 넣든지 간에, 결과로 나타나는 논증은 참인 전제들과 거짓인 결론을 동시에 가질 수 없다.

이제 우리는 'x'가 실제로는 무엇이든지, 'F'와 'G'에 어떤 것을 넣든지 상관없이, 위의 논증 형식은 타당하다는 것을 알았다. 형식 논리를 좀더 배우게 되면, 형식적 타당성에 대한 더욱 훌륭한 안목을 가지게 될 것이다.

다음의 형식도 타당하다.

P1)   만약 P이면 Q이다.

P2)   P이다.

C)   **Q이다.**

P1)   만약 봄이 온다면, 개나리꽃이 활짝 필 것이다.

P2)   봄이 온다.

C)   **그러므로 개나리꽃이 활짝 필 것이다.**

'P'와 'Q'는 문장 전체에 대한 자리표시어로, 단어나 고유명사에 대한 자리표시어가 아니다. 여기서 한 가지 유의할 점은, 'F'나 'G'는 일반 용어에 대해, 'P'나 'Q'는 문장에 대해 사용하고 있다는 것이다(더 필요하다면, 일반 용어에 대해서는 'H'나 'I'와 같은 알파벳을, 그리고 문장에 대해서는 'R'이나 'S'와 같은 알파벳을 사용한다). 고유명사의 자리를 표시할 때는 알파벳 소문자를 사용한다. 이것은 논리학의 일반적인 관행이지만, 지나치게 엄격할 필요는 없다.

우리는 이른바 형식 논리를 통해서, 개별적인 주제들에서 말하고 있는 개별적인 진술들 가운데 일정한 형식을 추상화하고, 논증들의 논리적 형식들에 집중하여 논리적 관계들에 대한 주장들을 더욱 효과적으로 만들고자 한다. 그렇지만 논리적 형식들이 전적으로 내용이나 의미와 상관 없이 성립되는 것은 아니다. 실제로 우리는, 첫 번째 예에서처럼 '모든' 또는 '모두'라는 용어의 의미에 집중하고 있다. 두 번째 예에서는 '만약 ~이면, ……이다'라는 용어에 관심을 기울인다. 이러한 표현들에 대해서는 '자리표시' 문자를 사용하지 않는다. 형식 논리에서는 이러한 표현들에 대해서 특별히 '논리적 용어' 또는 '논리적 상황'이라고 부르며 관심을 기울인다. 그 외의 형식 논리에 나타나는 중요한 용어로 '또는', '그리고', '~아니다', '만약 ~이면, ……이다', '모든', '어떤', '각각의', '~가 있다', '……이 없다', '어떤 것도 ~가 아니다', '~은 ……와 동일하다' 등이 있다.

자리표시 문자들을 사용하여 논증의 논리 형식을 표현하는 일은 논증이 타당하지 않음을 보이는 데에 특히 유용하다. 어떤 논증 형식들은 참인 전제와 거짓인 결론을 가질 수 있는데, 그런 논증 형식을 두고 타당하지 않다고 한다. 90쪽의 (예7)과 같이 타당하지 않은 논증의 예를 살펴보겠다.

P1) 조수미는 여성이다.   (T)
P2) 모든 바리톤 가수는 여성이다.   (F)
C) **조수미는 바리톤 가수다.**   **(F)**

논증의 논리적 형식은 다음과 같이 나타낼 수 있다.

P1) x는 F이다.
P2) 모든 G는 F이다.
C) **x는 G이다.**

이것은 동일한 논리적 형식을 가지는 논증의 예 중 하나다. 그런데 전제 중 하나가 참이고, 결론이 거짓인 것에서 알 수 있듯이, 이 논증 형식은 타당하지 않다. 따라서 원래의 논증 자체도 타당하지 않다. 이번에는, 'x'의 자리에 '배용준', 'F'의 자리에 '인간', 'G'의 자리에 '여성'을 넣어보자.

P1) 배용준은 인간이다.   (T)
P2) 모든 여성은 인간이다   (T)
C) **배용준은 여성이다.**   **(F)**

이러한 기법을 '반례에 의한 반박'이라고 부르는데, 이에 관해서는 제6장에서 다시 살펴볼 것이다.

형식 논리적 관계들을 체계적이고 상세한 방식으로 탐구하기 위해 인공 언어가 쓰이기도 한다. 예를 들어, 조건문의 '만약 ~이면,……이다'와 같은 논리적 용어들의 자리에 '→'와 같은 특별한 기호를 사용한다. 이것은 우리말이나 그 밖의 외국어와 같은 자연 언어에서는 논리적 관계들을 체계적이고 명료하게 나타내기 어렵기 때문에 고안된 것이다(조건문을 표현하는 여러 가지 다른 방식들을 생각해보라. 우리가 주목하는 조건문의 논리적 형식을 위해서는 사실 한 가지 방식만이 필요할 뿐이다!). 그리고 일상생활에서 제시되는 논증들의 논리적 형식이 이 책의 예들처럼 그렇게 분명하지도 못하다. 이와 대조적으로, 기호 표기법으로 표현된 논증들의 타당성은 정확한 규칙들에 의하여 결정되며, 논증의 형식들도 마찬가지다. '형식 논리'('수리 논리', '기호 논리'라고 부르기도 한다)에 대한 강의는 철학, 수학, 언어학, 컴퓨터 과학에서 다루어지는데, 비판적 사고에서는 이른바 '실용 논리'에 대해서 주로 다룬다. 즉 우리의 목적은 일상생활에서 접하게 되는 설득 시도들 중에서 추리들을 식별하고, 그것이 좋은 추리인지 나쁜 추리인지를 평가하는 데 필요한 방법을 배우는 것이다. 이러한 목적을 위하여, 타당성의 개념은 필요하지만, 구태여 인공 기호들을 이용할 필요는 없다. 또 타당성을 탐색하는 정교한 기술적 절차들을 고안할 필요도 없다. 일상생활에서 만나게 되는 대부분의 논증들은 정교한 기호 논리 체계가 필요할 만큼 심각하게 복잡하지 않기 때문이다. 일단, 우리가 논증이 무엇인가를 정확하게 알게 되면, 그것이 타당한지는 타당성의 정의를 적용하여 얼마든지 가려낼 수 있다.

논증을 분석하고 평가하기 위해서는 논증을 재구성해야 하는 경우가 대부분이다. 그러므로 이미 살펴본 바와 같이, 그리고 앞으로 더욱 자세히 살펴보겠지만, 우리가 좋은 논증을 제대로 가려내지 못한다면, 즉 타당성과 건전성의 개념을 제대로 이해하지 못한다면, 논증의 재구성을 성공적으로 수행해내기란 몹시 어렵다. 그럼에도 불구하고 논증과 명제의 형식에 주목하기 위해 '자리표시' 문자를 사용하는 것은 때때로 매우 유용하다.

논증나무

논증을 도표로 나타낸 것이 **논증나무**다. 이것은 논증을 재구성할 때, 특히 복잡한 논증일수록 도움이 된다. 논증나무로 표현된 논증은 각 부분들이 서로 어떻게 관련되어 있는지, 전제들이 결론을 어떻게 뒷받침하고 있는지를 한눈에 보여준다.

복잡한 일상생활에서 만나게 되는 논증들을 분석할 때 논증나무는 많은 도움을 주는 유용한 도구가 된다. 그것이 논증을 분석할 때 얼마나 큰 도움을 주는지는 곧 알게 될 것이다.

논증나무는 논증에서 빠진 전제들을 보충해 넣거나, 주어진 논증을 표준형식으로 재구성하는 것을 확정하기 이전에 특히 유용하지만, 사실상 논증을 재구성하는 거의 모든 단계에서 큰 도움이 된다. 그것은 자신과 다른 사람에게 논증의 구조를 분명하게 보여주는 방법이 된다.

다음은 표준형식으로 구성된 논증들이다.

A

P1) 박지성은 축구선수다.

P2) 박지성은 잘 먹고 잘 잔다.

C) **박지성은 건강하다.**

B

P1) 이효리는 대중가수다.

P2) 어떤 대중가수도 판소리를 하지 않는다.

C) **그러므로 이효리는 판소리를 하지 않는다.**

이것들은 모두 두 가지 전제에서 결론을 추론해내고 있다. 그러나 A에서는 각각의 전제들이 결론을 개별적으로 뒷받침하고 있다는 차이점이 있다. 즉, P1은 C를 지지하는 한 가지 이유로 인용되고 있고, P2는 C의 또 다른 이유로 인용되고 있다. 우리는 P1만을 이유로 삼아서 C를 추론해낼 수도 있다. 또한 P2만으로 C를 추론해낼 수 있다. 이와는 달리, B에서는 어떤 전제도 그것만으로는 C를 지지하지 못한다. P1과 P2가 개별적으로는 C를 받아들일 만한 이유가 되지 못한다. 즉, 두 전제가 함께 C를 지지하고 있다.

논증 A는 〈그림 2.1〉과 같이 형태로 나타나며, 논증 B는 〈그림 2.2〉와 같이 나타난다.

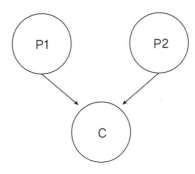

〈그림 2.1〉 두 개의 전제가 개별적으로 하나의 결론을 지지하는 논증

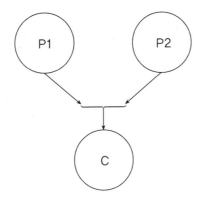

〈그림 2.2〉 두 개의 전제가 함께 하나의 결론을 지지하는 논증

위의 예들은 매우 간단한 형태다. 논증나무는 중간 결론을 가진 좀더 복잡한 논증에서 더욱 유용하다. 예를 들어보자.

P1) 소비가 증가하고 있다.

P2) 통화량이 증가하고 있다.

C1) 인플레이션이 증가할 것이다.

P3) 인플레이션이 증가할 때마다 대출이자율이 높아진다.

C2) 대출이자율이 높아질 것이다.

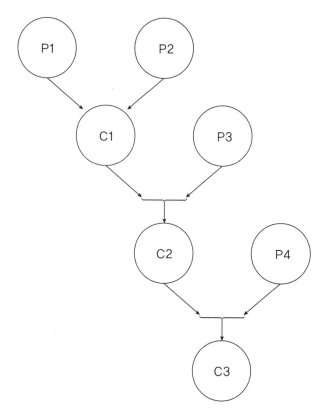

〈그림 2.3〉 확장된 논증

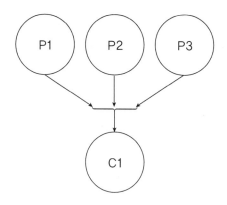

〈그림 2.4〉 세 개의 전제가 함께 하나의 결론을 지지하는 논증

P4) 대출이자율이 높아지면, 창업이 매우 어렵게 된다.

C3) 창업이 매우 어려울 것이다.

이에 대한 올바른 논증나무는 〈그림 2.3〉이다. 첫 번째 하위 논증은 그 자체로는 타당하지 않은 논증이라는 데에 주의하자. P1과 P2는 C1을 지지하려고 했지만, 논증에는 소비율의 증가, 통화량의 증가, 인플레이션 사이에 어떤 관계가 성립하는지에 대해서 명시적으로 진술되어 있지 않다. 그저 암묵적으로 가정되어 있는 관계에 의존하고 있을 뿐이다. 그러므로 이 논증은 '연결하는' 전제를 명시적으로 포함하고 있지 않다. 연결하는 전제로 가장 적절한 것은 아마도 〈만약 P1이고 P2이면, C1이다.〉와 같은 형식의 명제일 것이다. 우리는 축구선수 박지성에 관한 논증에서도 이와 동일한 종류의 상황을 발견했다. 이때 연결하는 전제들은 암묵적인 상태로 남아 있다. 이런 경우, 적절하게 연결하는 전제는 아마도 다음과 같을 것이다.

P3) 잘 먹고 잘 자는 축구 선수 중 어떤 사람도 건강하지 않은 사람은 없다.

만약 우리가 이런 전제를 추가하면, 세 전제들이 결합하여 결론을 지지하게 된다. 세 번째 전제는 〈만약 P1이고 P2이면, C이다.〉와 같은 유형의 일반화 사례가 된다. 그러므로 논증은 〈그림 2.4〉와 같이 표현된다.

요 약

  논증의 재구성은 논증자가 의도하는 논증을 **분명하면서 명시적으로** 드러내기 위한 작업이다. 이를 위해 논증을 표준형식으로 나타낸다. 만약 우리의 주된 관심이 논증의 결론이 **참**인지 여부에 있다면, 논증의 재구성은 주어진 논증을 가능한 한 최선의 형태로 재구성해야 한다는 **자비의 원리**에 따라서 이루어져야 한다. 그런 이유로 논증을 평가하는 데 필요한 개념들을 정확하게 알아야 한다. 우선, **참**이나 **연역적 타당성**, **연역적 건전성** 등과 같은 개념을 알아야 한다. 연역적으로 타당한 논증, 즉 **타당한 논증**은 전제가 참이면서 결론이 거짓일 수 없는 논증을 말한다. 연역적으로 건전한 논증은 전제들이 모두 참이면서 타당한 논증을 말한다. 따라서 연역적으로 건전한 논증은 필연적으로 참인 결론을 가진다.

  한 논증의 결론은 또 다른 결론의 전제가 될 수 있다. 이러한 결론을 가리켜 **확장된 논증**의 **중간 결론**이라고 말한다.

  개별적인 명제들은 참 또는 거짓일 수 있지만, 타당하거나 부당할 수는 없다. 논증은 타당하거나 부당할 수 있지만, 참 또는 거짓일 수는 없다. 조건 명제는 논증이 아니라 한 개의 명제다. 한 **조건 명제**는 하나의 전건과 하나의 후건이라는 두 개의 명제로 이루어진다. 조건 명제의 **전건**과 **후건**은 전형적으로 '만약 ∼이면, ……이다'라는 용어로 연결되어 있다. 여러 가지 다양한 형태의 용어들을 사용하여 표현하는 것도 가능하다. 중요한 점은 이들 사이의 논리적 관계다.

  논증은 조건 명제와 특별한 연관성을 가진다. 만약 논증이 타당하면, 〈만약 그 논증의 전제들이 모두 참이면, 그 결론은 반드시 참이다.〉와 같은 조건 명제는 참이다.

  때로는 논증의 **논리적 형식**을 보여주기 위하여 문장이나 고유명사, 일반 용어가 쓰이는 자리에 '자리표시' 문자를 사용하기도 한다. 이것은 형식 논리를 학습하는 첫 번째 단계다. 형식적인 관점에서 타당성의 개념을 정의하면 '논리적 형식이 타당한 경우 그리고 그 경우에만 그 형식의 어떤 사례들에서도 전제들이 모두 참이면서 결론이 거짓인 경우는 없다.'가 된다. 이것은, 만약 주어진 논증이 또 다른 논증과 동일한 논리 형식을 가지고 있다면, 그리고 다른 논증이 타당하지 않다면, 주어진 논증도 타당하지 않음을 뜻한다. 이러한 방식으로 논증의 부당함을 보여주는 것을 **반례에 의한 논박**이라고 부른다.

Logic: inductive force

귀납적 합당성

다음 논증을 살펴보자.

> P1) 홍나리는 서울에 사는 직장인이다.
> _____
> C) **홍나리는 한 달에 적어도 한 번은 대중교통 수단을 이용한다.**

이 논증은 타당한가? 아마 그렇다고 생각할지도 모르겠다. 서울은 지하철과 버스와 같은 대중교통 체계가 매우 발달된 곳이고, 더군다나 직장인이라면 서울의 여러 곳을 다닐 필요가 있으며, 서울이라는 넓은 지역을 다니기 위해서는 버스나 지하철을 이용하지 않을 수가 없다. 그러므로 우리는 홍나리가 한 달에 적어도 한 번은 버스나 지하철과 같은 대중교통 수단을 이용할 게 틀림없다고 결론 내릴 수 있다. 그럼에도 불구하고 이 논증은 명백히 타당하지 않다. 어떤 직장인이 서울에 살지만 대중교통 수단을 한 번도 이용하지 않는 것이 전혀 불가능한 일은 아니기 때문이다. 실제로 대중교통 수단을 한 번도 이용하지 않는 사람들이 있을 가능성이 있다. 예를 들면, 어떤 사람들은 자기 소유의 승용차만 이용할 수도 있으며, 심지어 직장 바로 근처에서 살면서 휴일에도 여행이라곤 도통 하지 않는 사람이 있을 수 있다. 이때 우리는 〈서울에 사는 모든 직장인들은 한 달에 적어도 한 번은 대중교통 수단을 이용한다.〉라는 전제를 추가함으로써 논증을 타당하게 만들 수 있다. 내용은 다음과 같다.

> P1) 홍나리는 서울에 사는 직장인이다.
> P2) 서울에 사는 모든 직장인들은 한 달에 적어도 한 번은 대중교통 수단을 이용한다.
> _____
> C) **홍나리는 한 달에 적어도 한 번은 대중교통 수단을 이용한다.**

이것은 타당하지만 건전하지는 않다. 아마도 P2가 거짓이기 때문이다. 그렇지만 원래의 논증은 어떤 의미에서는 좋은 논증이다. 전제의 참이 결론의 참을 기대할 만한 좋은 이유가 되기 때문이다. 결론이 거짓임을 알았다면 그것은 다소 놀랄 만한 일이다. 만약 우리가 이 논증의 결론이 참이냐 거짓이냐에 대해 내기를 걸어야 한다면, 그리고 P1 이외에 더 이상의 적절한 정보가 주어지지 않는다면, 우리는 참이라는 쪽에 내기를 걸 것이다. 전제 P1에서 결론이 거짓이라고 추론하는 것은 합당하지 않은 반면 참이라고 추론하는 것은 합당하다.

그러나 우리는 P1로부터 C를 추론하는 것과 관련하여 매우 중요한 점을 알아차려야 한다. 우리가 처한 위치에서는 앞의 논증이 합당한지 여부를 인식할 만하지 않다. 논증의 합당함을 알아차리기 위해서는 서울과 직장인에 대한 몇몇 사실들, 예를 들어 대중교통 수단이 전혀 발달하지 않은 시골과 서울의 차이점, 직장인들이 직장에 출근을 하고 업무를 보기 위해서는 어느 정도 떨어진 지역들을 이동해야 한다는 사실 등에 대해 알고 있어야 한다. 앞의 논증을 제시한 사람은 P2와 비슷한 명제에 암묵적으로 의존하고 있으며, 그 명제는 참일 가능성이 많다. 다시 말하자면, 서울에 사는 대다수의 직장인은 한 달에 적어도 한 번은 대중교통 수단을 이용한다. 그렇지 않은 직장인은 아마도 거의 없을 것이다. 다시 말해, '모든'이라는 양화 표현을 사용하는 것보다는 좀더 약한 '거의 모든'이라는 양화 표현을 사용하는 것이 적절하다. 이렇게 서울과 직장인에 관한 몇몇 정보들이 추가되면, 우리는 서울에 사는 거의 모든 직장인이 한 달에 적어도 한 번 이상은 대중교통 수단을 이용한다는 것을 거의 확신할 수 있게 된다(제1장에서 '대부분', '거의 대부분' 등의 표현들은 양화 표현이라고 부른 것을 기억하라). 따라서 위의 논증은 다음과 같이 나타낼 수 있다.

P1) 홍나리는 서울에 사는 직장인이다.

P2) 서울에 사는 거의 모든 직장인들은 한 달에 적어도 한 번은 대중교통 수단을 이용한다.

C) **홍나리는 한 달에 적어도 한 번은 대중교통 수단을 이용한다.**

이 논증은 여전히 연역적으로 타당하지 않다. 홍나리는 여전히 한 달에 한 번도 대중교통 수단을 이용하지 않는 사람들 중의 한 사람일 가능성이 있기 때문이다. 그렇지만 논증의 전제들은 자체로 결론을 받아들일 만한 좋은 이유를 제공한다. 우리가 P1과 P2의 진리값 이외에는 이 문제와 관련하여 아무것도 알지 못한다고 해도, 전제들이 참이라면 결론도 참이라는 점을 흔쾌히 받아들일 수 있기 때문이다. 이와 같은 종류의 논증을 가리켜 **귀납적으로 합당한** 논증이라고 하며('귀납적'이라는 낱말은 '연역적'인 것과 대비를 이룬다), 결론 앞에 '아마도'를 추가하여 논증의 특징을 드러낸다*

> P1) 홍나리는 서울에 사는 직장인이다.
> P2) 서울에 사는 거의 모든 직장인들은 한 달에 적어도 한 번은 대중교통 수
> 단을 이용한다.
> ─────────────────────
> **C) (아마도) 홍나리는 한 달에 적어도 한 번은 대중교통 수단을 이용한다.**

이때 '아마도'라는 표현은 결론 C의 한 부분이 아니다. 엄밀히 말하여 그것은 논증의 한 부분이 아니며, 논증이 귀납적 합당성을 가지고 있음을 나타내기 위한 표시일 뿐이다. 만약 우리가 위의 재구성된 논증에서 '아마도'라는 표현을 삭제한다고 해도, 논증이 귀납적으로 합당하다는 것과 연역적 논증이 아니라는 것에는 별다른 영향이 없다.

귀납적으로 합당한 논증이 곧 연역적으로 타당한 논증은 아니다. 즉 전제들의 참이 결론의 참을 보장하지는 않지만, 참인 전제들은 결론이 거짓이기보다는 참이라고 기대할 만한 좋은 이유를 제공한다. 귀납적 합당성의 개념을 정확하게 규정짓기 전에 **개연성**이라는 좀더 기초적인 개념에 관하여 간단히 살펴보는 것

---

*귀납적 합당성은 흔히 귀납적 강도라고 부르기도 한다. 일부 사람들은 '귀납적 타당성'이라는 용어를 사용하기도 한다. 이런 용어를 기대하는 사람들도 있을지 모르지만, 그렇게 흔한 용법은 아니다. 만약 '귀납적 타당성'이라는 말을 사용하게 되면, '타당성'이라는 개념이 연역적인 것과 귀납적인 것 사이에서 애매해진다. 따라서 '타당성'은 '연역적 타당성'의 줄임말로 보는 것이 논증의 분석을 좀더 쉽게 해준다.

이 도움이 될 것이다.

개연성

우리는 한 명제가 참일 개연성 또는 확률(또는 한 사건이 일어날 개연성 또는 확률)*을 0과 1 사이의 소수나 분수로 표현한다. 예를 들어, 동전을 던져 앞이나 뒤가 나올 개연성 또는 확률은 0.5 또는 1/2이다. 그 밖에 개연성 또는 확률을 설명하는 다른 방법들이 있는데, 여기서는 간략하게 **비율, 빈도,** 그리고 **합리적 기대값**의 관점에서 **개연성(확률)**의 개념에 대해 생각해 보겠다.**

첫 번째는 **비율**이다. 많은 논증들은 〈대부분의 X는 Y이다.〉, 혹은 〈X의 7/8은 Y이다.〉 등과 같은 전제를 가지고 있다. '대부분'이나 '~의 7/8'과 같은 양화 표현들은 비율을 나타내며, 개연성(확률)과 중요한 관계를 가진다. 우리가 일반적인 카드 한 벌 중에서 에이스 카드를 골라낼 가능성을 알고 싶어한다고 하자. 이것을 알아내는 방법 중의 하나는 전체 카드의 수에 대하여 에이스 카드의 수를 비율로 따져보는 것이다. 일반적으로 전체 카드가 52장이며, 에이스 카드는 4장이므로, 에이스 카드를 잡을 개연성(확률)은 1/13(4/52=1/13=0.077)이 된다.

두 번째로 **빈도**다. 금년에 우리나라에 태풍이 북상할 가능성을 알고 싶은데, 태풍이 오는 계절이 되려면 아직 몇 달을 더 기다려야 한다면 어떻게 해야 할까? 한 가지 간단한 방법은 지난 100년 동안 실제로 태풍이 얼마나 자주 왔는

---

*한 명제가 참일 개연성이 있다는 것은, 그 명제가 어느 정도로 참일 가능성이 있거나 그렇게 여겨진다는 의미다. 개연성의 정도를 수치로 나타낼 수 있을 때는 확률로써 표시한다. 일반적으로 개연성이라는 용어는 확률적인 개연성과 주관적인 확실성을 포함하여 넓은 의미로 사용된다. '확률'이라는 용어 자체는 비율과 빈도 해석을 강하게 암시하지만, 주관적 확실성의 정도라고 보는 해석도 존재한다. 이 책에서 확률 또는 개연성이라는 말(확률과 개연성의 영어 표현은 둘다 'probability'이다)은 확률에 대한 비율, 빈도, 주관적 확실성의 정도 해석을 두루 포함하는 넓은 의미로 사용되고 있다.―옮긴이
**확률 추정을 위해 모형이 사용되기도 한다. 만약 한 기술자가 새로 개발된 비행기가 매우 높은 속도에서 안정성을 유지할지에 대한 확률을 추정하고자 한다면, 그는 실제 모형이나 컴퓨터 모형을 만들어서 임의의 조건들 아래에서 모의실험을 실시할 수 있다. 만약 모의실험에서 구성된 조건들에서 모형이 안정성을 보인다면, 실제의 비행기도 실제의 상황에서 안정성을 유지할 것이라는 추론이 가능하다.

가를 알아보는 것이다. 우리나라에 태풍이 북상한 빈도가 지난 100년 중 95년에 달한다면, 올해에 우리나라에 태풍이 올 가능성은 95/100(0.95)라고 추론할 수 있다.

비율과 빈도 해석은 확률 이론과 통계학에서 일반적으로 인정되는 매우 중요한 내용이지만, 우리의 목적을 위해서는 충분치 않다. 비율이나 빈도가 개연성의 직접적인 지표가 되지 못하는 경우가 있기 때문이다. 차기 월드컵대회의 우승팀이 어느 나라일지에 대해 내기를 걸던 도박꾼들 중 한 명이 대한민국 국가대표팀이 우승할 개연성을 100 대 1(즉, 그럴 가능성이 1/100이다)이라고 추정했다고 하자. 이런 종류의 추정이 종종 거의 완벽할 만큼 합당하다고 평가될 수도 있다. 그러나 도박꾼들의 추측은 대한민국 국가대표팀이 과거에 월드컵대회에서 우승팀이 된 빈도를 따져본 데서 나온 게 아니다. 사실상 그러한 빈도는 전혀 없다. 이런 종류의 확률적 추정은 때때로 매우 합당하지만, 비율이나 빈도에 기초한 추정이 아니다.* 이러한 경우에 개연성 또는 확률의 개념을 단순히 비율이나 빈도로 이해할 수 없다.

이런 이유로 우리는 **합리적 기대의 정도**를 개연성(확률)의 일반적인 개념으로 삼기로 한다.** 주어진 명제에 대하여 한 개인이 가진 합리적 기대의 정도는, 그가 주어진 증거에 근거하여 명제를 어느 만큼 믿는가를 의미한다. 이런 개연성(확률) 개념은 다른 확률 개념들을 포함하여 좀더 넓게 적용될 수 있다. 또 일반적으로 '개연성'은 '아마도'라는 의미를 갖는다. 따라서 '그것은 아마도 참일 것이다.'라는 문장은, 가지고 있는 모든 증거들에 비추어봤을 때 문제의 명제가 참

---

*물론 그러한 추정들이 비율이나 빈도에 기초할 수 없다는 것이 아니다. 사실, 그러한 추정은 비율이나 빈도에 기초하는 것이 일반적이다. 전문적으로 확률적 추정을 하는 사람들은(보험설계자 등) 적절한 비율, 빈도 외에도 여러 가지 다른 정보들에 기초한다. 좀더 일반적으로 말하면, 어떤 정도의 기대(또는 기대값)가 합리적이라는 것은 그 기대(값)가 정당화될 만한 통계적 사실들이 이용될 수 있음을 의미한다. 그렇지만 그러한 정당화들은 때때로 엄청나게 복잡하곤 해서 많은 경우에 확률적 추정을 적절히 설명하지 못함에도 불구하고, 충분히 잘 지지되고 있다고 생각해 버리는 경우가 있다. 어쨌든 합리적 기대(값)의 정도는 확률에 대하여 가장 포괄적 또는 일반적으로 특징짓는 것이며, 여기서는 확률적 주장이 언제나 통계학적 관점에서 정당화되어야 한다고 요구하지 않겠다. 물론, 통계학과 확률 이론에서 다루어지는 정당화에 대한 연구들은 매우 흥미로우며 중요한 내용들을 포함하고 있다.
**이와 관련된 용어들은 매우 많다. 가장 일반적인 것으로는, '인식론적 확률'과 '합리적 신뢰성' 등이 있다.

이라고 기대하는 게 합당하다는 의미다.

　이것은 카드놀이를 생각하면 이해가 쉽다. 도박꾼이 탁자 위에 카드 한 장을 엎어놓고 있다. 그는 뒷면이 무엇인지 모른다. 그러나 그것이 빨간색이라는 정확한 정보가 있다. 그는 클로버가 검은색이므로 뒤집혀져 있는 카드가 클로버는 아니라고 확신한다. 따라서 뒤집혀 있는 카드가 클로버가 아닐 것이라는 그의 합리적 기대(값)는 1이다(이것은, 〈그 카드가 클로버라고 생각하는 합리적 기대(값)는 0이다.〉와 동치다). 그가 하트와 다이아몬드만이 붉은색이라는 것을 알고 있다면, 뒤집혀져 있는 카드가 하트일 것이라는 그의 합리적 기대(값)는 1/2이다.

　합리적 기대라는 용어로 확률을 규정할 때 다음의 두 가지 점을 명심해야 한다. 첫째, 비율은 합리적 기대의 정도를 부여하는 기초다. 카드놀이의 경우, 우리가 합리적 기대를 부여할 수 있는 것은 도박꾼이 적절한 비율을 알고 있기 때문이다. 그 밖에 빈도가 합리적 기대를 부여하는 기초를 제공하기도 한다. 경우에 따라서는 적절한 비율이나 적절한 빈도를 알지는 못하지만 여전히 합리적 기대의 정도를 부여하기도 한다.

　둘째, 합리적 기대의 정도를 부여한다는 것은, 어떤 증거가 주어져 있다고 가정할 때 어떤 명제를 어느 정도 믿을 수 있는지를 말하는 것이다. 우리는 합리적 기대의 정도라는 개념으로 개연성의 의미를 파악하고 있기 때문에 **조건적 개연성(조건부 확률)**의 개념에 주목한다면 그 의미를 더욱 잘 알 수 있다. 다시 말해, 우리가 관심을 갖고 있는 것은 어떤 일련의 명제들이 참이라는 정보가 주어져 있을 때 또는 그런 가정 아래에서, 한 명제가 참일 개연성(또는 확률)이다. 좀더 정확하게 말하자면, 어떤 일련의 명제들에 포함된 정보 이외에 또 다른 적절한 정보가 주어지지 않는다는 가정 아래에서, 어떤 특정 명제를 받아들이는 것이 얼마나 합당한가 하는 정도다. 위의 도박꾼의 예에서, 도박꾼이 가진 증거는 뒤집혀 있는 카드가 빨간색이라는 사실(빨간 카드의 절반은 하트라는 사실과 함께)이다. 따라서 〈그 카드는 하트이다.〉라는 명제의 조건부 확률은, 〈그 카드는 빨간색이다.〉라는 명제의 확률의 1/2이다.

[P]를 하나 또는 그 이상의 전제들이라고 하고, A를 결론이라고 하자. [P]를 전제로 하고 A를 결론으로 하는 다음과 같은 논증이 있다고 가정하자.

[P] ……
_____
C) A

이러한 논증이 **귀납적으로 합당하다**는 것은 다음과 같은 뜻이다:
집합 [P]에 상대적인 A의 조건적 개연성(조건부 확률)이 1/2보다 크고 1보다 작다. 즉 그 논증의 귀납적 합당성의 정도는 [P]에 상대적인 A의 조건적 개연성(조건부 확률)이다.

이제 우리는 귀납적으로 합당한 논증이 무엇인가에 대해 좀더 정확하게 알 수 있다.

여기까지가 귀납적으로 합당한 논증에 관한 '공식적인' 설명이다. 그러나 다음의 해설을 살펴보면 귀납적 합당성에 관하여 좀더 쉽게 이해가 될 것이다.

한 논증이 **귀납적으로 합당하다**는 것은 다음과 같은 뜻이다:
그 논증은 연역적으로 타당하지 않다. 그러나 만약 그 전제가 참이면, 논증이 다루는 주제에 대하여 논증의 전제에 포함된 정보 이외에는 아무 정보도 주어지지 않았다는 가정 아래, 결론이 거짓이라고 기대하는 것보다 참이라고 기대하는 것이 더 합당하다.

또는 다음과 같이 말할 수 있다. 전제들 [P]에 포함된 정보에 상대적으로 결론이 거짓일 개연성보다는 참일 개연성이 더 높다.

개연성, 확률, 귀납적 합당성에 대하여 명심해야 할 사항들이 몇 가지 더 있다.

1.

우리가 언제나 개연성(확률)을 조건적 개연성(조건부 확률)으로 표현하는 것은 아니다. 예를 들면, 한 벌의 카드에서 한 장을 무작위로 집어낼 때, 에이스를 집어낼 가능성은 1/13이라고 말할 수 있다. 이처럼 우리는 일상적으로 단일한 명제에 대해서 더는 추가적 정보를 상세하게 고려하지 않은 채 확률을 부여하는 경향이 있다. 그때는 우리의 확률적 주장이 기초하고 있는 적절한 추가적 정보들이 암묵적인 상태로 전제되어 있는 경우가 대부분인데, 보통은 그러한 정보들이 충분히 잘 알려져 있으므로 명시적으로 언급할 필요가 없다고 생각한다. 위의 카드의 예에서 암묵적으로 사용된 적절한 정보는, 완전히 정상적인 한 벌의 카드가 사용되고 있다는 것과 52장의 카드 중에서 4장이 에이스 카드라는 것 등이며, 또한 우리는 '카드 한 벌에서 무작위로 카드 한 장을 집어낼 가능성은 1/13이다.'라는 추론에 대해 누구나 일반적으로 인정하리라고 가정하고 있다. 따라서 카드가 완전히 정상적인 한 벌이라는 정보가 주어지면, 무작위로 집어든 카드는 아마도 에이스 카드가 아닐 것이라고 결론짓는 게 합당하다.

추론과 관련된 적절한 정보들 또는 전제들에 대해 알고 있다면, 그런 전제들을 명시하지 않은 채 문제의 명제에 대해 개연성(확률)을 부여하는 것은 잘못되지 않았으며, 우리는 때때로 그렇게 할 것이다.

2.

개연성은 참 또는 거짓에 대한 대안이 아니다. 프로스포츠에서 1등이나 꼴찌를 하는 것이 중간 순위에 대한 대안이 된다고 생각하기도 하는데, 마찬가지의 이유로 개연성이 참과 거짓에 대한 대안이 된다고 생각해서는 안 된다. 개연성은 참(진리)의 종류가 아니다. 한 명제가 매우 개연성 있다고 말하는 것은, 그 명제가 매우 높은 확률로 또는 매우 그럼직하게 참일 것이라는 의미다. 그것은 그 명제가 옳다는 기대를 표현하고 있다. 물론 그 기대가 완벽한 확실성을 보장하지는 못하지만 말이다. 반면에 어떤 주장에 대해 참이라고 했을 때, 주장이 기초하고 있는 증거에 비추어봐서 합리적이라면 그 말은 참이다. 핵심적인 차이는, 참과 거짓 사이에 무언가 다른 것—예를 들어 확률—이 끼어 있지 않다는 것이다. 예를 들어, 만약 내가 〈맹순은 오늘 운전 면허 시험을 치렀다.〉는 것을 알고 있으며, "아마도 맹순은 운전 면허 시험에서 떨어졌을 것이다."라고 말했다고 하자. 이것은 〈맹순이 운전 면허 시험에서 떨어졌다는 것은 참도 아니고 거짓도 아니며, 다만 '아마도 참'이다.〉라는 의미가 아니다. 맹순이 운전 면허 시험에서 떨어진 일이 참도 아니고 거짓도 아니라는 것은 절대 아니다! '진리(참)의 관점에서는', 맹순이 운전 면허 시험에 떨어졌거나 또는 맹순이 운전 면허 시험에 떨어지지 않았다는, 오직 두 가지 상황만 가능하다. 참도 거짓도 아닌 제3의 '신비로운' 사태는 있을 수 없다. 즉, 맹순은 아마도(개연적으로) 운전 면허 시험에서 떨어졌다는 일 따위는 존재하지 않는다. '아마도'라는 표현은 그 명제의 수용을 합리적으로 만들 뿐이지, 명제가 참임을 확정하지는 않는다.

3.

참과는 다르게, 개연성은 정도와 관련 있다. 서로 다른 명제들은 다양한 정도(주어진 정보 집합에 상대적으로)의 개연성을 갖는다. 예를 들면, 기원전 863년에 어떤 사람이 토끼를 먹었을 개연성은 매우 높다. 그러나 실제로 그런 일이 전혀 없었을 가능성이 없는 것은 아니다. 2046년에 누군가가 동해를 헤엄쳐 건널 개연성은, 아무리 적은 정도라도, 있다. 그러나 기원전 863년에 누군가 동해를 헤엄쳐 건넜다는 것은, 가능성은 있겠지만 개연성은 거의 없다.

우리는 때때로 개연성을 수치로 나타내곤 한다. 그러나 어떤 것이 사실일 개연성에 부여된 수치가 충분히 정당화될 만큼 정밀하게 추정하는 일은 쉽지 않다. 때로는 단지 개연성의 순위를 매기는 정도가 우리가 할 수 있는 최선일 수도 있다. 예를 들어, 어떤 사람이 올해 일본을 방문할 것이라는 주장보다 그가 오이를 먹게 될 것이라는 주장에 더 높은 개연성을 부여할 수 있다. 그러나 이러한 명제들에 대해서 카드놀이의 경우에서와 같이 정확한 수치를 부여하기는 쉽지 않다. 심지어 명제들에 대해 확신을 가지고 순위를 매기는 것조차 불가능한 경우도 있다. 이러한 경우에 우리는 어떤 단일한 명제에 대해서, '그것은 개연성이 있다.'라거나 '그것은 개연성이 매우 높다.', 또는 '그것은 개연성이 거의 없다.'라고 말한다(〈개연성이 있다.〉는 것은 그 명제가 참일 확률이 1/2 이상임을 의미하며, 〈개연성이 없다.〉는 것은 확률이 1/2 이하임을 의미한다. 개연성이 있지도 않고 없지도 않은 경우의 확률은 정확하게 1/2이다).

이러한 이유로 귀납적 합당성에서는 정도의 문제가 발생한다. 우리는 한 논증이 다른 논증보다 더 타당하다고 말할 수는 없지만, 한 논증이 다른 논증보다 귀납적으로 더 합당하다고 말할 수는 있다. 타당성의 두 번째 정의에 따르면, 타당성은 불가능이라는 단어에 의해 정의되며, 따라서 확률이 0인 경우가 기준이 된다(타당성의 정의를 다시 살펴보라). 그러므로 타당성은 '전부 아니면 아무것도 아니다.'의 문제가 된다. 실제로, 우리는 타당성을 귀납적 합당성의 '극단적 사례'로 규정할 수 있다. 즉, 타당한 논증이란 전제들에 상대적인 결론의 조건적 개연성(조건부 확률)이 1인 논증을 말한다. 그러므로 우리는 논증들을 조건적 개연성(조건부 확률)이라는 척도에 따라 일렬로 배열하는 게 가능하다고 생각할 수 있다. 〈그림 3.1〉에서 볼 수 있듯이, 이러한 배열의 한쪽 끝에는 연역적으로 타당한 논증이 배치되고 다른 한쪽 끝에는 귀납적 합당성이 전혀 없는 논증이 배치된다.

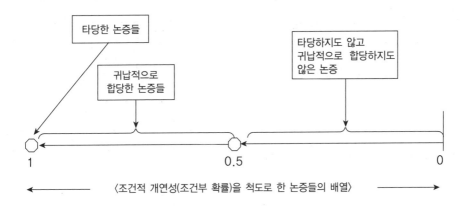

〈그림 3.1〉

　귀납적 합당성의 정의에 따르면, 논증에 따라서는 아주 작은 정도로만 귀납적 합당성을 가진다고 간주되기도 한다. 예를 들어, 만약 29명으로 이루어진 학급의 어린이들 중 15명이 흰색 신발을 신고 있다는 사실에 기초하여, "받아쓰기에서 최고 점수를 받은 어린이는 흰색 신발을 신고 있다."라고 주장한다면, 이 논증은 귀납적인 합당성을 가진다. 그러나 전제들에 상대적인 결론의 개연성(확률)이 1/2보다 약간 큰 정도이므로, 이 논증은 아주 가까스로 귀납적 합당성의 기준을 만족한다고 보는 게 합리적이다. 즉, 귀납적으로 합당하지만, 아주 적은 정도로만 그렇다.

4.

일상적인 예에서 '아마도'라는 용어는 다소 모호하다. 우리가 일상적으로 "위성미가 아마도 이번 골프 대회에서 우승할 것이다."라고 한다면, 이것은 단지 그녀가 우승할 가능성이 1/2 이상임을 의미한다기보다 실질적으로는 그보다 훨씬 높은 확률을 가지고 있음을 의미한다. 그런데 '아마도'가 뜻하는 정도는 과연 어느 만큼일까? 물론 여기에 정확하게 대답하기는 어려울 것이다. 좀더 정확한 대답을 제시할 수도 있지 않느냐고 말하는 사람은 아마도 '아마도'라는 표현을 사용할 필요가 없을 것이다.

사실 〈'아마도'라는 말이 적절한 경우 그리고 오직 그 경우에만 의도된 확률이 1/2보다 크다.〉고 주장할 만한 좋은 이유가 있다. 만약 "이번 대회에서 정말 위성미가 우승할까요?"라는 질문에 대해, 그녀가 이길 가능성이 50 대 50보다 조금이라도 높다면, '아마도'라는 단어를 사용하는 것이 적절하다. 이런 때에는 그 확률이 50 대 50을 살짝 넘어선다면서 약간은 주저하는 듯이 진술하는 게 일반적이다.

일상적인 언어생활에서 '아마도'라는 표현은 그 확률이 1/2보다 크다는 것을 의미하는 듯하지만, 사실상 이 표현의 전형적인 대화적 함축은 그 확률이 임계값(문턱값)을 넘어선다는 것이다(제1장의 함의에 관한 논의를 참조하라). 우리는 자신없어하는 말투로 이러한 대화적 함축을 취소하는 것도 가능하다. 이것은 '대부분'이라는 양화 표현에도 동일하게 적용된다. 어떤 사람이 '대부분의 학생들은 이번 시험에서 부정행위를 저질렀다.'라는 혐의를 제기했다면, 그는 아마도 실제로는 대다수가 아닐지라도 전체 학생 중 절반 이상이 부정행위를 저질렀음을 전달하고자 했을 것이다. 만약 29명의 학생 중에서 15명만이 부정행위를 저지른 것으로 밝혀지더라도, 그의 진술이 문자 그대로 거짓이라고 할 수는 없다. 함의(대화적 함축)의 개념은 이러한 점을 잘 포착한다.

이와 같은 이유 때문에 우리는 귀납적 합당성을 〈전제들에 상대적인 결론의 조건적 개연성(조건부 확률)이 1/2보다 크다.〉라고 정의한다. 그렇다고 해서, 개별적인 논증의 귀납적 합당성을 과소평가해서는 안 된다. 만약 한 논증이 매우 높은 정도의 귀납적 합당성을 가지는데도 불구하고, 그 논증에 대해 그저 귀납적으로 합당하다고 말해서는 안 된다. 귀납적 논증을 평가할 때는 귀납적 합당성의 정도를 가능한 한 정확하고 상세하게 말할 필요가 있다.

5.

한 논증이 연역적으로 타당한지의 여부는 누가 그렇게 생각하는가와 상관 없다. 마찬가지로, 어떤 주장이 참이라는 기대가 얼마나 합리적인가 또는 합당한가를 의미하는 개연성도 우리의 생각과는 관련이 없다. 우리가 어떤 논증에 대해 귀납적으로 합당하다고 말하는 것이 늘 옳은 것은 아니다. 우리는 사실과 다름에도, 일련의 전제들(우리가 갖고 있는 증거들)에 비추어봤을 때 결론을 받아들이는 게 합당하다고 생각할 수도 있다. 어쨌든 합리적 기대는 그러한 기대가 실제로 합당한지와 관련된 것으로, 어떤 사람이 합당하다고 생각하는가 하는 것과는 관련이 없다.

요점을 좀더 명확하게 이해하기 위해 다음의 사례를 살펴보자. 이 사례를 통해 우리는 합리적 기대가 '객관적' 비율에 의존한다는 데 동의하게 될 것이다. 삼순이 무작위로 카드를 집어든다고 가정해보자. 그녀가 하트를 집어들 가능성은 정확히 1/4이고, 하트를 집지 않을 가능성은 3/4이다. 그러므로 그녀는 아마도 하트를 집지 못할 것이다. 만약 삼순이 전적으로 합리적이고, 관련 정보를 모두 알고 있다면, 그녀는 하트를 집어들지 못할 가능성이 3/4이라고 확신할 것이다. 그런데 삼순이 전적으로 합리적이지는 않다고 가정해보자. 그녀는 최근에 사랑에 빠졌기 때문에 자신이 아마도 하트를 집어들 것이라고 생각한다. 그녀는 "나는 아마도 하트를 집을 거야."라면서 그런 생각을 표현할 수 있다. 그럼에도 불구하고 그녀가 하트를 집지 못할 가능성은 하트를 집을 가능성보다 정확하게 세 배 크다. 따라서 삼순이 실제로 기대하는 정도는 합리적 기대의 정도보다 더 높다. 좀더 일반적으로 말해, 동일한 전제들을 근거로 어떤 사실이 참이거나 참이 아닐 것이라고 기대하는 정도가 사람에 따라 각기 다를 수 있지만, 주어진 전제로부터 결론을 추론하는 일이 얼마나 합당한가에 대한 질문에는 오직 하나의 정답만이 있을 뿐이다.

6.

논증의 타당성 혹은 부당성과 마찬가지로 한 논증의 귀납적 합당성의 정도는 전제들의 진리값에 의존하지 않는다. 이 점은 다음과 같은 사례를 살펴보면 쉽게 알 수 있는데, 여기에서 전제들의 진리값은 문젯거리조차 되지 않는다.

> P1) 거의 모든 요정들은 바둑을 둔다.
> P2) 팅커벨은 요정이다.
> _____
> **C) (아마도) 팅커벨은 바둑을 둔다.**

이것은 전혀 현실적인 논증이 아니다. 요정 같은, 심지어 팅커벨 같은 존재는 현실에 존재하지 않는다. 그럼에도 불구하고, 만약 이런 것들이 있다면, 이 논증은 확실히 귀납적으로 합당하다. 만약 팅커벨이라는 요정이 '요정'이라고 불리는 집단의 일원이고, P1과 P2가 참이라면, C를 추론하는 것은 합당하다. 만약 요정이 실제로 존재하는지를 알지 못한다 해도, 우리는 여전히 "만약 이 논증이 논증자가 제기하고자 의도하는 논증을 표현하고 있다면, 그것은 귀납적으로 합당하다."라고 말할 수 있으며, 이 말은 옳다. 팅커벨이나 요정이 있는가 하는 여부는, 논증의 귀납적 합당성에 대한 평가와 아무 연관성이 없다.

7.

동일한 요점이 결론에도 적용된다. 귀납적 합당성에 대한 평가는 전제들이 주어진 경우에 결론의 진리값에 의존하며, 결코 결론의 진리값 자체와 관련된 정보에 영향을 받지 않는다. 다음의 논증을 살펴보자.

> P1) 일본은 동아시아 국가다.
> P2) 동아시아 국가 중 적어도 한 국가는 자동차를 수출한다.
> _____
> **C) 일본은 자동차를 수출한다.**

거의 모든 사람은 일본이 자동차(도요타, 혼다 자동차 등)를 수출한다는 사실을 알고 있으며, 위 논증의 두 전제들이 모두 참이라는 것도 알고 있다. 그러나 위 논증은 명백히 귀납적 합당성을 갖고 있지 않다. 만약 우리가 결론과 관련 있는 명제들로 P1과 P2만을 알고 있으며, C가 아마도 참이라고 생각한다면, 그 생각은 틀렸다.

'모든', '대개' / '어떤'

〈모든 설치류는 꼬리가 있다.〉라는 명제는 〈각각의 설치류는 꼬리를 가지고 있다.〉 또는 〈임의의 설치류는 꼬리를 가지고 있다.〉 또는 〈어떤 설치류도 꼬리가 없지 않다.〉라는 명제와 같다. 다른 한편, 〈대부분의 설치류가 꼬리를 가지고 있다.〉라는 명제는 〈전체 설치류 중 절반 이상이 꼬리가 있다.〉와 〈꼬리가 있는 설치류가 꼬리가 없는 설치류보다 많다.〉라는 명제 이상을 말하고 있다. 그렇다면 〈어떤 설치류는 꼬리를 가지고 있다.〉라는 명제는 어떨까? 설치류 중 어느 정도의 비율이 꼬리를 가지고 있어야 이 명제가 참이 될까? 사실, 이것은 올바른 질문이 아니다. 이 명제는 설치류의 비율을 문제 삼고 있지 않기 때문이다. 다음의 논증을 살펴보자.

> P1) X라는 치료를 받아온 어떤 환자들은 간 질환이 생겼다.
> _____
> **C) 만약 내가 X라는 치료를 받는다면 나는 간 질환이 생길 것이다.**

이것은 귀납적으로 합당하지 않다. P1이 참일지라도, 예를 들어 세 명의 환자들이 X라는 치료를 받고 간 질환이 생겼더라도, 수천 명의 환자들이 X라는 치료를 받고도 아직 간 질환이 생기지 않았다고 말할 수 있기 때문이다.

그런데 일상적으로 사용되는 '어떤'이라는 표현은 다소 기만적인 면이 있다. 흔히 우리는 하나 이상의 A가 B이지만 모든 A가 B는 아니라고 믿는 경우에 〈어떤 A는 B이다.〉(예들 들면, P1과 같이)라는 형식의 진술을 한다. 때로는 '몇몇'이라는 표현을 사용하여 〈오직 몇몇 A만이 B이다.〉라고 진술하기도 한다. 또, 하나 이상의 A가 B이지만 모든 A가 B인지 아닌지를 알 수 없을 때에도 〈어떤 A는

B이다.〉라고 진술한다. 예를 들어, 소수의 환자가 X라는 치료를 받은 후 간 질환이 생긴 것을 한 연구자가 발견했다면, 그는 P1과 같은 문장을 사용하여 자신의 발견을 발표할 수 있다. 하지만 그것은 X라는 치료를 받은 환자 모두에게 간 질환이 생길 수 있는 가능성을 배제한 진술은 아니다. 사실 그 연구자는 바로 그런 가능성을 배제하지 않으려는 의도를 가지고 있을 것이다.

논증의 재구성이라는 목적에서 봤을 때, '어떤'이라는 표현을 후자의 방식으로 이해하는 것이 가장 편리하다. 즉, 〈어떤 A는 B이다.〉라는 명제는 〈모든 A는 B이다.〉라는 가능성을 배제하지 않는다. 이 명제는 〈어떤, 그러나 전부는 아닌, A가 B이다.〉라는 점을 말하지 않는다. 이러한 의미에서 〈어떤 A는 B이다〉라는 명제는 〈어떤, 모두일 수도 있는, A는 B이다.〉를 의미한다.

우리는 〈적어도 하나의〉라는 뜻으로 '어떤'이라는 표현을 사용한다. 오직 하나의 A가 B이면 〈어떤 A가 B이다.〉라는 명제는 참이다. '어떤'에 대한 해석에 따르면, 〈어떤 설치류는 꼬리가 있다.〉라는 진술은 단순히 〈꼬리가 없는 설치류가 없다는 것은 거짓이다.〉라는 명제와 같다. 이와 비슷하게 〈어떤 설치류는 꼬리가 없다.〉라는 명제는 〈모든 설치류가 꼬리가 없다는 것은 거짓이다.〉라는 명제와 같다. 이것은 '어떤'의 일상적인 용법이 가지는 의미와는 약간 차이가 있으나, 우리의 목적을 위해서는 매우 편리하다. 만약 논증자가 '어떤'이라는 표현을 '적어도 둘은'이라는 의미로 사용했다면, 우리는 논증을 재구성하는 과정에서 이러한 점을 명시적으로 표현하기 위해 '적어도 둘은'이라는 표현을 명확하게 써넣을 필요가 있다.

통계적 일반화

제1장에서는 일반화와 관련된 논증을 재구성하는 경우에는 언제나 숨어 있는 암묵적 양화 표현들을 명시적으로 추가해야 한다고 말했다. 그 내용을 떠올리며 다음의 논증을 보자.

정부의 정책은 전과자들이 또다시 범죄를 저지른다는 주장에 기초하고 있다.

나는 이 주장을 전적으로 반대하고 거부한다. 내 조카는 10대 후반에 무장 절도범으로 수감되었으나, 다른 쓰레기 같은 인간들과는 달리 수감 생활 중 자신의 과오를 철저히 반성하여 새사람이 되었다. 현재 그는 결혼하여 수년간 평범한 직업에 종사하고 있으며, 다시 범죄를 저지를 가능성은 전혀 없다.

논증자는 강력범이었지만 재범을 저지르지 않는 사람이 있다는 점을 근거로 삼아 〈전과자들은 또다시 범죄를 저지른다.〉라는 일반화를 논박했다. 그리고 이 논증은 타당하다.

P1)   내 조카는 전과자이지만 다시 범죄를 저지르지 않고 있으며, 앞으로도 저지르지 않을 것이다.

C)   **모든 전과자가 또다시 범죄를 저지르는 것은 아니다.**

그러나 정부가 〈모든 전과자가 또다시 범죄를 저지른다.〉라고 주장한 것 같지는 않다. 그보다는 아마도 〈대부분의 전과자가 또다시 범죄를 저지른다.〉 또는 〈이미 범죄를 저질렀던 사람이 또다시 범죄를 저지르는 빈도가 범죄를 저지르지 않은 사람들의 빈도보다 심각할 정도로 높다.〉라는 명제를 주장했을 것이다. 만약 그렇다면 단지 자신의 조카라는 일례만으로는 정부의 주장에 아무런 타격도 주지 못하거나 극히 미약한 손상만을 입힐 수 있을 뿐이다.

귀납적 건전성

연역적 건전성의 정의로부터 귀납적 건전성의 정의를 유추해볼 수 있다.

 한 논증이 **귀납적으로 건전하다**는 것은 다음과 같은 말이다:
그 논증이 귀납적으로 합당하고, 논증의 전제들이 모두 (실제로) 참이다.

관련해서 알아두어야 할 점은, 귀납적으로 건전한 논증은 연역적으로 건전한 논증과 달리 거짓인 결론을 가질 수 있다는 것이다. 이것은 귀납적 합당성의 정의 때문에 생겨난 가능성이다. 귀납적 합당성의 정의에 따르면, 전제들의 참은 결론이 참일 개연성을 높게 하지만, 그렇다고 결론의 참을 보장하지는 못한다. 서울에 사는 직장인인 홍나리의 사례를 다시 살펴보라. 홍나리가 서울에 사는 직장인이라는 것이 참이고, 서울에 사는 거의 모든 직장인이 한 달에 적어도 한 번은 대중교통 수단을 이용한다고 가정해보자. 두 가지 전제로부터 홍나리가 한 달에 적어도 한 번은 대중교통 수단을 이용한다는 결론이 가지는 개연성이 높아지고, 논증은 귀납적으로 합당하지만, 그렇다고 결론이 참임이 보장되는 것은 아니다. 홍나리가 엄청난 부자라서 대중교통 수단을 전혀 이용하지 않을 가능성도 얼마든지 있기 때문이다.

귀납적으로 건전한 논증의 결론이 언제나 참이라고 말할 수는 없다. 어떤 논증이 귀납적으로 건전하다고 해도, 결론이 거짓임을 증명하는 별도의 독립적인 이유들이 존재할 수 있다(이 말이 놀랍다면, 귀납적 건전성에 대한 논의를 다시 살펴보라). 이에 대해서는 제6장에서 다시 살펴보겠다.

전제들의 개연성

이제까지 살펴본 전제들은 대체로 비율로 표현된 전제들, 예컨대 〈대부분의 요정들은 바둑을 둔다.〉와 같은 전제들이었다. 비율은 '대부분의', '95퍼센트의' 등과 같은 양화 표현으로써 표현된다. 그러나 다음의 경우를 보자.

> P1) 만약 당 태종이 아프지 않다면, 당나라 군대가 공격을 감행할 것이다.
> P2) 아마도 당 태종은 아프지 않을 것이다.
> ──────────────────────────────
> **C) (아마도) 당나라 군대가 공격을 감행할 것이다.**

이것은 귀납적으로 합당하지만, 어떤 양화 표현도 없다. 전제들의 참이 〈당나라 군대가 공격을 감행할 것이다.〉라는 결론을 보장하지 못하는 것은, P2에서 '아마도'라는 표현을 사용하여 당 태종이 아프지 않을 개연성이 높다고만 진술하고 있기 때문이다. P2의 진술은 〈당 태종은 아마도 아프지 않을 것이다.〉 또는 〈당 태종이 아플 가능성은 없을 것이다.〉 등으로 바꿀 수 있다. 이렇듯 의미는 같지만 표현은 다른 문장들로 P2를 대체하더라도 결론은 동일하다.

'아마도'와 같은 표현은 조건문의 전건이나 후건에서도 나타날 수 있다. 예를 보자.

> P1) 만약 당 태종이 아프지 않다면, 아마도, 당나라 군대는 공격을 감행할 것이다.
> P2) 당 태종은 아프지 않다.
> _____
> C) (아마도) 당나라 군대는 공격을 감행할 것이다.

이것도 귀납적으로 합당하다.*

개연적 전제들이 여럿인 논증

때로는 한 논증에서 여러 개연적 요소들이 동시에 나타날 수도 있다. 이런 논증들을 평가할 때는 주의가 필요하다. 다음과 같은 논증을 보자.

> P1) A지역 주민 대부분은 20대이다.
> P2) A지역 20대 대부분은 미혼이다.
> _____
> C) A지역 주민 대부분은 미혼이다.

_____

*주의 깊게 살펴보면, '아마도'라는 표현을 사용할 때, 귀납적 논증의 결론 앞에서는 괄호를 썼지만, 전제들이나 조건적 결론의 후건에서는 괄호를 쓰지 않았음을 알 수 있다. 그 이유는 다소 복잡하지만, 요점은 다음과 같다. 우리들은 연역적 논증과 귀납적 논증들 사이에 대한 단순하면서도 상식적인 대조를 유지하기를 원한다. 귀납적 사례에서는 전제들이 결론을 받아들이기 위한 좋은 이유를 제시하지만 물 샐 틈 없이 완벽한 이유를 제공하는 것은 아님을 분명히 하기 위해서이다. 그러므로 우리가 〈(아마도) 그러그러하다.〉라는 명제를 추론 막대 아래에 썼다면, 그 결론은 〈그러그러하다〉라는 명제지 〈(아마도) 그러그러하다.〉라는 명제가 아니다. 만약 개연성을 표시하는 표현이 결론의 일부로 간주되어야 한다면, 연역적 논증과 귀납적 논증 사이의 구분은 훨씬 복잡해지고 덜 직관적이게 된다.

논증나무를 그리면 〈그림 3.2〉와 같다.

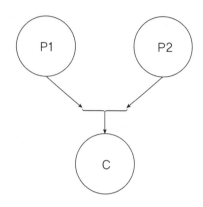

〈그림 3.2〉

    이것은 귀납적으로 합당하지 않다. 엄밀히 말하면, 〈대부분〉은 오직 주어진 집단의 절반 이상에 해당하는 구성원에 대해서만 명제가 참임을 보장한다. 그렇다면 이 전제들 모두는 다음과 같은 상황에서 얼마든지 참일 수 있다. 즉 A지역의 주민 중 절반을 약간 넘는 사람들만이 20대이고, A지역의 20대들 중 절반을 약간 넘는 사람들만이 미혼이지만, A지역에 사는 많은 20대들은 여전히 미혼이 아니다. 만약 사정이 이렇다면, A지역에 있는 20대 미혼자의 비율은 A지역 전체 주민의 절반을 약간 넘는 수의 절반을 약간 넘는 정도가 될 것이다. 따라서 절반 중의 절반은 $1/2 \times 1/2 = 1/4$이므로, A지역에서 20대 미혼자가 차지하는 비율은 $1/4$이 조금 넘는다. 물론, A지역 주민의 대다수가 미혼이고, 충분히 많은 비율의 A지역 20대들이 미혼이라고 한다면, 이러한 내용을 포함하여 귀납적으로 건전한 논증을 구성할 수도 있을 것이다.* 우리는 '대부분'이나 '대다수'라는 표현이 과연 그 논증의 목적을 충족시키기에 충분한 비율을 가리키는지 여부를 결정

---

*이렇게 재구성된 논증을 평가할 때도 주의를 기울여야 한다. '대다수'라는 표현도 모호한 면이 있어서 위에서 설명한 문제가 발생할 가능성은 여전히 존재한다. 예를 들어 A지역 주민의 70퍼센트가 20대고, A지역 20대의 70퍼센트가 결혼하지 않은 사람이라면, A지역의 20대 미혼자는 전체 주민 중 49퍼센트가 되는 경우를 고려해보라.―옮긴이

해야 한다.

이러한 문제는 '아마도'와 같은 표현이 전제에 한 번 이상 나타날 때에도 똑같이 적용된다. 조건적 개연성(조건부 확률)이 명시적으로 나타난 다음의 예는 약간 어려운 경우다.

P1) 은주는 아마도 뒤풀이 모임에 갈 것이다.

P2) 만약 은주가 뒤풀이 모임에 간다면, 그녀는 아마도 술에 취할 것이다.

C) 은주는 술에 취할 것이다.

이것은 귀납적으로 합당한가? 문자 그대로는 그렇지 않다. '아마도'라는 표현은 단지 그 가능성이 1/2을 조금 넘는다는 것을 뜻할 뿐이다. 은주가 뒤풀이 모임에 갈 가능성이 정확하게 0.6(10 중에 6)이고, 그녀가 뒤풀이 모임에서 취하게 될 가능성이 정확하게 0.6이라고 가정해보자. 그러면 이 논증의 전제들은 모두 참일 것이다. 그렇지만 결론의 개연성이 높아지지는 않는다. 그녀가 취하게 될 가능성은 6/10의 6/10, 즉 36/100(6/10×6/10) 또는 0.36이 된다. 물론, 은주가 뒤풀이 모임에 갈 가능성이 더 많거나, 그녀가 뒤풀이 모임에서 취할 가능성이 더 많거나, 또는 두 가지 모두에 해당된다면, 그녀가 취할 가능성은 더욱 높아질 것이다. 그리고 이미 살펴본 대로, '아마도'라는 표현을 사용한다는 것은 그 가능성을 매우 높게 본다는 것을 의미할 수도 있다. 만일 우리가 '아마도'를 '매우 확률 높게'와 같은 표현으로 대체한다면, 논증에 대해 귀납적으로 합당하다거나 심지어 매우 높은 정도로 합당하다고 해석하는 것은 합리적이다.

전제에 '아마도'와 '대부분의'라는 양화 표현이 함께 쓰인 논증을 살펴보자.

P1) 아마도, 철수는 변호사 자격증을 취득했을 것이다.

P2) 변호사 자격증을 취득한 대부분의 사람은 평균 이상의 돈을 번다.

C) 철수는 평균 이상의 돈을 벌 것이다.

위의 논증은 귀납적으로 합당하지 않다. 그러나 만약 철수가 변호사 자격증을 취득했을 개연성이 충분히 높게 표현되고, '그리고/또는'* 변호사 자격증을 취득한 사람들이 평균 이상의 돈을 벌 개연성이 충분히 높게 나타나는 방식으로 논증을 재구성한다면, 그 논증은 귀납적으로 합당할 것이다. 물론 위의 논증에서 '아마도'라는 표현을 없애기만 해도, 새로 구성된 논증은 귀납적으로 합당하다. 또한 P2에서 '대부분'이라는 표현을 '모든'으로 바꾸면, 논증은 귀납적으로 합당하다. 하지만 그 논증은 귀납적으로 건전하지 않을 수도 있는데, 두 번째 전제가 실제로는 거짓일 수도 있기 때문이다. 실제로 변호사 자격증을 가진 모든 사람이 평균 이상의 돈을 버는 것은 아니다.

다음과 같은 경우에도 주의가 요구된다.

> P1) 자연당원의 열 명 중 아홉 사람은 채식주의자다.
> P2) 자연당원이 아닌 사람들의 열 명 중 오직 한 사람만이 채식주의자다.
> P3) 맹순은 채식주의자다.
> **C) 맹순은 자연당원이다.**

이 논증에 대해 귀납적으로 합당하다고 생각하기 쉽다. 아마도 자연당원이 아닌 사람들은 채식주의자인 경우가 거의 없으며 자연당원들은 거의 모두 채식주의자이므로, 만약 맹순이가 채식주의자라면 그녀는 자연당원일 개연성이 매우 높기 때문이다. 그러나 이러한 추론은 오류며, 이것을 '기초 비율의 오류'라고 부른다(오류에 관해서는 제4장에서 자세히 알아보겠다). P1을 〈모든 자연당원이 채식주의자다.〉라고 재구성해도 여전히 오류다. 가령 101명 당 오직 한 사람 정도만이 자연당원이라고 가정해보자. 나머지 사람들(비자연당원)의 10퍼센트가 채식주의자라는 것은 비자연당원 100명 당 10명이 채식주의자라는 의미다. 그런데 거의 모든 자연당원들은 채식주의자이기 때문에 101명 당 11명 가량이 채식주의자가 된다. 그러나 11명 중에서 오직 한 명만이 자연당원이다. 그러므로 101명 당 10명이 비자연당원인 채식주의자이고, 비자연당원인 채식주의자가 자연당원 채

---

*〈A 그리고/또는 B이다.〉라는 명제는 〈A만 참〉일 수도 있고, 〈B만 참〉일 수도 있으며, 〈A와 B가 동시에 참〉일 수도 있음을 의미한다.—옮긴이

식주의자의 수보다 10 대 1의 비율로 더 많다. 그러므로 맹순과 같은 채식주의자를 만났을 때, 만약 그녀가 자연당원이라고 생각할 만한 또 다른 이유가 없다면, 그녀는 자연당원이 아니라고 보는 게 더 합리적이다. 요약하자면, 위 논증의 전제들은 맹순이 자연당원이라고 생각할 만한 좋은 이유를 제공하지 않는다.

문제는, 전제들이 얼핏 〈만약 어떤 사람이 채식주의자라면, 그 사람은 아마도 자연당원일 것이다.〉라고 하는 것처럼 보인다는 점이다. 하지만 실제로는 전혀 그렇지 않다. 이와 비슷한 또 다른 사례를 살펴보자. 모든 목수들은 망치를 가지고 있다. 목수가 아닌 사람들은 거의 망치를 가지고 있지 않다. 그러나 어떤 사람이 망치를 가지고 있더라도, 그가 목수라고 단정할 수는 없다. 목공예를 취미로 하거나 가구 DIY를 즐기는 사람들을 포함해서 전문 목수가 아니지만 망치를 가지고 있는 사람의 수가 전문 목수보다 훨씬 많다. 따라서 망치가 있지만 목수가 아닌 사람이 망치를 가진 목수보다 훨씬 많다.

확장된 논증의 귀납적 합당성

귀납적으로 합당한 논증의 결론은 다른 논증의 전제가 될 수 있다. 물론 그 다음에 제시되는 논증은 연역적으로 타당할 수도 있고, 귀납적으로 합당하거나 그렇지 않을 수도 있다. 만약 확장된 논증의 하위 논증이 연역적으로 타당하지 않다면, 논증 전체는 연역적으로 타당하지 않다. 기껏해야 귀납적으로 합당할 뿐이다. 연역 논증과 귀납 논증이 혼합되어 있는 확장된 논증을 살펴보자.

P1) 만약 당 태종이 아프지 않다면, 당나라는 공격을 감행할 것이다.

P2) 아마도, 당 태종은 아프지 않다.

C1) (아마도) 당나라는 공격을 감행할 것이다.

P3) 만약 당 태종이 공격을 감행하면, 고구려는 반격할 것이다.

C2) (아마도) 고구려는 반격할 것이다.

만약 첫 번째 논증이 타당하여 C1을 무조건적으로—즉, '아마도'라는 표현이 없어도—받아들일 수 있다면, C1과 P3에서 C2의 추론이 연역적으로 타당함에도 불구하고 굳이 C2에서 '아마도'라는 표현을 쓸 필요가 있을까 하는 의문이 생길 수 있다. 그러나 보는 바와 같이, C2의 '아마도'는 근본적으로 P2에서 물려받은 것이다. 이때는 C2를 세 개의 전제, 즉 P1, P2, P3에서 추론된 명제로 간주하면 이해가 쉽다. 만일 '아마도'라는 표현을 P2에서 뺀다면, 그 논증은 연역적으로 타당하다. 이 논증은, 나타난 대로는, 단지 귀납적으로 합당할 뿐이다.

C1과 P3에서 C2로 추론하는 과정에서, 하위 논증을 표현하자면 다음과 같다.

C1) 아마도, 당나라는 공격을 감행할 것이다.
P3) 만약 당나라가 공격을 감행하면, 고구려는 반격할 것이다.
C2) (아마도) 고구려는 반격할 것이다.

다시 말해, 우리는 하위 논증의 C1에 쓰인 '아마도'라는 표현에 대해 괄호가 없는 것처럼 취급한다. 귀납적으로 합당한 논증의 결론이 또 다른 논증의 전제가 될 때, 결론의 괄호는 무시되어야 한다.

결론의 조건적 개연성

다음의 논증을 살펴보자.

만약 당신이 새 인터넷 회사를 차린다면, 아마도 실패하거나 3년 이내에 다른 회사에 팔릴 것이다. 대부분의 신생 인터넷 회사가 그렇다.

〈아마도, 당신의 새 인터넷 회사는 실패하거나 3년 이내에 다른 회사에 팔릴 것이다.〉라는 것보다는 〈만약 당신이 새 인터넷 회사를 시작하면, 아마도 실패하거나 3년 이내에 다른 회사에 팔릴 것이다.〉라는 명제가 논증의 결론일 것이다. 결론은 조건적 개연성(조건부 확률)을 진술하고 있으며, 다음과 같이 재구성된다.

P1)	대부분의 새 인터넷 회사는 실패하거나, 3년 이내에 다른 회사에 팔린다.
C)	만약 당신이 새로운 인터넷 회사를 차린다면, 아마도, 그 회사는 실패하거나 3년 이내에 다른 회사에 팔릴 것이다.

이 추론은 옳다. 그렇다면, 논증은 연역적으로 타당한가 아니면 다만 귀납적으로 합당할 뿐인가? '아마도'라는 표현 때문에, 논증은 마치 귀납적으로 합당할 뿐인 것처럼 보이기 쉽다. 그러나 엄밀히 말하면, 논증은 연역적으로 타당하다. 논증의 결론은 전제 P1에 근거하여 완벽한 확신을 가지고 단언될 수 있다. 논증에서 '아마도'를 조건문인 결론의 후건 앞에 추가하는 동시에 결론 전체의 서두에 추가할 필요는 없다.* 그렇지만 일단 새로운 인터넷 회사가 시작되면, P1을 전제로 하고 〈(아마도) 당신의 새 인터넷 회사는 실패하거나 3년 이내에 다른 회사에 팔릴 것이다.〉라는 명제를 결론으로 하는, 귀납적으로 합당한 논증을 구성하는 것이 더욱 적절하다.

증거

귀납적으로 합당한 논증은 여러 가지 전제들을 가질 수도 있다. 다음의 경우를 보자.

X에 대한 소송 사건의 내용은 다음과 같이 요약된다. X는 의사이고 충분한 의료지식이 있으며, 그렇게 할 기회도 있었다. 그는 희생자에게 신경흥분제인 스트리크닌 투입을 차츰 증가시킴으로써 희생자를 죽게 만들었다. 그는 살인에

---

*〈만약 P이면, 아마도, Q이다.〉라는 형식의 명제와 〈아마도, 만약 P이면, Q이다.〉라는 형식의 명제는 서로 다르다는 것에 주의하라. 조건문에 대한 정통적인 해석에 따르면, 〈만약 P이면, 아마도, Q이다.〉는 P에 상대적으로 Q가 참일 확률을 나타내지만, 〈아마도, P이면, Q이다.〉는 조건문 〈P이면, Q이다.〉가 참일 확률을 나타낸다. 사실, 일상적으로 볼 때에는 후자의 표현은 거의 사용되지 않으며, 이 책에서도 전혀 사용하지 않는다. 가령 우리가 일상적인 맥락에서 "아마도, 만약 박찬호가 경기에 참가하면, 그는 승리투수가 될 것이다."라고 말한다면, 이것은 〈만약 박찬호가 경기에 참가하면, 아마도, 그는 승리투수가 될 것이다.〉라는 의미다.

대한 강한 동기를 가지고 있었다. 그리고 결정적으로 신뢰할 만한 증인인 Y는 X가 그녀에게 희생자가 죽기를 바란다고 말했다고 증언했다.

X에 대한 기소 내용이 대단히 설득력 있다고 가정하자. 하지만 X가 유죄라는 주장은 연역적으로 타당한 논증이 아니다. 논증자가 말하는 사실들을 받아들인 다고 해도, 여전히 X는 무죄일 가능성이 있기 때문이다. 여기서 주목할 점은, X 가 유죄라는 주장은 각각 독립된 네 개의 논증으로 재구성되어서는 안 된다는 것이다. 다시 말해 독립된 네 개의 논증이 각각 그 자체로 귀납적으로 합당하다 고 간주되어서는 안 된다. 논증자의 주장은 다음과 같은 네 가지 전제에 기초하 고 있다.

P1) X는 신경흥분제인 스트리크닌을 희생자에게 점차적으로 투입시켜 죽게 할 수 있는 지식을 가지고 있다.

P2) X는 살인을 저지를 기회를 갖고 있었다.

P3) X는 살인을 하려는 강한 동기를 가지고 있었다.

P4) 신뢰할 만한 증인 Y는, X가 그 희생자가 죽었으면 하는 그의 바람을 그녀

에게 표현했다고 증언했다.

　전제들은 X에 혐의가 있다는 증거가 된다. 그런데 오직 P1에 근거하여 X가 희생자를 죽였다는 결론을 내리는 논증이라면, 귀납적으로 합당하지 않다. 이것은 마치 스트리크닌에 대한 필요한 지식을 가지고 있는 수많은 사람들 모두가 유죄라고 말하는 것과 다를 바 없다. 또한 이와 유사하게 이 논증은 P2, P3, P4 각각에만 근거하고 있지도 않다. 만약 논증자(검사)가 위의 독립적인 네 가지 논증들을 각각 따로 제시한다면, 사람들(판사)은 아마도 논증자의 기소가 전혀 설득력이 없다고 결론 내릴 것이다. 네 가지 논증들 각각은 전혀 귀납적으로 합당하지 않기 때문이다. 논증 내용이 설득력을 가지는 것은, 네 가지 증거들이 결합하여 피의자가 유죄라는 주장을 지지한다는 데 핵심이 있다. 그러므로 검사의 기소에 〈그림 3.3〉과 같은 네 가지 논증이 나타나 있는 것이 아니다.

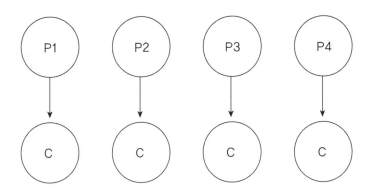

〈그림 3.3〉

　네 가지 논증이 아니라, 〈그림 3.4〉와 같이 단일한 논증이 나타나 있다.

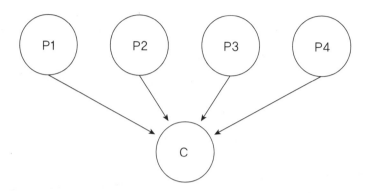

〈그림 3.4〉

그렇다면 이 논증은 다음과 같이 재구성되어야 한다.

> P1) X는 신경흥분제인 스트리크닌을 희생자에게 점차적으로 투입시켜 죽게 할
> 수 있는 지식을 가지고 있다.
> P2) X는 살인을 저지를 기회를 갖고 있었다.
> P3) X는 살인을 하려는 강한 동기를 가지고 있었다.
> P4) 신뢰할 만한 증인 Y는, X가 그 희생자가 죽었으면 하는 그의 바람을 그녀
> 에게 표현했다고 증언했다.
> _____
> C) (상당히 확실히) X는 희생자를 살해했다.

일반적으로, 증거들은 이런 식으로 주장을 지지한다. 만약 B와 C가 모두 A에
대한 증거가 된다면, B와 C의 연언(B 그리고 C)은 B 또는 C 각각보다 더 강력한
증거가 된다.* 논증의 관점에서 다시 말해보자면, B와 C가 전제인 논증은 B만

---

*이것은 오직 B와 C가 서로 독립적일 때에 한해서 성립한다. B와 C가 서로 독립적이라는 말은, B가
발생하느냐 그렇지 않으냐의 여부가 C가 발생 여부와 아무런 관련성이 없고, 그 역도 성립한다는 의
미다. 만약 B와 C가 서로 독립적이지 않으면, 문제는 매우 복잡해진다. 두 사건이 독립적이라는 것은,
B와 C가 서로 독립적인 경우, 그리고 그 경우에만 C에 상대적인 B의 조건부 확률이 B의 확률과 같음
을 의미한다.
B와 C가 서로 독립적일 때, 매우 유용한 관계가 성립한다. 첫째, 사건 A가 발생하지 않을 확률은 언제

전제인 논증보다, 또는 C만 전제인 논증보다 귀납적인 합당성이 더 크다.

다음과 같은 점에도 유의해보자. 위의 예는 논증의 귀납적인 합당성을 비율이나 빈도에 호소하여 추정하지 않고 있으며, 확률적인 전제들에 의존하고 있지 않다. 또, 전제들로부터 결론으로 추론한 근거들이 암묵적인 상태로 남아 있다. 그렇다고 해서 위의 논증을 어느 정도 명시적으로 재구성할 수 없는 것은 아니다. 예를 들면, 아주 극소수의 사람들이 P1에서 말하고 있는 종류의 지식을 가지고 있다는 전제를 포함시킬 수 있다. 그러나 이러한 시도들이 언제나 적절하지는 않다. P2에서 P4까지의 전제들이 논증에 기여하는 정확한 방식을 낱낱이 밝히는 것이 그렇게 쉽지는 않으며, 설령 가능하다 하더라도 아마 유용하지 않은 작업일 것이다.

나 1 – A이다. 또, B와 C의 연언의(또는 사건 B와 사건 C가 동시에 발생할) 확률은 단순히 B의 확률과 C의 확률을 곱하는 것이다. 기호로 나타내면 더욱 알기 쉽다. Pr(B 그리고 C)= Pr(B)×Pr(C). 그런데 〈B 또는 C〉는 〈B 아님 그리고 C 아님이 동시에 성립하지 않는다.〉와 동치이므로, 이로부터 〈B 또는 C〉의 확률은 1 – 〈B도 아니고 C도 아니다.〉의 확률과 같다는 게 성립한다. 기호로 쓰면 Pr(B 또는 C)=1 – 'Pr(B 아님 그리고 C 아님)'가 된다. C에 상대적인 B의 조건부 확률은 보통 Pr(B/C)와 같이 쓰며, 이것은 연언 〈B 그리고 C〉의 확률 나누기 C의 확률로 정의된다. 기호로 쓰면 다음과 같다.

$$Pr(B/C) = \frac{Pr(B \text{ 그리고 } C)}{Pr(C)}$$

서로 독립적인 가능한 결과들의 집합이라는 개념을 살펴보자. 대표적인 예가 주사위 굴리기다. 주사위를 굴렸을 때 나타날 수 있는 가능한 결과들은 모두 6가지인데, 각각의 결과는 논리적으로나 인과적으로 서로 연관이 없다. 즉, 주사위를 n번 던지면 n만큼의 독립적인 결과들이 나온다.
한편 독립적이지 않은 가능한 결과들의 대표적인 예는 카드 뽑기다. 한 벌의 카드 중에서 하트를 첫 번째로 뽑을 가능성은 얼마일까? 4장 중 1장이 하트이므로, 확률은 0.25이다. 그렇다면 다음에 뽑은 카드가 하트일 확률은 얼마일까? 그것은 첫 번째 시행에 의존적이어서, 0.25가 아니다. 만약 첫 번째 시행에서 뽑힌 카드가 하트라면, 나머지 51장 중 12장이 하트이므로, 두 번째 시행에서도 하트가 뽑힐 확률은 약 0.235(12/51)가 된다. 하지만 만약 첫 번째 실험에서 뽑은 카드가 하트가 아니라면, 나머지 51장 중 13장이 하트이므로, 두 번째 시행에서 하트를 뽑을 확률은 약 0.255(13/51)가 된다. 즉, 카드 뽑기 실험에서 두 번째 시행은 첫 번째 시행 결과에 독립적이지 않다. 다시 말해, (1)첫 번째 카드가 하트라는 가정 아래 (그 가정에 상대적) 두 번째 카드가 하트일 조건부 확률과 (2)첫 번째 카드가 하트가 아니라는 가정 아래 (그 가정에 상대적) 두 번째 카드가 하트일 조건부 확률이 서로 다르다. 이것은 통계와 확률에 관한 방대한 주제 가운데 극히 초보적인 지식에 지나지 않는다. 여러 가지 기초적인 자료들을 통해 확률과 통계에 대한 좀더 많은 지식을 배운다면, 우리는 언론이나 그 밖의 매체에서 만들어내는 통계적 주장들을 좀더 정확하고 비판적인 사고로써 평가하고 해석할 수 있게 된다. 예를 들면, 여론 조사 발표에서 '오차 범위'의 의미는 무엇인가? 그들은 오차 범위가 무엇인지 어떻게 알 수 있는가? 등등을 이해하게 된다.

귀납적 추론

다음의 논증을 살펴보자.

이제까지 내가 키워봤던 금붕어는 고양이 먹이를 먹이면 모두 죽었다. 그러므로 만약 새 금붕어에 고양이 먹이를 먹이면, 그것은 죽을 것이다.

합당한 것처럼 보이는 이 논증을 어떻게 재구성할 수 있을까? 일단 다음과 같이 재구성해보겠다.

P1 (a) 모든 금붕어는 고양이 먹이를 먹이면 죽는다.
_____
C)　　　나의 새 금붕어는 고양이 먹이를 먹이면 죽을 것이다.

P1 (b) 대부분의 금붕어는 고양이 먹이를 먹이면 죽는다.
_____
C)　　　(아마도) 나의 새 금붕어는 고양이 먹이를 먹이면 죽을 것이다.

첫 번째 논증은 타당하고, 두 번째 논증은 귀납적으로 합당하며, 그리고 아마도 두 논증 모두 건전하다. 그러나 논리적인 문제가 하나 있다. 논증자가 특별히 어느 쪽의 P1을 주장하고 있는 것은 아니다. 그가 주장하고 있는 것은 키우던 금붕어에 고양이 먹이를 먹였더니 죽었다는 것이 전부다. 논증자가 경험한 금붕어의 표본은 모든 금붕어의 숫자 중에 극히 일부에 불과하다. 그러므로 논증자는 금붕어에 관해서는 거의 아무것도 말하지 않은 셈이 된다. 추측해 보건대, 논증자는 P1(a)나 P1(b) 중 하나를 믿었을 것이다. 그러나 만일 그렇다 하더라도, 금붕어와 고양이 먹이와 관련된 이전의 경험에 기초한 믿음이다. 아마도 논증자는 〈내가 금붕어에 고양이 먹이를 먹일 때마다 모든 금붕어들이 죽었다.〉라는 명제로부터 〈나의 새 금붕어는 만일 고양이 먹이를 먹인다면 죽을 것이다.〉와 〈대부분의 (혹은 모든) 금붕어는 만일 고양이 먹이를 먹이면 죽는다.〉라는 명제를 이끌어냈을 것이다. 이제까지 논증에 관해서 진행시켜온 우리의 논의는, 이와

같은 종류의 추론에 대해서는 말해주는 바가 아무것도 없다.＊

이러한 종류의 추론은 과학에서나 일상생활에서 매우 흔하다. 이것을 우리는 **귀납적 추론**이라고 한다. 귀납적 추론은, 전체 모집단에 속하는 어떤 표본들로부터 표본의 외부에 있는 어떤 것으로 **외삽**하거나, 모집단 전체에 대한 **일반화**로 나아가는 추론을 말한다. 지금까지 이 책에서는 이와 반대 방향의 추론들을 다루어왔다. 즉 전체 사례에 관한 일반화 명제로부터 좀더 적은 수의 표본들에 관한 주장으로 나아가는 추론, 아니면 전체 모집단으로부터 그것에 속하는 구체적인 표본에 관한 주장으로 나아가는 추론을 다루어왔다.

위의 사례에서 논증자는 자신이 관찰해온 금붕어의 표본들로부터 새로운 표본에 대한 명제들로 외삽할 필요가 있다.

P1) 모든 관찰된 금붕어는 고양이 먹이를 먹으면 죽었다.

C1) 나의 새 금붕어는 고양이 먹이를 먹인다면 죽을 것이다.

이 추론이 귀납적으로 합당하다고 본다면—그렇다고 가정해보자—귀납적으로 합당한 다른 추론들과 마찬가지로, '아마도'라는 표현을 결론 앞에 써넣어야 할 것이다.

＊이미 살펴본 것처럼 많은 개연성 판단은 비율에 기초하고 있다. 이와 관련해서, 왜 그렇게 되는지를 밝히는 것이 통계적 분석의 주된 과제다.

귀납적 추론은 비율이 직접적으로 적용되기 어려운 사례들의 집합을 표현한다. 만일 우리가 956회의 과거 사례들 A 중에서 74퍼센트가 사례 B라는 것을 알고 있다고 해서, 다음에도 A의 다음 사례가 B가 될 가능성이 74퍼센트라고 가정할 수는 없다. A의 다음 사례는 그 비율이 알려져 있는 과거 사례들의 집합에 속하지 않을 수 있기 때문이다.

이것은 카드를 뒤집어놓고 특정한 카드를 잡을 가능성을 따져보는 것과는 다르다. 이 경우에는 이미 비율이 알려져 있기 때문이다. 귀납적 추론의 경우에는, 이미 알려진 사례들의 비율에서 채택한 개연성(확률)이 알려지지 않은 사례로 전이될 수 있다고 가정한다. 물론 귀납적 추론은 많은 경우에 합리적으로 정당화되는 것처럼 보인다. 과연 귀납적 추론과 이러한 가정은 실제로 합리적으로 정당화될까? 우리는 왜 귀납 추론이 합리적으로 정당화된다고 생각할까? 이러한 문제가 바로 데이비드 흄David Hume이 『인간본성론Treatise of Human Nature(1739)』에서 처음으로 제기한 '귀납의 문제'다.

P1) 모든 관찰된 금붕어는 고양이 먹이를 먹으면 죽었다.

C1) (아마도) 나의 새 금붕어는 만약 고양이 먹이를 먹으면 죽을 것이다.

 논증자는 위의 추론보다는 다소 긴 과정을 거쳐 결론을 얻었을지도 모른다. 즉, 결론을 귀납적 추론과 연역적 추론이 결합된 확장된 논증에 의해 얻었을 수도 있다. 확장된 논증은 모든 금붕어에 관한 일반화에 이르는 귀납적 추론과 함께, 일반화로부터 논증자의 새로운 금붕어에 관한 결론으로 나아가는 연역적으로 타당한 논증의 결합으로 이루어진다.

P1) 모든 관찰된 금붕어는 고양이 먹이를 먹으면 죽었다.

C1) 모든 금붕어는 고양이 먹이를 먹으면 죽는다.

C2) 나의 새 금붕어는 만약 고양이 먹이를 먹으면 죽을 것이다.

 논증에서 P1이 참이라고 가정한다고 해도, C1에 대해 확신을 가지고 주장하기 어렵다. C1에 대한 주장은, C2를 주장할 때나 그보다 적은 정도만큼만 확신할 수 있다. 그런데 C1은 모든 금붕어에 관한 일반화이기 때문에, 물고기 한 마리에 대한 진술과 그 논증의 결론인 C1보다 거짓일 가능성이 더 크다. 첫 번째 논증에 비해 두 번째 논증은 의도된 결론을 이끌어내는 더욱 야심 찬 외삽에 의존하고 있기 때문이다. 그렇지만 C1에 이르는 추론들은 어느 사례든 마찬가지로 근본적으로는 동일한 유형을 가지고 있다. 두 추론 모두는 관찰된 사실로부터 관찰되지 않은 사실들로의 외삽이 이루어지고 있다. 그것들은 각각 표본들로부터 표본이 부분으로 포함된 모집단으로의 외삽이다. 첫 번째 사례에서는 모집단이 표본(관찰된 금붕어들)과 새로운 표본(나의 새 금붕어)으로 이루어졌으나, 두 번째의 경우에서 모집단은 단순히 금붕어 전체 집단이다.
 귀납적 추론들을 통해 우리는 좀더 넓은 일반화(모든 금붕어 집합)에 관심을 기울이기도 하고, 다른 경우에는 오직 몇몇 새로운 사례들에 적용하는 것에만 관심을 기울인다. 또 다른 경우에는 오직 단 하나의 새로운 사례에 적용하는 것에만 관심을 기울인다. 그러나 이러한 추론들은 근본적으로는 동일한 유형의 추론이다. 귀납적 추론을 다음과 같이 정의해 보겠다.

한 추론에 대해 **귀납적 추론**이라고 말하는 것은 다음과 같은 뜻이다:
(a) 그 추론은 연역적으로 타당하지 않다.
(b) 그 추론의 전제는 주어진 모집단의 표본을 포함한다.
(c) 그 결론은 표본들로부터 전체 모집단에 관한 일반화로 외삽함으로써 얻어지거나, 또는 전체 모집단에 속하지만 표본 밖의 새로운 사례로 외삽함으로써 얻어진다.

여기서 (a)는 '어떤 검은 고양이들은 꼬리가 없다. 그러므로 모든 검은 고양이가 꼬리가 있는 것은 아니다.'와 같은 종류의 추론을 귀납적 추론으로 분류하는 것을 방지한다.

귀납적 추론은 종종 과거로부터 미래로 외삽한다. 예를 들면, 만약 우리가 대한민국이 월드컵대회에서 우승한 적이 전혀 없다는 전제로부터 대한민국은 월드컵대회에서 결코 우승할 수 없다고 추론한다면, 여기에 적용된 표본은 이제까지 벌어진 모든 월드컵대회가 될 테고, 모집단은 역대 월드컵대회의 집합(즉 과거와 현재와 미래에 있을 모든 경기)이 될 것이다.

귀납적 추론의 결론은 '37퍼센트'와 같은 통계적 일반화로 표현되는 경우가 많다. 예를 들면, 대한민국 성인 인구의 37퍼센트에 해당하는 표본 집단이 ○○당을 지지하고 있다는 것을 여론조사를 통해 알게 되었다면, 전체 대한민국 성인들 중의 37퍼센트가 ○○정당을 지지하고 있다고 결론 내릴 수 있다. 여기서 표본은 조사를 위해 추출된 성인들이며, 모집단은 대한민국의 전체 성인 인구가 된다. 또, 표본으로부터 100퍼센트('모든')만큼 외삽하는 대신에 37퍼센트만큼만 외삽하고 있다. 그러나 결론이 얼마나 개연성 있는가 하는 것은 그 사례가 얼마나 **대표적**인가에 의존한다. 다르게 이야기하자면, 37퍼센트라는 수치에서 전체의 비율이 얼마나 많이 이탈하는가를 추정하기 위해서는, 표본이 모집단의 성질을 얼마나 전형적으로 나타내고 있는가에 대해 알 필요가 있다. 좀더 주의 깊은 탐구를 요구하는 부분이다.

표본은 대표성을 갖는가?

우리가 북극 근처에 살고 있고, 이제까지 본 곰은 모두 흰색이라고 가정해보자. 여기에서 다음과 같은 논증을 할 수 있다.

P1) 관찰된 모든 곰은 흰색이다.

C) 모든 곰은 흰색이다.

형식적으로만 보면 위의 논증은 금붕어에 대한 논증과 매우 유사하다. 그러나 금붕어에 관한 추론은 옳지만, 위의 논증은 그렇지 않다. 곰 중에서 오직 소수의 곰만이 흰색이기 때문이다. 금붕어 논증의 경우에 논증자는 관찰된 금붕어의 표본이 금붕어 전체 모집단을 **대표한다**고 합당하게 가정할 수 있지만, 곰에 관한 논증에서는 그렇지 못하다. 다시 말하자면, 금붕어 예에서는 금붕어의 표본이 모집단과 **유관한 유사성**을 가진다고 합당하게 가정할 수 있지만, 곰의 경우에는 그렇지 못하다. 북극곰은 모든 곰들 중에서 단지 한 종류일 뿐이며, 단일한 종 내에서도 몇몇 형질들이 서로 다를 수 있다는 사실은 약간의 생물학적 지식만 있더라도 알 수 있다. 게다가 눈이 오지 않는 지역의 포유류가 눈이 많이 오는 지역의 포유류보다 흰색일 가능성이 더 많다는 가정이 좀더 합당하다(육식동물은 환경과 시각적으로 잘 섞이는 편이 생존하기에 이롭다. 눈이 많은 지역에서는 다른 털색을 가진 곰보다 흰곰이 생존과 번식의 기회가 더 많으며, 흰색 털을 가지는 유전자가 유전될 가능성이 더욱 크다). 포유동물의 몸 색깔에 대하여 귀납적 추론을 이끌어내고자 할 때, 서로 다른 종들이 완전히 서로 다른 기후 조건에서 산다는 점은 확실히 주의 깊게 살펴봐야 할 차이점이 될 것이다.

어떤 표본이 모집단을 대표하는지, 즉 유관한 유사성을 가지는지를 알 수 있는 방법은 무엇일까? 여기에 대해 간결하게 정리된 규칙은 없다. 유관한 유사성에 대한 추정은 문제가 되고 있는 주제에 대한 우리의 지식에 기초해야 한다. 위의 예에서도 우리는 기초적인 생물진화론에 의존하여 곰에 대한 추론을 비판했다. 통계적 추론의 경우에는 문제가 좀더 복잡해지며, 확률과 통계에 관련된 전문적인 지식이 요구되기도 한다. 정당 지지자에 대한 여론조사를 실시하기 위해 표본을 추출할 때에도 수입, 거주지, 직업 등의 요소들과 투표 성향의 상관관계를 알 수 있는 여러 가지 방식들이 연구되어야 하며, 그런 연구를 바탕으로 표본 집단이 전체 모집단을 반영하는 게 맞다는 확신이 서야 한다.

그럼에도 불구하고, 주어진 일반화에 사용되는 표본이 크고 일반적일수록 그에 따른 귀납적 추론은 귀납적으로 더 합당하거나 더 **강하다**. 귀납적으로 합당하지 않은 귀납적 추론, 즉 전제가 결론을 실제로 지지하지 못하는 추론은 **약한** 추론이다. 예를 들어, 어떤 사람이 다음과 같이 논증했다. "나의 동생은 바보다. 그러므로 모든 소년들은 바보다." 이것은 매우 약한 귀납적 추론이며, 전혀 정당화되지 않는다. 곰에 관한 논증자의 추론은 이만큼 형편없지는 않지만, 그래도 약한 추론이다. 또한 표본으로부터 모집단 구성원 대부분에 대해 일반화하는 것은, 모집단의 모두에 대하여 일반화하는 것보다 더 강하다. 후자가 전자보다 덜 확실할 게 자명하기 때문이다.

논증 평가 프로그램

이제 우리는 표준형식으로 나타낸 논증을 평가하기 위한 기본적인 절차를 정리할 수 있게 되었다. 먼저, 하나의 추론만을 가진(확장된 논증이 아닌) 논증을 생각해보자. 어떤 논증을 표준형식으로 나타낼 때, '아마도'나 그와 비슷한 표현들을 결론에 포함시켜서는 안 된다. 그러한 표현들은 전제에만 사용해야 한다. 일단 논증을 재구성했다면, 다음과 같은 절차에 따라 진행해야 한다. 그리고 이 장에서 제시한 정의들을 다시 살펴보면서, 다음의 항목들이 어째서 그렇게 구성되는지를 생각해 보아야 한다.

1. 논증은 연역적으로 타당한가?
   만약에 아니라면, 2로 가라.
   만약에 그렇다면, 전제들은 모두 참인가?
      만약에 그렇다면, 논증은 연역적으로 건전하다. 끝.

만약에 아니라면, 논증은 타당하지만 건전하지 않다. 끝.

2. 논증은 귀납적으로 합당한가?

만약에 아니라면, 논증은 타당하지도 않고 귀납적으로 합당하지도 않다. 끝.

만약에 그렇다면, 논증은 얼마나 합당한가? '아마도' 또는 이와 유사한 적절한 표현을 결론의 적절한 자리에 써넣어라. 전제들은 모두 참인가?

만약에 그렇다면, 논증은 귀납적으로 건전하다. 끝.

만약에 아니라면, 논증은 연역적으로도 건전하지 않고, 귀납적으로도 건전하지 않다. 끝.

확장된 논증의 경우, 결론이 확장된 논증의 전제로 사용되고 있는 하위 논증들에 대하여 위의 절차를 차례대로 적용해야 한다. 다음과 같은 형식의 확장된 논증이 있다고 하자.

P1) ······
P2) ······
_____
C1) ······
P3) ······
_____
C2) ······

이때 C1라는 결론의 논증은 C2라는 결론을 가진 확장된 논증에 대한 하위 논증이다. 이때에는 P1과 P2로부터 C1로 가는 논증을 먼저 평가하고, 그 다음에 C1과 P3으로부터 C2로 가는 논증을 평가한다. 마지막으로 앞의 평가 결과들을 활용하여, P1과 P2, 그리고 P3으로부터 C2로 가는 전체 논증을 평가하는 것이다.

논증의 평가는 논증의 **재구성**과 구별되어야 한다. 논증의 재구성에 관해서는 제5장에서 자세히 살펴보도록 하겠다.

논증의 평가는 대체로 다음의 두 가지 영역으로 이루어진다. 첫째, 일반적으로 **논리적 평가**라고 불리는 영역으로, 연역적 타당성과 귀납적 합당성 여부를 판단한다. 둘째는 **사실적 평가**로, 전제들의 진리값을 조사하고, 이미 연역적 타당성이나 귀납적 합당성 여부가 평가된 논증의 건전성 여부를 판단한다. 그렇지만 이미 말한 대로, 귀납적 추론의 평가는 타당성을 판단하는 방식처럼 사실의 문제에 전적으로 독립되어 있지 않다. 즉, 귀납적 추론의 평가는 표본이 얼마나 대표적인가 하는 판단에 의존하는데, 그것은 사실의 문제에 대한 지식을 필요로 한다.

논증을 평가할 때, 만약 재구성한 논증이 연역적으로 건전하지 않다면, 논증을 귀납적으로 건전하도록 재구성해야 한다. 앞서 소개한 홍나리의 예를 다시 생각해보자. 이 논증에 대한 최초의 재구성에서는 〈서울에 사는 모든 직장인들은 한 달에 적어도 한 번은 대중교통 수단을 이용한다.〉를 전제로 사용했다. 그렇게 재구성된 논증은 연역적으로 타당했지만 연역적으로 건전하지는 않았다. 그런 뒤, 〈서울에 사는 대부분의 직장인들은 한 달에 적어도 한 번은 대중교통 수단을 이용한다.〉라는 좀더 약화된 전제를 사용하여 재구성된 논증은 연역적으로 타당하지는 않았지만 귀납적으로 합당했다. 일반적으로 재구성한 논증이 건전하기 위해 타당성을 포기하는 것은 좋은 전략이 되며, 귀납적으로 건전한 논증은 연역적으로 타당하지만 건전하지는 않은 논증보다 훨씬 유용하다.

앞으로 논리적 평가에 도움이 되는 기술적 방법들을 학습하면서 알게 되겠지만, 사실적 평가에 도움을 주는 특별히 손쉬운 절차는 없다. 이러한 작업은 개별적인 명제가 참인지 아닌지를 결정하는 작업이기 때문이다. 예를 들면, 동해에 고래가 사는지 그렇지 않은지, 앞으로 청년실업률이 증가할지 아닐지 등등의 문제에 대해 판단하기 위해서는, 논리학 책을 뛰어넘어 바깥세상으로 나가보아야 한다.

요 약

　일련의 전제들에 상대적인 명제의 **조건적 개연성**(조건부 확률)은 전제들 이외에 결론과 유관한 정보가 더는 없다는 가정 아래에서 결론이 참임을 어느 정도만큼 합리적으로 기대할 수 있는가를 말해준다. **합리적 기대**(값)의 추정은 **비율**이나 **빈도**와 같은 확률적 척도에 기초한다.

　연역적으로 타당한 논증은, 만약 전제들이 모두 참이라면 결론도 반드시 참이다. 귀납적으로 합당한 논증의 경우에는 전제들이 모두 참이라고 해서 결론도 반드시 참이라고 할 수는 없지만, 만약 결론의 진리값과 유관한 정보들이 더는 없다면 결론은 거짓이 아니라 참일 가능성이 더욱 크다고 생각할 수 있다. **귀납적으로 합당한** 논증은 전제들에 상대적인 결론의 조건적 개연성(조건부 확률)이 0.5보다 큰 논증이다.

　연역적 타당성과 마찬가지로, 개연성(확률)과 귀납적 합당성은 모두 객관적이다. 주어진 전제들에 상대적인 결론의 조건적 개연성(조건부 확률)은 사람들이 조건적 개연성(조건부 확률)을 실제로 어떻게 추정하느냐 하는 문제와 독립적이다. 그러나 연역적 타당성과는 다르게, 개연성(확률)과 귀납적 합당성은 정도의 문제다. 따라서 어떤 논증은 귀납적으로 합당하지만, 간신히 합당할 정도일 수도 있다. 논증의 귀납적 합당성을 평가할 때는 대상이 되는 사례에 대해 가능한 한 정확하게 평가하는 것이 중요하다.

　귀납적으로 건전한 논증은 귀납적으로 합당하면서 전제들이 모두 참인 논증이다. 연역적으로 건전한 논증과는 달리, 귀납적으로 건전한 논증은 거짓 결론을 가질 수 있다.

　어떤 논증들은 **귀납적 추론**을 포함하고 있다. 귀납적 추론은 연역적으로 부당한 추론으로, 모집단의 어떤 **표본**에 대해 일반화한 것이 논증의 전제가 된다. 또 모집단에 대한 일반화이거나 모집단에 속하지만 표본 밖의 구성요소에 대해 일반화한 것이 결론을 이룬다. 일반적으로 말해서, 귀납적 추론의 합당성은 표본이 모집단을 얼마나 **대표하는가** 하는 정도에 의존한다.

● 수사적 전략
_ 특정 감정에 호소하기
참신함에 호소하기/대중적 인기에 호소하기/동정심, 불쌍함, 양심의 가책에
호소하기/귀여움에 호소하기/섹시함에 호소하기/부, 지위, 권력, 세련됨, 멋
짐 등에 호소하기/두려움에 호소하기/직접 공격하기 · 집중 판매 전략/고상한
문자 사용/의구심 유발 인용/애매성 이용하기/함의 이용하기/연막 작전

● 오류
_ 형식적 오류
조건문의 후건 긍정/조건문의 전건 부정/'～이다'에서 '～이어야 한다'를 도
출하는 오류/기초 비율의 오류

_ 실질적 오류
다수 믿음의 오류/일반적 관행의 오류/사람에 호소하기/정황상 사람에 호소
하기의 오류/피장파장의 오류/권위에 호소하기 오류/완벽주의 오류/도덕성과
합법성의 혼동/약한 유비의 오류

_ 인과 오류
선후관계를 인과관계로 혼동하는 오류/상관관계를 인과관계로 혼동하는 오류
/인과 전도의 오류

_ 인식적 오류
무지에 호소하기의 오류/인식적 오류

● 다른 오류들
애매어의 오류/청어 미끼의 오류/미끄러운 비탈길 오류/허수아비 논증의 오
류/논점 선취의 오류/거짓 딜레마의 오류

Rhetorical ploys and fallacies

별다른 근거가 없는데도 어떤 주장을 수용하거나 거부하고 싶어질 때가 있다. 이런 경우의 대부분은 말하는 사람이 실제로는 그렇지 않지만 마치 좋은 이유를 제시하는 것처럼 보이는 방식으로 우리를 설득하고 있기 때문이다. 이런 식의 설득 장치를 **속임수 이유**라고 하고, 그것들을 이용하는 과정을 **속임수 추리**라고 한다. 비판적 사고를 위해서는 속임수 추리를 이용해 설득을 시도하는 것은 아닌지를 경계하고, 속임수 추리에 기대고 있는 논증에 설득되지 않도록 주의해야 한다. 또 우리 자신도 속임수 추리를 사용해 다른 사람을 설득하지 않도록 주의해야 한다.

여기서 관심을 기울일 속임수 추리의 두 가지 유형은 수사적 전략과 오류다. 이 장에서는 이 두 유형의 차이점을 잘 구분해서 속임수 추리에 익숙해지는 데 목적을 두고 있다. 또한 상대방의 논증을 재구성하고 평가하는 능력과 전략을 향상시켜 여러 유형의 속임수 추리에 잘 대처하도록 하는 것이 목적이다.

수사적 전략이나 오류는 논증자의 주장을 받아들이기에 좋은 이유를 제시해주지 않는다. 오류는 논증적인 속임수 추리다. 즉, 오류도 논증임에 틀림없다. 그것은 전제와 결론에 해당하는 명제들의 집합으로 구성되어 있으며, 전제 명제들로부터 결론 명제가 따라 나오는 형식이다. 하지만 오류는 나쁜 논증이다. 반면에 수사적 전략은 비논증적 속임수 추리다. 그것은 주장을 수용해야 할 이유를 제시하는 듯 보이지만, 실제로는 비논증적인 것에 의존해 설득력을 얻는다. 수사에 대한 정의를 떠올려보자.

수사
말이나 글을 통해 어떤 믿음이나 욕구를 가지게 하거나 행위를 하도록 설득하려는 시도. 수사는 믿음, 욕구, 행위에 대한 좋은 이유를 제시하지 않은 채, 단지 사용한 말이나 글로써 믿음, 욕구, 행위 등을 유발하려고 시도한다.

오류와 수사적 전략의 차이를 가장 쉽게 이해하려면, 사용된 언어가 기능 면에서 어떤 차이를 보이는지를 살펴볼 필요가 있다. 제1장에서 보았듯이, 정치인, 광고 제작자, 신문 칼럼니스트 등은 수사적 전략을 사용하는 면에 있어서 전문가다. 전형적인 수사적 전략은 감정이나 정서에 호소하며, 논증의 영역에 해당하는 이성에 호소하지 않는다. 반면에 오류는 잘못된 것이기는 하지만 논증임은 분명하다(뒤에서 설명하겠지만, 그것은 다양한 방식으로 잘못되었다). 오류는 우리를 어리둥절하게 만들어 잘못되지 않았다고 착각하게 하지만 논증을 제시하려는 시도임에는 분명하다.

주장이 참임을 설득하기 위해 발언자가 수사적 전략이나 오류, 참된 논증 등을 섞어서 사용하는 일은 드물지 않다. 실제로 설득에 쓰인 표현들 중에는 오류이면서 동시에 수사적 전략의 기능을 담당하는 것들도 있다. 우리 주변에서 흔히 접할 수 있는 광고의 대부분이 그렇다.

> 많은 엄마들이 아이를 위해 다른 일회용 기저귀보다 보드람을 사용합니다. 보드람은 기저귀 판매율 1위죠. 당신의 아이는 최고로 인기 있는 기저귀를 쓰나요?

앞으로 자세히 설명하겠지만, 위의 광고는 다수 믿음의 오류를 보여주는 일례가 된다. 이 광고는 엄마들을 상대로 논증을 펼치고 있다. 즉, 동종의 다른 제품보다 더 많은 사람들이 찾기 때문에 보드람은 기저귀 분야에서 최고임을 받아들이도록 시도한다. 하지만 이 논증은 오류다. 논증에서 암묵적으로 가정되고 있는 전제, 즉 가장 인기 있는 것이 가장 좋다거나 심지어 보드람 기저귀가 가장 인기 있다는 믿음이 참이라는 전제가 정당화되지 않기 때문이다. 다른 한편, 이 광고는 대중적 인기에 호소하는 수사적 전략의 예가 된다. 어떤 것이 대중에게 인기 있다는 사실로써(아마도 그것을 사용하지 않으면 다른 사람들에 비해 뒤쳐지는 것은 아닌가 하는 두려움을 이끌어냄으로써) 그것을 원하도록 한다.

오류와 수사적 전략의 차이에 대해 이런 식으로 말할 수 있다. 오류를 점검하는 것은 논리적인 활동이고 사실적 평가와 관련된 활동이며, 논증을 받아들여야 할 이유를 평가하는 것과 관련된 활동이다. 반면에, 수사적 전략을 점검하는 것은 심리와 관련된 활동이며, 믿음이나 행동을 설득하기 위해 사용된 언어가 어떻게 인간의 욕구나 두려움, 감정 등에 비합리적인 영향을 주는지를 검토하는 활동이다.

우리는 비판적 사고를 위해서 속임수 추리를 여러 유형으로 구분하여 규정할 필요가 있다. 그것들의 작동 원리를 이해함과 동시에 속지 않는 방법을 알아내야 한다. 앞으로 우리는 특정 유형의 수사적 전략과 그 예를 살펴볼 것이다. 그런 뒤에 오류들에 대해 포괄적으로 검토해 보겠다.

수사적 전략

특정 감정에 호소하기

인간의 감정을 자극하여 행동이나 의견에(특히 소비 행위에) 영향을 끼치려는 수사적 전략은 매우 많다. 여기서는 가장 흔하게 볼 수 있는 몇몇 수사적 전략을 다룰 것이다. 그 중에는 엄밀히 말해서는 언어적 전략이 아닌 것들도 있지만, 전체적인 주제에서 벗어나지는 않을 것이다.

참신함에 호소하기

새로 출시된 제품이라는 이유로 다른 제품에 비해 색다르고 성능도 나아졌다는 것을 함축하면서 구매를 설득하는 경우가 있다. 이런 전략은 대개 새로운 유행에서 이탈하지 않으려는 우리의 욕구에 호소하거나 우리의 취향이 남들에게 뒤져 촌스럽게 보이진 않을까 하는 두려움에 호소한다. 또는 새로운 것을 기꺼이 시도해 보려는 우리의 (허영심 많은) 자신감에 호소하기도 한다. 또한 신제품은 당연히 기존 제품보다 개선된 게 틀림없다는 생각을 유도하기도 한다. 매번 새로운 이름을 붙여서 출시되는 화장품, 지지율이 떨어진 정당의 개명, 개선된 점이 거의 없는데도 업그레이드를 유도하는 컴퓨터 프로그램 광고 등이 참신함에 호소하는 예다. 이것들은 새로운 생각에 유연하지 못하고 고집불통인 것처럼 보이기 싫어하는 인간의 욕구에 호소한다. 일례로, 노동조합은 '시대에 뒤떨어졌고 21세기 일터에선 설 자리가 없다.'는 근거로, 실제로는 노동조합에 반대할 이유가 전혀 제시되지 않았음에도 불구하고 노동조합에 참여하는 것은 더는 가치가 없다는 믿음에 동조하도록 유도한다. 단지 그것이 '시대에 뒤떨어졌다.'는 것만을 들었을 뿐인데도 노동조합은 우리가 가담하기 싫어하는 어떤 것이란 의미를 함축하게 만든다.

대중적 인기에 호소하기

이것은 참신함에 호소하기와 마찬가지로, 규범이나 다른 사람들에서 벗어나지 않으려는 욕구에 호소한다. 이것은 무언가를 구매하거나 특정한 믿음을 가지거나 특정한 행동을 하도록 설득하고자 할 때 사용된다. 학생들을 상대로 컴퓨터 프로그램 구매를 설득하려는 다음의 시도를 살펴보자.

> 학생들 사이에서 가장 인기 있는 소프트웨어인 '공부야 놀자'를 사십시오! 당신의 숙제가 즐거워질 것입니다.

이런 광고는 여러 방식으로 작동한다. 이것은 다른 사람이 소유한 것을 갖고 싶다는 욕구, 그 제품의 사용자가 이미 누리고 있는 혜택을 함께 누리려는 욕구에 호소한다. 이런 욕구는 그 상품이 가장 인기 있는 이유에 대해서 정당하지 않은 가정을 하게 한다. 즉, 가장 인기 있는 상품이 가장 좋다고 생각하기 쉽다. 하지만 상품의 인기는 순전히 포장 디자인이나 텔레비전 광고의 힘에 의한 것일 수 있다. '공부야 놀자'가 가장 잘 팔리고 있다는 사실은 그것을 구매해야 할 확실한 이유를 제시하지 못하고 있으며, 그것이 학생들이 사용하는 데 가장 적합하다고 결론지을 만한 이유를 제시하지도 못한다.

대중적 인기에 호소하기는 다른 수사적 전략들과 마찬가지로, 때때로 논증으로 제시되기도 한다. 그런 경우에 논증은 어떤 제품을 구매해야 하는 이유를 제시하는 식으로 구성된다. 하지만, 논증을 다음과 같이 재구성해보면 알 수 있듯이, 그렇게 제시되는 구매 이유는 전형적으로 좋은 것이 되지 못한다. 따라서 논증은 오류를 담고 있다.

> P1) 학생들에게 가장 많이 팔리는 컴퓨터 프로그램은 틀림없이 학생들에게 가장 좋은 컴퓨터 프로그램이다.
>
> P2) 학생들에게 가장 많이 팔리는 컴퓨터 프로그램은 '공부야 놀자'이다.
>
> **C) '공부야 놀자'는 학생들에게 가장 좋은 컴퓨터 프로그램이다.**

위의 논증은 타당할지는 모르지만 건전하지는 않다. P1에 명시된 가정이 그럴듯하지 않기 때문이다. 가장 많이 팔리는 상품이 가장 좋은 상품이라는 가정은 일반적으로 옳지 않다(이에 대해서는 뒤에서 설명할 '다수 믿음의 오류'를 참조하라). 만약 우리가 값비싼 컴퓨터 프로그램에 많은 돈을 투자하려 한다면, 우리는 '공부야 놀자'가 가장 많이 팔리는 상품이라는 것 이외에 그것이 가장 좋은 상품인 것과 관련된 더 강력한 증거를 원할 것이다. 게다가 각 학생들이 컴퓨터 프로그램에서 주요하게 요구하는 기능은 각기 다르기 때문에 일반적으로 어떤 컴퓨터 프로그램이 학생들에게 가장 좋다고 주장하는 것은 매우 모호하다. 게다가 '공부야 놀자'가 가장 잘 팔린다는 사실이 우리가 필요로 하는 특정 컴퓨터 프로그램 기능에 관한 어떤 직접적인 함축도 하지 못한다(이러한 종류의 모호함에 대해서는 뒤에서 더 논의할 것이다).

동정, 불쌍함, 양심의 가책에 호소하기

이것은 어떤 대상에 대해 동정심 또는 양심의 가책을 불러일으켜서 대상과 관련해 어떤 행위를 하도록 설득하는 수사적 전략이다. 하지만 감정이라는 하나의 이유는 그렇게 행동해야 하는 좋은 이유가 되기에 충분하지 않다.

이런 전략의 예는 자선과 관련된 활동이나 광고에서 주로 발견된다. 짧은 문구와 함께 굶주린 아이들이나 고통 받는 동물들을 담은 사진은 우리의 동정심과 양심의 가책을 자극하기 위해 고안된 것이다.

우리가 수사적 전략을 살펴보고자 하는 것은 비판적으로 사고하는 데 목적이 있음을 기억해둘 필요가 있다. 즉, 수사에 설득당하지 않고, 수사에 의존해 다른 사람을 설득하지 않도록 하는 것이 목적이다. 그러나 제1장에서 지적했듯이, 수사는 좋은 목적을 위해 사용되기도 한다. 동정에 호소하기의 경우, 수사는 우리의 양심을 자극하여 문제 상황에 대처하기 위한 논증들을 열린 마음으로 대하도록 한다.

때로는 수사적 전략을 통해 어떤 행동을 권유받은 뒤에, 그것을 받아들여야 하는 좋은 이유를 제시해줄 만한 논증을 찾는 경우도 있다. 예를 들어, 굶주린 아이들에 대한 동정심에 호소하는 자선 기사를 읽었다고 가정하자. 그러면 우리는 더 나아가 이런 추리를 할 수 있다. '고통을 줄이기 위해 무언가를 할 수 있다면, 행동에 옮겨야 한다. 내가 그렇게 할 수 있다면, 나는 그 자선단체에 기부를 해야 한다.'는 식으로 말이다. 논증을 표준형식으로 재구성하면 다음과 같다.

> P1) 세계아동기구에 기부하는 것은 극한 기아 상태에 놓여 있는 아이들의 고통을 줄이는 데 일조할 것이다.
> P2) 내가 할 수 있는 상황이라면 나는 극한 고통을 줄이려 노력해야 한다.
> P3) 나는 세계아동기구에 기부할 수 있는 상황이다.
> _____
> **C) (아마도) 나는 세계아동기구에 기부를 해야 한다.**

주목할 사항은 위 논증이 귀납적으로 합당하다는 것이다. 위의 전제들은 그렇게 행동하는 것이 매우 개연성 있다고 말하고 있다. 이 논증은 건전하다고 할 만하다.

이제, 세계의 많은 아이들이 극심한 기아 상태에서 고통스러워하고 있다는 메시지를 보고 세계아동기구에 기부하기로 마음먹었다고 하자. 그 메시지는 위의 논증이나 그 밖의 비슷한 논증을 제시하지 않고 있다. 하지만 그 메시지는 우리의 마음을 움직여 우리가 그런 논증을 고안하도록 부추길 수 있다.

귀여움에 호소하기

이것은 귀여운 어린아이나 동물 등이 전하는 이미지를 통해 메시지를 전달하는 수사적 전략이다. 어떤 상품에 대한 구매나 행동을 종용하는 데 귀여움에 호소하는 수사적 전략이 적용되면, 해당 행위는 귀여운 캐릭터에 대한 연상작용에 의해 매력적으로 보인다. 또 귀여운 인물과의 연상관계를 통해 어떤 상품을 기억하도록 작용한다.

섹시함에 호소하기

이것은 귀여움에 호소하기와 유사한 수사적 전략이지만, 다음과 같이 두 가지 방식으로 작동한다는 점에서 좀더 심화된 차원이라고 할 수 있다. 섹시한 사람을 이용한 광고는 연상작용을 통해 소비자에게 상품에 대한 좋은 인상을 갖게 한다. 또는 광고 모델처럼 섹시한 사람이 되고 싶어하는 사람들에게도 좋은 인상을 준다. 말하자면 우리에게 아첨하는 광고인 셈이다. 심지어 '섹시한 사람은 모두 이것을 구매하거나 이런 행동을 한다. 그러므로 내가 이것을 사거나 이런 행동을 하면, 나는 섹시하다.'와 같은 방식으로 오류 추리를 유도하기도 한다. 이것은 후건 긍정의 오류다(이와 관련해서는 뒤에서 좀더 자세히 다루겠다).

부, 지위, 권력, 세련됨, 멋짐 등에 호소하기

이와 관련해서는 귀여움에 호소하기, 섹시함에 호소하기에 유비적으로 생각해 보기를 바란다.

두려움에 호소하기(공포술)

이것은 사람들의 태도에 영향을 끼치기 위해 두려움을 불러일으키는 기법이다. 두려움에 호소하기의 실례는 선진국에서의 이민자들에 대한 논의 가운데 종종 등장한다. 예를 들어, 정치인이나 저널리스트처럼 여론을 형성하는 사람들은 두려움에 호소하기 기법을 사용해서 경기 침체나 문화적 혼란에 대한 두려움을 유도한다. 그들은 자국에 불법적으로 들어와 일자리를 빼앗고 교육과 의료 혜택을 받는다는 등, 소위 평균 시민들이 누려야 할 삶의 수준을 떨어뜨리는 '이민자들의 물결'*이란 이미지를 과장해낸다. 그렇게 해서 사람들에게 이민자들에 대

---

*'이민자들의 물결'이란 구절의 수사적 힘에 주목하라. 그것은 사람들을 휩쓸어버릴 만큼 강한 홍수 등을 함의한다.

한 두려움을 조장(이것은 사람들의 인종주의적 태도에 호소하는 경우가 대부분이다)하고, 엄격한 이민 정책과 시민권의 제한에 대한 지지를 설득하려 한다. 하지만 서둘러 극단적 정책을 시행하지 않으면 곧 재앙이 닥친다고 믿을 만한 이유를 제시하지는 못한다. 오히려 그것은 사람들을 놀라게 한 나머지 이성을 교란시키는 결과를 낳는다. 최악의 상황을 피하려면 그만큼 가혹한 예방책이 필요하다는 잘못된 가정을 하도록 유도하는 것이다.

두려움에 호소하기는 진정한 의미에서의 경고와 다르다. 앞의 사례에서도 조장된 두려움과 제안된 행위나 주장(이민법을 엄격하게 만들어야 한다는 등)의 수용 사이에 적용시킬 만한 근거 있는 연결고리가 없다. 반면에 진정한 경고의 경우에는 어떤 행동을 취해야 할 좋은 이유가 제시된다. 경고하는 것 자체가 그와 관련해 탄탄한 기초를 가지고 있음을 보증하기 때문이다. 예를 들어, "개 조심. 귀엽고 순해 보이지만 사납게 뭅니다."라는 경고를 봤을 때, 경고하는 사람은 그 개가 잘 문다는 것을 아는 사람일 것이다. 장난이나 거짓말을 의도하고 그런 경고를 하는 경우는 좀처럼 없기 때문에, 경고가 있다는 사실이 그 말을 들어야 하는 좋은 이유가 된다. 물론, 이런 추론은 광고나 정치의 영역에서는 훨씬 신중하게 적용되어야 한다.

이런 것들이 감정을 조장하여 우리의 태도나 행위에 영향을 미치려고 사용되는 가장 흔한 수사적 전략의 사례로, 우리의 일상생활에서도 흔하게 쓰이고 있다.

직접 공격하기 · 집중 판매 전략

직접 공격하기는 수사적 전략 중 가장 간단하다. 이것은 정치 캠페인에서 사용되기도 하지만, 광고에서 가장 빈번하게 등장한다. 종종 매우 간단한 슬로건의 형태를 취하는데, "등록금에 대해 '아니오'라고 해라!", "콜라로 마셔라!" 등이 그 예다. 주목할 점은 '아니오'라고 하거나, 콜라로 마셔야 하는 이유가 전혀 제시되지 않고 있다는 것이다. 직접 공격하기라는 수사적 전략을 쓰는 사람들은 상대방이 자신의 주장을 더 많이 듣고 읽어서 익숙해지면, 별다른 이유 없이도 그 주장대로 상대방이 움직일 가능성이 크다고 믿는다.

집중 판매 전략은 직접 공격하기를 지속적으로 반복하는 것으로, 특히 아이들에게 큰 효과를 발휘한다. 설득자는 상대방에게 계속해서 끈질기게 직접 공격하기 전략을 구사함으로써, 별다른 이유를 제시하지 않고도 상대방이 자신의 뜻대로 움직이도록 영향을 끼친다.

고상한 문자 사용

이것은 '널리 유행하고 있다'거나 '최근에 집중 조명되고 있는' 등의 표현을 사용하여, 그 말의 2차 내포에서 비롯되는 수사적 힘을 이용하는 방법이다(2차 내포 개념에 대해서는 제1장을 참고하라). 고상한 문자 사용은 특정 정서를 불러일으킴으로써 글이나 말의 의미를 차분하게 이해하지 못하도록 방해하며, 결국에는 비판적 사고를 어렵게 한다. 만약 어떤 글이나 말을 객관적으로 분석하려면, 일단 고상한 문자 사용이 없도록 재구성해야 한다.

다음의 인용문은 고상한 문자 사용을 포함하고 있다.

> 영국 수상은 유럽연합 관료들의 최근 정책에 대해 단호히 반대하는 입장을 가지고 있다는 메시지를 재계에 보냈다. 즉 정부는 노동자들에게는 고용의 권리를 더 많이 갖게 하면서, 경영자들에게는 재정적 부담을 늘리려는 유럽연합 관료들의 입장에 반대하는 한편, 아울러 자유시장과 부의 창출을 견지하는 입장을 계속 밀고 나가겠다고 했다.

글쓴이는 '관료들', '재계', '자유시장', '부의 창출', '견지하는' 등의 전문용어들을 사용하여 읽는 이들이 영국 수상의 반유럽연합적인 태도에 공감하도록 부추기고 있다. 이 단어들은 다른 수사적 표현들과 결합해, 영국 수상이 유럽연합의 부당한 공격에 직면했으나 굴하지 않고 재계의 정책을 보호하고 있음을 보여주는 효과를 낳는다. 이때 글쓴이는 '관료들'이라는 문자의 2차 내포를 부정적인 측면에서 부각시키고 있다.

의구심 유발 인용

반대자의 견해를 깎아내리려는 수사적 전략이다. 반대자가 사용한 중심 단어들에 의구심을 유발하기 위한 인용부호를 써넣어, 그 단어들을 우스꽝스럽고 의심스럽게 만드는 방식이다. 이것은 상대방의 견해를 신뢰할 수 없게 만든다. 하지만, 실제로는 그 견해를 거부할 만한 이유가 제시된 것이 아니라, 다만 그의 의견이 뭔가 믿음직스럽지 않다는 느낌 때문에 거부하게 되는 것뿐이다. 영국에 망명을 희망하는 사람들에 대해 다음과 같은 주장이 제기되었다고 가정해보자.

거의 모든 망명 희망자들은 경제적 목적을 지닌 이주자다.

여기서 '망명 희망자'에 의구심 유발을 위한 인용부호를 사용한다면, 어떤 효과가 있는지를 살펴보자.

거의 모든 '망명 희망자'는 경제적 목적을 지닌 이주자다.

의구심 유발을 위한 인용부호를 사용하게 되면, 어떤 용어나 표현 앞에 '이른바'라는 부사를 써넣을 때와 똑같은 수사적 효과를 가지게 된다. 그래서 위의 주장을 더욱 부정적으로 만들고, 망명 희망자들의 의도가 과연 적법한가에 대해 의구심을 갖게 한다. 사실, 의구심 유발 인용부호가 쓰인 구절은 '가짜 망명 희망자'란 구절과 다름 없는 수사적 효과를 갖는다.

이 전략은 더 미묘한 방식으로 사용될 수도 있다. 즉, 우리와 뜻을 달리하는 논증자가 지극히 정상적이면서 받아들일 만한 사실들을 기술하기 위해 사용한 표현에 의구심 유발 인용부호를 사용하면, 그 신뢰도에 부정적인 영향을 준다. 결국 상대방의 지극히 중립적인 진술은 신뢰성에 문제가 있는 진술로 탈바꿈된다. 다음 문장을 보자.

그는 옳다고 믿는 것에 대한 이유를 가지고 있다.

여기에 의구심 유발 인용부호를 써넣어 보겠다.

물론 그는 옳다고 믿는 것에 대한 '이유'를 가지고 있다.

이미 첫 번째 문장에서 상대방의 견해에 동의하지 않는다는 것을 나타내고 있지만, 두 번째 문장과 같이 의구심 유발 인용을 하게 되면 문장의 수사적 힘이 증가되어 상대방 견해에 동의하지 않음을 드러내는 것은 물론이고 그 견해의 정당화가 적법한지를 의심하는 문장이 된다.

수사적 전략으로 의구심 유발 인용부호를 사용하는 것과 인용을 하기 위해 인용부호를 사용하는 것을 혼동해서는 안 된다. 반대 견해에 사용된 인용부호라 하더라도 사실상 인용을 위한 것일 때가 많다. 예를 들어, 신문기사에 대해 다음과 같은 반박문을 썼다고 해보자.

K는 '남자들은 여자들보다 더 비판적으로 사고한다.'고 주장하는데 이는 전적으로 틀린 생각이다.

여기서 글쓴이가 인용부호를 사용한 것은 단순히 K가 한 말을 있는 그대로 옮기기 위해서이다. 우리는 인용부호를 사용하여 상대방의 말이나 글을 인용함으로써 수사적 효과를 노리면서도, 인용된 의견이 자신의 것이 아님을 표시한다. 하지만, 이것은 의구심 유발 인용의 전략이 아니라, 자신의 견해를 수사적으로 지지하기 위해 다른 사람의 말을 인용하는 것이다.

애매성 이용하기

어떤 맥락 안에서 단어나 표현이 가지는 **애매성**을 이용하는 것이다. 거짓 주장은 아니지만 상대방을 잘못 인도하여 행위나 믿음에 영향력을 행사하려고 할 때 이용된다. 일반적으로 제품을 구매하도록 유도하거나 어떤 정책의 장점만을 설득하려 할 때 사용된다. 애매성 이용하기는 광고에서 흔히 볼 수 있는데, '최고의', '가장 큰', '가장 성공적인' 등의 최상급 표현들이 그 예가 된다. 다음의 광고를 보자.

막도날드 : 한국에서 가장 인기 있는 켄터키프라이드 치킨 하우스!

애매성을 이용한다는 것은 언어적 표현의 애매성을 이용하여 동일한 표현이 두 가지 이상의 의미로 해석되도록 의도하는 것이다. 즉 다른 방식의 해석에 따를 때에만 그 메시지가 참이거나 근거가 있음에도 불구하고, 특정 제품이나 견해를 선호하게 만들기 위해 특정한 방식으로 메시지를 해석하도록 고의적으로 의도하는 오류다. 예를 들자면, 위의 광고는 두 가지 이상의 의미로 해석하는 것이 가능하므로 애매성을 갖는다. 그것은 (1)〈막도날드는 한국 사람들이 가장 선호하는 켄터키프라이드 치킨 판매점이다.〉라는 명제를 의미할 수도 있고, (2)〈막도날드는 한국 사람들이 가장 선호하는 켄터키프라이드 치킨을 판매하고 있는 가게다.〉라는 명제를 의미할 수도 있다. 광고주는 사람들이 이 광고문을 (1)번 명제로 해석하도록 의도했을 것이다. 이 해석이 광고주가 운영하는 가게에 이익이 될 것이기 때문이다.

그런데 소비자는, 막도날드가 (1)의 해석이 사실은 거짓임을 알면서도 이러한 주장을 했다면 거짓 광고로 고발될 위험을 감수해야 할지도 모른다고 추정할는지 모른다. 이러한 점을 고려해 본다면, 소비자는 막도날드가 실제로 한국 사람들이 가장 선호하는 치킨 판매점일 것이라고 결론 내릴 수도 있다. 애매성을 이용하기의 핵심이 바로 이것이다. 이 광고 문구는 막도날드의 켄터키프라이드 치킨이 인기가 있다는 것에 대해서도 아무 이유를 제시하지 않고 있다. 그럼에도 불구하고, 사실과 다른 명제가 참인 것처럼 보이도록 유도한다. 또 이 광고가 (1)의 해석이 아니라 (2)의 해석에 대해서만 참인 경우라면, 광고주는 (2)를 의도했을 뿐이라면서 거짓말을 한 게 아니라고 주장할 수도 있다.

'연관된'이라는 단어가 가지는 애매성이 수사적으로 사용되어 누군가 어떤 종류의 범법 또는 부도덕한 행위에 관여했다는 (그래서 그는 나쁜 사람이라는) 것을 함축하는 것도 애매성을 이용하는 사례 중 하나다. 다음과 같은 신문기사가 있다고 해보자.

테러 조직과 연관된 것으로 추정되는 K가 이스라엘 공항에서 비행기에 탑승하는 것이 목격되었다.

이 기사를 읽는 사람들은 아마도 K가 테러리스트*라고 생각하기 쉽다. 그러나 기사를 쓴 사람 또는 기사를 제보한 사람의 눈에서는 K가 테러 조직과 '연관되어' 있어 보인다는 게 기사 내용의 전부다. 여기서의 '연관'이 그저 그가 그 조직의 관할 아래 있는 지역을 방문한 적이 있다거나, 어떤 모임에 참석한 적이 있다거나, 그 조직의 일원과 사업을 벌인 적이 있다거나 하는 식으로, 그 조직과 대수롭지 않은 관계를 가지고 있다는 것에 지나지 않음을 뜻할 수도 있다.

'K는 알 카에다와 연루되어 있다고 추정된다.'에서 '연루된'이란 단어의 사용도 위의 '연관된'과 마찬가지로 애매성을 이용하는 전략이다.

사실적인 통계 자료를 잘못 해석하도록 유도할 때에도 애매성을 이용하는 전략이 사용된다. 다음의 연설 사례는 '평균'이란 말의 의미가 애매하다는 데 기초해 통계를 그릇된 방향으로 해석하도록 인도하려 한다.

새로운 세금감축안은 미국 국민의 중산층에게 실질적이고 즉각적인 혜택을 가져다줄 것입니다. 9,200만 명의 미국인들은 평균 1,083달러 이상의 돈을 갖게 될 것입니다.

이것은 평균적인 미국인들이 1천 달러 이상을 얻게 된다는 것처럼 들린다. 그러나 속단하면 안 된다. 9,200만 명은 소득세를 내는 미국인의 숫자다. 혹자는 부시가 말한 내용이, 그의 연설 담당자가 의도한 대로, 평균적인 미국인이 납부하는 세금이 1,083달러만큼 줄어들 것이라고 이해할지도 모른다. 그러나 만약에 '평균적인 미국인'이라는 말이 '평균 수입을 가진 미국인'을 뜻하는 것이라면, 부시의 주장은 거짓이다. 1,083달러는 새로운 정책을 시행한다는 가정 아래에서

---

*여기서 주목할 점은 '테러리즘'이란 말 자체가 모호해서 무엇을 테러리즘으로 할 것인지가 유동적이고, 그 용어의 의미에 대해서도 여러 가지 의견이 있다는 것이다. 테러리즘에 대한 공적인 담화에서도 '테러리즘'이란 말의 의미에 대한 애매성이 종종 이용된다. 상투적으로 표현하는 것처럼, 어떤 사람에게는 테러리스트이지만 또 다른 사람에게는 평화 수호자가 된다.

줄어드는 평균 세금액이다. 그러나 실제로는 최상의 소득자들이 얻게 될 수십만 달러의 세금 감면 혜택을 포함한 금액이다. 평균적인 수입을 가진 미국인은 여전히 수백 달러만을 덜 내게 될 뿐이다. 비슷한 경우로, 빌 게이츠를 포함한 열 명의 노동자들의 평균 재산을 계산한다면, 수십억 달러라는 수치가 나올 것이다.

함의 이용하기

어떤 진술이 함의하는 바를 이용해 사람들을 잘못된 길로 인도하는 전략이다 (함의에 대해서는 제1장을 참조하라). 어떤 진술에 함의되는 명제는 진술자가 실제로 말한 내용이 아니기 때문에, 진술자는 듣는 이가 오해한 것에 대한 책임을 지지 않아도 된다고 생각할 수 있다. 함의를 이용한 전략은 정치적 논의에서 흔하게 나타난다. 예를 들어, 한 정치인이 다음과 같이 말했다고 하자.

정부가 소득세를 인상한다면 일반 서민 가정에 부담을 가중시킬 것이다.

실제로는 정부는 세금 인상을 고려하지 않으며, 이 말을 한 정치인도 그 사실을 알고 있다고 해보자. 하지만, 이 말을 들은 사람들은 정부가 세금 인상을 고려하고 있다고 믿게 된다. 이처럼, 함의를 이용하는 전략은 듣는 사람들이 잘못된 방식으로 진술을 해석하도록 유도하여, 결과적으로 진술자가 원하는 방향대로 사람들의 마음을 움직이도록 시도한다. 사람들을 잘못된 해석으로 이끌었다는 비난에 대해서는, 진술자는 거짓을 말한 것은 아니라고 회피할 수 있다. 위의 정치인도 정부가 세금 인상을 고려하고 있음을 단언한 것이 아니라고 발뺌할 수 있다.

연막 작전(주제 바꾸기)

연막 작전은 주요 주제에서 화제를 전환시켜 상대의 주의를 다른 쪽으로 돌리는 수사법이다. 논의와 무관한 주제는 연막처럼 작용하여, 실제 주제에 대한 우리의 견해를 흐리게 한다. 연막이 미묘할수록 듣는 이들의 주의를 어지럽히는 데 효과적이다.

한 정부 각료가 정부의 이민법 개정안을 옹호하려 한다고 하자. 그런데 또 다른 정부 관료에 의해 비밀 자료가 누설되어서, 이민법 개정안이 세상에 알려졌다. 그리하여 이민법 개정안의 적법성에 대한 청문회가 열리게 되었다고 하자. 이런 경우, 청문회에서 정부 각료의 비밀 누설 행위가 얼마나 위험한 직무 유기이며 신뢰의 파기 행위인지에 대한 이야기로 말문을 연다면, 정작 문제가 된 이민법 개정안에 대한 논의는 묻혀버린 채 의무와 책임, 신뢰에 관한 이야기로만 옥신각신하게 될 수도 있다.

연막 작전은 앞으로 다룰 **청어 미끼 오류**와 매우 비슷하다. 차이점이 있다면, 연막 작전은 수사적 힘에 의해 작동되는 반면에 청어 미끼는 논증을 통해 설득하려는 시도다. 청어 미끼 전략에서는 주장을 수용해야 할 이유를 제시하려 시도하지만, 그것이 좋은 이유가 아닐 뿐이다. 때문에 연막 작전과 청어 미끼 오류를 구분하려 한다면, 먼저 설득자의 설득 방식이 논증을 통한 것인지를 살펴봐야 한다.

오류

엄밀히 말해 오류는 추리에 있어서의 실수 또는 착오다. 어떤 주장을 지지하기 위해 제시된 이유가 주장의 수용을 정당화하지 못하는 경우에 오류를 저질렀다고 한다. 오류를 저지른다는 것은, 오류 논증에 기초해 어떤 주장의 수용 여부를 결정하려는 경우 또는 우리 자신이 오류 논증을 제시하는 경우를 모두 가리킨다.

오류 논증 또는 오류 추론은 전제들과 결론 사이의 관계가 부적절한 논증이나 추론을 가리킨다. 거의 모든 오류들은 다음 두 유형 중 하나에 속한다.

- **형식적 오류** 때때로 전제와 결론 사이의 관계가 부적절한 것은 둘 사이에 논리적 관계가 성립하지 않는다는 데서 비롯한다. 예를 들면, 앞으로 언급할 후건 긍정의 오류가 그렇다. 이 경우에 그 논증 또는 추론은 연역적으로 타당하지도 않고, 귀납적으로 합당하지도 않다. 논증에서 암묵적으로 가정

된 전제들을 명시화한다고 해도 마찬가지다. 어쨌든 형식적 오류는 단순한 논리적 실수 또는 착오다.

- **실질적 오류**   때때로 전제들과 결론 사이의 관계가 부적절한 것은 논증이 일반적으로 정당화되지 않은 가정이나 추론에 의존하는 데서 비롯된다. 전제가 거짓이거나 정당화되지 않는다는 것을 알기 위해서는 전제를 명시적으로 드러내주면 된다. 이런 종류의 오류 논증은 암묵적으로 거짓이거나 정당화 여부가 의심스런 전제가 매우 일반적인 성격을 가진다는 데에서 건전하지 않은 논증과 구분된다. 즉, 거짓이거나 정당화되지 않은 전제는 논증의 중심 주제와 특정한 관계를 맺고 있지 못하다. 이것이 무엇을 의미하는지는 예들을 살펴보면 분명해진다.

일상적으로 접하는 오류의 대다수는 실질적 오류다. 그보다 적은 것이 형식적 오류며, 형식적 오류나 실질적 오류에 포함되지 않는 오류의 경우가 가장 적다. 형식적 오류나 실질적 오류를 포함한 논증은 건전하지 않지만, 모든 오류 논증이 건전하지 않은 것은 아니다. 종류와 방식 면에서 너무나 많은 오류들이 있기 때문에, 하나씩 구분하여 규정하는 작업은 지루한 일이 될 것이다. 여기서는 단지 전제와 결론 사이의 부적절한 관계 때문에 발생하는 추리 실수들을 오류로 삼으며, 가장 흔하게 접하게 되는 오류들만을 살펴보기로 하겠다. 더불어 그것들을 다루기 위한 전략들을 제시해 보겠다.

본격적인 내용으로 들어가기 전에, 다음과 같은 일반적 사실을 알아둘 필요가 있다. 즉, 오류 논증은 거짓인 전제를 갖거나 참인 전제를 갖는다. 단순히 거짓인 전제를 포함한다고 해서 논증이 오류가 되는 것은 아니다. 또 참인 전제를 포함한다고 해서 논증이 오류가 아님을 보증하는 것도 아니다. 게다가, 오류 논증을 기초로 하여 받아들여진 명제가 사실상 참으로 판명날 수도 있다.

다음과 같은 추리를 가정해보자.

그 촛대에는 피가 묻어 있다. 그리고 만약 철수가 피해자를 촛대로 죽였다면,

그곳에 피가 묻어 있을 것이다. 그러므로 철수는 살인자임에 틀림없다.

표준형식으로 나타내면 논증은 다음과 같다.

P1) 철수가 촛대로 피해자를 죽였다면, 촛대에 피가 묻어 있을 것이다.
P2) 촛대에 피가 묻어 있다.
———————————————————————————————————————
C)   **철수는 피해자를 죽였다.**

결론이 참이라고 해보자. 즉, 철수가 범인이다. 그러나 위의 추리가 오류(**후건 긍정**의 오류)인 것은 여전하다. P1과 P2에 기초해 철수가 살인자라고 추론하는 것은 정당하지 않다. 심지어 두 전제들이 모두 참이더라도 결론은 거짓일 수 있다. 예를 들어, 다른 사람이 촛대로 희생자를 죽였을 가능성도 있다. 위의 전제들이 참이라는 것만으로는 결론을 추론해내기에 충분치 않다. 심지어 결론이 실제로 참이라고 해도 마찬가지다. 이 논증에 속게 되면 잘못된 이유로 참인 믿음을 가지게 되는 것이다.

여기서 언급하고 있는 여러 유형의 오류들에 익숙해지려면 그것들을 골라내 구분해보고 분석하는 연습이 필요하다. 오류는 논증에 의해 설득하려는 시도이므로, 우리가 할 일은 오류들을 표준형식으로 재구성한 뒤에 논증 분석 및 평가의 기술을 이용해서 어떤 오류인지를 밝히는 것이다.

특정 유형의 오류들을 자세히 살펴보기 전에 마지막으로 명심해야 할 것은, 많은 유형의 오류 논증이 수사적 전략 면에서 효과적이라는 것이다. 심지어, 논증에 오류가 있음을 알면서도 그 수사적 힘 때문에 수정하지 않기도 한다. 즉, 논증자는 오류가 있음에도 불구하고 그 논증이 사람들을 설득시키는 데 효과적임을 아는 것이다. 오류 논증이 사람들을 설득하는 데 효과적인 것은 수사적 힘이 가지는 심리적 효과 때문이다.

때때로 오류 논증은 매우 강한 설득력을 발휘한다. 사람에 호소하기 오류, 다수 믿음의 오류, 미끄러운 비탈길 오류 등으로써 수사적 효과를 거두는 예는 매우 흔하다.

형식적 오류

형식적 오류는 추리에 있어 순전히 논리적 실수를 범하는 경우다. 형식적 오류를 범하는 논증들은 타당한 논증이 아니다. 따라서, 형식적 오류들의 특정 논증 형식을 파악함으로써 오류들을 구분해낼 수 있다.

조건문의 후건 긍정

줄여서 '후건 긍정'이라고 한다. 이것은 조건문 형태의 전제 〈만약 P(전건)이면 Q(후건)〉와 전제 〈Q〉로부터 결론 〈P〉를 논증할 때 발생한다. 다음의 예를 보자.

> 만약 보증금 비율이 상승하면, 집값은 하락한다. 집값이 하락했다. 그러므로 보증금 비율이 상승했을 것이다.

논증을 재구성해보면 타당하지 않음이 드러난다.

P1) 만약 보증금 비율이 상승하면(P), 집값이 하락한다.(Q)

P2) 집값이 하락했다.(Q)

C) **보증금 비율이 상승했다.(P)**

위 논증의 경우, 만약 전제가 모두 참이라고 하더라도 결론이 참일 필요는 없다. 보증금 비율의 상승과는 무관한 다른 많은 이유에 의해서도 집값은 하락할 수 있다. 따라서 집값이 하락했다는 사실로부터 보증금 비율이 상승했다는 결론을 이끌어내기에는 불충분하다. 추론이 오류라는 것은 〈만약 비가 오고 있다면, 구름이 있다.〉처럼 참인 조건문을 전제로 갖는 논증을 고려해보면 분명해진다. 이 조건문과 〈구름이 있다.〉라는 전제로부터 〈지금 비가 오고 있다.〉는 결론이 따라 나오지는 않는다.

그러나 후건 긍정에 의한 오류와 다르게, 전제로 사용된 조건문의 **전건**을 긍정하게 되면 논증은 타당해진다.

> P1) 보증금 비율이 상승하면(P), 집값이 하락할 것이다.(Q)
>
> P2) 보증금 비율이 상승했다.(P)
> _____
> **C) 집값이 하락할 것이다.(Q)**

이것은 타당한 논증이다. 위의 조건문은 집값이 하락하는 한 가지 조건을 제시해주고 있으며, P2는 그 조건이 성립한다는 것을 단언하고 있기 때문에, 집값이 하락할 것이라는 결론이 따라 나온다.

조건문의 전건 부정

줄여서 '전건 부정'이라고도 한다. 이것은 조건문인 전제 〈만약 P이면, Q〉와 조건문의 전건에 대한 부정(P가 아니다)으로부터 후건 역시 부정된다는 결론(Q가 아니다)을 논증할 때 발생한다. 이런 논증이 타당하지 않음은 위의 예를 조금 고쳐보면 분명하게 알 수 있다.

> P1) 보증금 비율이 상승하면(P), 집값이 하락할 것이다.(Q)
>
> P2) 보증금 비율이 상승하지 않았다.(P가 아니다)
> _____
> **C) 집값은 하락하지 않을 것이다.(Q가 아니다)**

이 논증은 후건 긍정의 오류가 타당하지 않은 것과 비슷한 이유로 타당하지 않다. 집값을 하락시키는 요인으로는 보증금 비율의 상승 이외에도 많은 것들이 있다. 따라서 보증금 비율이 그대로라는 (또는 떨어졌다는) 사실은 집값이 떨어지지 않을 것이라고 결론 내릴 만한 근거로 충분하지 않다. 다른 요인에 의해 집값이 하락할지도 모르기 때문이다. 다시 말해, 〈만약 비가 오고 있다면 구름이 있다.〉와 〈지금 비가 오고 있지 않다.〉로부터 〈구름이 없다.〉는 결론은 따라 나오지 않는다.

'~이다'에서 '~이어야 한다'를 도출하는 오류

스코틀랜드 출신의 철학자 데이빗 흄David Hume은 '~이다'에서 '~이어야 한다'가 도출될 수 없음을 논증한 것으로 유명하다. 그의 주장은 두 가지 방식으로 이해될 수 있다. 첫째, 어떤 행위를 하거나 하지 않을 동기에 대한 주장으로 이해될 수 있다. 즉, 흄은 어떤 것이 그러하다는 사실은 그렇게 행동해야 하는 이유로 충분하지 못하다는 것을 논증했다. 예를 들어, 동물 학대가 동물에 고통을 가져다 준다는 사실은 동물을 학대하지 않아야 하는 이유로 충분하지 않다. 반드시 동기의 힘, 즉 동물에게 해를 가하지 않으려는 욕구가 추가적 역할을 해야만 동물을 학대하지 않는 행위를 정당화할 수 있다. 흄의 해석은 흥미롭고 논쟁거리가 될 만하지만, 우리의 관심과는 거리가 멀다.* 흄의 주장에 대한 해석 중 우리가 관심을 둘 만한 사항은, **규범적 결론**은 순전히 **기술적**descriptive 전제들만으로는 타당하게 도출될 수 없으며, 그런 추론은 오류라는 것이다. 따라서 '~이다'에서 '~이어야 한다'를 도출하는 오류는 어떤 **규범적 결론**, 즉 어떤 것을 해야만 한다거나, 해서는 안 된다거나, 믿어야만 한다거나, 믿어서는 안 된다는 식의 결론이 기술적 전제 또는 사실 진술적 전제들에 기초해서 연역될 때 저질러지는 오류다. 기술적 명제로부터 규범적 명제로의 추론이 오류로 취급되는 것은, 어떤 것이 그저 실제로 성립하거나 성립하고 있지 않다는 사실만으로는 그것이 성립해야 한다거나 성립해선 안 된다는 결론을 이끌어내기에는 불충분하기 때문이다. 규범적인 결론을 거론하는 논증이 타당하기 위해서는 논증의 전제들 중 하나가 반드시 규범적이어야 한다.

다음의 영국 정치 제도에 대한 주장은 '~이다'에서 '~이어야 한다'를 도출하는 오류를 범하고 있다.

어떻게 군주제가 폐지되어야 한다고 주장할 수 있겠는가? 우리 모두 알고 있듯이 군주제는 거의 1,000년 또는 그보다 더 오랜 기간 동안 영국 정치 제도의

---

*이에 대해 더욱 자세히 알기를 원하다면 J.L. Mackie의 *Ethics: Inventing Right and Wrong* (Harmondsworth : Penguin, 1977)을 참조하라.

근간이 되어 왔는데 말이다.

분명하게 드러나 있지는 않지만, 영국 군주제는 유지되어야 한다는 논증의 결론은 규범적이다. 하지만, 순전히 군주제가 오래 전부터 존재해왔고 지금도 존재하고 있다는 전제에 기초해서만 그런 결론에 이르고 있으므로 논증은 타당하지 않다.

> P1) 영국 군주제는 거의 1,000년 동안 존재해왔다.
> ___
> **C) 영국 군주제는 유지되어야 한다.**

논증을 타당하게 만들려면 규범적 전제를 추가해야 한다.

> P1) 영국 군주제는 거의 1,000년 동안 존재해왔다.
> P2) 거의 1,000년 동안 존재해왔던 것이면 그것은 유지되어야 한다.
> ___
> **C) 영국 군주제는 유지되어야 한다.**

이 논증이 연역적으로 건전하지 않다는 것은 분명하다. 빈곤은 최소한 1,000년 이상 동안 존재해왔지만 그렇다고 빈곤이 유지되어야 한다고 주장할 수는 없다. 이 논증에서 P2를 통계적 일반화의 형태로 만들면 더욱 그럴듯하지 않게 된다는 것은 눈여겨 볼 만하다. 따라서 이 논증을 귀납적으로 합당하고 귀납적으로 건전한 형태로 재구성해 보려는 시도는 결코 성공할 수 없다.

기초 비율의 오류

이에 대해서는 제3장에서 언급한 적 있다. "한 집단 내에서 어떤 성질 P를 가지고 있는 비율이 다른 집단 내에서 P를 가지고 있는 비율보다 높다. 그러므로 성질 P를 가진 X는 두 번째보다 첫 번째 집단에 속할 가능성이 더 크다."라는 식으로 구성된 논증은 기초 비율의 오류를 저지르는 것이다.

예를 들어, '렉스는 쥐이거나 고양이다. 고양이는 75퍼센트가 검은색인 반면에 쥐는 45퍼센트만이 검은색이다. 그런데 렉스는 검다. 그러므로 렉스는 아마도 고양이일 것이다.'라는 추론을 가정해보자. 이 추론의 잘못은 쥐의 수가 검은 고양이의 수보다 더 많을 수도 있다는 데에서 비롯된다. 그리고 그것은 사실이다. 전 세계적으로 쥐의 총 개체수는 고양이보다 훨씬 많다. 따라서 검은색을 가졌다는 특징은 쥐 집단에서보다 고양이 집단에서 더 일반적인 현상임에도 불구하고, 검은 쥐의 수 자체는 검은 고양이의 수보다 훨씬 더 많을 수 있다.

기초 비율의 오류는 남자와 여자 또는 인종에 따라 각기 다른 전형적 특징에 의존하여 논증을 펼치려 할 때 자주 저질러진다. 예를 들어, 알파계 인종의 수는 비알파계의 10분의 1에 해당한다고 하자. 이에 대해 제시된 논증을 살펴보자.

P1) 대부분의 알파계 사람들은 범죄 이력이 있다.

P2) 비알파계 사람들 중 적은 수의 사람이 범죄 이력이 있다.

P3) 둘리는 범죄 이력을 가지고 있다.

C) (아마도) 둘리는 알파계 사람일 것이다.

알파계가 높은 범죄율을 기록하고 있더라도, 알파계보다 비알파계 인구가 훨씬 많기 때문에 범죄 이력을 가진 사람은 알파계가 아니라 비알파계일 가능성이 크다. 그럼에도 불구하고 위의 논증은 비알파계 인구 대비 알파계 인구의 총 수에 대해 말해주는 바가 전혀 없기 때문에 귀납적으로 합당하지 않다. 즉, P1~P3의 전제들은 결론을 추론할 만한 이유를 제시하지 못한다. 오히려, 비알파계 인구가 알파계 인구의 10배라는 것을 알고 있고, P1~P3에 기초하여 둘리가 알파계인지 여부를 답해야 한다면, 비알파계라고 하는 것이 더 나은 추측일 것이다.

실질적 오류

우리가 살펴볼 두 가지의 실질적 오류에는 어떤 믿음이나 행동이 널리 퍼져 있으므로 그것을 받아들어야 한다는 식의 정당하지 않은 추론이 포함된다. 모든 경우에 적용되는 것은 아니지만, 정당하지 않은 추론을 낳게 한 숨은 가정을 명시화함으로써 오류를 드러낼 수 있다.

다수 믿음의 오류

다수가 어떤 명제를 믿는다는 사실에 기초해 그 명제가 참이라고 결론짓는 오류다. 다음의 경우가 다수 믿음의 오류를 저지르고 있다.

> 당연히 정부는 약물 밀거래를 엄단해야 한다. 그렇다고 가장 합리적이고 준법적인 사람들은 믿는다.

이 진술에 따르면 정부가 약물 밀거래를 엄단해야 하는 유일한 이유는 대부분의 사람들이 그렇게 하는 것을 좋게 생각하기 때문이다. 표준형식으로 나타내보면 좀더 분명히 알 수 있다.

> P1) 대부분의 합리적이고 준법적인 사람들은 정부가 약물 밀거래를 엄단해야 한다고 믿는다.
> _____
> c)　정부는 약물 밀거래를 엄단해야 한다.

이 논증은 타당하지 않다. 논증의 숨은 전제를 명시화하면 추리가 어디에서 잘못되었는지가 더욱 분명해진다.

> P1) 대부분의 합리적이고 준법적인 사람들은 정부가 약물 밀거래를 엄단해야 한다고 믿는다.
> P2) 대부분의 합리적이고 준법적인 사람들이 공유하는 믿음은 모두 참이다.
> _____
> C)　정부는 약물 밀거래를 엄단해야 한다.

이처럼, 암묵적 전제를 추가하면 논증은 타당해진다. 하지만 이 논증은 건전하지 않다. 보편적인 일반화 형태를 띠고 있으며 논증을 기초하고 있는 P2가 거짓이기 때문이다. 건전한 사고방식을 가지고 있는 대다수의 사람들이 어떤 명제를 믿는다는 사실은 명제가 참임을 보여주기에 충분치 않다. 예를 들어, 과거에는 대부분의 합리적이고 준법적인 사람들이 지구가 편평하다고 믿었다. 하지만 그것이 실제로 지구가 편평하다는 것을 확립해 주지는 못했다. 논쟁의 소지가 있겠지만, 만약 대다수의 합리적이고 준법적인 사람들이 살인자는 사형으로 처벌해야 한다고 믿더라도, 그들의 믿음을 근거로 사형제도를 유지하는 것이 참이라고 하기에는 충분치 않다(참과 믿음에 관계에 대해서는 제7장에서 더 자세히 살펴보겠다).

이것이 실질적 오류를 다루는 원칙적인 전략이다. 즉, 오류를 낳게 한 숨은 전제를 명시화하고, 그 명제와 같거나 매우 비슷한 명제가 특정 사례들에 오류를 불러오도록 영향을 끼치는 것이 일반적인 현상임을 밝히는 것이다. 이때 오류를 불러오는 숨은 전제는 참이 아니다.

다른 사람을 대신하여 결정을 내릴 때, 다수 믿음의 오류는 우리를 딜레마에 빠지게 한다. 우리가 세간의 주목을 받아온 매우 중요한 법정 사건의 배심원이라고 해보자. 법정에는 피고인이 유죄라고 믿기에 충분한 증거가 제출되었다. 하지만 대부분의 일반인들은 피고인이 수사기관에 의한 모종의 공모에 희생되었다고 믿고 있다. 이런 경우 우리는 다음과 같이 추리하고 싶을지도 모른다.

P1) 대부분의 사람들은 피고인이 모함에 빠진 것이지 그 혐의에 대해 잘못이 없다고 믿는다.

C) **피고인은 아무 죄가 없다.**

이것은 다수 믿음의 오류에 의한 추리다. 배심원의 결정에 이런 추리가 기초되어선 안 된다. 우리는 숨은 가정을 드러내어 위의 추리가 잘못되었음을 밝힐 수 있으며, 이때의 숨은 가정도 잘못된 일반화의 내용을 담고 있다.

P1) 대부분의 사람들은 피고인이 모함에 빠진 것일 뿐이며 무죄라고 믿는다.
P2) 다수가 가진 어떤 믿음도 참이다.

C) **피고인은 아무 죄가 없다.**

이 논증은 타당하지만 건전하지 않다.

다수 믿음의 오류는 대중적 인기에 호소하기라는 수사적 전략과 비슷하다. 둘 다 대중적으로 인기가 있다거나 널리 공유되어 있다는 사실을 이용하여 누군가를 설득하려는 전략이기 때문이다. 때때로 다수 믿음의 오류를 범하는 논증을 제시하는 것이 대중적 인기에 호소하기라는 수사적 전략의 한 예가 되기도 한다. 하지만 어쨌든 이 두 가지는 서로 다른 개념이다. 다시 말해, (실질적) 오류라는 것이 암묵적으로 제시된 논증이 정당화되지 않은 가정을 포함하고 있음을 뜻한다면, 수사적 전략은 사회적 본능, 욕구, 두려움 등을 불러일으킴으로써 상대방을 자신의 뜻대로 움직이려는 시도를 말한다. 따라서 다수 믿음의 오류이긴 하지만 대중적 인기에 호소하기라는 수사적 전략에 해당되지 않는 예들도 있다. 정리하자면, 다수가 믿는 것이라면 참임에 틀림없다면서 결론을 수용하는 예가 있을 수 있다. 반면에, 수사적 전략의 예가 되지만 다수 믿음의 오류는 아닌 경우가 있다. 예를 들어, 광고의 영향으로 자기만 특정 상표의 콜라를 마시지 못하고 소외되어 있다고 느끼는 사람이 있다고 해보자. 이때의 광고는 논증을 제시함으로써가 아니라 인간의 사회적 본능이나 감정을 이용해서 영향력을 행사하려 시도하는 것이다.

일반적 관행의 오류

'모든 사람이 다 그것을 한다.'라는 정당화를 제시함으로써 해서는 안 될 것을 하도록 설득하는 전략이다. 이것은 모든 사람이 X를 한다면 X는 틀림없이 허용될 수 있다는 것을 함축한다. 이 전략은 해서는 안 될 것을 해도 된다고 스스로 정당화할 때 종종 사용된다. 예를 들어, "오늘은 아파서 못 나간다고 해도 괜찮지 뭐. 누구나 1년에 한두 번 쯤은 그렇게 하잖아."라는 식이다. 다수 믿음의 오류와 마찬가지로, 일반적 관행의 오류는 일반적으로 믿어지거나 행해지고 있는 것과 도덕적·사회적·합리적으로 허용된다는 것 사이의 관계에 대해서 잘못 가정하는 데에서 비롯된다. 다음의 추리는 일반적 관행의 오류를 저지르고 있다.

때때로 지출 내역을 속여도 괜찮다. 그 정도는 누구나 하는 일이다.

이것을 표준형식으로 바꿔보면 논증이 타당하지 않은 이유를 알 수 있다. 전제와 결론 사이에 적절한 관계가 없기 때문이다.

P1) 누구나 때때로 자신의 지출 내역을 속인다.

C) 때때로 자신의 지출 내역을 속여도 된다.

논증의 거짓 가정을 드러내면, P1과 P2가 실제로 거짓이므로 논증은 건전하지 않다는 것을 알 수 있다.

P1) 모든 사람이 때때로 자신의 지출 내역을 속인다.
P2) 모든 사람이 때때로 하는 것이라면 해도 괜찮다.

C) 자신의 지출 내역을 속여도 된다.

하지만 지출 내역을 결코 속여본 적이 없는 사람이 분명히 존재할 것이다. 그리고 설사 모든 사람이 때때로 그렇게 하더라도, 그것과 상관없이 해서는 안 된다고 생각되는 행위들이 분명히 있다. 힘없고 무고한 이방인에게 폭력을 휘두르면 안 된다는 예가 그렇다. 이때 P1, P2에 쓰인 '모든'이라는 양화 표현을 '대부분'으로 바꾸면 어떻게 될까? P1이 참이 될지는 모르지만 P2는 참에서 더 멀어진다.

다음에 제시될 일련의 오류들은 어떤 사람에 대해 추정된 사실을 이용해서 그의 논증은 수용되어선 안 된다고 결론 내리는 논증의 형태를 띠고 있다. 그런데 각각의 경우에 그 사람에 대한 사실은 그의 논증을 수용할지 말지 여부와 관련이 없다. 비판적으로 사고하는 사람이라면 오직 그의 논증에만 관심을 두어야 하며, 논증자에게 관심을 둘 필요가 없다. 개인적으로 좋아하거나 존경하는 사람들의 논증을 비판하면서 마음이 불편한 경우에는 이 점을 기억해두는 게 도움이 된다. 좋은 논증이라면 논증자가 누구인가는 중요치 않다. 나쁜 논증일 경우에도 마찬가지다.

사람에 호소하기의 오류

이것은 주로 다음의 두 가지 방식으로 나타난다. 첫째, 어떤 논증에 대해 대응할 때 논증 자체를 다루려고 하기보다는 논증자를 공격하려 하는 경우다. 둘째, 어떤 사람에 대한 심리적 거부감 때문에 그의 주장까지도 받아들이지 않으려 할 때 사람에 호소하기의 오류가 나타난다. 다음의 예는 장관의 말투에 대한 주장을 법안의 거부 이유로 삼고 있다.

우리가 새 형사재판법안을 수용해야 하는 까닭을 모르겠다. 장관이 그 법안을 그토록 고압적인 자세로 제시했는데 말이다.

재구성해보면 논증이 타당하지 않음을 곧바로 알 수 있다.

P1) 장관은 고압적인 자세로 형사재판법안을 제시했다.
C) **그 법안은 거부되어야 한다.**

바탕에 깔려 있는 핵심 가정을 드러내어 논증을 재구성해보면 다음과 같다. 이때, 논증은 P2가 거짓이므로 건전하지 못하다.

P1) 장관은 고압적인 자세로 형사재판법안을 제시했다.
P2) 어떤 법안이 고압적인 자세로 제시되었다면, 그것은 거부되어야 한다.
C) **그 법안은 거부되어야 한다.**

사람에 호소하는 오류를 저지르는 모든 사례는 위와 비슷한 가정들을 밑바탕에 깔고 있는데, 대부분 논증자의 성격이나 믿음에 관한 내용이다.

정황상 사람에 호소하기의 오류

사람에 호소하는 오류에서 파생되어 나온 것이다. 어떤 것을 믿거나 어떤 행동을 하라는 논증을 받아들이면 누군가에게 이익이 된다는 것을 근거로 삼아 논증을 거부하는 오류다. 다음과 같은 주장이 그 예라고 할 수 있다.

> 당연히 학계에서는 대학 교육의 확대를 주장할 것이다. 더 많은 학생이 있으면 그만큼 더 많은 교수가 필요해질 테니까.

드러나 있지는 않지만, 논증자의 어조로 보아 아마도 교육 확대에 동의하지 않는다는 게 결론인 듯하다. 따라서 그런 내용의 결론을 추가하여 재구성해보자.

P1) 학계는 대학 교육의 확대를 주장한다.
P2) 학계는 그런 확대를 통해 이익을 얻을 것이다.
_____
C) 우리는 대학 교육의 확대를 지지하는 학계의 논증을 거부해야 한다.

위의 논증은 타당하지도 않고 귀납적으로 합당하지도 않다. 아래와 같이 숨어 있는 가정을 드러내면, 오류의 참된 형태를 알 수 있다.

P1) 학계는 대학 교육의 확대를 주장한다.
P2) 학계는 그런 확대를 통해 이익을 얻을 것이다.
P3) 누군가 어떤 것을 통해 이익을 얻는다면 우리는 그것을 지지하는 논증을 거부해야 한다.
_____
C) 우리는 대학 교육의 확대를 지지하는 학계의 논증을 거부해야 한다.

P3이 얼마나 우스꽝스러운 말인지에 주목하자. 만약 그것이 사실이라면, 원하는 것을 위해 논증한 모든 사람은 그 논증이 성공적이기를 희망할 수 없다! 하지만 우리가 논증하는 이유가 바로 거기에 있다. 즉, 우리는 원하는 것을 성공적으로 논증하기를 원한다. 이런 희망에 내재적으로 적법치 않은 것은 하나도 없다. 따라서 논증자가 어떤 결론을 바라거나 그로부터 이익을 얻게 된다면서 그의 논증을 거부하는 것은 합리적이지 못하다. 중요한 것은 주장을 지지하는 이유가

얼마나 강한가의 여부이지, 그 동기와는 아무 상관이 없다. 자신에게 이득이 되는 것을 지지하기 위해 논증을 전개하는 것은 자연스러운 일이다.

그러나 논증을 분석하고 평가하는 데 화자의 성격을 문제 삼는 것이 전적으로 무관하지는 않다. 어떤 사람의 성격이나 행동은 그가 어느 만큼이나 신뢰할 만한가와 관련이 있다. 때문에 어떤 사람의 주장은 그가 가진 신뢰도만큼 참이라고 생각할 수 있다. 부정직한 사람의 주장을 믿지 않도록 경계해야 하는 이유도 여기에 있다. 또, 상습적으로 부정직한 사람이 아니더라도 자신에게 큰 이익이 되는 것을 위한 논증에서는 속임수를 쓸 가능성이 높아진다. 어떤 이익과 관련 있는 사람이 일부러 속임수 추리 기법을 쓸 개연성(확률)은 그렇지 않은 사람보다 높다. 그 논증이 수용되지 않을 경우에 잃을 게 많기 때문이다. 이때의 개연성(확률)은 논증자가 얼마나 비양심적인가에 달려 있다.

때문에 우리는 논증자가 제시한 전제를 그대로 받아들여 추리를 수용하기에 좋은 이유로 삼지 않도록 주의를 기울여야 한다. 그렇다고 그의 추리가 잘못되었거나 전제들이 거짓이라는 식으로 적극적으로 가정해야 한다는 것은 아니다. 그렇게 되면 오히려 사람에 호소하는 오류를 범하게 된다. 우리는 오직 논증 자체로 평가하도록 노력해야 한다. 만약 논증이 타당하거나, 귀납적으로 합당하거나, 전제들이 참이라면, 논증을 평가하는 것과 논증자가 믿을 만한가 여부는 관련이 없다.

마지막으로, 논증자의 성격, 그에 대한 평판, 그리고 그가 제시한 논증의 힘 사이의 관계를 살펴보도록 하겠다. 이는 직접적으로 특정 유형의 오류 추리와 관련이 있다기보다, 논증자의 신뢰도와 논증 사이의 관계에 대한 고려와 관련이 있다.

때때로 우리는 어떤 사람에 대한 언론의 취급 방식으로 인해 그에 대한 비판적 논증을 거부하거나 무시하고 싶어질 때가 있다. 언론에서 혐오스런 동성애자라는 식으로 인종차별적 · 성차별적인 취급을 받은 사람이라고 해서, 그의 견해를 무조건 수용하거나 관련된 비판을 무조건 무시하려 하는 경우가 그런 예에 속한다. 세계 헤비급 권투 챔피언이자 강간범이었던 마이크 타이슨이 언론에서 집중적으로 인종차별적인 취급을 받았음을 이유로 삼아 그의 영국 입국이 허용되어야 한다고 논증한 경우가 그 예다. 실제로 타이슨에 대한 기사나 말들의 대부분이 인종차별적인 것일 수 있으며, 그의 영국 입국을 허용해야 하는 데에는 그 밖에도 많은 이유가 있었는지도 모른다. 하지만, 그에 대한 인종차별주의적인 취급이 있었다는 것은 그의 영국 입국에 대한 허용 여부를 다루는 논증이 합당한가의 여부와 아무 관련이 없다.

피장파장의 오류

사람에 호소하는 오류와 마찬가지로, 피장파장의 오류는 논증자가 신뢰성이 없다고 추정하고서는 그 추정을 논증의 합당성과 별다른 근거 없이 연관지을 때 발생한다. 여기서 어떤 사람을 신뢰하지 못하게 되는 것은 그가 가진 위선적인 면에서, 즉 그의 주장과 행동이 일관적이지 못한 데서 비롯한다. 어떤 이가 어떤 것을 하지 말아야 한다고 주장했음에도 논증자가 그것을 하고 있다면서 논증자의 주장을 거부하거나, 논증자가 어떤 것을 해야 한다고 주장했음에도 그 자신도 그것을 하지 않는다면서 논증자의 주장을 거부하는 오류가 바로 피장파장의 오류다. 다음의 논증을 보자.

> 아버지는 항상 운전하면서 휴대폰으로 통화하지 말고 하신다. 하지만 그 말을 들을 필요가 있을까? 아버지도 항상 그러시는데.

재구성하면 다음과 같이 타당하지 않은 논증을 얻을 수 있다.

P1) 아버지는 운전하면서 휴대폰으로 통화해선 안 된다고 말한다.
P2) 아버지는 운전하면서 휴대폰으로 통화한다.

C)   운전하면서 휴대폰으로 통화해도 된다.

다음과 같이 숨겨진 거짓 가정을 드러내면 논증이 건전하지 않음을 알 수 있다.

P1) 아버지는 운전하면서 휴대폰으로 통화해선 안 된다고 말한다.

P2) 아버지는 운전하면서 휴대폰으로 통화한다.

P3) 어떤 이의 행동과 충고가 일관되지 않다면, 그 충고는 거짓이다.

C) **운전하면서 휴대폰으로 통화해도 된다.**

피장파장의 오류는 정치인들이 공적인 모습과 사적인 모습 사이의 비일관성에 대한 논의에서 빈번하게 나타난다. 다음의 논증을 살펴보자.

정부의 교통정책은 우스갯소리에 지나지 않는다. 어떻게 우리가 그들의 말을 진지하게 들을 수 있겠는가. 우리에겐 대중교통을 이용하라고 하면서 정부 각료들은 어디든지 고급 승용차로 움직이는데 말이다.

이것을 재구성해보면 타당하지 않은 논증을 얻을 수 있다.

P1) 정부는 대중들에게 대중교통을 이용하라고 말한다.

P2) 정부 각료들은 대중교통이 아니라 고급 승용차를 이용한다.

C) **우리는 정부의 교통정책을 진지하게 받아들여선 안 된다.**

또한 숨겨진 가정을 드러내면 논증이 건전하지 않음을 알 수 있다.

P1) 정부는 대중들에게 대중교통을 이용하라고 말한다.

P2) 정부 각료들은 대중교통이 아니라 고급 승용차를 이용한다.

P3) 어떤 이의 행동과 정책이 일관되지 않다면, 우리는 그 정책을 진지하게 받아들여서는 안 된다.

C) **우리는 정부의 교통정책을 진지하게 받아들여선 안 된다.**

논증자는 정부의 말과 행동이 일관되지 못하다는 데 주목하고 있지만, 그것이 대중교통에 대한 정부의 견해가 틀렸다고 생각하거나 정부의 견해를 거부할 만한 이유가 되지는 못한다. 더 많은 사람이 자가용 대신에 대중교통을 이용하는 것이 옳은가 하는 문제는 정부 각료들이 대중교통을 이용하고 있는지 여부와 관련이 없다. 일반적으로 사람들은 자신의 주장이나 생각대로 행동해야 한다고 생각한다. 대부분의 경우에 그렇게 하는 것이 합리적이다. 하지만, 어떤 사람이 그렇지 못하다고 해서 그의 논증을 거부하는 것은 비합리적이다. 물론, 공직자의 언행이 일치하지 못하고 위선적이라는 것은 그에 대한 신뢰도를 떨어뜨리는 이유가 된다. 그러나 그것이 그의 논증을 거부할 이유가 되지는 못한다.

누군가 자신이 주장대로 행동하지 못하는 것은 다음과 같은 이유 때문이다. 즉, 그는 제시한 충고나 정책이 오직 다른 사람들에게만 적용될 뿐이고 자신에게는 적용되지 않는다고 믿는 것이다. 우리가 의심해 보아야 할 점은 그가 스스로 주장한 규범적 주장에 자신만은 예외라고 착각하는 것은 아닌가 하는 부분이다. 앞의 첫 번째 사례에서도, 아마도 아버지는 운전에 숙련되어 있어서 운전 중에 통화해도 위험하지 않다고 착각하고 있는지도 모른다.

권위에 호소하기 오류

어떤 사람에 대해 잘못된 방식으로 가정하여 논증을 전개하는 것이다. 논증자는 어떤 사람의 권위에 기대어 논증을 펼치고 있지만, 사실상 그 권위는 단지 추정된 것일 뿐이라서 정당화되지 않는다. 논증에서 호소하고 있는 권위가 사실은 해당 문제와 상관이 없거나, 그 권위가 사실에 기초를 둔 것이 아니라고 의심할 만하기 때문이다. 정치가들을 정당화되지 않은 방식으로 어떤 분야의 전문가인 양 내세우는 것이 대표적인 예가 된다. 다음을 살펴보자.

> 홍어에는 막걸리를 마시는 게 제격이지. 김대중이 그렇게 말했고, 그는 그가 말하는 것에 대해 잘 알고 있어. 대통령이었잖아.

재구성하면 다음과 같이 타당하지 않은 논증을 얻을 수 있다.

P1) 김대중은 홍어에는 막걸리를 마시는 게 제격이라고 말했다.

P2) 김대중은 대통령이었다.

P3) 어떤 이가 대통령이었다면, 틀림없이 그는 말하는 모든 주제에 대해 잘 알고 있다.

----

c)   **홍어에는 막걸리를 마시는 게 제격이다.**

조건문인 P3이 거짓이기 때문에, 이 논증은 건전하지 않다. 대통령이라는 사실은 그가 말하는 모든 주제에 대해 잘 알고 있다고 생각할 만한 충분한 이유가 되지 못한다. 물론, 권위에 호소하는 경우가 모두 오류는 아니다. 어떤 사람이 해당 사안에 대해 권위가 있다고 주장하는 데 문제가 있는 경우만 오류에 해당한다. 사안에 따라서는 대통령이라는 것은 권위를 가진다고 주장할 자격으로 충분할 때도 있다. 만약 대통령이 다가올 총선에서 이길 수 있는 가장 좋은 방법이 현실적인 공약을 내세우는 것이라고 말한다면, 우리는 그가 그 사안에 대해 전문적 지식을 가지고 있음이 분명하다는 믿음을 바탕으로 그의 주장을 수용할 수도 있다.

권위에 호소하기는 수사적 전략으로도 사용된다. 즉, 권위자의 말은 옳다고 받아들이는 인간의 심리적 경향을 이용하여, 주장하고자 하는 명제를 수용하도록 유도할 수 있다. 어떤 유명인사가 특정 상품을 인정하고 있다면서 제품 구매를 유도하는 것이 권위에 호소하기를 이용하는 일반적인 예다. 타이거 우즈가 특정 상표의 골프채가 훌륭하다고 인정한다면, 그것은 그 골프채를 구입하는 데 좋은 이유가 될지도 모른다. 하지만, 그를 자동차 제조의 권위자로 삼으려는 시도에는 조심할 필요가 있다.

완벽주의 오류

어떤 제안이나 생각이 어떤 문제를 완전하게 해결하지 못할 것이라면서 거부하는 것이다. 다음과 같은 논증을 수용하거나 주장하는 것이 일례다.

> 정부는 병원 대기자를 줄이기 위한 병원 진료 체계 개선 10조 투자계획안을 포기해야 한다. 그런 식으로 대기자를 없애는 것은 불가능하다.

재구성하면 다음과 같이 타당하지 않은 논증을 얻을 수 있다.

P1) 정부의 병원 대기자를 줄이기 위한 병원 진료 체계 개선 10조 투자계획안은 병원 대기자를 완전하게 없애지 못할 것이다.

C) 정부의 계획안은 포기되어야 한다.

이것이 완벽주의 오류의 사례가 된 것은, 정부가 오직 완전하게 해결할 수 있다고 생각하는 문제에 대해서만 계획을 수립·추진해야 한다는 식으로 잘못 가정했기 때문이다. 더 일반적으로 말하자면, 임의의 문제를 해결하거나 줄이려는 어떤 조치도 그 문제를 완전하게 해결하거나 줄이지 못한다면 정당화되지 않는다는 식의 완벽주의 가정을 한 결과로 빚어진 오류다. 하지만 어떤 문제를 해소하기 위한 조치들이 문제를 완전하게 근절하지는 못해도 어느 정도 해소할 수 있다면, 그 조치는 정당화되기에 충분하다.

방목장 주변에는 소들을 가둬놓기 위한 울타리가 둘러쳐 있다. 하지만 이런 조치에도 불구하고 때때로 도망치는 소가 있게 마련이다. 하지만 소들이 도망치는 경우도 있기 때문에 방목장에 울타리를 둘러치는 게 정당화되지 않는다고 말할 사람은 아무도 없을 것이다.

위의 논증에 완벽주의 전제(이런 경우에는 조건문으로 표현된다)를 추가하면, 완벽주의 전제가 거짓이므로 논증이 연역적으로 건전하지 않다는 것을 알 수 있다.

P1) 정부의 병원 대기자를 줄이기 위한 병원 진료 체계 개선 10조 투자계획안은 병원 대기자를 완전하게 없애지 못할 것이다.

P2) 정부의 계획안이 어떤 문제를 완전하게 해결하지 못한다면 계획안은 포기되어야 한다.

C)   정부의 계획안은 포기되어야 한다.

도덕성과 합법성의 혼동

법적인 것은 틀림없이 도덕적인 반면, 불법적인 것은 틀림없이 부도덕하다고 잘못 가정하는 오류다. 임의의 정치 구역(예를 들어, 국가, 시, 구 등) 내에서 합법적이라는 것은, 그곳에는 관련된 금지조항이 없음을 뜻한다. 그러나 합법적인 것이 곧 도덕적인 것은 아니다. 예를 들어, 애인을 속이고 바람을 피우거나, 어떤 집단에 잘 어울리지 못하는 사람에게 무례하게 행동하는 것이 불법은 아니다. 하지만, 그런 행위는 부도덕하다. 어떤 나라에서는 노예제도가 분명히 부도덕한 일임에도 불구하고 19세기에 이를 때까지 합법적으로 인정되었다. 심지어는 오늘날까지도 인종, 민족, 성, 종교적 믿음 등을 근거로 인권이나 시민권을 합법적으로 박탈하는 나라들이 있다.

보편적 도덕성을 미처 반영하지 못하는 법률은 수정되기도 한다. 이런 이유로, 법률적인 것은 무조건 도덕적이어야 한다고 논증하기 쉽다. 하지만, 부도덕한 일을 모두 법률로 금지하려는 시도는 실효성이 없다. 그리고 사실상 그런 일은 공권력의 범위를 넘어서는 일이 된다. 우리가 도덕적으로 허용되어선 안 된다고 생각하는 행동들이 반드시 법률 대상으로 적절한 것은 아니다. 개인적 관계에서 있을 수 있는 여러 행동들이 그렇다. 우리는 거짓말을 하거나 약속을 위반하거나 남을 놀리거나 애인 몰래 바람을 피우는 일 등이 불법적인 행동으로 구분되길 원하지 않는다.

반대로, 불법적인 일이라고 해서 그것이 곧 부도덕한 일이라고 볼 수는 없다. 선거에 투표하지 않는 것을 불법적인 일로 보는 나라가 있지만, 그것이 비도덕적인 문제인지는 분명하지 않다. 차선 위반은 불법적인 일이지만, 부도덕한 일인지는 확실치 않다. 또, 때때로 부도덕한 것을 금지하기 위해 제정된 법들이 잘못된 경우들도 있다. 인류사에서 수많은 권력자들은 어떤 신을 믿거나(믿지 않거나), 여성을 교육시키거나, 특정한 옷을 입는 등과 같이 부도덕하다고 판단되는 행동 양식들을 규제하기 위해 법을 만들어왔다. 하지만, 돌이켜보면 그것들이 결코 부도덕한 일들은 아니었다. 또한 합법적인 것은 모두 도덕적이라고 본다면, 도덕적 근거에서 현행법을 비판할 가능성은 제거돼 버린다. 다음의 예를 보자.

> 나는 사람들이 H사장을 왜 욕하는지 모르겠다. 어쨌든 그는 나쁜 짓이라곤 아무것도 안 했다. 우리나라에서 외국인 노동자를 산재보험 없이 고용하는 것에 대한 금지법은 없으며, 사업주가 산업재해를 입은 외국인 노동자의 치료비를 부담해야 한다는 법도 없다.

'금지하는 법이 없으니 해도 된다.'는 식의 논증은 합법성과 도덕성을 혼동하는 오류의 전형적인 사례. 우선 위의 주장을 재구성하게 되면 논증이 타당하지 않음이 드러나며, 거기에 숨은 가정을 추가하면 타당하지만 건전하지 않은 논증이 된다는 것을 알 수 있다.

P1) H사장은 외국인 노동자를 산재보험 없이 고용했고, 그들의 산업재해 비용을 부담하지 않았다.

P2) 그것은 우리나라에서 불법적인 일이 아니다.

C) H사장이 외국인 노동자들을 산재보험 없이 고용하고, 그들의 산업재해 비용을 부담하지 않은 것은 비도덕적인 일이 아니다.

P1) H사장은 외국인 노동자들을 산재보험 없이 고용했고, 그들의 산업재해 비용을 부담하지 않았다.

P2) 그것은 우리나라에서 불법적인 일이 아니다.

P3) 합법적인 것이면 모두 도덕적이다.

C)   H사장이 외국인 노동자들을 산재보험 없이 고용하고, 그들의 산업재해 비용을 부담하지 않은 것은 비도덕적인 일이 아니다.

문제의 행위가 불법적이지 않다고 해서 비도덕적인 일이 아니라고 할 수는 없다. 물론, 어떤 주제가 도덕적인지 비도덕적인지를 둘러싸고 논쟁의 여지가 많은 것은 사실이다. 앞에서 제시한 예들 역시 분명하게 결정되는 사안이 아니다. 따라서 그것들에 대해서는 많은 고민이 필요하다.

약한 유비의 오류

유비는 매우 흥미로운 영역이며, 전달 내용을 선명하게 보일 수 있다는 장점이 있다. 하지만, 유비에 기초해 논증하는 것은 종종 성공적이지 못하고 오류로 판명 나기도 한다. 그것은 유비가 너무 약해서 논증을 지지할 수 없거나, 유비 자체가 논증되지 않았기 때문이다. 유비 자체가 논증되지 않은 경우, 논증은 **논점 선취의 오류**를 저지르게 된다(논점 선취의 오류에 대해서는 나중에 다시 살펴보겠다). 약한 유비의 오류를 범하는 사례들의 일반적 형식을 살펴봄으로써 이해를 돕기로 하겠다.

약한 유비의 오류는 일반적으로 어떤 것이 다른 것과 한 측면에서 유사하므로 다른 측면에서도 유사하다는 명제에 기초하여 논증을 진행시킨다. 그것은 어떤 것이 다른 것과 한 측면에서 유사하면 모든 측면에서 유사하다는 거짓 가정에 기초하고 있다. 약한 유비 논증의 사례로, 타당하지만 건전하지 않은 논증을 구성해 보겠다.

P1) 대상 X는 대상 Y와 어떤 특징 A에 있어 유사하다.

P2) 대상 X가 대상 Y와 한 측면에서 유사하면 그것은 모든 측면에서 유사하다.

P3) Y는 특징 B를 가지고 있다.

C) **X는 특징 B를 가지고 있다.**

　이런 오류의 사례는 총기에 관련된 법안 논쟁에서 빈번히 나타난다. 다음의 주장을 보자.

　　나는 왜 총에 대해 그렇게 신경 쓰는지를 모르겠다. 총을 소유하는 것은 당연히 금지되어서는 안 된다. 당신은 야구방망이로 사람을 죽일 수도 있다. 하지만 그렇다고 야구방망이를 소유하는 것을 금지해야 한다고 할 사람은 아무도 없을 것이다.

　이 주장이 약한 유비 오류의 전형적인 형식을 취하고 있다는 사실을 알기 위해서는, 논증을 재구성할 때 다음과 같은, 즉 유사한 것들은 항상 유사하게 취급해야 한다는 내용의 전제를 추가하면 된다.

　　P1) 총과 야구방망이는 둘 다 살인하는 데에 사용될 수 있다는 점에서 유사하다.
　　P2) 대상 X가 대상 Y와 한 측면에서 유사하면 그것은 모든 측면에서 유사하다.
　　P3) 모든 측면에서 서로 유사한 대상들은 동일하게 취급되어야 한다.
　　P4) 우리는 야구방망이 소유를 금지하지 않는다.
　　C) **우리는 총 소유를 금지해선 안 된다.**

　이것은 건전하지 않다. 한 측면에서의 유사성이 모든 측면에서의 유사성을 함축한다고 가정하는 것은 명백히 거짓이기 때문이다. 야구방망이와 총이 유사점을 가진다는 것은 참이지만, 논증자가 원하는 유비를 지지하기에는 충분하지 않다. 오히려 야구방망이와 총의 1차적 쓰임새는 서로 다르고, 야구방망이로 대량 살상을 자행하기는 어려운 등, 총과 야구방망이 사이에는 유사점보다 차이점이 훨씬 많다. 또, 텔레비전처럼 견고하고 무거운 물체로도 사람을 죽일 수 있다.

그러나 그런 잠재적 살인 무기를 금지하지 않으므로 총기도 금지해선 안 된다고 논증하는 사람은 없을 것이다.

유비 논증이 오류로 드러나는 일이 잦은 것은 사실이지만, 그런 논증들이 항상 성공적이지 못한 것은 아니다. 어떤 유비가 결론을 수용할 이유로 효과적이려면, 유비되는 대상들(위의 예에서는 야구방망이와 총)이 어떤 측면에서 충분한 유사성을 갖는다는 논증이 우선적으로 제시되어야 한다. 그 논증의 결론은 총기 소유가 금지되어선 안 된다는 주장을 지지하는 후속 논증의 첫 번째 전제가 된다.

인과 오류

원인에 대해 잘못된 추리를 하는 경우다. 여기에는 세 가지 유형이 있다.

- 선후관계를 인과관계로 혼동하는 오류
- 상관관계를 인과관계로 혼동하는 오류
- 인과 전도의 오류

선후관계를 인과관계로 혼동하는 오류

단지 사건 X가 발생한 이후에 사건 Y가 발생했다는 데 근거해서 X가 Y를 야기했다고 잘못 추론하는 오류다.

선후관계를 인과관계로 혼동하는 오류를 저지르고 있는 다음의 논증이 인과 오류 중 하나인 까닭은, 결론에서 한 사건(유언을 남김)이 다른 사건(더 오래 삶)을 야기했다고 진술하기 때문이다.

> 유언장을 작성해 두는 것은 당신을 더 오래 살게 만듭니다. 이는 유산 상속 전문회사인 '장수마을'이 유언장을 만든 사람과 그렇지 않은 사람들의 수명을 비교해서 내린 결론입니다. 유언장을 만들지 않은 사람들의 평균 수명은 72.6세입니다. 하지만, 당신의 재산에 대한 유언장을 작성해 둔다면 수명은 80.5세까

지 늘어날 것입니다. 더 오래 살고 싶다고요? 그러면 재산을 자선단체에도 좀 나눠주십시오. 관대한 기부는 수명을 83세의 황혼기까지 지속되게 해줄 것입니다.

앞에서 보았던 예들과 마찬가지로, 위의 인과 오류를 타당하지도 않고 귀납적으로 합당하지도 않은 논증으로 나타낸 뒤에, 타당하거나 귀납적으로 합당하지만 건전하지 않은 논증으로 재구성한다면, 논증이 거짓 가정에 기초한 오류임을 드러낼 수 있다.

P1) 일반적으로 유언장을 남기는 사람들이 그렇지 않은 사람들보다 더 오래 산다.

C) (아마도) 유언장을 남기는 것은 사람들을 더 오래 살도록 한다.

논증을 귀납적으로 합당하게 하려면 암묵적으로 제시된 일반화 가정을 명시적으로 드러내고, 추가적인 암묵적 전제를 명시화하는 것이 필요하다. 그렇게 하면 귀납적으로 합당함에도 불구하고 거짓 전제 P2 때문에 건전하지 못한 논증을 얻을 수 있다.

P1) 일반적으로 유언장을 남기는 사람들이 그렇지 않은 사람들보다 더 오래 산다.
P2) 사건 X 이후에 사건 Y가 발생한다면 X가 Y를 야기한 것이다.
P3) 유언장을 남기는 것 이후에 더 오래 사는 것(죽지 않는 것)이 발생한다.

C) (아마도) 유언장을 남기는 것은 사람들이 더 오래 사는 것을 야기한다.

선후관계를 인과관계로 혼동하는 오류는 어떤 법안이나 정책의 실효성을 설득할 때 자주 등장한다. 그래서 형량 증가에 관한 법안이 범죄율 하락의 원인이라고 잘못 추론되기도 하고, 교사 급여의 인상이 성적 향상의 원인이라고 잘못 추론되기도 한다. 어떤 일이 먼저 일어나고 다른 일이 나중에 일어났다는 것을 근거로, 두 일이 서로 인과적으로 연계되어 있다고 하는 논증은 오류일 가능성이 매우 크다. 형량 증가가 범죄율 하락의 원인이 되지 못한다는 의미가 아니다. 단지, 인과관계에 대한 주장이 수용되기 위해서는 어떤 사건이 다른 사건보다 먼저 발생했다는 사실보다 더 강한 이유가 제시될 필요가 있다.

상관관계를 인과관계로 혼동하는 오류

선후관계를 인과관계로 혼동하는 오류는 사건들 사이에 시간적 선후관계가 성립하는 경우에 두 사건 사이에 인과관계가 성립한다고 가정하는 데에서 빚어진다. 그에 비해, '상관관계를 인과관계로 혼동하는 오류'는 한 유형의 사건이 언제나 또는 대개의 경우에 다른 유형의 사건과 함께 발생한다는 사실에 근거하여 처음의 사건이 다른 사건을 불러온다고 생각하는 오류다. 즉, 이 오류는 통계적 상관관계로부터 추가적인 정당화 없이 인과관계를 도출할 때 발생한다. 예를 살펴보자.

> 학생들의 미진한 학업 성취가 가난 때문이라는 것은 통계 자료를 살펴보기만 해도 알 수 있다. 학교를 도중에 그만두는 사람의 80퍼센트는 가계소득이 평균의 50퍼센트에도 미치지 못하는 집안 출신이다.

가난과 미진한 학업 성취 사이에 연관이 있다고 생각하는 것이 잘못은 아니다. 사실 둘 사이의 관계에 대해서는 매우 많은 연구가 있어왔다. 또한, 통계적 상관관계가 있다는 것은 인과관계가 성립하기 위한 필요조건이다. 만약 통계적 상관관계가 없다면 인과관계도 성립하지 않는다. 그렇지만, 단순히 통계적 상관관계에서 인과관계로 뛰어넘는 것은 잘못된 추론이다. 두 현상 사이에 어떤 관계가 있을 수는 있지만, 통계적 상관관계가 있다는 이유로는 두 현상 사이에 인과관계가 있다고 결론 내리기에 부족하다. 위의 주장을 표준형식으로 재구성해보면 더욱 확연하게 알 수 있다.

P1) 학생들의 미진한 학업 성취와 가난 사이에는 통계적 상관관계가 있다.

C) 가난이 학생들의 미진한 학업 성취를 가져온다.

숨어 있는 가정을 명시적으로 드러내면, 타당하지만 건전하지 않은 논증을 얻을 수 있다.

P1) 학생들의 미진한 학업 성취와 가난 사이에는 통계적 상관관계가 있다.

P2) 두 현상 X와 Y가 상관관계가 있다면 X는 Y의 원인이다.

C) 가난이 학생들의 미진한 학업 성취를 불러온다.

P2가 거짓이라는 점은 반례들을 고려해보면 분명해진다. 예를 들어, 옷을 입는 생물이 그렇지 않은 생물보다 지능이 높은 경향이 있다. 이 두 가지 사안은 서로 관련이 있다. 그러나 옷을 입는 것이 높은 지능을 불러오는 것은 아니다. 더욱이 둘 또는 그 이상의 사건들 사이에 상관관계가 있고, 그것들이 사실상 인과적 관련일 경우에는 원인과 결과를 구분하는 것이 쉽지만은 않다. 가난과 나쁜 건강 상태는 함께 나타나는 경향이 있다. 하지만 어떤 것이 원인이고 어떤 것이 결과일까? 많은 경우에, 이런 사례들은 인과적으로 서로 영향을 끼친다. 상관관계와 원인 사이의 관계에 대해서는 제5장에서 자세히 다루도록 하겠다.

인과 전도의 오류

아래의 사례에서는 만약 X가 Y를 야기한다면 X의 결여는 Y를 억제할 것이라고 잘못 추론하고 있다.

최근 수행된 연구 조사에 따르면, 비타민 E가 영원한 청춘의 비밀을 풀 열쇠일 가능성이 있다고 한다. 조사팀은 비타민 E가 사람의 몸 안에서 노화를 방지한다고 믿고 있다. 과학자들은 실험용 쥐에게 가한 실험에서 비타민 E가 결핍된 동물이 더 빨리 늙거나 노쇠해지는 것을 발견했다. 대변인에 따르면, 노화 과정에 대한 비밀은 아직 밝혀지지 않았지만, 이번 실험은 비타민 E와 노화 과정 사이의 흥미로운 인과관계를 분명히 보여준다.

쥐의 생리학적 실험 결과로부터 인간 생리학에 대한 결론을 추론하는 것이 근거 있는 일로 받아들여진다 해도, 비타민 E의 결핍이 노화를 촉진하는 듯하다는 것으로부터 비타민 E가 청춘을 지속시킬 열쇠가 된다는 주장을 추론하는 것은 근거가 없다. 어떤 것(비타민 E)의 결여가 X(노화 촉진)를 불러온다는 명제는 그것의 존재(비타민 E)가 X의 반대(노화 지체)를 불러온다는 명제를 함축하지는 못한다. 이것을 아래와 같이 재구성해보면 어디에서 오류가 빚어졌는지를 알 수 있다.

> P1) 비타민 E의 결핍은 노화 촉진을 불러온다.
> P2) 어떤 것 X의 결여가 현상 Y의 원인이면 X의 존재는 Y의 반대 사건을 야기한다.
> _____
> **C) 비타민 E는 노화 현상의 지체를 불러온다.**

때때로 우리는 인과 전도 오류와 상관관계를 인과관계로 혼동하는 오류를 동시에 접하기도 한다. 다음의 주장은 특정 음식을 먹는 것과 어떤 질병 사이의 상관관계로부터 인과관계를 추론하는 오류인 동시에, 인과관계를 잘못 뒤바꾸어 인과 전도의 오류를 범하고 있다.

> 소위 식품영양 전문가들의 주장과 달리 전통 식생활은 우리의 몸에 이롭습니다. 돼지고기, 계란, 소시지, 튀긴 토마토, 감자, 잼과 함께 토스트를 먹던 시절을 기억하시나요? 이 모두를 단지 아침식사로만 먹었지요. 그런데도 당시의 사람들은 거식증이나 과식증에 시달리지도 않았고, 비만율도 지금보다 훨씬 낮았죠. 그 '전문가들'이 또 뭔가 잘못 짚은 것 같네요.

논증의 결론은 전통 식생활이 거식증, 과식증, 비만 등을 방지한다는 것뿐만 아니라, 그것을 따르지 않으면 그런 질병을 불러온다는 것도 포함하고 있다. 오류를 드러내기 위해 전체 논증을 확장된 논증으로 재구성하겠다.

P1) 우리가 전통 식생활을 따를 때는(X) 거식증, 과식증, 비만 등에 시달리는 사람이 매우 적었다(Y의 결여).

P2) 두 현상 (X), (Y)가 상호 연계되어 있으면 X는 Y의 원인이다.

C)   전통 식생활을 따르면(X) 거식증, 과식증, 비만 등에 시달리는 사람이 적어질(Y의 결여) 것이다.

P3) 전통 식생활을 따르지 않는(X의 결여) 오늘날에는 거식증, 과식증, 비만 등에 시달리는 사람이 이전보다 훨씬 많아졌다(Y).

P4) X가 Y의 결여를 불러오면 X의 결여는 Y를 불러온다.

C)   전통 식생활을 따르지 않는 것이(X의 결여) 거식증, 과식증, 비만 등에 시달리는 사람을 증가시킨다(Y).

상관관계를 인과관계로 혼동하는 오류는 P2에 나타난다. 인과 전도의 오류는 P4에 나타난다.

물론 어떤 경우에는 인과 전도가 성립할 수도 있다.* 하지만 모든 인과관계에서 인과 전도가 성립하는 것은 아니다. 예를 들어, 우유를 마시면 갈증이 해소된다. 하지만 우유를 마시지 않는 것이 갈증을 불러온다는 것은 참이 아니다.

인식적 오류

무지에 호소하기의 오류

어떤 주장이 증명되지 않았음을 근거로 거짓이라고 결론 내리거나(부정적 형식), 어떤 주장이 반증되지 않았음을 근거로 참이라고 결론 내리는(긍정적 형식) 오류다. 이것은 주로 점성술이나 신의 존재와 같이 증명되지 않은 믿음을 옹호할 때 자주 저질러진다. 다음의 예는 **부정적 형식**의 오류다.

---

*어떤 경우에 유형사건 C1이 유형사건 C2의 원인이라면, 다른 경우에 ~C2가 ~C1의 원인일 수도 있다.—옮긴이

아무도 UFO가 존재한다는 것을 증명하지 못했으므로 그것이 없다고 믿는 게 합리적이다.

다음은 **긍정적 형식**의 오류다.

아무도 UFO가 존재하지 않는다고 증명하지 못했다. 따라서 그것이 존재한다고 결론 내리는 것은 합리적이다.

아래와 같이 논증들을 재구성해보면 드러나겠지만, 위의 불건전한 오류 논증들은 거짓인 가정, 즉 증거가 없으면 거짓이다 또는 반증이 없으면 참이다 하는 식의 거짓 가정에서 비롯하고 있다.

P1) 아무도 UFO가 존재한다고 증명하지 못했다.
P2) 증명되지 않은 모든 명제는 거짓이다.
C) **UFO는 존재하지 않는다.**

P1) 아무도 UFO가 존재하지 않는다고 증명하지 못했다.
P2) 반증되지 않은 모든 명제는 참이다.
C) **UFO는 존재한다.**

물론, 증명하려고 무진 애를 썼으나 모두 실패로 돌아갔다면, 그 명제는 거짓이라고 추론하는 게 합리적이다. 예를 들어, 매우 정교한 과학 실험 방식을 사용해 한강에서 용을 찾으려고 여러 번에 걸쳐 노력했지만 실패로 끝났다면, 한강에 용은 없다고 결론 내리는 것이 합리적이다. 만약 한강에 용이 살고 있다면, 그런 노력에 의해 감지되었을 것이다. 하지만 단순히 어떤 명제가 증명되지 않았다고 해서 그 명제를 거짓으로 볼 수는 없다. 마찬가지로, 단순히 반증되지 않았다고 해서 그 명제를 참이라고 보기도 어렵다.

'증명'은 확실성을 내포하지 않는다. 또, 사람들은 때때로 어떤 주장이 확실하지 않으면 그것을 합리적으로 부정할 수 있다고 생각하지만, 제3장에서 살펴봤듯이 그렇지 않다. 참인 전제들로 구성된 귀납적으로 매우 합당한 논증을 생각해보자. 이 논증의 전제들은 결론을 오직 귀납적으로만 지지하기 때문에 우리는 그 결론을 완전히 확신하기 어렵다. 하지만, 그렇다고 해서 귀납적으로 합당한 논증의 결론을 부정하는 것은 합리적이지 못하다(여기에는 예외가 있다. 자세한 내용은 제6장에서 살펴보겠다). 어떤 주장이나 이론은 증명되거나 반증되지는 못했음에도 불구하고 어떤 현상에 대해 가장 그럴 듯한 설명을 제시하기도 한다. 자연선택론이 그렇다. 그것을 지지하는 논증들은 상당한 정도의 귀납적 합당성을 가진다. 그러나 이제껏 아무도 그것이 참임을 증명하지 못했다. 하지만 자연선택론이 종의 진화에 대한 가장 그럴 듯한 설명이 되는 이유들은 자연선택론을 지지하는 관련 논증들의 부분을 이룰 수 있다. 우리가 어떤 것을 믿어야 하는가 하는 물음과 관련해서 그것이 참으로 증명되었는지의 여부는 본질적인 것이 아니다.*

인식적 오류

이것은 지식과 믿음의 본성이 다소 까다롭고, 타인이 믿고 있거나 알고 있는 것들을 객관적으로 알아내는 일이 매우 어렵기 때문에 발생하는 오류다. 지시하는 방식이 다름에도 불구하고, P와 Q가 같은 사물(또는 사람)이라는 사실에 근거해서 어떤 이가 P를 믿으면 그는 Q도 믿을 것이라고 잘못 추론하는 오류다. 다음의 경우가 인식적 오류를 보여주는 간단한 사례가 된다.

로이스는 슈퍼맨이 하늘을 날 수 있다고 믿는다. 슈퍼맨은 클락 켄트이다. 따라서 로이스는 클락 켄트가 하늘을 날 수 있다고 믿는다.

논증을 표준형식으로 구성하면 다음과 같다.

---

*우리가 주목해야 할 점은, 어떤 이론이 원리상 증명될 수는 있지만 결정적인 실제적 증거가 불충분하기 때문에, 증명되지 않거나 반증되지 않은 채로 남을 수 있다는 것이다.

P1) 로이스는 슈퍼맨이 하늘을 날 수 있다고 믿는다.

P2) 슈퍼맨은 클락 켄트이다.

C) 로이스는 클락 켄트가 하늘을 날 수 있다고 믿는다.

이 추론은 옳지 못하며, 논증은 타당하지 않다. 논증자는 슈퍼맨이 하늘을 날 수 있다고 믿는다는 것 이외에도 로이스가 슈퍼맨이 클락 켄트임을 알고 있다고 가정하고 있기 때문이다. 그러나 논증자는 가정에 대한 근거를 전혀 제시하지 않고 있다. 그의 주장과 달리, 로이스는 단지 슈퍼맨에 대한 믿음만을 가지고 있을 뿐이며, 슈퍼맨이 클락 켄트라는 것은 모를 수 있다. 그렇다면 결론 C는 거짓이다. 다른 식으로 표현하자면, 로이스는 '슈퍼맨'과 '클락 켄트'가 동일인임을 모를 수도 있다는 말이다. 따라서 위의 논증을 아래와 같이 타당한 논증으로 재구성한다고 해도, 로이스가 슈퍼맨과 클락 켄트가 동일인임을 모른다면 P3이 거짓이므로 논증은 건전하지 못하다(결론 C도 거짓이다).

P1) 로이스는 슈퍼맨이 하늘을 날 수 있다고 믿는다.

P2) 슈퍼맨은 클락 켄트이다.

P3) 로이스는 슈퍼맨이 클락 켄트라는 것을 안다.

C) 로이스는 클락 켄트가 하늘을 날 수 있다고 믿는다.

중요한 점은 유사한 추론이 다른 맥락에서는 옳을 수 있고, 그 추론을 포함하는 논증이 타당할 수 있다는 것이다. 다음을 살펴보자.

P1) 슈퍼맨은 어떤 사람보다도 힘이 세다.

P2) 클락 켄트는 슈퍼맨이다.

C) 클락 켄트는 어떤 사람보다도 힘이 세다.

이와 같은 추론은 **라이프니치 법칙**으로 알려진 논리적 원리에 의해 합당한 것으로 간주된다. 라이프니치 법칙에 따르면, 어떤 것이 다른 것과 동일하다면 전자에 해당되는 것은 후자에도 해당되어야 한다. 예를 들어, 슈퍼맨은 금발이고 슈퍼맨이 클락 켄트와 동일인이라면, 클락 켄트는 틀림없이 금발이어야 한다. 그런데 앞의 예처럼 사람들의 믿음이나 지식에 대한 것은 라이프니치 법칙의 적용을 받지 않는다. 따라서 만약 로이스가 X에 대해 '이러이러'하다고 믿고, X와 Y가 같은 것이라고 해도, 이로부터 로이스가 Y에 대해 '이러이러'하다고 믿는다고 보기는 어렵다. 우리는 X와 Y가 동일하다는 것을 로이스가 믿고 있는지 모르기 때문이다. 추론이 맞는지 틀리는지는 로이스가 그 사실을 알고 있는지에 대한 정보를 논증자가 갖고 있을 때에만 보장된다. 이런 경우를 어떻게 이해해야 하는지에 대한 이야기는 유명한 철학적 수수께끼이지만, 여기서는 넘어가도록 하겠다.*

인식적 오류는 남의 의견을 일부러 깎아내리려 할 때 종종 사용된다. 예를 들어, 다음과 같은 문장을 가정해보자.

> 철수는 대마초를 재배하고 사용하는 것을 앞으로도 계속 범죄로 간주해야 한다고 믿는다. 그러나 대마초는 약물중독 환자들에게 가장 효과적인 어지럼증 치료제다. 따라서 철수는 약물중독 환자들에게 가장 효과적인 어지럼증 치료제를 재배하고, 생산하고, 사용하는 것을 범죄로 간주해야 한다고 믿는 셈이다.

이것을 표준형식으로 구성하면 다음과 같은 논증을 얻을 수 있다.

P1) 철수는 대마초를 생산하고 사용하는 것이 범죄로 간주되어야 한다고 믿는다.
P2) 대마초는 약물중독 환자들에게 가장 효과적인 어지럼증 치료제다.
─────
C) 철수는 약물중독 환자들에게 가장 효과적인 어지럼증 치료제를 생산하고 사용하는 것이 범죄로 간주되어야 한다고 믿는다.

여기에 P3과 같은 숨은 전제를 추가시켜 보자. 이때 P3이 (그래서 C가) 참이

---

*가장 유명한 논의는 고틀로프 프레게의 '뜻과 지시체에 관하여'이다. 이것은 무어A. W. Moore의 *Meaning and Reference*(Oxford : Oxford University Press 1993)에 재수록되어 있다.

라고 생각할 만한 근거가 없다면, 논증이 건전하다고 결론 내리기는 어렵다.

> P1) 철수는 대마초를 생산하고 사용하는 것이 범죄로 간주되어야 한다고 믿는다.
> P2) 대마초는 약물중독 환자들에게 가장 효과적인 어지럼증 치료제다.
> P3) 철수는 약물중독 환자들에게 가장 효과적인 어지럼증 치료제가 대마초라는 것을 알고 있다.

> **C) 철수는 약물중독 환자들에게 가장 효과적인 어지럼증 치료제를 생산하고 사용하는 것이 범죄로 간주되어야 한다고 믿는다.**

철수가 어지럼증에 대한 대마초의 효능을 알고 있다는 것을 우리가 모른다면 P3처럼 철수가 어떤 지식을 가지고 있다는 말은 정당하지 않다. 철수는 대마초가 약물중독 환자들에게 가장 효과적인 어지럼증 치료제라는 것을 모를 수도 있다. 심지어 철수는 약물중독 환자들에게 어지럼증에 대한 최상의 치료법을 제공해야 한다고 믿고 있을 수도 있다. 그렇지만 대마초가 어지럼증에 대한 최상의 치료법이 된다는 것을 철수가 모른다면, 그가 위와 같은 주장을 한다고 해서 일관적이지 않다고 볼 수는 없다. 이처럼 인식적 오류는 다른 사람이 정말로 가지고 있지 않은 믿음을 엉뚱하게 그에게 귀속시킬 위험이 있다.

'함께하지 않으면 반대하는 것이다.'와 같은 식의 논증이 인식적 오류의 한 사례라는 것은 눈여겨 볼 만하다. 어떤 견해를 지지하지 않으면 그 견해를 반대하는 것이라고 논증하는 사람은, 그 견해를 지지하지 않는 사람에 대해 근거 없는 가정을 하고 있는 셈이다. 그 견해를 지지하지 않는 사람은 반대하는 게 아니라 그저 다른 견해를 가지고 있거나, 또는 별다른 견해를 가지고 있지 않을 수도 있기 때문이다.* 일례를 살펴보자.

---

* '함께하지 않으면 반대하는 것이다.'하는 식의 논증은 거짓 딜레마 오류의 한 사례에 해당할 수도 있다. 여기서 논증자는 사안과 관련해서 오직 두 가지 입장만이 가능하다고 함축한다. 자신의 견해와 그것을 직접적으로 반대하는 견해만이 있다는 것이다.

대통령은 다음의 사항을 분명히 했다. 정부는 누가 테러리스트인지를 알고 있으며, 그들을 진압할 것이라고. 그런데 몇몇 의원들은 특수요원을 이용한 비공개 침략에 반대하며, 이와 같은 대테러 정책에 제한을 가해야 한다고 주장한다. 그러면 테러리스트를 그냥 내버려두란 말인가?

이런 사례들은 '안다', '믿는다', '원한다'와 같은 동사들에 기초해 작동하고 있다. 철학자나 언어학자는 이런 동사들을 **명제적 태도 동사**라고 부른다. 이 동사들이 어떻게 사용되는지에 대해 곰곰이 생각해보면, '어떤 이가 (   )라고 믿는다.'라는 표현에서 (   )에 명제가 채워진다는 것을 알 수 있다. 따라서 명제적 태도 동사에 대해 이렇게 말할 수 있다. 그것은 어떤 이가 특정 명제에 대해 어떤 태도를 가지고 있음을 표현하는 것으로, 철수는 그러그러한 것이 사실이라고 믿는다, 영수는 그러그러한 것이 일어나기를 원한다, 영호는 그러그러한 것이 사실이라는 것을 안다 하는 식으로 표현된다. 그 밖의 명제적 태도 동사로 '욕구한다', '희망한다', '기원한다', '소망한다' 등이 있다.

다른 오류들

제4장의 서두에서 거의 모든 오류는 형식적 오류이거나 실질적 오류이며, 그것들은 건전하지 못한 논증들을 만들어낸다고 했다. 또 그런 논증들은 애초에 타당하지 않거나, 매우 일반적이나 거짓인 암묵적 가정에 의존하고 있다.

이제부터는 다른 종류의 오류들에 대해 생각해 보겠다. 이것들은 오류이긴 하지만, 모든 사례들이 타당하지 않거나 귀납적으로 합당하지 않거나 건전하지 않은 것은 아니다. 하지만, **형편없는 논증 기법**임에는 분명하다. 때문에 우리는 그런 논증들에 비판적이어야 하며, 그런 논증으로 다른 사람을 설득하려고 시도하지 않아야 한다. 그러나 그런 오류가 비합리적 설득 방식으로서 유용성을 갖는 경우들이 있다. 특히, 상대방과 관련지어지는 것을 피하기 위해, 또는 상대방이 사용한 전제들이 결론을 수용하기에 충분치 못하다는 것을 논박할 때 사용되며, 많은 경우에 이 기법은 설득력을 가진다.

논증을 재구성하는 것은 오류들의 개별 사례들을 분석하는 데 도움을 주지만, 그 과정에서 해당 오류의 모든 사례들이 기초하고 있는 거짓 가정을 명시화하기란 쉽지 않다. 각 오류들 모두가 (일반화 또는 조건문의 형태로 표현되는) 단일한 거짓 가정에 바탕을 둔 것은 아니기 때문이다. 따라서 여기서 언급되는 오류 추론을 드러내기 위해서는 논증재구성에 대한 꾸준한 연습이 필요하다. 어쨌든 그러함에도 불구하고 오류를 감지하는 직접적인 방법을 제시하는 것은 만만치 않은 일이다.

애매어의 오류

사람들이 어떤 말의 의미를 혼동하게 하기 위해 사용된다. 즉, 듣는 이가 그 말에 대해 해석이 가능한 두 개 이상의 의미를 놓고 혼란스러워하게 만드는 것이다. 반대로 논증을 듣는 입장에서 애매어의 오류에 빠진다는 것은 어떤 말의 애매성을 눈치 채지 못하여, 그래선 안 되는데도 논증의 결론을 수용하는 것을 의미한다. "철수는 은행을 털었다. 그러므로 은행 중 한 곳은 강도를 당했다."('은행'이란 말의 애매성)의 경우는 단순하고 재미있지만, 실제로 이 정도에 속 아넘어갈 사람은 없을 것이다. 애매어에 의한 혼란을 좀더 흥미롭게 이용하기 위해서는 미묘한 개념적 작업이 필요하다.

> 어떤 보수주의자는 보편적 도덕적 참을 주장한다. 그들은 모든 사람들이 시점과 장소에서든지 상관없이 근본적으로 같은 권리를 가진다고 주장한다. 이는 애석하게도 다른 문화의 역사를 전혀 모르고 하는 소리다. 역사상 서로 다른 시대에, 그리고 오늘날의 서로 다른 장소에서, 인간이 같은 권리를 가지지 못한다는 것은 자명한 사실이다. 예를 들어, 어떤 나라에서는 그럴 만한 일이라고 생각한다면 남편이 아내를 강제로 집 안에 묶어둘 권리를 가진다. 하지만 우리 문화에서는 그렇지 않다. 보편적 권리에 대한 보수주의자의 주장은 명백히 거짓이다.

논증자의 결론은, 보편적 도덕적 참을 믿는 어떤 보수주의자의 주장과 다르게,

인간의 권리는 그들이 어떤 문화에 속해 있는가에 의존한다는 것이다. 이 중 불필요한 것들을 빼고 다음과 같이 매우 간단한 논증재구성을 제시해 보겠다.

> P1) 어떤 나라에서 남편은 아내를 감금할 수 있는 권리를 갖지만, 다른 나라에서는 그렇지 않다.
>
> **C1) 인간이 모든 장소와 시간에서 같은 권리를 가진다는 것은 사실이 아니다.**
>
> **C2) 역사를 통틀어 모든 시점과 장소에서 사람들은 근본적으로 같은 권리를 가진다는 보수주의자의 주장은 거짓이다.**

여기에서 '권리'라는 단어는 두 가지 의미로 애매하게 사용되고 있다. 우리의 언어생활에서 '권리'는 구분되어 사용되고 있지만, 의미상으로는 매우 유사하다. 그 중 하나는 다음과 같다. 어떤 행위를 할 '권리'를 갖는다는 것은 행위 당사자가 속한 문화나 사회적 환경에서 그것이 허용됨을 뜻한다. 이것을 '관습적 의미'에서의 권리라고 한다. 다른 의미에서 '권리'를 가진다는 것은 어떤 문화나 사회적 환경에 속하더라도 어떤 행위를 하는 것이 그에게 허용되어야만 한다는—사실상 허용되지 않는다 하더라도—것을 의미한다. 이것을 '철학적 의미'에서의 권리라고 한다. 따라서 관습적 의미에서의 권리는 없더라도 철학적 의미에서의 권리는 가질 수 있다. 그런데, 위의 논증은 이 두 가지 의미를 혼용하고 있다. 만약 우리가 '권리'의 관습적 의미만 이해한다면 P1은 참이고 C1도 참이고 P1에서 C1을 도출하는 추론도 타당하다. 또 보수주의자의 주장이 관습적 의미에서의 '권리'에 대한 것이라면 C1에서 C2로의 추론은 타당하다. 그러나 보수주의자의 주장은 의심할 바 없이 그런 의도가 아니다. 그의 주장은 철학적 의미에서의 권리는 불변한다는 것이다. 그렇다면 C2는 C1로부터 추론될 수 없으며, 이 추론은 앞의 강도를 당한 은행의 예보다 나을 게 없다.

청어 미끼의 오류

이것은 소금에 절여 말린 (그래서 불그스름한 색을 띠고) 냄새나는 청어를 미끼로 개가 트랙을 따라 뛰도록 하는 경주에서 착안된 말이다. 청어 미끼 오류는 논증과는 무관한 것으로 유인해서 듣는 사람이 논증의 맥락에서 벗어나도록 만드는 기법이다. 이것은 연막 작전이라는 수사적 전략과 유사한데, 청어 미끼 오류의 경우에 결론과는 무관한 전제가 결론을 수용할 이유로 제시된다는 것이 차이점이다.

> 판사는 대통령의 부정회계 혐의를 부정해야 한다. 대통령은 매우 인기있고, 매우 건강한 경제를 이끌어가고 있다.

논증자는 대통령의 정치적 성취를 이유로 제시하여 부정회계 혐의를 부정해야 한다고 주장한다. 하지만 판사는 엄격히 대통령의 유·무죄 여부에 기초해 판결을 내려야 한다는 것이 합리적 가정이고, 여기서 대통령의 정치적 성취는 완전히 무관하다. 재구성해보면 아래와 같다.

P1) 대통령은 매우 인기있고, 매우 건강한 경제를 이끌어가고 있다.
P2) 대통령이 매우 인기있고, 매우 건강한 경제를 이끌어가고 있으면, 판사는 그의 부정회계 혐의를 부정해야 한다.

C) 법원은 부정회계 혐의를 제기한 원고에게 패소판결을 내려야 한다.

청어 미끼 오류는 엄밀하게는 전혀 무관한 전제로부터 결론을 추론해내는데 그것이 듣는 사람에게 혼동을 불러와 추론을 받아들이도록 작용한다. 이를 위해 전제들은 듣는 이가 결론에 대해 긍정적일 수 있도록 유도하는 역할을 맡는다. 위의 사례에서 사용된 전제는 대통령에 대한 지지를 유도하여 대통령에 대한 유죄판결에 반대하도록 듣는 이를 혼란시키고 있다.

청어 미끼 오류에 의한 논증은 쉽게 타당한 논증으로 재현되지만, 실질적 오류에 속하지 않는다. 이에 대해 자세히 설명하면 이렇다. P2는 분명히 거짓이다. 하지만 이를 알아차리기 위해서는 법정에서 유죄를 성립시키는 데 필요한 사항이 어떤 것인지를 먼저 알아야 한다. 좀더 일반적으로 말하자면, 어떤 사항이 결론과 관련이 있는지 여부는, 그 결론이 어떤 특정 중심 주제에 관한 것인가에 달려 있다. 따라서 청어 미끼 오류가 가정하고 있는 특징적인 전제—예를 들어 전도 오류의 경우에서 그랬던 것처럼—가 존재하지는 않다. 따라서 청어 미끼 오류는 실질적 오류로 분류되지 않는다.

마지막으로 이 점을 다시 강조할 필요가 있겠다. 대부분의 다른 오류들과 달리, 청어 미끼 오류를 알아차리는 능력은 논증의 중심 주제에 대해 얼마나 많이 알고 있는가에 달려 있다. 그러나 다음과 같은 예를 살펴보자. 모든 암은 비도덕적 습관에서 야기된다고 진심으로 믿는 X가 있다고 해보자. 그가 암에 걸린 Y에 대해 비도덕적 습관을 가지고 있었다고 추론하는 것은 청어 미끼 오류를 저지르는 게 아니다. 물론 암에 걸리는 것과 비도덕적 습관은 서로 아무 관련이 없지만 말이다. 이런 경우에 X는 (어떤 오류에 걸려들었다기보다) 단지 잘못된 정보를 가지고 있는 것일 뿐이다. 청어 미끼 오류를 무관함의 오류로 구분하는 것은 듣는 이가 더 신중하게 판단해야 함에도 불구하고 결론과 무관한 것에 유도되었음을 강조하기 위해서다. 예를 들어, 법정에서 유·무죄의 판결은 증거에 의해서만 결정될 수 있다는 것은 최소한의 교육을 받은 사람이라면 누구나 아는 사실이다. 때문에 위에서 제시된 논증의 경우에, 논증자나 수용자 모두 무관한 내용에 잘못 유도되어서 청어 미끼 오류를 저지른 것이다.

미끄러운 비탈길 오류

이것은 논증자가 그렇게 믿을 만한 이유를 제시하지 않은 상태에서, 어떤 행위를 하거나 금지하면 원치 않는 관련 사건이 반드시 뒤따른다고 잘못 가정하는 오류다. 다시 말해, 어떤 것을 허용하는 것은 미끄러운 비탈길 위에 발을 딛는 것과 다름없게 되어 다른 사건으로 미끄러져 버리고 만다고 주장하는 것이다. 이것의 수사적 힘은 원치 않는 사건에 대한 두려움이나 거부감에서 비롯하기 때문에 수사적 전략의 관점에서 두려움에 호소하기와 밀접하게 연관된다. 미끄러운 비탈길 오류를 담은 논증은 주로 엄중한 법의 적용을 정당화하거나, 법률의 완화나 강화, 행동규제에 대해 벌어지는 논쟁에서 자주 등장한다. 대마초의 규제 완화에 대한 예가 그렇다.

대마초의 규제 완화는 단지 시작에 불과하다. 이는 헤로인이나 코카인과 같은 더 강한 마약의 남용으로 급속히 이어질 것이다.

암묵적으로 제시된 결론은 대마초의 규제가 완화되어선 안 된다는 것이다. 그리고 명시적으로 드러나 있는 유일한 전제는 대마초의 규제가 완화된다면 더 강력한 마약의 사용이 증가할 것이라는 내용이다. 따라서 이를 아래와 같이 표준형식으로 나타내보면 논증이 타당하지 않음을 알 수 있다.

P1) 대마초의 규제가 완화되면, 더 강력한 마약의 사용이 증가할 것이다.

C) **대마초의 규제가 완화되어선 안 된다.**

이때, 논증은 '~이다'에서 '~이어야 한다'를 도출하는 오류도 범하고 있다. 이 오류를 수정하려면, 위의 비규범적 전제와 규범적 결론 사이를 제대로 연결해줄 만한 전제가 필요하다. 그렇게 해서 얻을 수 있는 논증은 다음과 같다.

P1) 대마초의 규제가 완화되면, 더 강력한 마약의 사용이 증가할 것이다.

P2) 어떤 것이 더 강력한 마약의 사용을 증가하게 한다면, 그것은 피해야 한다.

C)   **대마초의 규제가 완화되어선 안 된다.**

그러나 이 논증에는 P1이 참이라고 생각할 이유가 제시되지 않았다. 다시 말해, 대마초의 규제가 완화되면 더 강력한 마약의 사용으로 갈 수밖에 없는 미끄러운 비탈길에 발을 올려놓는 것과 다름 없다고 생각할 이유가 전혀 제시되지 않았다. 물론 경우에 따라서는 정말로 미끄러운 비탈길 위에 올라선 것일 수도 있다. 위 사례에서도 미끄러운 비탈길에 올라선 것일 수밖에 없다고 생각할 만한 이유가 제시될 수 있을지도 모른다. 그래서 위의 논증을 부분으로 사용해 결론을 지지하기 위한 확장된 논증을 구성하는 일이 가능할지도 모른다. 그러나 보다시피 위의 논증은 오류로 남아 있다. 첫 번째 사건이 더욱 심각한 사건으로 미끄러져 가는 것을 가속시킬 수밖에 없다고 생각할 만한 이유가 제시되지 않았기 때문이다.

허수아비 논증의 오류

상대방의 입장을 오판, 과장, 왜곡, 단순화 등을 통해 공격하기 쉬운 형태로 바꾸어 버리는 오류다. 이 과정에서 상대방의 실제 입장은 논박하기 쉬운 형태가 되고, 결국 원래의 논증이 논박된 듯한 인상을 낳는다. 허수아비 논증은 마치 허수아비처럼 원래의 논증보다 무너뜨리기 쉬워진다.

철수는 자발적 안락사 법안의 지지자다. 즉, 극심한 고통에 시달리며 생명을 연장하는 것이 별 의미가 없는 말기 환자의 경우에, 그가 충분히 정신적으로 건전해서 합리적 결정을 할 수 있다는 의사의 동의가 있다면, 환자는 삶을 그만둘 법적 권리를 가져야 한다는 것이 철수의 믿음이다. 철수와 다른 생각을 가지고 있는 영수가 다음과 같이 대응했다고 하자.

어떻게 당신은 의사에게 한 사람의 삶을 그만두게 할 권리를 부여하자고 할 수 있는가? 단지 의사가 그 사람의 삶이 더는 살 가치가 없다고 결정한다는 이유로 말이다. 누구도 다른 사람의 삶에 대해 그런 권력을 행사해서는 안 된다. 의사가 환자를 죽게 내버려두어선 안 된다.

영수의 주장에 따르면, 철수는 살 가치가 없다고 판단되는 환자의 삶을 일방적으로 그만두게 할 결정권이 의사들에게 있어야 한다고 주장한 듯 보인다. 이것은 매우 문제 있는 입장임에 틀림없다. 그러나 그것은 철수의 실제 입장이 아니다. 철수는 의사의 동의를 받을 수 있는 한도 내에서 환자들에게 안락사 선택권을 주어야 한다고 주장하고 있다. 물론 치사약물은 의사에 의해 주입되겠지만, 오직 환자의 간청이 있을 경우에만 그렇다. 이것이 철수가 염두에 두고 있는 내용이다. 하지만 영수는 철수의 실제 입장과 씨름하지 않고, 대신 철수의 입장을 (우리가 아는 한) 다른 입장으로 오판하고 있다. 즉 철수가 지지하는 입장과 다르게, 더 극단적이어서 더 공격하기 쉬운 입장으로 오도하는 오류를 저지르고 있다.

논점 선취의 오류

전제들에 결론이 참이라는 가정이 포함되어 있어서, 그 전제들이 참이 되려면 결론도 참이어야 하는 오류다. 즉, 논증이 다 제시되기도 전에 전제만으로 결론을 수용하도록 요구하는 셈이다. 다음의 이야기를 보자.

세 명의 도둑이 네 개의 다이아몬드를 훔치는 데 성공했다. 그런데 그들은 장물을 어떻게 나눌지를 결정할 수가 없었다. 결국 첫 번째 도둑이 말했다. "나는 두 개를 가지고, 너희 둘은 각각 하나씩 가져. 내가 두목이잖아." 이에 두 번째 도둑은 "잠깐, 네가 두목이라고 누가 그랬지?"라고 말했다. 첫 번째 도둑은 이렇게 답했다. "내가 당연히 두목이지. 내가 가장 많은 장물을 가져갈 테니까."

이를 재구성해보면 첫 번째 도둑의 추리가 논점을 선취하고 있음을 분명히 알 수 있다. 그는 자신이 두목이란 명제와 두목이 항상 가장 많이 가져야 한다는 암묵적 가정으로부터 그가 가장 많은 몫을 가져야 한다는 결론을 추론하고 있다.

P1) 나는 두목이다.

P2) 두목은 항상 장물의 가장 많은 몫을 차지한다.

C) **나는 장물의 가장 많은 몫을 차지해야 한다.**

여기에 대해 두 번째 도둑이 첫 번째 도둑에게 P1을 정당화할 것을 요구하였고, 첫 번째 도둑은 다음과 같이 논증했다.

P1) 나는 장물의 가장 많은 몫을 차지할 것이다.

P2) 누구든 장물의 가장 많은 몫을 차지하는 자가 두목이다.

C1) **나는 두목이다.**

위 논증의 두 과정을 한데 묶어 하나의 확장된 논증을 구성하면, 누가 가장 많은 몫을 차지해야 하는가에 대해 논점을 선취당하고 있다는 것을 알 수 있다.

P1) 나는 장물의 가장 많은 몫을 차지할 것이다.

P2) 누구든 장물의 가장 많은 몫을 차지하는 자가 두목이다.

C1) **나는 두목이다.**

P3) 두목은 항상 장물의 가장 많은 몫을 차지한다.

C2) **나는 장물의 가장 많은 몫을 차지할 것이다.**

첫 번째 도둑은 (강도짓을 했다는 잘못뿐 아니라) 논점을 선취하는 잘못을 저지르고 있다. 그가 C2에 이르기 위해 사용한 P1은 C2가 표현하는 명제와 같으며, 따라서 첫 번째 도둑이 가장 많은 몫을 차지하겠다는 결론은 이미 전제들에 가정되어 있다.

위 논증의 각 추론 단계가 타당하다는 것은 눈여겨 볼 만하다. 다시 말해, 만약 전제들이 참이라면 결론은 참일 수밖에 없다. 그러나 이 논증은 누가 가장 큰 몫의 장물을 차지할 것인가를 묻는 논점을 선취하는 오류를 범했다.

어떤 논증이 논점 선취 오류의 사례가 된다고 해서 전제와 결론이 정확히 같은 명제를 담을 필요는 없다. 전제가 결론의 다른 표현이거나 그에 의존하는 내용이라면 논점 선취의 오류가 된다. 만약 신문 편집장들이 그들의 매체가 다른 매체보다 해외 사건을 다루기에 좋다는 전제를 사용해서 신문이 해외 뉴스의 가장 좋은 정보원이라는 결론을 논증하고자 한다면, 그것은 논점 선취의 오류다. 이런 이유 때문에 논점 선취 오류는 종종 '순환 추리'로 불린다.

거짓 딜레마의 오류

어떤 사안에 대해 취할 수 있는 입장의 범위를 실제보다 제한하는 오류다. 실제로는 선택할 여지가 더 많은데도 오직 두 가지 선택만이 가능한 것처럼 논증하는 형태가 전형적이다. 논증자는 어떤 사안에 대해 선택 가능한 입장을 잘못 제시하여 딜레마를 만듦으로써 그에 대한 입장과 반대되는 입장 가운데 하나를 선택해야만 하는 것처럼 유도한다. 다음의 논증을 제시한 정치인도 거짓 딜레마 오류를 범하고 있다.

> 정부는 막다른 선택의 기로에 놓여 있다. 정부는 세금을 줄이고 소비자의 구매력을 높여서 경제에 필요한 활력소를 제공하든지 아니면 건강 및 교육에 대한 지출을 늘려야 한다. 두 가지 다는 불가능하다. 그런데 세금 감면 없이는 경제가 되살아나지 않을 것이다. 따라서 건강과 교육에 대한 지출을 아직 증가시켜선 안 된다.

이를 재구성해보면, 세금 감면과 건강, 교육에 대한 공공 지출의 증가가 양립하지 않는다는 식의 잘못된 가정 때문에 빚어진 오류임을 알 수 있다.

P1) 정부는 경제에 활력을 불어넣어야 한다.

P2) 경제에 활력을 불어넣는 유일한 방법은 세금 감면이다.

C1) 정부는 세금 감면을 시행해야 한다.

P3) 세금을 감면하는 동시에 건강, 교육에 대한 공공 지출을 늘릴 수는 없다.

C2) 정부는 건강, 교육에 대한 공공 지출을 늘려서는 안 된다.

P3은 참이 아니다. 그 이유는 다음의 세 가지로 요약할 수 있다. (1)만약 세금 감면이 경제를 개선시킨다면 정부가 GNP에서 적은 액수만을 거둔다 해도 절대적인 액수는 더 클 것이다. GNP는 더 큰 규모로 증가하기 때문이다. (2)건강, 교육에 대한 지출은 다른 항목의 세금을 전환해서 늘릴 수 있다. (3)정부는 부채를 늘림으로써 세금을 감면시키면서도 전체적인 공공 지출은 증가시킬 수 있다.

거짓 딜레마의 오류는 거짓인 가정을 위해, 즉 누군가 X에 동의하지 않으면 그는 틀림없이 X에 반대하는 것이라고 가정하기 위해 종종 사용된다. 그가 중간 입장을 취할 수 있음에도 불구하고 말이다.

장애인 등의 사회적 약자들에 대한 특별 채용 정책을 지지하는가? 이 질문에 대해 만약 우리가 그렇지 않다고 한다면 거짓 딜레마 오류에 의한 추론을 받아들인 사람들은 소수자 보호 정책에 반대한다면서 우리를 나무랄지도 모른다. 우리가 그 정책을 지지하지도 않지만 반대하지 않을 수 있음에도 불구하고 말이다. 한술 더 떠서, 그들은 우리가 사회적 약자에 대한 차별을 지지하고 있으며, 따라서 인종차별주의자이자 노인ㆍ여성혐오주의자라고 비난할 수도 있다.

요 약

수사적 전략과 **오류**는 모두 **속임수 추리**다. 수사적 전략이 비논증적인 방식으로 설득을 시도한다면, 오류는 특정 유형의 혼동이나 잘못된 가정을 이용한 논증을 통해 설득하려고 한다. 많은 오류 논증은 효과적인 수사적 전략으로 사용되기도 하며, 듣는 이가 오류를 알아차리지 못하게 할 수도 있다. 논증이 합리적인 목적에 의한 것이며 다른 사람의 합리성에 호소하는 것이라면, 다른 사람을 설득할 때 수사적 전략이나 오류의 사용은 피해야 한다. 마찬가지로 수사적 전략이나 오류를 통해 우리를 설득하려는 시도에도 넘어가서는 안 된다. 이를 위한 가장 좋은 방법은 여러 형태의 수사적 전략이나 논증에 익숙해지는 것이다.

많은 수사적 전략들은 특정 감정이나 욕구에 호소한다. **참신함, 대중적 인기, 동정, 불쌍함, 양심의 가책, 두려움, 귀여움, 섹시함, 세련됨, 멋짐, 부, 권력**에 호소하기 등이 여기에 해당한다. 전형적으로 어떤 문제에 대한 입장이나 소비 상품은 특정 감정이나 욕구의 대상과 연계되어 제시된다. 이것은 우리의 감정이나 욕구가 그 입장이나 소비 상품을 원하게 하기 위한 것이다. **직접 공격하기**는 어떤 입장이나 명령을 대담하게 드러내는 것이다. **집중 판매 전략**은 직접 공격하기를 반복하는 방식이다. **고상한 문자 사용**은 매우 정서적이거나 수사적인 어감의 표현을 사용해 듣는 이의 감정을 제어하는 것이다. **의구심 유발 인용**은 우리와 생각이 다른 사람의 입장을 우스꽝스럽고 의심스럽게 만들기 위해 조롱하듯이 사용된다. **애매성 이용하기**는 해석하기에 따라 참이 되기도 하고 거짓이 되기도 하는 애매한 진술을 이용하여 주장이나 상품에 호의적인 반응을 불러내고자 할 때 사용된다. **연막 작전**은 눈길을 끄는 주제나 대상을 언급하여 논의 중인 사안에 대한 관심을 다른 곳으로 돌리려 할 때 사용된다. 연막 작전이 성공적으로 작용하면 듣는 사람은 원래 논의하고자 했던 주제가 다뤄지지 않았다는 사실을 잊게 된다.

오류는 특징에 따라 분류된다. 그 중 **형식적 오류**는 단순히 잘못된 추론이다. 즉, 종종 타당하거나 귀납적으로 합당하다고 잘못 생각되는 특정한 종류의 추론이다. (조건 명제의) **후건을 긍정하는 오류**, (조건 명제의) **전건을 부정하는 오류**, 순전히 기술적 전제들로부터 규범적인 결론을 이끌어내려 하는 **'∼이다'에서 '∼이어야 한다'를 도출하는 오류**, **기초 비율의 오류** 등이 여기에 속한다.

실질적 오류는 특정한 일반 원리를 암묵적으로 가정하는 논증에서 저질러지는데, 가정된 원리가 그럴 듯해 보이긴 하지만 실상은 거짓이라는 점에 주의하면 쉽게 구분해낼 수 있다. 어떤 믿음이나 행동이 일반적인 것이기 때문에 허용된다는 식의 잘못된 추론은 **다수 믿음의 오류**나 **일반적 관행의 오류**를 범한 것이다. **정황상 사람에 호소하기의 오류**와 **피장파장의 오류**는 어떤 생각이나 입장을 제시한 사람의 특징을 근거로 삼아 그 주장을 거부하는 오류다. **권위에 호소하기**는 해당 문제에 자격이 없거나 부족한 사람의 권위에 기대어 호소하는 오류다. **완벽주의 오류**는 어떤 제안이나 생각에 지나치게 높은 가치를 요구할 때 범하게 된다. **도덕성과 합법성을 혼동하는 오류**는 합법적인 것은 도덕적인 것임에 틀림없다고 잘못 가정하거나, 불법적인 것은 틀림없이 부도덕한 것이라고 잘못 가정할 때 범하게 된다. **약한 유비의 오류**는 지지될 수 없거나 정당화되지 않은 유비를 끌어들이는 경우에 저질러지는 오류다. **인과 오류**는 어떤 현상의 원인 또는 결과에 대해 잘못된 추론을 할 때 범하게 된다. 인과 오류에는 세 가지 유형이 있는데, **선후관계를 인과관계로 혼동하는 오류**(X가 Y보다 먼저 일어난 일일 때 X가 Y의 원인이라고 잘못 가정하는 오류), **상관관계를 인과관계로 혼동하는 오류**(X와 Y가 동시에 발생할 때 하나가 다른 하나의 원인이라고 잘못 가정하는 오류), **인과 전도의 오류**(X가 Y의 원인이면 X의 부재는 Y를 방해할 것이라고 잘못 추론하는 오류) 등이 그것이다. **인식적 오류**와 **무지에 호소하기 오류**는 특정 지식, 믿음, 사실에서 독립적인 증거 없이 추가적인 지식, 믿음, 사실을 도출해내는 오류다.

실질적 오류를 드러내기 위해서는 주의 깊게 논증을 재구성해야 한다. 표준형식으로 구성하면 논증이 타당하지 않거나 귀납적으로 합당치 않음을 알 수 있다. 오류 추리를 낳게 한 거짓 가정을 명시적으로 드러내고, (수정된) 논증이 건전하지 않음을 드러내기 위해서는 논증을 다시 한 번 재구성해야 한다. 각각의 실질적 오류 유형의 사례들은 똑같거나 매우 유사한 가정에 기초하여 오류를 저지르고 있다는 공통점이 있다.

마지막으로, 형식적 오류나 실질적 오류가 아닌 오류들도 있다. 이런 오류 유형의 사례는 자세히 재구성하더라도 타당치 않거나 귀납적으로 합당치 않거나 건전하지 않은 논증의 특성을 드러내지 않는 경우가 많다. 다시 말해, 연역적으로 건전하며 타당한 논증이지만, 실상은 논점을 선취하는 오류를 범한 논증일 수 있다. 또, 때때로 숨은 가정을 드러내는 방법이 오류를 분석해내는 데 도움이 되기도 하지만, 각각의 사례들이 모두 단일한 숨은 가정에 기초하고 있는 것은 아니다. 그 중 **청어 미끼 오류**는 무관한 전제들이 결론을 수용해야 할 이유로 제시될 때 저질러지는 오류다. **미끄러운 비탈길 오류**는 어떤 행동을 허용하거나 금지하게 되면 반드시 원치 않는 다른 사건들마저도 허용하거나 금지하게 된다는 식으로 아무런 정당화도 없이 가정하는 오류다. 논박할 목표물로 **허수아비**를 세우는 경우도 있는데, 상대방의 논증을 논박하기 쉽게 만들기 위해서이다. **논점 선취 오류**는 어떤 논증의 결론이 참임이 전제에서 이미 가정되는 경우다. **거짓 딜레마 오류**는 특정 사안에 대해 (실제로는 여러 선택이 가능함에도 불구하고) 오직 양립 불가능한 두 개의 입장 중에 하나만을 선택할 수 있는 것처럼 선택의 범위를 좁혀서 딜레마를 제시한 것처럼 가장하는 오류다.

- 논증 외적 자료
  - 수사 제거
- 논리적 간결화
- 암묵적/명시적
- 연결하는 전제
- 포섭적 일반화
  - 유관성
- 애매성과 모호성
  _ 애매성
  _ 모호성
- 일반화에 대한 상세한 논의
  _ 일반화의 범위
  - 실천적 추리
    - 기대값
  - 설명인 결론
- 인과적 일반화
  - 축약 표현

The practice of argument-reconstruction

논증을 재구성하는 것은 논증자가 의도하고 있는 논증을 명시적으로 분명하게 드러나도록 하기 위해서다. 논증과 관련 없는 요소들을 모두 배제한 채 논증과 관련된 요소들만으로 표준형식을 제시함으로써 우리가 바라는 명료성과 명시성을 얻을 수 있다. 논증의 표준형식은 논증의 전제들, 중간 결론들과 결론, 그리고 이것들 사이의 추론을 지시하는 것으로 이루어진다. 논증의 강도는 제2장과 3장에서 논의한, 타당성, 귀납적 합당성, 연역적 건전성과 귀납적 건전성 등의 개념에 의해 이해될 수 있다.

제5장에서는 논증재구성 작업이 실제로 어떻게 진행되는지를 자세하게 살펴보겠다. 특히 논증을 재구성하는 과정에서 흔히 만날 수 있는 문제들을 다루기 위한 몇 가지 방법을 배우게 될 것이다.

논증 외적 자료

논증을 분석하고 재구성하기 위해서는 우선 논증의 결론을 파악한 뒤에 전제들을 파악해야 한다. 많은 경우에 논증에서 사용된 말(글)의 대부분은 논증 내용과 별다른 관련이 없다. 많은 진술들이 강조, 수사, 또는 명제를 표현하는 것 이외의 역할을 하기 때문에 논증을 재구성할 때는 논증 외적 자료들을 잘 분리해 내야 한다.

다음의 예를 살펴보자. 이해를 돕기 위해 각 문장에 번호를 매겼다.

(1)영국에서는 도심지에서 술을 먹고 난동을 부리는 젊은이들의 문제가 또다시 추잡한 고개를 들고 있다. (2)요크에서 벌어지고 있는 최근의 작태는 거의 최악 수준이다. (3)이러한 일들이 계속해서 일어나고 있는데도, 사람들은 그저 인생에서 일어나는 통과의례쯤으로 생각하며 어깨나 한 번 추어올리고 마는 듯하다. (4)이런 일들에 그저 체념이나 해야 하는가? (5)젊은이들이 마치 홀리

건처럼 행동하면서 인생에서 최상의 시간을 낭비하는 것을 그저 받아들여야만 하는가? 아니면 점점 훌리건이 되어가도록 내버려두어야 하는가? (6)우리는 정녕 망연자실한 채 있어야 하는가? (7)나는 그렇게 생각하지 않는다. (8)적어도 나는 그렇게 생각하지 않는다. (9)그리고 우리에게는 이미 해결책이 있다. (10)'새로운 문제에는 옛 해법이 제격'이라는 잠언에 귀를 기울여보자. 여기서 옛 해법은 다름 아닌 군 의무복무제이다. (11)젊은이들은 규율과 공동체 정신에 관한 교훈을 얻게 될 것이기 때문에, 젊은이들이 군복무를 마칠 즈음에는 말썽을 일으킬 가능성이 크게 줄어들 것임은 거의 분명하다.

결론은 영국의 젊은이들을 의무적으로 군에 복무케 하는 제도를 도입해야 한다는 것이다. 여기서 가장 중요한 전제는 〈만약 군 의무복무제가 도입되면, 영국의 젊은이들 사이의 음주 문제나 난동과 같은 문제들이 줄어들 것이다.〉라는 조건문이다. (11)번 문장은 그 주장을 위한 하위 논증의 전제다. 그러나 논증과 관련 없는 내용도 매우 많다.

- (1), (2)번 문장은 무대를 설정하는 역할을 하고 있다. 이 두 문장은 이 글 속에서 논의되는 문제가 무엇인지를 알려주고 있다. 아마도 문제의 시급함과 심각성을 강조하고 있는 듯하다. (1)부터 (8)까지의 문장은 읽는 이에게 문제가 매우 심각해서 어떤 조치가 취해져야 한다는 점을 설득하고자 한다. 이것이 전체 논증의 전제다. 하지만 논증자는 이 문장들을 통해 자신의 주장을 논증의 형태로 제시하고 있지 않다. (1)부터 (8)까지의 문장은 논증자의 주장을 그저 수사적인 형태로 내세우고 있을 뿐이다.
- (9)번 문장은 글쓴이가 문제의 중대함을 강조하는 것에서 해결책의 제안으로 나아가겠음을 알리는 역할이다. 즉, 이제부터 글쓴이는 논증을 제시하겠다고 말하고 있다.
- (10)번 문장은 결론을 말하고 있다. 그런데 직접적인 방식은 아니다. '새로운 문제에는 옛 해법이 제격'이라는 구절은 논증의 재구성에서는 생략되어야 하는 수사적 장식이다. 또한 논증자는 군 의무복무제가 반드시 도입되

어야 한다고 말하고 있는 것 같지만, 그것이 문제를 해결할 것이라고 직접적으로 확언하지는 않는다. 때문에 우리는 '군 의무복무제가 도입되어야만 한다.'라는 식으로 결론을 분명하게 다시 써야 한다(이 장의 후반부에서 이러한 유형의 '실천적' 결론에 대해서 더욱 자세하게 논의하겠다).

- (11)번 문장에는 '~임은 거의 분명하다'와 같은 표현이 쓰였다. 이것은 단지 주장을 강조하는 구실을 할 뿐이다. 따라서 논증의 재구성에서는 제외되어야 한다.

- (11)번 문장의 '~이기 때문에'라는 표현도 논증의 재구성에서 제거되어야 한다. 보통 '~ 때문에'라는 표현은 '그 빵은 너무 오래 구워졌기 때문에 퍼석퍼석해졌다.'에서처럼 인과적 관계를 나타낸다. 하지만 (11)번 문장에서는 이러한 용법과 다르게 사용되어, 주요 논증에 딸린 하위 논증의 전제와 결론 사이에 어떤 관계가 있는지를 지시하는 역할을 담당한다. 논증자가 제시하려는 하위 논증은 다음과 같다.

P1) 만약 영국의 젊은이들이 규율과 공동체 정신을 중시하는 습관을 가지게 된다면, 젊은이들 사이의 음주와 난동 같은 문제는 줄어들 것이다.

P2) 만약 영국의 젊은이들이 군복무를 의무적으로 수행한다면, 그들은 규율과 공동체 정신을 중시하는 습관을 가지게 될 것이다.

C1) 만약 영국의 젊은이들이 군복무를 의무적으로 수행한다면, 영국 젊은이들 사이의 음주와 난동 같은 문제는 줄어들 것이다.

C1은 전체 논증에서 중간 결론의 역할을 한다. '~이기 때문에'라는 구절은 '그러므로'와 같은 역할을 한다. 예를 들어, 〈만약 구름이 끼지 않았다면, 비가 내리지 않는다.〉라는 명제는 비가 오지 않음을 주장하는 것도 아니고 구름이 끼지 않았음을 주장하는 것도 아니다(이 점이 분명치 않다면 제2장의 조건문에 관한 내용을 다시 살펴보도록 하자). 하지만 〈구름이 끼지 않았으므로, 비가 내리고 있지 않다.〉라고 한다면, 위의 두 명제를 모두 주장하고 있는 것이 된다. 이처럼 '그러므로'는 어떤 조건 진술에서 전건과 그 조건문을 함께 주장함으로써 후건까지

함께 주장하도록 해준다. '그러므로'라는 표현은 〈만약 P라면, Q이다. 그리고 P이다. 그러므로 Q이다.〉와 같은 식으로 논증이 간결하게 진술되도록 한다. '~이기 때문에'라는 표현도 이와 같은 역할을 담당한다.

논증을 재구성하는 것은 논증을 명시적이면서 명료하게 진술하기 위해서다. 따라서 '~이기 때문에'나 '그러므로'와 같은 표현들을 제거하고, 논증자가 의도한 논증들이 드러나도록 해야 한다('~이기 때문에'라는 표현의 **인과적** 사용에 대해서는 이 장의 후반부에서 다시 논의하겠다. 제1장의 내용을 참조하라).

위의 표준형식으로 제시된 논증에서 C1이 하위 논증의 전제가 된다는 것을 명심하고, 논증의 나머지 부분을 재구성해보자.

> C1) 만약 영국의 젊은이들이 군복무를 의무적으로 수행한다면, 영국 젊은이들 사이의 음주와 난동 같은 문제는 줄어들 것이다.
>
> P3) 영국 젊은이들 사이의 음주와 난동 같은 문제를 줄이는 어떤 조치가 취해져야만 한다.
> _____
> **C2) 영국은 군 의무복무제를 도입해야만 한다.**

이러한 논증이 타당한지에 대해서는 이 장의 후반부를 학습하게 되면 좀더 분명하게 알 수 있다. 지금은 주요 요점만을 정리해 보겠다. 논증을 재구성하는 첫 번째 단계는, 논증의 전제들과 결론의 목록을 만드는 것이다. 이때 논증의 구성과 직접적인 관련이 없는 논증 외적 자료들을 배제하고, 전제들과 결론을 가능한 한 간결하고 분명하게 표현해야 한다. 논증을 완전한 형태로 재구성하기 위해서는 암묵적으로만 존재하던 전제들과 결론들까지도 겉으로 드러내서 포함시켜야 한다. 암묵적 전제들과 결론들은 첫 번째 논증재구성 단계에서는 나타나지 않는다. 완전한 논증재구성은 중간 결론들이 명시적인 확장된 논증의 구조를 띤다. 논증나무는 〈그림 5.1〉과 같은 형태가 된다.

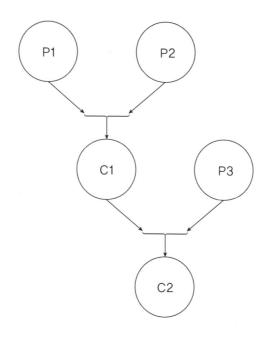

〈그림 5.1〉

수사 제거

　논증재구성을 시행하는 가장 중요한 목적은 논증의 명료화다. 제1장에서는 애매성, 모호성, 1차 내포와 2차 내포의 차이, 대화적 함축, 수사적 질문, 반어, 암묵적 상대성 등과 같이 명료성을 방해할 위험이 있는 언어적 현상에 대해 다뤘다. 이 중 애매성과 모호성에 관해서는 이 장의 후반부에서 더욱 구체적으로 다룰 것이며, 지금은 논증의 명료한 재구성을 방해하는 사항들에 대해 살펴보겠다.
　회사의 공금 횡령이 적발된 켐프에 대해 어떤 사람이 다음과 같이 말했다고 해보자.

　　그 망할 켐프 놈의 손이 또다시 과자 항아리에 갇혔구먼. 이제 거리에 나앉을 일만 남았어.

이 논증자는 다음과 같이 추론하고 있다.

> P1)   만약 켐프가 회사 공금을 횡령한 것이 적발된다면, 그는 해고될 것이다.
>
> P2)   켐프가 회사 공금을 횡령한 것이 적발되었다.
>
> **C)   켐프는 해고될 것이다.**

논증의 재구성에서 '그의 손이 과자 항아리에 갇혔다.'와 같은 은유, '그 망할 켐프 놈'과 같은 **수사적 별칭**, '거리에 나앉다'와 같은 속어 등은 제거되었다. 이런 재구성은 비록 수사적으로 화려하지는 않지만 논리적 분석을 하기에는 적합하다. 때문에 논증을 재구성할 때는 은유나 수사적 별칭이나 속어 등을 제거해야 한다.

수사적 별칭이란 정확하게 무엇일까? 그것은 어떤 사람이나 단체나 특정한 사물—'켐프', '서울'—등을 지칭하는 데 사용되지만, 지칭된 대상을 수사적 목적(비논리적인 설득이라든지 유머와 같은 비설득적 목적들)으로 특징짓는다. 이러한 표현을 사용함으로써 어떤 복잡한 문제가 발생하는지를 잘 보여주는 실례가 있다.

2003년에 미국과 영국이 주도하는 다국적 군대가 이라크의 사담 후세인 정권과 군사력을 제거할 목적으로 이라크 침공을 감행했다. 사담 후세인의 군대는 이른바 '대량 살상 무기'를 가지고 있는 게 분명하다는 혐의를 받았다(이 표현 자체가 수사적 별칭으로 간주될 수 있다). 콜린 파월 미국 국무장관은 같은 해 3월에 이라크 침공을 지지한다는 세계 30개국의 명단을 발표했다. 여기에는 군대나 군사적 원조를 보내준 국가가 포함되어 있었다. 콜린 파월은 그들을 '의지의 동맹'이라는 공식 명칭으로 불렀다. 그런데 이라크 침공을 감행하기 1주일 전에 프랑스, 독일, 벨기에 등의 지도자들은 침략에 반대하는 목소리를 크게 내었으며, 이라크가 실제로 불법 무기를 소유(이것이 이라크 침공의 1차적 이유였다)하고 있는지를 좀더 신중하게 검증해야 한다는 주장을 펼쳤다. 다음은 당시에 벌어졌던 공공적인 논쟁에서 나온 진술 중 하나다.

당신은 우리의 의지의 동맹이 3인방을 필요로 한다고 생각하는가? 그들을 그저 방청석에 앉아 있도록 내버려두자. 그렇게 하라고 하지 뭐.

맥락상, 첫 번째 문장은 **수사적 의문**이 분명하다. 즉, 이 말을 한 사람은 질문에 대한 대답이 '아니'라는 게 분명하다고, 의지의 동맹은 프랑스, 독일, 벨기에를 지칭하는 3인방을 결코 필요로 하지 않는다고 주장하고 있다. 수사법, 즉 수사적 의문은 서술문으로 다시 쓰일 필요가 있다.

이제 별칭에 대해 생각해보자. 이 글에 나타난 별칭들은 문자 그대로 두 부류의 국가들을 가리킨다. '의지의 동맹'은 긍정적인 쪽을 지칭하는 듯한 느낌을 전달하며(그 밖의 국가는 '의지가 없고', 상황을 방조하는 겁쟁이처럼 보이게 한다), '3인방'이라는 표현은 매우 부정적으로 들린다(아마도 이것은 '4인방'이라는 표현에 부정적인 함축이 있기 때문일 것이다. 4인방은 1970년대 중국의 문화혁명기에 활동하던 매우 악명 높은 중국 공산당 내의 파벌을 가리킨다). 이러한 수사와 수사적 별칭들을 제거하고 나면, 위의 문장에서 제시된 사실적인 내용은 다음과 같이 단순해진다.

이라크 침공을 감행하기 위해서, 침공 국가들 및 침공을 지지하는 국가들은 프랑스, 독일, 벨기에의 지지나 승인을 필요로 하지 않는다.

맥락상 '방청석에 앉아 있도록 내버려두자.'라는 구절은 경멸적인 표현으로 사용되어서, 그러한 국가들로부터의 지지나 승인은 필요 없음을 의미하는 듯하다. 따라서 의도된 논증은 다음과 같다.

P1)   이라크 침공을 감행하기 위해서, 침공 국가들과 지지 국가들은 프랑스, 독일, 벨기에의 지지나 승인을 필요로 하지 않는다.

P2)   만약 이라크 침공을 감행하기 위해서, 침공 국가들과 그 지지 국가들이 프랑스, 독일, 벨기에의 지지나 승인을 필요로 하지 않는다면, 그러한 지지나 승인 없이 침공을 감행해야만 한다.

C)   **이라크 침공 국가들은 프랑스, 독일, 벨기에의 지지나 승인 없이 침공을 감행해야만 한다.**

논리적 간결화

제2장에서 우리는 논증의 논리적 성격을 비교적 쉽게 파악할 수 있는 특정 표현들에 대해 알아보았다. 이러한 표현들에는 '만약 ~라면, ……이다', '아니다', '모든', '또는' 등이 있다. 또 우리는 '~인 경우에만', '만약 ~가 아니라면' 등과 같이 비교적 어려운 표현들을 '만약 ~라면, ……이다', '~이 아니다' 등을 이용하여 좀더 쉬운 표현들로 바꾸어 보기도 했다. 예를 들어, 〈A인 경우에만 B이다.〉는 〈만약 B이면, A이다.〉와 같은 의미라는 것도 알았다. 일반적으로, 논증을 재구성할 때는 논증에 나타난 논리적 관계가 가장 단순하고 분명하고 익숙한 형태가 되도록 재구성해야 한다.

다음의 예를 살펴보자.

> 우리는 모든 것을 고려했을 때, 어린이에 관한 한 가장 최상의 혜택은 바로 가족이라는 말을 너무나 많이 들었다. 그런데 혼인 세액 공제를 없앤다는 것은 도대체 무슨 말인가? 결혼의 이점을 줄이겠다는 것이다. 그렇다면 그것은 또 무엇을 의미하는가? 결혼하는 사람들이 줄어든다는 것이다. 그렇다면 그것은 또 무슨 의미겠는가? 가족에서 어린이의 비율이 줄어든다는 것이다.

여기에는 여러 개의 조건문이 표현되고 있다. 만약 결혼 세액 공제를 없앤다면, 결혼의 이점이 줄어들 것이다. 또, 만약 결혼의 이점이 줄어든다면, 결혼하는 사람이 줄어들 것이다. 만약 결혼하는 사람들이 줄어든다면, 가족에서 어린이의 비율이 줄어들 것이다. 그런데, 논증자의 첫 번째 문장에 따르면, 열거된 사태를 반드시 막아야 한다. 따라서 논증은 다음과 같이 재구성되어야 한다.

P1) 만약 결혼 세액 공제를 없앤다면, 결혼의 이점이 줄어들 것이다.

P2) 만약 결혼의 이점이 줄어든다면, 결혼하는 사람들이 줄어들 것이다.

P3) 만약 결혼하는 사람들이 줄어든다면, 가족에서 어린이의 비율이 줄어들 것이다.

P4) 가족에서 어린이의 비율은 줄어들어서는 안 된다.

C)   결혼 세액 공재를 없애면 안 된다.

여기에는 두 가지 중간 결론이 암묵적으로 포함되어 있다. 따라서 좀더 완전한 논증의 재구성은 다음과 같이 확장된 논증의 형태로 표현된다.

P1) 만약 결혼 세액 공제를 없앤다면, 결혼의 이점이 줄어들 것이다.

P2) 만약 결혼의 이점이 줄어든다면, 결혼하는 사람들이 줄어들 것이다.

C1) 만약 결혼 세액 공제를 없앤다면, 결혼하는 사람들이 줄어들 것이다.

P3) 만약 결혼하는 사람들이 줄어든다면, 가족에서 어린이의 비율이 줄어들 것이다.

C2) 만약 결혼 세액 공제를 없앤다면, 가족에서 어린이의 비율이 줄어들 것이다.

P4) 가족에서 어린이의 비율이 줄어들어서는 안 된다.

C3) 결혼 세액 공재를 없애면 안 된다.

눈여겨 살펴보아야 할 점은, 논증자가 제시한 논증을 '만약 ～라면, ……이다'라는 표현을 사용한 문장으로 대체했다는 것이다. 논증자의 논증은 분명하지 않은 표현들이 사용되지는 않았지만, 온전한 문장 형식을 따르고 있지 않기 때문에 다루기가 쉽지 않다. '만약 ～라면, ……이다' 등의 표현을 사용하여 재구성하게 되면 원래의 논증보다 다루기 쉬워지며, 표현하고자 하던 논리도 더욱 분명하게 드러난다.

이것이 논리적 간결화의 예 중 하나다. 일상에서 사용되는 언어들은 재구성하기 어려운 방식으로 진술되는 경우가 많으며, 심지어 논리적 관계들이 가려져 있는 경우도 많다.

논리적 간결화를 해결하기 위한 규칙들을 모두 열거하기란 불가능에 가깝다.

그러나 그러한 작업을 할 때 적용할 수 있는 몇 가지 경험적인 법칙은 있다.

1. **조건문**이나 **선언문**으로 다시 작성한다.

     만약 A이면, B이다.   만약 A가 아니면, B가 아니다.

     만약 A가 아니면, B이다.   만약 A이면, B가 아니다.

     A 또는 B이다.   A 또는 B가 아니다.

     A가 아니거나 B이다.   A가 아니거나 B가 아니다.

2. 일반화한다. 이때 괄호 안에는 '모든', '어떤', '대개', '거의 대부분' 등의 양화 표현을 써넣는다.

     (   ) F가 G이다.

     (   ) F가 G는 아니다.

이러한 경험적인 법칙이 언제나 적용 가능한 것은 아니므로, 그것들을 엄격하게 지킬 필요까지는 없다. 또, 그렇게 하는 것은 이 책에서 전달하고자 하는 요점에서 비켜나가는 것일 수도 있다. 무엇보다 중요한 것은 여러 가지 사례를 통해 논리적 간결화 연습을 지속적으로 하는 것이다.

암묵적/명시적

일상생활에서 진술되는 논증에는 비본질적인 자료들이 너무 많이 포함되어 있거나 정작 본질적인 것은 배제되어 있는 경우가 많다. 또, 본질적인 명제들이 **암묵적**으로 제시되기도 한다. 따라서 우리는 논증이 완전히 **명시적**으로 드러날 수 있도록 재구성해야 한다.

논증에서 어떤 명제가 암묵적이라는 것은 논증자가 의도한 명제의 일부분, 즉 전제 중 일부나 결론 등이 명시적으로 진술되지 않았음을 의미한다. 명제를 명시화한다는 것은 단순히 그것을 진술하고 논증재구성에 포함시키는 것을 뜻한다. 따라서 논증의 재구성 과정에서는 원래의 진술에서 암묵적인 명제들을 겉으로 드러내는 작업이 많은 부분을 차지한다.

다음의 예를 보자.

> 나정치의 학력이 높습니까? 물론입니다. 당신은 그가 성공한 정치가라는 사실을 모릅니까?

논증자가 의도한 논증은 다음과 같을 것이다.

> P1) 나정치는 성공한 정치가다.
> _____
> **C) 나정치는 학력이 높다.**

이 논증은 타당하지도, 귀납적으로 합당하지도 않다. 전제들이 명제를 어느 정도 개연성 있게 만드는지를 알기 위해서는, 전제에 드러나지 않은 내용에 대해 알아야 한다. 이 예에서는 적어도 성공한 정치가들의 대부분이 높은 학력을 갖는지를 알아야 한다. 성공한 정치가들은 학력이 높다는 논증자의 가정을 명시적으로 드러내어 다음과 같이 재구성하겠다.

> P1) 나정치는 성공한 정치가다.
> P2) 모든 성공한 정치가들은 학력이 높다.
> _____
> **C) 나정치는 학력이 높다.**

'모든' 대신에 '거의 모든'이라는 양화 표현을 사용할 수도 있다.

좀더 실제적이면서 복잡한 예를 살펴보기로 하겠다. 공조恐鳥는 몸집이 매우 크고 날개가 없는 새로, 뉴질랜드 토종이지만 오늘날에는 멸종된 것으로 알려져 있다. 마찬가지로 몸집이 매우 크고 흰색 털을 가진 유인원의 일종인 설인은 신

화적인 존재에 불과하지만, 히말라야 산맥에 실제로 살고 있다고 믿는 사람들이
있다. 다음의 논증을 살펴보자.

공조는 적어도 최근 100년 안에 멸종된 것으로 보인다. 따라서 패디 프레니가
1993년에 공조를 목격했다는 주장은 자연스럽게 수많은 회의론에 봉착하게 된
다. 그러나 프레니 자신이 이미 지적하고 있듯이, 그는 에베레스트 산맥을 두
번이나 등정했으면서도 설인을 목격했다고 주장하지는 않았다. 따라서 우리는
프레니의 주장을 믿어야만 한다.*

　논증재구성의 첫 번째 과제는 논증의 결론을 식별하고, 필요하다면 다시 작성
하는 것이다. 위 논증의 결론은 마지막 문장에 명시적으로 진술되어 있는 〈우리
는 프레니의 주장을 믿어야만 한다.〉이다. 하지만 이것이 논증의 결론을 제시하
는 가장 직접적이고 효과적인 방법은 아니다. 여기서 논증자가 궁극적으로 관심

---

*『선데이 스타 타임스』 뉴질랜드. 1995년 10월 10일.

을 가지고 있는 명제는 정확하게 무엇인가? 논증자는 패디 프레니의 어떤 주장을 우리에게 설득하려 한다. 우리가 그 주장이 무엇인지를 구체적으로 찾아낸 뒤에야 비로소 우리는 논증자의 궁극적인 관심이 무엇인지에 대해 제대로 말할 수 있다. 논증자가 궁극적으로 관심을 가지고 있는 것은 프레니가 공조를 보았다는 주장이다. 따라서 논증자가 실제로 설득하고자 하는 내용은, 프레니가 공조를 보았다는 것이다. 적어도 부분적으로는, 결론은 암묵적으로 제시되고 있다. 문장 중 어디에서도 패디 프레니가 공조를 보았음을 직접적으로 말하고 있지 않기 때문이다. 사실, 여기서 궁극적으로 이슈가 되고 있는 결론은 프레니가 공조를 보았다는 명제로부터 추론될 수 있는, 즉 공조는 멸종되지 않았다는 명제일 것이다. 그런 경우라면, 원래의 진술에서 결론이 단지 암묵적으로만 제시되어 있음이 더욱 분명해진다. 그러나 문제를 이런 방향으로 지나치게 몰고 가지는 않겠다. 단순한 논의를 위해서 패디 프레니가 공조를 보았다는 명제를 결론으로 삼기로 하자.

일단 결론을 찾아냈다면, 다음으로는 논증의 전제들을 찾아낼 차례다. 위의 예에서 첫 번째와 두 번째 문장은 무대 설정의 역할을 하면서, 읽는 이에게 이슈와 유관한 관심 사항을 소개하고 있다. 하지만 이것들은 논증의 전제가 아니다. 논증자는 패디 프레니가 공조를 보았다는 명제를 제시하고 있는데, 이것은 공조가 멸종한 것으로 보인다는 내용에 의해 지지되지 않는다. 또한 많은 사람들은 공조를 목격했다는 프레니의 주장을 믿지 않는다는 진술 내용에 의해 지지되지도 않는다. 오히려 그것들은 공조를 보았다는 프레니의 주장에 대한 신뢰도를 다소 떨어뜨린다. 따라서 첫 번째와 두 번째 문장은 자비의 원리에 따라 프레니가 공조를 보았다는 결론을 지지하기 위해 제시된 것이 아니라고 보는 것이 좋겠다. 오히려, 이 명제들은 프레니의 주장에 대해 제기되는 합당한 반대들을 소개한 것으로 보이며, 사실 이런 진술 방식은 매우 흔하다. 많은 논증들이 논증자의 결론에 대한 반대 의견이 존재하는 이유에 대해 설명하면서 논증을 시작한다.

명시적으로 주어진 유일한 전제는 프레니가 에베레스트 산을 두 번 등반했으나 설인을 목격하지는 않았다는 것이다. 따라서 논증을 재구성하기 위한 첫 번째 단계는 다음과 같다.

P1) 패디 프레니는 에베레스트 산을 두 번 등반했으나, 설인을 목격했다고 주
장하지 않았다.

C) 패디 프레니는 공조를 보았다.

이 논증이 논증자의 의도를 정당화하지 않는다는 것은 분명하다. 재구성된 논증은 연역적으로 타당하지도 귀납적으로 합당하지도 않다. 그러한 사실을 살펴보기 위해, 에베레스트 산을 등반한 어떤 사람이 설인을 목격했다고 주장하지는 않았다는 것을 가정해보자. 이것이 그 사람이 공조를 목격했다고 추론할 만한 이유를 제공하는가? 명백하게 아니다. P1 자체로는 결론을 지지하지 않는다.

그러나 논증자가 원래 의도한 논증이 적어도 약간의 귀납적 합당성을 가지고 있음은 확실하다. 그러므로 논증자는 몇몇 추가적인 전제들에 암묵적으로 의존하고 있다고 볼 수 있다. 논증자가 의존하고 있는 게 확실하지만 논증에 명시적으로 드러나지 않은 명제는 〈패디 프레니는 공조를 목격했다고 주장한다.〉라는 명제 정도일 것이다. 이것은 예문의 두 번째 문장에 의해 거의 명시적으로 진술되고 있는 듯하지만, 완전하게 명시적이지는 않다. 따라서 이것을 논증재구성에 포함시켜야 한다.

P1) 패디 프레니는 공조를 목격했다고 주장했다.
P2) 패디 프레니는 에베레스트 산을 두 번 등반했으나, 설인을 목격했다고 주
장하지 않았다.

C) 패디 프레니는 공조를 보았다.

첫 번째 재구성보다 한결 나아졌다. 전제에 포함된 프레니에 대한 특별한 진술로 보아, 논증자는 패디 프레니가 공조를 목격했다고 추론하고 있음을 알 수 있다. 그렇지만 아직도 모든 것이 명시적으로 드러나진 않았다. 이를 위해 우리 자신에게 다음과 같은 질문을 던져보자. 패디 프레니가 공조를 목격했다고 주장한다고 할 때, 패니 프레니가 공조를 보았다는 결론을 P2가 지지하는 이유는 무엇일까? 아마도 다음과 같은 이유 때문일 것이다. 논증자는 프레니가 어떤 동물

학적 발견을 했다고 거짓 주장한다는 비난에 대해 대응하고 있는 듯하다. 이러한 비난에 반대하는 논증자는 프레니가 에베레스트 산을 두 번이나 등반했으면서도 설인을 목격했다고 주장하지 않았음을 지적하고 있다.

논증자의 추리는 아마도 이럴 것이다. 만약 어떤 사람이 이상한 생물에 대해 거짓 주장을 펼치는 데 혈안이 되어 있다고 하자. 그런 그가 에베레스트 산을 두 번이나 등반했다면, 아마도 그는 설인을 보았다고 주장할 가능성이 매우 높다. 사실상 떠벌리기 좋아하는 사람이 에베레스트 산에 올랐으면서도 그 '유명한' 설인을 보았다고 주장하지 않기도 어려울 것이다. 그렇지만 프레니는 에베레스트 산을 두 번 씩이나 올랐으면서도 그러한 주장을 하지 않았다. 만약 그가 과장하여 떠벌리기 좋아하는 사람이 아니라면, 그는 공조에 대해서도 거짓말하지 않을 것이다. 따라서 만약 그가 공조를 보았다고 말했다면, 그건 사실이다.

이상과 같이 앞에서의 논증재구성에는 전제로 가정되고 있는 일반화가 빠졌음을 알 수 있다. 즉, 에베레스트 산에 올랐으면서도 설인을 목격했다고 주장하지 않는 사람은, 그 존재가 논란의 대상인 생물을 목격했다는 식의 거짓말을 꾸며낼 리 없다. 이것이 일반화인 이유는, 패디 프레니에 대한 어떤 특별한 지식에 기초한 진술이 아니기 때문이다. 어떤 특별한 종류의 사물에 대하여 '과장된 영웅담'을 떠벌리기 좋아하는 사람이 좋은 기회를 그냥 지나칠 리 없다는 것은 인간의 본성에 관한 매우 일반적인 사실이라고 할 수 있다. 논증은 이 일반화에 암묵적으로 의존하고 있다. 그러므로 이 일반화를 논증재구성에서 명시적으로 표현해야 한다.

P1) 패디 프레니는 공조를 목격했다고 주장했다.

P2) 패디 프레니는 에베레스트 산을 두 번 등반했으나, 설인을 목격했다고 주장하지 않았다.

P3) 그 존재가 논란의 대상인 생물을 목격했다고 거짓말을 하는 사람은, 만약 그가 에베레스트 산에 올랐다면 설인을 보았다고 주장할 것이다.

C) 패디 프레니는 공조를 보았다.

여기서 우리는 〈패디 프레니가 말한 모든 것은 참이다.〉와 같은 전제를 추가함으로써 타당한 논증을 만들어낼 수도 있다. 또는 〈패디 프레니가 말한 대부분의 것은 참이다.〉라고 함으로써 귀납적으로 합당한 논증을 만들어낼 수도 있다. 하지만 그렇게 한다면 P2가 결론과 어떤 관련이 있는지를 고려하지 못하게 된다. 만약 〈패디 프레니가 말한 모든 것은 참이다.〉와 같은 전제를 P3의 자리에 넣는다면, 그 전제와 P1로부터 결론이 곧장 추론될 것이며, P2는 논증에서 아무 역할도 하지 못하게 된다. 이것은 중요한 사항이다. 논증자는 프레니의 특정한 주장을 믿게 할 만한 매우 특별한 이유를 제시하고자 의도했기 때문이다. 논증자는 단순히 프레니의 일반적인 정직함이나 신뢰성에 의존해 주장을 펼치고 있는 것이 아니다.

이제 논증재구성의 내용은 논증자가 의존하고 있는 프레니에 대한 관련 사실과 논증자가 (암묵적으로) 의존하고 있는 일반화를 포함하게 되었다. 우리는 중간 결론을 명시적으로 드러내고, 공조와 관련 있는 다른 사실들을 추가함으로써 논증의 구조를 더욱 분명하게 표현할 수 있다. 이때 전제들의 번호를 바꿔야 한다는 것에 주의하자.

P1) 패디 프레니는 에베레스트 산을 두 번 등반했으나, 설인을 목격했다고 주장하지 않았다.

P2) 그 존재가 논란의 대상인 생물을 목격했다고 거짓말하는 사람은, 만약 그가 에베레스트 산에 올랐다면 설인을 보았다고 주장할 것이다.

C1) 패디 프레니는 그 존재가 논란의 대상인 생물을 목격했다고 거짓말하지 않는다.

P3) 패디 프레니는 공조를 목격했다고 주장했다.

P4) 공조는 그 존재가 논란의 대상이 되고 있는 생물이다.

C2) 패디 프레니는 공조를 목격했다.

이것은 연역적으로 타당하지 않다. 논증의 전제 P1~P4가 실제로 참이라고 가정해보자. 이런 경우에 패디 프레니는 공조를 보았다면서 이야기를 꾸며내어 거짓말하지 않는다. 하지만 이것으로부터 패디 프레니가 공조를 보았다는 것이 따라 나오지 않는데, 가령 그는 거짓말하지는 않지만 착오를 일으킬 수는 있기 때문이다. 그렇게 되면, 그의 주장은 의도적인 거짓말이 아니겠지만 참도 아닐 것이다. 따라서 C1, P3, P4로부터 C2를 추론하는 것은 타당하지 않으며, 그에 따라 논증 전체도 타당하지 않다. 이 점을 분명하게 하기 위해서, 논증을 다음과 같이 표현해 보겠다.

P1) 패디 프레니는 에베레스트 산을 두 번 등반했으나, 설인을 목격했다고 주장하지 않았다.

P2) 그 존재가 논란의 대상인 생물을 목격했다고 거짓말하는 사람은, 만약 그가 에베레스트 산을 올랐다면 설인을 보았다고 주장할 것이다.

C1) **패디 프레니는 그 존재가 논란의 대상인 생물을 목격했다고 거짓말하지 않는다.**

P3) 패디 프레니는 공조를 목격했다고 주장했다.

P4) 공조는 그 존재가 논란의 대상인 생물이다.

C2) **패디 프레니가 공조를 목격했거나, 또는 그는 그렇게 했다는 착오를 일으켰다.**

C3) **패디 프레니는 공조를 목격했다.**

이제, 논증의 부당함을 한눈에 알 수 있게 되었다. C2로부터 C3으로의 논증은 타당하지 않다. 그렇다면 이 논증은 귀납적으로 합당한가? 전제들로부터 프레니가 공조를 목격했거나 아니면 착오를 일으켰다는 내용이 따라 나온다. 프레니가 공조를 목격했을 개연성이 높다는 결론을 내리기 위해서 우리는 두 가지 선택 사항 중에서 어느 것의 개연성이 더 높은지를 알 필요가 있다. 위의 논증 자체는 이 문제와 관련한 정보를 전혀 제공하지 않기 때문에, 우리는 그 논증이 귀납적으로 합당한지 그렇지 않은지에 대해 판단하기 어렵다.

처음에는 〈그림 5.2〉같이 작성된 논증 구조가 최종적으로 〈그림 5.3〉과 같이 더욱 복잡한 구조를 띠게 되었음에 주목하자.

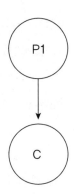

〈그림 5.2〉

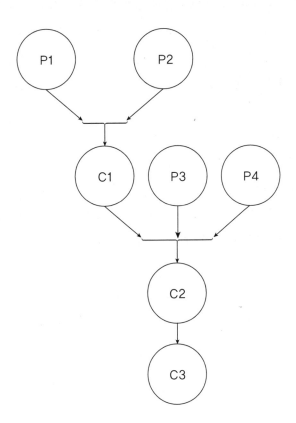

〈그림 5.3〉

또 다른 예를 살펴보자. 이를 통해, 일반화를 명시화함으로써 논증의 약점을 드러낼 수 있는 방법에 대해 검토해 보겠다.

> 자외선으로부터 아이들을 보호하기 위해 우리 학교의 모든 아이들은 오전 11시 이후에 외출을 할 때는 반드시 햇빛가림모자를 착용하라는 내용의 규칙을 제정하자는 제안이 있다. 하지만 이 제안은 받아들일 수 없다. 왜냐하면 그러한 규칙은 개인의 자유를 침해하게 될 것이기 때문이다.

햇빛가림모자에 대한 규칙은 제정될 수 없다는 것이 결론이다. 유일하게 명시적으로 표현된 전제는 세 번째 문장에 나타나 있다. 여기서부터 시작해보자.

P1) 학교에서 햇빛가림모자를 착용하라는 규칙은 개인의 자유를 침해한다.
_____
C) 햇빛가림모자 착용 규칙이 제정되어서는 안 된다.

어떤 일반화가 암묵적으로 가정되고 있는 게 분명하다. 개인의 자유를 침해하는 어떤 규칙도 받아들일 수 없다는 내용의 일반화가 가정되고 있는 것이다. 따라서 다음과 같이 재구성할 수 있다.

P1) 학교에서 햇빛가림모자를 착용하라는 규칙은 개인의 자유를 침해한다.
P2) 개인의 자유를 침해하는 어떤 규칙도 받아들일 수 없다.
_____
C) 햇빛가림모자 착용 규칙이 제정되어서는 안 된다.

이것은 연역적으로 타당하다. 만약 그 전제들이 참이라면, 결론은 틀림없이 참이다. 그렇지만 논증이 연역적으로 타당하다고 해서 결론을 참으로 확정지을 수 있는 것은 아니다. 전제들이 실제로 참인지 여부가 남아 있기 때문이다. 즉, 논증이 연역적으로 타당할 뿐만 아니라 연역적으로 건전한지에 대해서도 조사해야 한다.

P1은 확실히 어떤 의미에서 참이다. 정의상, 모든 규칙은 그것이 적용되는 사

람의 자유를 제한하고 침해한다. 이 예에서는 학생들이 문제가 되고 있다. 따라서 일단 P1이 참이라고 하자. 이제 P2를 살펴보자. 우리는 이런 종류의 진술을 종종 듣게 되며, 그런 경우에 '개인의 자유'와 같은 표현에 깊은 인상을 받은 나머지 그 표현이 들어 있는 진술을 참으로 받아들일 때가 많다. 우리는 '개인의 자유'는 매우 중요하고 가치 있다고 생각하기 때문에, 그것을 해치는 것은 무엇이든 나쁘다고 생각한다. 하지만, 이 명제는 진술된 자체로 보면 불합리하다. 이미 진술한 대로 모든 규칙은 '개인의 자유를 침해하기' 때문이다. 따라서 P2에 따르게 되면 규칙은 모두 받아들여질 수 없다는 불합리한 결론에 다다르게 된다. 만약 우리가 급진적 무정부주의자가 아니라면, 이 논증은 연역적으로 건전하지 않다고 결론 내리는 게 당연하다.

이번에는 P2 대신에 원하는 결론을 얻기에 충분할 만큼 좀더 적절한 일반화가 없는지를 고려해 보겠다. 그런데 논증자는 이러한 일반화가 무엇인지에 대한 힌트를 조금도 제공하고 있지 않다. 따라서 실제로 주제와 관련해서 유용한 논증을 제시했는지 여부에 대한 논증자의 신뢰도는 낮아진다. 아마도 논증자는 개연성 있는 일반화를 의도했는지도 모르지만, 그것이 우리에게 전달되지는 못했다.

한편 이 논증은 논증과 수사의 구별이 얼마나 중요한지를 보여주는 좋은 예가 된다. 이 예에서 우리는 논증을 전달하는 표현들이 가지는 정확한 의미를 주의 깊게 생각해봄으로써 논증이 건전하지 않음을 알게 되었다. 그렇지만 그러기 위해서는 '개인의 자유'와 같이 수사적으로 매우 강력한 힘을 지닌 표현에 좌우되지 않아야 한다. '개인의 자유를 침해하는' 모든 규칙들을 받아들일 수 없다는 것은 참이 아니다. 그것은 불합리하고 어리석은 주장이다.

연결하는 전제

우리는 인플레이션이 심화될 것이라고 추정할 수 있다. 왜냐하면 우리는 소비 심리가 살아나고 있음을 알기 때문이다.

논증을 재구성하면 다음과 같다.

P1) 소비 심리가 살아나고 있다.
_____
C) 인플레이션이 심화될 것이다.

이것은 타당하지도 않고 귀납적으로 합당하지도 않다. 그러나 논증자는 암묵적으로 〈만약 소비 심리가 살아나고 있다면, 인플레이션이 심화될 것이다.〉라는 점을 가정하고 있다. 따라서 논증을 다음과 같이 재구성해 보겠다.

P1) 소비 심리가 살아나고 있다.

P2) 만약 소비 심리가 살아나고 있다면, 인플레이션이 심화될 것이다.
_____
C) 인플레이션이 심화될 것이다.

이 논증과 230쪽의 '나정치' 논증에서는 논증을 타당하게 만들기 위한 전제들이 명시되었다. 이러한 전제들을 **연결하는 전제**라고 부른다. 이제까지 살펴본 많은 논증들에서도 연결하는 전제를 추가할 필요가 있었다. 보통의 경우, 사람들은 이야기하고 있는 개별적인 사실들이나 주제에 한정해서 전제들을 제시한다. 예를 들어, '내 고양이는 새끼를 밸 수 없어. 난소가 제거되었거든.'이라고 말한 사람이 있다고 하자. 논증자는 구체적인 고양이와 관련된 사실을 제시했으나, 자신이 가정하고 있는 일반화를 분명하게 드러내지는 않았다. 난소를 제거한 고양이는 새끼를 배지 못한다는 일반화를 드러내지 않은 것이다. 아마도 논증자는 이 명제가 일반적인 상식이라고 가정했을 것이다. 그렇지 않다면 당연히 전제로 제시했을 것이다. 이처럼, 논증자가 가정하고 있는 일반적인 가정들은 암묵적인 경우가 많다. 위의 예와 '나정치'의 예에서도 그것을 알 수 있다.

논증자가 제시한 논증이 타당하지도 않고 귀납적으로 합당하지도 않음에도 불구하고, 원래는 타당하거나 또는 귀납적으로 합당한 논증이 의도되었을 것이라고 가정할 수는 없다. 또 언제나 논증자가 암묵적인 연결하는 전제들에 의존하고 있는 것도 아니다. 물론 연역적으로 타당하지도 않고 귀납적으로 합당하지도 않은, 실제로 나쁜 논증이 제시되는 경우도 많다. 패디 프레니의 경우가 좋은 예다. 그런가 하면 암묵적으로 숨겨져 있는 연결하는 전제들이 참이 아닌 경우도 있으며, 따라서 논증이 건전하지 않은 경우도 있다. 햇빛가림모자의 예가 바로 그렇다.

포섭적 일반화

'나정치'의 예에서 연결하는 전제는 **일반화**였다(일반화에 대해서는 제1장을 다시 살펴보라). 연결하는 전제들은 대개 일반화. 그런데 인플레이션의 예에서 사용한 연결하는 전제는 **조건문**이었다(조건문에 대해서는 제2장을 참조하라). 이와 같은 예는 흔하게 접할 수 있는데, 그런 의미에서라도 조건문과 일반화 사이에 성립하는 중요한 관계에 대해 이해할 필요가 있다. 다음과 같은 명제를 살펴보자.

(a) 만약 베티가 샴고양이라면, 베티는 푸른 눈을 가지고 있다.
(b) 모든 샴고양이들은 푸른 눈을 가지고 있다.

(a)는 조건문이고, (b)는 일반화이다. 두 문장 사이에는 (b)가 (a)에 대한 **포섭적 일반화**라는 특별한 관계가 성립한다. 또, (a)가 (b)의 한 **사례**라고 말할 수도 있다. 여기서 (a)는 (b)로부터 추론될 수 있다는 점에 주의하자. (b)로부터 (a)를 추론하는 논증은 타당하다. 그러나 포섭적 일반화가 반드시 보편적 일반화일 필요는 없다. 〈만약 제인의 고양이가 샴고양이라면, 그 눈은 푸른색이다.〉는 〈모든 샴고양이는 푸른 눈을 가지고 있다.〉의 사례인 동시에 〈대부분의 샴고양이는 푸른 눈을 가지고 있다.〉의 사례이기도 하다. 뒤의 예처럼 일반화로부터 그 사례를 추론하는 논증은 연역적이라기보다 귀납적이다.

포섭적 일반화와 그 사례들 사이에 성립하는 관계 중에서 우리가 꼭 이해하고 넘어가야 할 것이 있다. 일반화 (b)에 의해 표현된 명제를 다음과 같이 표현하는 것도 가능하다.

(c) 만약 어떤 것이 샴고양이라면, 그것은 푸른 눈을 가지고 있다.

또, 〈X가 무엇이든 간에, 만약 X가 샴고양이라면, X는 푸른 눈을 가지고 있다.〉라고 말할 수도 있다. 이것은 '베티'라는 이름 대신에 비한정 대명사 X를 사용했다는 점을 제외하고는 (a)와 동일한 명제다. 정리하자면, 조건문을 일반화 문장으로 바꿀 수 있으며 〈모든 A는 B이다.〉와 같은 종류의 일반화는 그 자체가 일반화된 조건문이다.

어떤 포섭적 일반화를 기초로 삼아서 조건문이 주장되는 경우는 매우 흔하다. 논증을 재구성할 때 이 점을 의식하고 있는 것은 무척 중요하다. 연결하는 전제가 없는 논증을 가정해보자.

P1) 소비 심리가 살아나고 있다.
_____
C) 인플레이션이 심화될 것이다.

이와 관련해서 논증자에게 P1이 C를 추론하기 위한 이유가 되는지에 대해 잘 모르겠으며, 논증 자체는 타당하지도 않고 귀납적으로 합당하지도 않다고 지적했다고 하자. 이에, 논증자는 다음과 같이 논증을 재구성했다고 가정하자.

P1) 소비 심리가 살아나고 있다.
P2) 만약 소비 심리가 살아난다면, 인플레이션이 심화될 것이다.
_____
C) 인플레이션이 심화될 것이다.

이 논증은 타당하다. 그렇지만 우리를 실제적으로 돕지는 못한다. P2는 만약 P1이 참이라면 C가 참이라는 것을 말할 뿐이다. P1이 C를 추론하기 위한 이유가 되는지는 여전히 불분명하다. 논증자가 P2를 주장한다는 것만으로는 우리를 납득시키지 못한다. 그것은 기껏해야 P1을 추론하는 좋은 이유가 된다는 것만 강조할 뿐이다. 따라서 새로 재구성한 논증은 원래의 논증을 개선시키지 못했다. 비록 새 논증이 타당하다는 것은 분명하지만, 논증자가 P1을 알고 있다고 해도 논증이 건전한지 여부에 대해서는 알 수 없다.

그렇지만 P2가 참인지 여부를 알고 싶다고 가정해보자. P2는 만약 소비 심리가 살아난다면, 인플레이션이 심화될 것이라고 말하고 있다. 따라서 P2가 참인지 여부를 알기 위해서는 미래로 가서 인플레이션이 실제로 심화되는지를 살펴보는 방법밖에 없다. 그러나 그것은 불가능하다. 그렇다면 무엇을 할 수 있을까? 소비 심리가 살아날 때, 일반적으로 인플레이션이 심화되는지를 알아볼 필요가 있다. 이것은 통계 조사(사람들이 얼마나 많이 구매하는가, 구매를 위해 얼마나 많이 대출을 하느냐 등의 관점에서 소비 심리가 정의된다)를 통해 알 수 있다. 따라서 우리는 다음과 같은 일반화가 참인지 거짓인지를 알 필요가 있다.

소비 심리가 살아나고 있을 때마다, 인플레이션은 심화된다.

아마도 이것은 참이 아니겠지만, 다음과 같이 약화된 일반화는 참일 가능성이 많다.

대개의 경우, 소비 심리가 살아나고 있을 때, 인플레이션은 심화된다.

이것은 소비 심리가 증가한 과거의 사례에 근거를 둔 귀납적 추론에 의해 참임이 확립될 수 있다. 따라서 위 논증에서는 일반화가 아닌 조건문이 제시되지만, 그것은 그 조건문을 포섭하는 일반화에 대한 믿음에 기초한 결과다. 논증자의 마음에 그런 믿음이 가정되어 있기 때문에, 그것은 논증의 재구성에 포함되어야 한다. 그렇지 않으면 이 논증에 대한 분석은 피상적인 수준에 머물 것이다. 사실상 논증을 분석하면서 논증자가 암묵적으로 의존하고 있는 연결하는 전제가 무엇인지 알아내기 위해 노력하지 않는다면, 논증재구성은 피상적으로만 타당하기 쉽다.

과거로 돌아가 1914년 6월 28일의 저녁에 누군가 다음의 논증을 제시했다고 해보자.

P1) 만약 오스트리아의 황태자인 페르디난트가 오늘 암살된다면, 곧바로 유럽의 모든 국가들이 연루된 세계 대전이 발발할 것이다.

P2) 오스트리아의 황태자인 페르디난트가 오늘 암살되었다.

C) 유럽의 모든 국가들이 연루된 세계 대전이 곧 발발할 것이다.

아마도 이 논증은 건전했을 것이다. 페르디난트는 그날 암살되었고, 이 사건은 제1차 세계대전을 촉발시켰다. 하지만 당시 유럽의 정치적 상황을 잘 모르는 어떤 사람이 P1을 받아들이게 하기 위해서는 더 많은 설명이 필요할 것이다. P1은 타당성을 보장하기 위해 설정된 연결하는 전제이긴 하지만, 논증자는 왜 암살 사건 하나가 유럽의 거의 모든 국가들이 연루된 세계대전을 초래할 것이라고 생각하는지를 설명하지 못했다.

논증을 재구성할 때는 가능한 한 많은 것을 보여주기 위해 노력해야 한다. 논증재구성을 시행하는 거의 대부분의 경우에 연결하는 전제들이 필요하지만, 논증의 실제적인 기초들을 보여주기에 충분하지 못한 경우가 발생할 수도 있다.

마지막으로, 조건문과 일반화가 앞에서 논의한 관계 외에도 다음과 같은 방식으로 관련될 수도 있다는 점을 짚고 넘어가자. 다음의 명제들은 전건 또는 후건이 일반화인 조건문으로, 매우 흔하게 접할 수 있다.

> 만약 모든 사람들이 죽는다면, 모든 여성들은 죽는다.
> 만약 어떤 사람들도 죽지 않는다면, 어떤 여성들도 죽지 않는다.
> 만약 모든 사람들이 죽는다면, 소크라테스는 죽는다.
> 만약 소크라테스가 죽는다면, 모든 사람들은 죽는다.

유관성

제5장에서는 논증의 재구성에서 논증 외적 자료들을 제거할 필요성에 대해 논의했다. 이제 더욱 심화된 측면을 다루어 보겠다. 어떤 사례들에서는 문제가 매우 복잡하다. 다음의 논증을 보자.

노블레 레스토랑은 대개 예약이 가능하다. 김 교수님께서 나를 그곳에 한 번

데려가 준 적이 있다. 따라서 우리는 오늘밤 노블레 레스토랑을 예약할 수 있을 것이다.

재구성하지 않아도 이것이 귀납적으로 합당한 논증이라는 것을 알 수 있다. 하지만 연역적으로 타당하지는 않다. 이것을 다음과 같이 재구성해보자.

P1) 노블레 레스토랑은 대개 예약이 가능하다.
P2) 김 교수님께서 나를 노블레 레스토랑에 한 번 데려가 준 적이 있다.
_____
C)   (아마도) 노블레 레스토랑은 오늘밤 예약할 수 있을 것이다.

그런데, 논증의 재구성에 P2를 포함할 필요는 없다. P1만으로도 노블레 레스토랑에 예약을 할 수 있다고 예상하기에 충분하다. 논증자가 김 교수와 그곳을 가본 적이 있다는 것은 논증과 관련이 없다. 논증자에 의해 진술된 어떤 명제가 결론의 추론과 관련이 없다면, 그 명제는 논증의 재구성에서 제외되어야 한다.

논증재구성에서 관련 없는 자료들을 포함시키지 않는 이유가 주의를 분산시키기 때문이라고 생각할 수 있지만, 사실상 그것은 더욱 중요한 방식으로 논증 평가에 영향을 미친다.

위의 예에서 P1이 참이고 P2가 거짓이라고 해보자. 논증자는 김 교수와의 친밀함을 실제보다 과장해서 자랑하고 싶은 마음에 김 교수와 저녁식사를 했다고 거짓말한 것이다. 만약 우리가 이 사실을 알게 된다면, 그럼에도 논증을 위와 같은 방식으로 재구성하기를 고집한다면, 그 논증은 건전하지 않다. 실제로 논증자의 말이 거짓이라는 것을 알게 된 우리가 화가 난 나머지 그런 식으로 재구성하는 것을 마다하지 않을 수 있다. 그러나 그것은 잘못된 대응이다. P2는 논증과 관련이 없기 때문이다. 따라서 논증은 다음과 같이 재구성되어야 한다.

P1) 노블레 레스토랑은 대개 예약이 가능하다.
_____
C)   (아마도) 노블레 레스토랑은 오늘밤 예약할 수 있을 것이다.

P1이 참이고 이 논증은 귀납적으로 합당한 논증이기 때문에 논증은 귀납적으로 건전하다.

유관성에 대한 판단이 더욱 복잡해지는 경우도 있다. 그런 때는 유관성과 관련된 요점을 놓치기 쉽다. 특히 우리가 그 논증을 논박하고자 할 때 그렇다. 다음의 예를 보자.

> 만약 참치 조업이 엄격하게 규제되지 않는다면, 참치 산업은 붕괴할 것이다. 왜냐하면 참치 어족이 자취를 감출 것이기 때문이다. 증거는 분명하다. 참치 어획량이 지난 9년 동안 해마다 심각하게 감소해왔다. 북태평양참치회사는 사실상 재고의 고갈로 업계에서 퇴출되었다.

논증을 재구성해 보겠다.

> P1) 참치 어획량이 지난 9년 동안 해마다 심각하게 감소했다.
> P2) 북태평양참치회사는 작년에 업계에서 퇴출되었다.
> _____
> C) 만약 참치 조업이 엄격하게 규제되지 않는다면, 참치 산업은 붕괴할 것이다.

일단은 연결하는 전제들을 고려하지 않겠다.

여기에서 논증자는 P1 자체로 결론을 지지한다고 주장한다. 또한 그는 P2이 결론을 지지하는 증거를 추가적으로 제공한다고 간주하고 있는 듯하다. 즉 북태평양참치회사라는 한 사례로부터, 참치 재고는 참치 산업 전반에 어려움을 불러올 만큼 충분하게 감소해왔다는 일반화를 추론하는 식의 귀납적 추론을 제시했다. 따라서 P2는 논증과 전적으로 무관하지 않으며, P1과 P2는 모두 결론을 지지한다.

이제 P1은 참이 아니지만, P2는 거짓이라고 가정해보자. 가령 북태평양참치회사가 업계에서 퇴출된 것이 아니라, 그보다 규모가 큰 지구참치회사에 합병되었다고 해보자. 그렇다면 우리는 P2가 거짓이므로 논증은 건전하지 않다면서 결론 지으려고 할지도 모른다. 그것은 논증에 착오가 있음을 부각시켜 논증자에 대한 신뢰도를 떨어뜨리는 전략이 될 수 있다. 만약 우리가 참치 어획에 대한 더욱 강력한 규제를 반대하는 사람이라면, 논증이 가지고 있는 치명적 오류가 주목받도록 하는 것은 참치 조업에 대한 규제를 강화하자는 논증에 귀를 기울이지 않도록 설득하기 위한 좋은 전략이 될 수 있다. 그렇지만 비판적 사고의 관점에서 볼 때 논증자는 그저 착오를 일으켰을 뿐이다. P2만으로도 결론을 받아들일 만한 좋은 이유를 제공하기 때문이다. P2가 거짓이라는 데에만 주목하는 것은 논증자가 P1을 제시했음을 회피하는 것에 불과하다. 자비의 원리에 따라, 우리는 최종적인 논증재구성에서 P2를 배제하기만 하면 된다. 더욱 정확하게 말하자면, P1과 P2는 서로 독립적으로 결론을 지지한다. 따라서 우리는 논증자가 실제로는 같은 결론을 주장하기 위해 두 개의 논증을 제시했다고 생각해야 한다. 그 중 한 가지 논증은 건전하지 않으며, 따라서 우리는 자비의 원리에 따라 P1을 활용하는 다른 논증에 관심을 기울여야 한다. 결과적으로, 우리는 몇몇 연결하는 전제들과 중간 결론을 추가하여 다음과 같은 논증을 얻을 수 있다.*

P1) 참치 어획량이 지난 9년 동안 해마다 심각하게 감소했다.

P2) 만약 참치 어획량이 지난 9년 동안 해마다 심각하게 감소했다면, 그리고 만약 참치 조업이 더욱 엄격하게 규제되지 않는다면, 참치 어족은 자취를 감출 것이다.

C1) 만약 참치 조업이 더욱 엄격하게 규제되지 않는다면, 참치 어족은 자취를 감출 것이다.

P3) 만약 참치 어족이 자취를 감추게 되면, 참치 산업은 붕괴할 것이다.

C2) 만약 참치 조업이 더욱 엄격하게 규제되지 않는다면, 참치 산업은 붕괴할 것이다.

이러한 재구성은 원래의 논증을 개연성 있게 만든다.

---

*이 논증은 연역적이 아니라 귀납적으로 재구성하는 것이 더욱 그럴 듯하다. 하지만 우리는 유관성에 초점을 맞추기 위해 이러한 점을 무시하기로 하겠다.

여기서 논증의 재구성과 관련하여 도움이 될 만한 두 가지 사항을 언급하기로 하겠다. 첫째, 대개의 경우 '증거는 분명하다.'와 같은 구절은 삭제해야 한다. 이러한 구절은 논증의 실질적인 내용과 아무 관련이 없기 때문이다. 둘째, 논리적으로 간결화해야 한다. 특히, 앞에서 '~ 때문에'가 비인과적 용법으로 사용되는 논증이 제시되었는데, 이때 조건문과 그 조건문의 전건을 각각 전제들로 채택하여 논증을 재구성함으로써 논증의 논리적 구조를 '펼쳐보였음'을 잘 기억해둘 필요가 있다.

C1과 P3에서 C2를 추론하는 논증이 타당하다는 것은 쉽게 알 수 있다. 참치 조업이 더욱 엄격하게 규제되지 않는다면, C1처럼 참치 어족은 자취를 감출 것이다. 그렇게 된다면, P3처럼 참치 산업은 붕괴할 것이다. 따라서 C1과 C3으로부터, 만약 참치 조업이 더욱 엄격하게 규제되지 않는다면, 참치 산업은 붕괴될 것이라는 게 따라 나오며, 이것이 C2의 내용이다(이것은 '확장된 논증'의 한 예다. 확장된 논증에 대해서는 제2장의 후반부를 참고하라).

핵심을 짚어보자. 여기서의 가장 기본적인 교훈은 논증자에 의해 제시된 전제들이 논증의 건전성과 관련하여 가지는 유관성은 높고 낮은 정도의 차이가 있을 수 있다. 어떤 때에는 주어진 전제들이 거짓이라는 점이 논증의 건전성과 매우 높은 정도로 유관할 수도 있고, 어떤 때에는 그다지 높지 않은 정도의 유관성만을 가질 수도 있다. 이러한 점들은 논증자의 착오가 어떤 성격의 것인가에 달려 있으며, 또한 논증에서 전제들의 역할에 의존한다. 따라서 유관성의 정도는 논증의 재구성 과정에서 반드시 고려되어야 한다.

애매성과 모호성

만약 애매성과 모호성에 대해 분명하게 이해되지 않는다면, 제1장을 다시 살펴보라. 여기에서는 논증 속에 나타난 애매성과 모호성을 어떻게 다룰 것인가에 대해 설명하겠다.

애매성

논증을 재구성할 때는 원래의 논증에 있는 애매성을 제거해야 한다. 만약 원래의 진술이 애매한 문장들을 포함하고 있다면, 가능한 여러 해석들 중 논증자가 의도하고 있는 해석이 어느 것일지를 결정해야 하며, 의도된 의미를 애매하지 않게 전달하도록 문장을 다시 써야 한다.

서울에 사는 금순은 약간의 돈을 주식 시장에 투자하기로 결정했다. 금순은 투자 자문인을 찾아보기로 결심했고, 마침 다음과 같은 광고를 보게 되었다.

황금투자자문 : 업계 선두의 개인 투자 자문 회사

여기서 광고 문구가 참인 명제를 표현하고 있다고 가정하자. 또 금순이 이것을 참으로 받아들였다고 가정하자. 즉 금순은 황금투자자문이 업계 선두의 개인 투자 자문 회사라는 점을 받아들였다. 금순은 그것이 참이 아니라면 그러한 주장은 사기라고 가정하여, 다음과 같이 추리했다(논의를 간단하게 하기 위해 '업계 선두'라는 표현은 우리나라의 범위에서 성립한다고 가정하겠다).

P1) 황금투자자문은 업계 선두의 개인 투자 자문 회사다.

P2) 만약 내가 개인 투자 자문 회사를 선택한다면, 나는 업계 선두의 개인 투자 자문 회사를 선택해야만 한다.

C) 만약 내가 개인 투자 자문 회사를 선택한다면, 나는 황금투자자문을 선택해야만 한다.

이것은 연역적으로 타당한 논증처럼 보인다. 그러나 실제로는 P1이 애매성을 갖는다. 맥락상 '업계 선두'가 의미하는 것은 무엇일까? 그것은 황금투자자문이 수익률이 가장 높은 개인 투자 자문 회사라는 것을 의미할 수 있다. 다시 말해, 이 회사는 다른 개인 투자 자문 회사보다 고객에게 더 높은 수익을 안겨준다는 것이다(아마도 광고주는 광고 문구가 사람들에게 그렇게 해석되기를 바랄 것이다). 그러나

'업계 선두'라는 표현은 황금투자자문이 업계에서 규모가 가장 큰 회사라는 것을 의미할 수도 있다(맥도날드가 전 세계에서 가장 규모가 큰 외식 업체라는 것처럼 말이다). 또 황금투자자문이 업계에서 연간 이익률이 가장 높은 회사임을 뜻할 수도 있다(즉, 황금투자자문의 소유자들에게 가장 높은 이익을 남겨주지만, 고객들에 대해서 반드시 그런지는 알 수 없다. 이익률이야말로 업계에서 '선두'가 되기 위한 기준이 될 수 있다.)

이제 금순의 논증을 평가해보자. 우리는 논증이 가지고 있는 애매성을 알고 있기 때문에, P1에 대해 가능한 세 가지 해석들 각각에 대해 다음과 같이 논증을 구성할 수 있다.

A.

P1-a) 황금투자자문은 다른 회사보다 고객들에게 높은 수익률을 보장한다.

P2-a) 만약 금순이 개인 투자 자문 회사를 선택한다면, 그녀는 다른 회사보다 고객들에게 높은 수익률을 보장하는 개인 투자 자문 회사를 선택해야만 한다.

C) **만약 금순이 개인 투자 자문 회사를 선택한다면, 그녀는 황금투자자문을 선택해야만 한다.**

B.

P1-b) 황금투자자문은 가장 높은 연간 이익률을 가진 개인 투자 자문 회사다.

P2-b) 만약 금순이 개인 투자 자문 회사를 선택한다면, 그녀는 가장 높은 연간 이익률을 가진 개인 투자 자문 회사를 선택해야만 한다.

C) **만약 금순이 개인 투자 자문 회사를 선택한다면, 그녀는 황금투자자문을 선택해야만 한다.**

C.

P1-c) 황금투자자문은 규모가 가장 큰 개인 투자 자문 회사다.

P2-c) 만약 금순이 개인 투자 자문 회사를 선택한다면, 그녀는 규모가 가장
       큰 개인 투자 자문 회사를 선택해야만 한다.

**C)   만약 금순이 개인 투자 자문 회사를 선택한다면, 그녀는 황금투자자문
       을 선택해야만 한다.**

세 논증은 연역적으로 타당하다. 그렇다면 어떤 것이 연역적으로 건전할까? 먼저 논증 B와 논증 C를 고려해보자. P1-b와 P1-c가 참이라고 해도 두 논증은 건전하지 않은 것 같다. P2-b와 P2-c가 참이 아닌 것처럼 보이기 때문이다. 두 전제들은 어느 정도 참일 개연성을 가진다고 볼 수도 있는데, 만약 황금투자자문이 고객들의 수익에 크게 공헌하지 못한다면, 아마도 업계에서 규모가 가장 큰 회사나 연간 이익률이 높은 회사가 되지는 못했을 것이기 때문이다. 그러나 이것은 그다지 신빙성 있는 가정이 아닐 수 있다. 논증 C의 방식을 적용하여 비록 맥도날드가 세계에서 규모가 가장 큰 외식 업체라 해도, 그 회사가 고객에게 최상의 음식을 제공한다고 결론 내리지 못할 수도 있다.

따라서 우리가 보기에 금순의 논증이 건전할 가능성이 높다면, 아마도 그녀가 논증 A를 염두에 두었기 때문일 것이다. 그런데 우리가 황금투자자문이 높은 연간 이익률과 큰 규모를 가지고 있음을 알았다고 가정해보자. 하지만 고객들에게 가장 높은 수익률을 보장하지는 않는다는 것도 알게 되었다고 하자. 예를 들자면, 그 회사의 규모와 이익률은 고객들에게 거두는 높은 수수료와 조직력, 그리고 효과적인 광고 때문이었던 것이다. 이런 경우라면 P1-b와 P1-c는 참이 되지만 P1-a는 거짓이다. 따라서 우리는 논증 A에 대해 비록 타당하지만 건전하지는 않다고 결론 내려야 한다. 논증 B나 논증 C 모두 건전하지 않아 보이므로, 우리는 금순이 제시한 논증에 대해 건전하지 않다고 결론 내려야 한다. 세 가지 가능한 해석들 가운데 어느 것도 건전한 논증을 구성하지 못했기 때문이다.

원래의 논증이 가지고 있던 애매성을 제거하는 것은 논증의 건전성 여부를 판단하는 데 중요하게 작용한다. 그렇게 하지 않는다면 원래의 논증이 건전하다고 쉽게 생각해버릴 위험이 있기 때문이다. 앞에서 제시된 투자 자문 회사의 광고는 이러한 종류의 애매성을 **악용하는** 사례다. 만약 황금투자자문이 실제로 업계

에서 규모가 가장 크지만 수익률이 가장 높은 건 아니라고 한다면, 그 광고는 어쨌든 참인 명제를 표현하고 있다. 그런 경우라면 광고자는 소비자들이 광고 문구를 논증 A처럼 해석하거나, 아니면 가장 규모가 큰 회사가 가장 높은 수익률을 보장한다는 의문스러운 가정을 받아들이면서 논증 B 식으로 생각해주기를 바랄 것이다.

논증재구성의 1차적 목적은 논증을 구성하는 명제들을 가능한 한 명료하게 표현하는 것이다. 그러므로 명제를 표현하는 데 사용되는 언어를 좀더 명료한 쪽으로 바꾸는 일을 주저해서는 안 된다. 우리는 단지 논증자의 생각을 더욱 잘 파악하기 위해 노력하는 것일 뿐이다. 물론 우리가 논증자의 생각을 잘못 해석하거나 심지어 왜곡하지 않는다는 보장은 없다. 하지만 애매한 언어가 있는데도 가만히 있을 수는 없다. 만약 우리가 문제시하고 있는 논증이 정확하게 어떤 내용인지조차 모른다면, 논증 평가는 애초부터 불가능하다. 또, 애매한 논증에 대해 가능한 두 가지 해석 사이에서 아무 결정도 내리지 못하는 경우에는 두 해석 모두를 논증으로 구성하여 각각 독립적으로 평가해야 한다.

모호성

제1장에서 살펴본 바와 같이, 많은 어휘들과 표현들은 '대머리'와 같이 모호성을 갖는다. '큰', '주황색', '모래 더미' 등도 그렇다(우리는 큰 것과 크지 않은 것들, 또는 주황색과 붉은색 사이의 정확한 경계선을 그을 수가 없으며, 정확하게 얼마나 많은 모래알이 모래더미를 만드는지 말할 수 없다). 이러한 표현들은 높이, 색의 영역, 모래의 양 등과 같이 '양'과 관련 있으며, 불분명한 경계선을 가진다. 하지만 그것들의 의미는 명료하다. 그러한 단어나 표현들은 모호한 외연(단어가 적용되는 사물들의 범위)을 가지지만, 그것이 표현하는 개념이나 아이디어들은 모호하지 않다.

이러한 종류의 표현들이 논증재구성과 논증 평가에서 문제를 일으키는 일은 거의 없다.* 우리가 주목해야 할 표현은 의미가 모호한 경우다. 사실, 대중을 상

---

*그러나 논리학에서는 문제가 된다. 가령 '모래더미'라는 용어를 생각해보자. 모래더미를 이루기 위해서는 얼마만큼의 모래가 필요할까? 이에 대한 정확한 규정은 없다. 하지만 다음과 같은 명제는 아무

대로 하는 담론에서 수사적으로 강력하거나 정서적으로 호소력 있는 표현들은
대부분 모호하게 사용된다. 그 예를 살펴보자.

> 정치/정치적인 · 근본주의/급진적 · 자유주의/자유주의적인 · 이데올로기 · 엘
> 리트주의 · 권리 · 인종주의/인종차별주의 · 책임 · 보주주의/보수적인 · 사
> 랑 · 우익 · 대량학살무기 · 테러리즘 · 정치적으로 올바른 · 자유의 투사

  제1장에서 지적한 것처럼, 우리는 여기에 언급된 단어에 대해 나쁘다거나 좋
다는 느낌을 가지고 있지만, 사실상 이것들이 의미하는 것이 정확하게 무엇인가
에 대해 잘 모르고 있다. 위에 열거한 표현들의 전형적인 의미는 어떠한 방식으
로도 통합되지 않는 사람이나 사물의 집단과 관련 있다.
  '보수적'이라는 표현에도 여러 가지 속성이 한꺼번에 규합된다.

- 최소정부에 대한 신념
- 자유 시장 경제 선호
- 공기업과 공공서비스의 사유화 선호
- 실업 수당이나 복지에 대한 반대
- '전통적' 가치(가족적 가치, 반동성애 등) 지지
- 소수자, 여성 등에 대한 정부의 지원 반대
- 강한 경찰, 군대, 준엄한 법 시행 지지
- 노사관계에 있어 재계 지지

도 부인하지 못할 것이다. 즉 〈만약 X가 모래더미이고 X에서 모래 한 알갱이가 제거된다면, X는 여전
히 모래더미다.〉 이제 X가 어떤 모래더미라고 가정해보자. 여기서 우리가 모래 한 알갱이를 제거한다
면, X는 여전히 모래더미일 것이다. 다시 우리가 X에서 모래 한 알갱이를 제거한다면, X는 여전히 모
래더미일 것이다. 이런 식으로 계속해서 진행하다 보면 결국 모래 알갱이는 완전히 제거될 것이고, 따
라서 모래더미도 없어질 것이다. 그렇다면 n개의 모래 알갱이로 이루어진 모래더미 X에서 하나의 모
래 알갱이를 빼면 X가 더는 모래더미가 아니게 되는 순간이 있을 것이다. 하지만 이런 생각은 조금 불
합리해 보인다. 왜냐하면 모래 알갱이 하나를 제거한다고 해서 모래더미가 그 상태를 잃어버린다고 생
각하기는 어렵기 때문이다. 이것은 일종의 모순 같다. 이러한 역설을 '더미의 역설'이라고 한다. 고대
그리스인들은 이 역설에 꽤 당황스러워했으며, 오늘날에도 이 역설을 피할 수 있는 방법에 대한 합의
는 이루어지지 않았다.

· 환경 단체 반대

위에 열거한 속성이나 경향들을 모두 가지기 때문에 '보수적'이라고 불리는 게 당연한 사람들도 있다. 하지만 보수적이려면 정확하게 어떤 속성들을 반드시 갖추고 있어야 하는지, 또 없어야 하는지는 분명하지 않다. 따라서 '보수적'이라는 단어는 모호하다.

논증을 재구성할 때, 모호한 표현들을 다루는 가장 좋은 방법은 그것들을 없애는 것이다. 다음의 예를 살펴보자.

> 국회의원 나정치는 '전통적 가치'를 선호하고 범법자들에 대한 더욱 준엄한 법 집행을 지지한다고 함으로써, 그의 보수적 입장을 분명히 했다. 그러므로 나정치는 새로 제정하려는 환경보호법에 틀림없이 반대하리라는 것을 충분히 추정할 수 있다.

이것은 다음의 두 단계 논증으로 표현할 수 있다.

> P1) 나정치는 '전통적 가치'를 선호하고 범법자들에 대한 더욱 준엄한 법 집행을 지지한다.
>
> **C1) 나정치는 보수적이다.**
>
> **C2) 나정치는 새로 제정하려는 환경보호법에 반대할 것이다.**

P1에서 C1로의 추론과 C1에서 C2로의 추론은 모두 암묵적 전제에 의존하고 있다. 이를 명시하여 다음과 같이 재구성할 수 있다.

> P1) 나정치는 '전통적 가치'를 선호하고 범법자들에 대한 더욱 준엄한 법 집행을 지지한다.
>
> P2) '전통적 가치'를 선호하고 범법자들에 대한 더욱 준엄한 법 집행을 지지하는 사람들은 모두 보수적이다.

C1) 나정치는 보수적이다.

P3) 보수적인 사람들은 모두 환경보호법에 반대한다.

C2) 나정치는 새로 제정하려는 환경보호법에 반대할 것이다.

　C1과 P3로부터 C2로의 논증은 연역적으로 타당하다. 하지만 P3의 개연성은 낮아 보일 수 있다. 보수적인 사람들이 모두 환경 정책에 반기를 드는 것은 아니기 때문이다. 그렇다면 '모두'를 '대부분'으로 대체하여 논증을 재구성해 보겠다.

P1) 나정치는 '전통적 가치'를 선호하고 범법자들에 대한 더욱 준엄한 법 집행을 지지한다.

P2) '전통적 가치'를 선호하고 범법자들에 대한 더욱 준엄한 법 집행을 지지하는 사람들은 모두 보수적이다.

C1) 나정치는 보수적이다.

P3) 보수적인 사람들은 대부분 새로 제정하려는 환경보호법에 반대한다.

C2) 나정치는 새로 제정하려는 환경보호법에 반대할 것이다.

　논증의 개연성이 좀더 높아졌으며, 논증은 귀납적으로 합당한 듯 보인다. 이처럼 이 논증은 실제보다 더 나아 보이는 경향이 있는데, '보수적'이라는 표현 때문이다. 하지만 논증의 원래 주장은 '보수적'이라는 단어를 사용하지 않아도 표현하는 데 문제가 없다.

　나정치가 새로 제정하려는 환경보호법에 반대할 것이라는 결론을 지지하기 위해 제시된 증거는 나정치가 전통적 가치들을 선호하고 범법자들에 대한 더욱 준엄한 법 집행을 지지한다는 것뿐이다. 그 밖의 추가적인 증거는 제시되지 않았다. 따라서 논증에 일반화를 추가하여 다음과 같이 재구성할 수 있다.

P1) 나정치는 전통적 가치를 선호하고 범법자들에 대한 더욱 준엄한 법 집행

을 지지한다.

P2) 전통적 가치를 선호하고 범법자들에 대한 더욱 준엄한 법 집행을 지지하
는 대부분의 사람들은 새로 제정하려는 환경보호법에 반대할 것이다.

C) (아마도) 나정치는 새로 제정하려는 환경보호법에 반대할 것이다.

이것은 귀납적으로 합당하지만, 앞에서의 재구성보다 낮은 정도로만 그렇다.
이 논증이 귀납적으로 건전한지는 확실하지 않은데, P2가 참인지 여부가 불확실
하기 때문이다. 이와 같이 위의 논증재구성은 원래의 논증이 약한 정도의 합당
성만을 가지고 있음을 드러낸다. 이는 '보수적'이라는 표현에 의해 만들어지는
왜곡을 제거했기 때문이다(비록 우리가 P2에 대해 참이라고 생각할지도 모르지만 논
증재구성이 우리를 실제 이슈에 집중할 수 있도록 했다는 것을 인정해야 한다).

공공적인 담론에서 고도의 수사가 동원된 표현은 모호한 경우가 대부분이기
때문에, 논증재구성을 통해 모호성을 제거하는 것은 다음의 두 가지 이점이 있
다. 첫째, 논증을 명료하게 만든다. 둘째, 정서적으로 호소력 있는 표현들을 제
거함으로써 논증의 논리에서 벗어나지 않고 본래 이슈에 집중할 수 있다.

애매하거나 모호한 언어를 다루는 가장 좋은 방법은 그것들을 애매하거나 모
호하지 않은 표현으로 바꾸는 것이다. 즉, 의도된 명제를 애매성이나 모호성이
없는 언어로 표현하는 것이다. 그런데 그런 일이 언제나 가능하지는 않다. 어떤
문장이 애매한 경우에, 여러 가지 가능한 해석들 중에서 어떤 것이 논증자가 의
도한 것인지를—비록 자비의 원리를 적용한다고 해도—항상 분명하게 알 수
있는 것은 아니다. 이때는 가능한 해석들 각각에 대해 평가하는 방법이 있긴 하
다. 하지만, 어쨌든 우리가 논증자의 의도를 정확하게 알지 못한다는 것을 분명
하게 고백하는 편이 낫다. 특히 논증자가 사용한 언어가 애매하기보다 모호한
편이라면, 우리는 단지 그의 언어뿐만 아니라 그의 생각 역시 모호하거나 불분
명하다는 것을 밝혀야 한다.

일상 언어 생활에서 만날 수 있는 논증에 모호한 표현들이 사용됨으로써 효과
를 거두는 경우는 매우 흔하다. 그러나 우리가 논증을 구성할 때는 그러한 표현
들을 되도록 피해야 한다. 그것들은 이슈를 불분명하게 만든다. 그렇지만 모호

한 용어들을 모두 제거할 수 있는 것이 아니다. 이 문제에 관해서는 다음 장에서 논의하겠다.

일반화에 대한 상세한 논의

제1장에서 살펴본 대로, 보편적 일반화는 '모든', '모두', '어떤 ~도 ……이 아니다' 등과 같은 양화 표현을 사용함으로써 전달된다. 사실, 이러한 표현들은 보편적 일반화가 의도되고 있음을 나타내기 위한 것이다. 예를 들자면, '국회의원들은 뇌물을 받는다.'라는 문장 대신에 '국회의원들은 모두 뇌물을 받는다.'라고 함으로써 보편적 일반화를 의도한다는 것을 분명히 할 수 있다.

통계적 일반화는 '아이들은 사탕을 좋아한다.'라는 문장에서 볼 수 있듯이 양화 표현 없이도 표현된다. 또는, 어떤 문장이 통계적 일반화 또는 어느 정도의 일반화를 의도하고 있음을 분명히 하기 위해, '대개의', '거의 대부분의' 등과 같은 양화 표현이 사용되기도 한다.

통계적 일반화와 보편적 일반화 중 어느 쪽인지가 중요한 차이를 만드는 경우가 종종 발생하므로, 논증을 구성할 때는 의도하고 있는 일반화가 어떤 일반화인지를 분명히 해야 한다(인과적 진술의 경우는 예외다. 이에 대해서는 제5장의 뒷부분에서 다시 논의하겠다.) 이러한 혼란은 양화 표현 없이 일반화가 진술되기 때문에 발생하는 경우가 많다. 의도된 양화 표현이 암묵적인 경우에는 오해가 발생하기 쉽고, 따라서 양화 표현이 암묵적인 일반화는 애매성을 가진다. 이를 해소하기 위해서는 양화 표현을 명시해야 한다.

일반화의 범위

다음의 보편적 일반화를 살펴보자.

    (1)모든 소는 초식동물이다.
    (2)모든 누렁소는 초식동물이다.

이 일반화의 **주제**, 즉 일반화가 말하고 있는 대상은 각각 소와 얼룩소다. 두 일반화는 참이며, 두 문장 사이에는 특별한 관계가 성립한다. 먼저, 두 일반화는 각 주제에 대해 동일한 성질(초식동물)을 부여하고 있다. 또 (2)의 일반화 주제는 (1)의 일반화 주제의 부분집합이다. 즉, 모든 우렁소는 소이지만, 모든 소가 누렁소는 아니다. 그러므로 우리는 (1)의 **범위**가 (2)의 범위보다 **넓다**고 말할 수 있으며, 반대로 (2)의 **범위**가 (1)의 범위보다 **좁다**고 말할 수 있다. 이것은 어떤 일반화의 주제가 다른 일반화의 주제의 부분집합일 때에 대한 표현이기도 하다. 하지만 〈모든 사자는 육식동물이다.〉라는 일반화는 (1)이나 (2)보다 범위가 넓다거나 좁다고 말할 수 없다. 〈모든 양은 초식동물이다.〉라는 일반화도 (1)이나 (2)보다 범위가 넓다거나 좁다고 말할 수 없다.

위의 예를 그림으로 표현하자면 〈그림 5.4〉와 같다. 때때로 일반화의 범위를 좁거나 넓게 조정하는 일은 논증재구성과 논증 평가에서 중요하게 작용한다. 논증을 재구성할 때는 일반화를 좁혀야 하는 경우가 대부분이며, 그 반대의 경우는 매우 드물다.

우리가 열렬한 환경주의자로, 대기 오염으로부터 환경을 보호하기 위해 가장

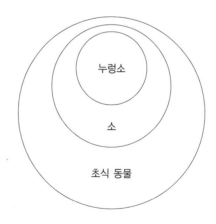

〈그림 5.4〉 일반화의 범위

급진적인 측정 방법을 서둘러 도입해야 한다고 믿고 있다고 가정하자. 특히 석유 제품의 사용을 가능한 한 빠른 시일 내에 중지해야 한다고 믿고 있다. 따라서 다음과 같은 논증을 제시했다.

일산화탄소를 방출하는 사적 교통수단이 허용되어서는 안 된다. 우리는 자동차를 금지해야만 한다.

꽤 분명하게 제시된 추론이지만, 암묵적으로 내재되어 있는 일반화에 주의하여 논증을 재구성해야 한다. 여기서는 자동차가 일산화탄소를 배출한다는 것이 암묵적인 일반화다. 따라서 논증은 다음과 같이 재구성될 수 있다.

P1) 우리는 일산화탄소를 배출하는 모든 사적 교통수단을 금지해야만 한다.
P2) 모든 자동차는 일산화탄소를 배출한다.

C) 우리는 모든 자동차를 금지해야만 한다.

P1에 '모든'이라는 양화 표현을 추가했다. 사람들이 어떤 것을 '금지'한다고 할 때는 '모든'이라는 표현을 덧붙이지는 않지만, 실제로는 아무것도 허용하지 않음을 의도하는 것이 일반적이기 때문이다. 논증을 재구성할 때는 양화 표현을 분명하게 드러내야 한다.

우리가 P1을 사실이라고 믿고 있다고 해보자. 따라서 이 논증은 연역적으로 타당하다. 하지만, 약점이 있다. 오늘날의 관점으로 봤을 때, P2는 분명히 참이 아니다. 어떤 자동차들은 전기 배터리를 연료로 삼으며, 그런 자동차들은 일산화탄소를 방출하지 않는다(사실상 전기자동차는 대기를, 적어도 직접적인 방식으로는 전혀 오염시키지 않는다). 따라서 비록 P1이 참일지라도 논증은 건전하지 않다.

P2의 '모든'을 '대부분'으로 바꿔서 논증을 건전하게 만들 수 있다. 하지만 우리는 다음의 두 가지 이유로 더 나은 조치를 선택할 수도 있다. 첫째, 만약 석유 연소에 의한 오염(그리고 그 밖의 문제)이 줄어들지 않는 상황에서 석유자동차의 수가 절대적으로 줄지 않는다면, 대부분의 자동차가 일산화탄소를 배출한다는

명제는 거짓일 수 있다. 석유자동차의 수가 전혀 감소하지 않으면서도, 전기자동차나 그 밖의 대안적인 교통수단들의 수가 몇 해 만에 압도적으로 증가할 수도 있기 때문이다. 그렇게 되면 P2는 거짓이지만, 석유자동차들이 오염 물질을 방출하는 양은 변화가 없으므로, 우리는 여전히 석유자동차들에 반대하는 논증을 제시하고자 할 것이다. 둘째, '대부분'이라는 양화 표현 대신에 '모든'을 사용함으로써 논증은 건전해질지도 모르지만, 좀더 이슈를 명료하게 만들 수 있는 대안이 필요하다.

P2의 일반화 범위를 조정하는 것, 특히 **범위의 축소**가 논증을 개선시키는 방법이 될 수 있다. 〈모든 자동차는 일산화탄소를 방출한다.〉 대신에 〈모든 석유자동차는 일산화탄소를 방출한다.〉라고 좀더 정확하게 진술하는 것이다. 따라서 논증을 다음과 같이 다시 쓸 수 있다.

P1) 우리는 일산화탄소를 방출하는 모든 사적 교통수단을 금지해야만 한다.

P2) 모든 석유자동차는 일산화탄소를 방출한다.

C) 우리는 모든 석유자동차들을 금지해야만 한다.

P1이 참이라면, 이것은 연역적으로 건전한 논증이다. P1이 의심스럽다 하더라도, 애초의 논증보다 훨씬 나아진 건 분명하다. 바뀐 P2의 범위가 이전보다 좁아져서 전제가 참일 가능성도 더 높아졌기 때문이다. 게다가, 일반화의 범위가 좁아지면 이슈가 더욱 명확해진다. 따라서 두 번째 논증재구성에 의해 논증의 주요 이슈는 석유자동차의 사용에 대한 것이지, 일반적인 자동차 사용에 관한 것이 아니라는 게 더욱 분명해졌다.

논증재구성 과정에서 필요 이상으로 범위가 넓은 보편적 일반화를 채택하지 않도록 주의해야 한다. 하지만 의도하는 결론에 대한 논증을 구성할 때 언제나 비교적 범위가 좁은 일반화만을 선택해야 하는 것도 아니다. 위의 예에서도, P2를 '모든 녹색 석유자동차는 일산화탄소를 방출한다.'고 재진술하는 것은 논증을 개선시키지 못한다. 일반화의 개연성을 높이지 못함에도 불구하고 일반화의 범위를 좁힌다면서 단지 '녹색'이라는 표현을 덧붙이는 것은 논증을 부당하게 만든다. 정리하자면, 다른 일반화보다 범위가 더 좁고 참일 가능성이 높으며 그 일반화의 범위가 의도하는 결론을 얻기에 충분하다면, 가능한 한 좁은 범위의 일반화를 채택해야 한다.

일반화하기에 적절한 표현이 없는 경우도 있다. 그때는 반례가 되는 집합을 제외함으로써 일반화의 범위를 줄여야 한다. '그 동물은 포유동물이야. 그러므로 그것은 날 수 없어.'라는 추론에서 필요한 일반화는 〈박쥐를 제외한 포유동물들은 모두 날 수 없다.〉라는 명제다. 〈포유동물들은 모두 날 수 없다.〉라는 명제는 거짓이기 때문이다(물론 문제의 생물이 박쥐가 아니라는 전제가 필요하며, 날다람쥐의 경우는 무시하기로 하자).

실천적 추리

자동차에 관한 위의 논증은 실천적 결론을 가지고 있다. 논증의 결론에서 어떤 명제가 참임을 주장하기보다 어떤 개별적인 행동을 요구하거나 권유하고 있는 경우다. 이때의 논증은 어떤 일을 실행하는 것(석유자동차를 금지하는 것)이 바람직한 어떤 결과 또는 목표(일산화탄소를 방출하는 교통수단에 대한 대안을 찾는 것)가 달성되도록 한다는 것을 말하고자 한다. 이처럼 실천적 결론을 가진 논증들은 어떤 바람직한 결과를 위해서는 특정 행위가 필요하다면서 그 행위를 수행해야 한다고 말한다. 또는 어떤 행위들은 바람직하지 않은 결과를 불러올 수 있기 때문에 실행되어서는 안 된다고 말한다. 이런 종류의 추리들은 **실천적 추리** 또는 목표 수단 추리라고 불린다.

실천적 추리의 경우에 보통은 다음의 두 가지 고려를 기초로 삼아 논증이 구성된다. 첫째, 어떤 결과가 바람직하거나 바람직하지 않다고 상세히 서술된다. 이때 주로 '해야만 한다(해서는 안 된다)'라는 표현이 사용된다. 둘째, 실천적 추리와 관련한 기본 명제는 다음과 같다. (1)만약 어떤 행위가 실행된다면, 그 결과가 초래될 것이다. (2)만약 어떤 행위가 실행된다면, 그 결과가 초래되지 않을 것이다. (3)만약 어떤 행위가 실행되지 않는다면, 그 결과가 초래될 것이다. (4)만약 어떤 행위가 실행되지 않는다면, 그 결과가 초래되지 않을 것이다.

이 네 가지 기본 명제를 이용하여 행위와 결과 사이의 관계에 관한 서로 다른 여덟 가지 유형의 논증을 만들어볼 수 있다.

어떤 행위가 X이고, 〈초콜릿 생산량이 증가한다(하지 않는다).〉가 결과라고 했을 때, '해야만 한다(해서는 안 된다)'를 사용하여 다음과 같은 여덟 가지 유형의 실천적 추리를 구상해볼 수 있다.

1. P1) 초콜릿 생산량은 증가해야만 한다.

   P2) 만약 X가 실행된다면, 초콜릿 생산량이 증가할 것이다.

   C) X는 실행되어야만 한다.

2. P1) 초콜릿 생산량은 증가해야만 한다.

   P2) 만약 X가 실행되지 않는다면, 초콜릿 생산량이 증가하지 않을 것이다.

   C) X는 실행되어야 한다.

3. P1) 초콜릿 생산량은 증가해야만 한다.

   P2) 만약 X가 실행되지 않는다면, 초콜릿 생산량이 증가할 것이다.

   C) X는 실행되어서는 안 된다.

4. P1) 초콜릿 생산량은 증가해야만 한다.

   P2) 만약 X가 실행된다면, 초콜릿 생산량은 증가하지 않을 것이다.

   C) X는 실행되어서는 안 된다.

5. P1) 초콜릿 생산량은 증가되어서는 안 된다.

   P2) 만약 X가 실행된다면, 초콜릿 생산량은 증가할 것이다.

   C) X는 실행되어서는 안 된다.

6. P1) 초콜릿 생산량은 증가되어서는 안 된다.

   P2) 만약 X가 실행되지 않는다면, 초콜릿 생산량은 증가하지 않을 것이다.

C) X는 실행되어서는 안 된다.

7. P1) 초콜릿 생산량은 증가되어서는 안 된다.

   P2) 만약 X가 실행되지 않는다면, 초콜릿 생산량은 증가할 것이다.

   C) **X는 실행되어야 한다.**

8. P1) 초콜릿 생산량은 증가되어서는 안 된다.

   P2) 만약 X가 실행된다면, 초콜릿 생산량은 증가하지 않을 것이다.

   C) **X는 실행되어야 한다.**

이 중 1번 유형과 관련해서는 다시 살펴볼 만한 복잡한 내용이 있다. 우선 다음의 예를 살펴보자. 의사의 수가 많아야만 국민 의료 서비스가 개선된다고 믿는 사람이 다음과 같은 논증을 제시했다고 가정해보자.

P1) 국민 의료 서비스는 개선되어야만 한다.

P2) 만약 의사의 수가 점점 증가하고 있다면, 국민 의료 서비스는 개선될 것이다.

C) **의사의 수는 증가해야만 한다.**

누구나 쉽게 떠올릴 만한 논증이지만, 이 논증은 그리 적절치 못하다. 논증은 타당하지 않다. 어떤 일을 해야만 한다는 것은, 어떤 일이 어떤 바람직한 결과를 초래할 것이라는 사실로부터 따라 나오지 않는다(앞에서 서술된 햇빛가림모자에 대한 논증을 다시 살펴보라). 이런 논증이 타당하기 위해서는 두 가지 조건을 충족해야 한다. 첫째, 제안된 행동에 따르는 **비용**이 결과의 **편익**보다 크지 않아야 한다. 예를 들어, 정부가 관련 예산을 10배 정도 증가시킨다면, 국민 의료 서비스는 반드시 개선될 것이다. 그러나 그것은 그다지 좋은 아이디어가 아닐 수 있는데, 소요되는 비용이 너무 클 수도 있기 때문이다. 이러한 종류의 문제는 돈과 관련될 때는 더욱 분명해지지만, 단순히 금전적인 측면만 문제가 되는 것은 아니다. 예를 들어, 더욱 강한 근육을 원한다면, 우리는 운동을 하는 데 드는 '비용'(지출되는 시간과 노력 등)보다 강한 근육에 대한 소망 정도에 더 높은 가치를 두어야 한다. 그런 점에서 봤을 때, 위의 논증은 개선된 국민 의료 서비스의 가치가 금전적인 관점에서 평가될 수 있다고 가정하고 있지 않음을 알 수 있다. 둘째, '비용'을 낮추는 방법 이외에는 동일한 편익을 가져오는 다른 수단이 없어야 한다. 다시 말해, 제안된 행위야말로 원하는 결과를 불러올 수 있는 가장 효과적이거나 경제적인 방법이어야 한다.

실천적 추리를 재구성할 때는 위의 내용들이 전제에 포함되어야 한다. 따라서 국민 의료 서비스에 관한 논증은 다음과 같이 재구성될 수 있다.

> P1) 국민 의료 서비스는 개선되어야만 한다.
> P2) 만약 의사의 수가 점점 증가하고 있다면, 국민 의료 서비스는 개선될 것이다.
> P3) 국민 의료 서비스를 개선시키는 편익은 의사의 숫자를 증가시키는 비용보다 클 것이다.
> P4) 의사의 수를 증가시키는 것은 국민 의료 서비스를 개선시키는 가장 효과적인 수단이다.
> **C) 의사의 수는 증가해야만 한다.**

이 논증은 타당하다. 엄격하게 말해서, P1과 P2는 P3과 P4로부터 추론될 수 있기 때문에 반드시 필요하지는 않다. 하지만 있어도 상관 없으며, 그대로 내버려두는 편이 논증의 명료화에 도움이 된다. 물론, 이 논증은 약간 모호하다. 국민 의료 서비스가 어느 정도로 개선되어야 하는지, 얼마나 많은 수의 의사가 더 필요한지 등이 언급되지 않았기 때문이다. 논증자는 이러한 요구 사항들을 만족시키기를 원할 수도 있다.

이상과 같이 우리는 1번 유형의 논증에 초점을 맞췄지만, 실천적 추론의 나머지 유형에 대해서도 비용과 편익의 비교를 적용해볼 수 있다. 2번, 4번, 5번, 7번 유형은 타당하다고 볼 수 있지만, 1번, 3번, 6번, 8번 유형은 타당하지 않으며, 반드시 비용, 편익, 효율성 등을 다루는 전제들에 의해 보완되어야 한다. 특히 3번 유형의 경우에는 X를 실행하는 비용이 초콜릿의 양을 증가시키는 비용보다 크다는 전제가 보완되어야 한다.

기대값

국민 의료 서비스에 관한 논증을 제시한 사람은, 비록 의사의 수가 증가하더라도 국민 의료 서비스는 개선되지 않을지도 모른다는 가능성을 염두에 두었을 것이다. 하지만 어떤 합당한 이유에 의해 국민 의료 서비스가 개선될 것이라고 확신한다면, P2의 후건 앞에 '아마도'를 넣어서 논증을 귀납적으로 만드는 것보다 P2를 조건문인 상태로 내버려두는 편이 낫다.

다른 사례들에서는 실천적 논증들을 귀납적으로 재구성하는 편이 더 그럴듯한 경우가 많다. 비용, 편익 등이 복잡하게 얽힌 방식으로 따져야 할 경우가 많기 때문이다.

창문을 수리하느라 막 창문을 떼어낸 참에 이웃집의 파티에 초대받았다고 해보자. 우리는 그 파티가 무척 재미있을 것이며, 창문 수리를 내일로 미루기는 쉽지만, 창문을 고치고 나서는 파티에 참석할 시간이 없다는 것을 알고 있다. 이런 경우에 우리는 비가 올지도 모르는데도 창문을 내버려둔 채 파티에 갈 수도 있고, 파티에 참석하는 것을 포기하고 계속해서 창문을 고칠 수도 있다. 파티에 참석함으로써 얻는 편익(즐거움)도 높지만 비가 내릴 경우의 비용(손해)도 매우 높다. 만약 두 경우의 편익과 비용이 동일하다면, 우리의 결정은 비가 내릴 확률에 기초해야 한다. 만약 비가 올 확률이 1/2보다 작다면 파티에 가야 하고, 1/2보다 크다면 파티에 가서는 안 된다.

그런데 비가 올 때 감수해야 할 손해의 정도와 파티에 참석할 때 얻을 수 있는 편익의 정도가 서로 같지 않은 경우를 가정해보자. 그런 경우에는 우리는 무엇을 기준으로 파티의 참석 여부를 판단해야 할까? 우리가 얻을 수 있는 손해 또는 편익(기쁨)의 정도를 표로 나타낼 수 있다.

	비가 옴	비가 오지 않음
파티에 참석함	−10	+5
파티에 참석하지 않음	0	0

위의 표는 우리가 파티에 참석했을 때, 비가 오게 되면 입게 될 손해를 −10으로, 비가 오지 않아서 얻게 될 기쁨을 +5로 수치화하고 있다. 이때 −10이나 +5와 같은 수치는 판단 주체가 임의로 정할 수 있다. 또 표에 따르면 파티에 가지 않을 경우에는 비가 오든지 오지 않든지 상관 없음을 알 수 있다.

먼저 기대값의 개념을 살펴보기로 하자.

어떤 행동 A의 가능한 결과를 $o_1, o_2, \cdots o_n$ 이라고 하자. 그리고 각 결과 o의 가치(비용 또는 편익)를 V_o라고 하자. 그리고 (행동 A가 실행된 경우에) 각 결과의 확률을 P(o)라고 하자.
행동 A의 기대값은 다음과 같다:

$$[P(o_1) \times V(o_1)] + [P(o_2) \times V(o_2)] + \cdots + [P(o_n) \times V(o_n))]$$

각 행동의 기대값을 구하기 위해서는 가능한 행동 결과들 각각에 대하여 결과의 확률과 그 가치(그것의 비용 또는 편익)를 곱한 뒤에 각 수치들을 모두 더해야 한다. 이는 가능한 행동들의 범위가 주어진다면 기대값을 최대화하는 행동을 선택해야 한다는 생각에 기초를 두고 있다. 즉, 만약 선택 가능한 행동들에 $A_1, A_2, \cdots, A_n$가 있고, 이것들 중의 하나인 A_k가 가장 높은 기대값을 가진다면, A_k를 선택해야 한다. 위의 사례에서 우리가 선택할 수 있는 경우의 수는 두 가지다. 창문을 고치느냐, 파티에 가느냐. 만약 비가 올 확률이 0.5라면, 파티에 가는 경우의 기대값은 위의 표에 나타난 가치에 따라 다음과 같이 계산된다.

$$0.5 \times (-10) + 0.5 \times 5 = -2.5$$

파티에 가지 않는 경우의 기대값은 다음과 같다.

$$0.5 \times 0 + 0.5 \times 0 = 0$$

창문을 고치고 파티에 가지 않는 기대값(0)이 파티에 가는 기대값(-2.5)보다 크기 때문에, 우리는 창문을 고치고 파티에 가지 않아야 한다.

기대값의 개념에 대해 제대로 알아두면 논증 분석에 매우 도움이 된다. 이것은 추리하는 과정에서 종종 벌어지는 잘못과 관련 있기 때문이다. 다음의 논증을 보자.

> 최종 결론은 다음과 같다. 정부가 아무리 안전하다고 강조해도, 파국적인 사건이 일어날 가능성을 결코 배제할 수 없다. 우리는 모든 핵발전소를 가능한 한 빨리 폐쇄해야만 한다.

만약 논증자가 옳다면, 모든 핵발전소를 폐쇄할 때의 기대값은 폐쇄하지 않았을 때의 기대값보다 커야 한다. 그러나 그것이 사실일지라도, 그것을 믿을 만한 이유가 제시되지는 않았다. 결론에 도달하기 위해서는 각 사항에 대한 실제적인 확률을 알 필요가 있다. 또, 파국적인 사건이 불러올 비용이 핵발전소를 계속 유지함으로써 기대되는 편익, 비용 등과 어떻게 비교되는지도 알 필요가 있다. 위의 논증에는 이러한 정보가 전혀 제공되지 않은 채, 파국적인 사건이 일어날 수도 있다는 단순한 사실에 대해 아무도 논박하지 않는다는 것만 지적하고 있다.

핵과 관련된 사건이 매우 끔찍하리라는 것을 부인하는 사람은 없다. 그러나 아무리 나쁜 일이라 해도, 어떤 행동이 불러올 여러 결과 중 하나라는 사실로는 결코 그 행동을 실행해서는 안 된다는 것을 입증하지 못한다.

모든 행동들이 얼마나 합리성을 지니는지가 단지 그 기대값에 의존한다는 가정은 논쟁의 여지가 있다. 희귀병을 앓고 있는 열 명의 사람이 있는데, 그들의 병이 하필이면 어떤 사람 A의 두뇌효소로만 치료된다고 하자. 다른 사람의 머릿속에서는 발견되지 않는 그 두뇌효소를 A의 머릿속에서 추출하는 순간 A는 죽게 된다고 가정해보자. 의사는 A의 머릿속에서 그 효소를 강제로 추출하기로 결정했다. 의사는 효소가 추출되지 않으면 열 명의 사람들이 죽겠지만 효소를 추출하게 되면 한 명만 죽으므로, 효소를 추출하는 조치(행동)의 기대값이 더 크다는 근거를 내세우며 자신의 결정을 정당화하려 할 것이다(이때 어떤 결정을 내리든지 간에 의사에게 아무 책임도 묻지 않는다고 가정하자). 만약 A가 이 일에 자원한다면 매우 숭고한 인물이 되겠지만, 그런 경우에도 의사가 A의 머릿속에서 효소를 추출하는 것이 옳다거나 정당화된다고 말할 수는 없다. 그의 행동은 A의 권리를 침해하는 것이기 때문이다. 또, (전쟁의 경우를 제외한다면) 무고한 사람을 죽이는 것은 언제나 옳지 않다거나 어떤 사람의 의지에 반하여 그 사람의 생명을 이용하는 것은 절대적인 도덕적 규범을 위반하는 것이라는 등의 문제를 제기할 수도 있다. 이와 같이 논증 분석에 기대값을 적용하는 것에는 한계가 있다. 도덕적 · 윤리적 규범에 의한 조정 없이 적용된다면, 그 행위가 가지고 있는 합리성 여부에 대해 아무것도 알려주지 못하는 기대값도 있을 수 있다.

일반적인 경우에, 도덕적 규범들은 〈행위 x가 속성 F를 가진다. 속성 F를 가진 행위들은 결코 수행되어서는 안 된다. 그러므로 x는 실행되어서는 안 된다.〉라는 식으로 매우 직접적인 방식으로 호소된다. 도덕적 규범과 관련된 추리는, 적어도 표면적으로는, 어떤 사람이나 집단의 권리가 다른 사람이나 집단의 권리와 상충될 때 충돌을 빚는다. 이러한 딜레마를 해소하기 위한 원리적인 방법들을 찾는 데 관심을 기울이는 학문이 윤리학과 도덕철학이다. 기대값의 관점에서 도덕규범과 기대값(종종 **효용**이라고 불리기도 한다)이 어떤 상호관계가 있으며, 도덕규범 등이 어떻게 설명되는가 하는 것들도 관심거리다.

설명인 결론

앞에서 우리는 논증과 설명을 구별했다. 논증은 참이냐 거짓이냐가 문제가 되는 명제들을 받아들이는 데 필요한 이유를 제공한다. 이에 비해 설명은 어떤 명제가 참이냐 거짓이냐가 문제가 되지 않는 경우에, 그 명제가 왜 참인지를 서술한다. 이러한 구분을 준수하는 것은 결론이 설명의 형식인 논증을 다룰 때 특히 중요하다. 결론이 설명의 형식인 논증은 이러저러한 것이 어떤 사실이나 사건의 실제 원인임을 설득하는 것을 목표로 한다. 이런 논증은 매우 흔하게 접할 수 있다.

> 우리는 그 작물에 제대로 비료를 주지 않은 게 틀림없다. 그 작물은 병충해를 입지 않았다. 우리는 올바로 물을 주었으며 햇빛도 충분했지만 그것은 여전히 잘 자라고 있지 않다.

이 문장은 설명을 포함하고 있다. 그럼에도 불구하고 논증이다. 그 작물이 잘 자라지 않는 원인은 비료를 제대로 주지 않은 데 있다는 것이 논증의 결론이다. 따라서 다음과 같은 표준형식으로 나타낼 수 있다.

> P1) 만약 어떤 작물이 잘 자라지 않는다면, 그것은 병충해를 입었거나, 적절하게 물을 공급받지 못했거나, 햇빛이 충분하지 않았거나, 충분한 비료를 주지 않았다.
> P2) 그 작물은 잘 자라지 않고 있다.
> P3) 그 작물은 병충해를 입지 않았으며, 적절하게 물을 공급받았으며, 햇빛이 충분했다.
> **C)   이 작물은 충분한 비료를 공급받지 못했다.**

이 논증은 타당하다. 그러나 그다지 올바르다고 볼 수는 없다. 결론을 통해 충분한 비료를 공급받지 못해서 작물의 좋지 않은 성장이 초래되었다고 말하고 있지는 않기 때문이다. 하지만 이것은 좋은 논증이며, 논증자가 입증하려는 것의 일부분이다. 논증자는 좀더 많은 것을 말하려고 하며, 따라서 논증을 좀더 완전하게 나타내기 위해서는 전제와 결론에 '인과'관계를 나타내는 표현을 사용할 필요가 있다.

P1) 만약 어떤 작물이 잘 자라지 않는다면, 그것은 병충해를 입었거나, 적절하게 물을 공급받지 않았거나, 햇빛이 충분하지 않았거나, 충분한 비료를 주지 않았기 때문에 초래된 것이다.

P2) 그 작물은 잘 자라지 않고 있다.

P3) 그 작물은 병충해를 입지 않았으며, 적절하게 물을 공급받았으며, 햇빛이 충분했다.

C) 이 작물이 잘 자라지 않는 것은 충분한 비료를 공급받지 못했기 때문에 초래된 것이다.

더욱 자연스럽게 표현하자면, 작물이 잘 자라지 않은 것은 비료가 충분히 공급되지 않았기 때문이라고 할 수 있다. 이때의 '때문'은 제5장의 서두에서 말한 것처럼 인과적 용법으로 사용되고 있다.

의도하고 있는 결론을 얻기 위해 P1에 '때문에 초래되었다'라는 표현을 추가할 필요가 있다는 데에 주목하자. 만약 우리가 첫 번째 논증처럼 P1을 그대로 둔다면, 두 번째 논증에서 결론으로의 추론은 부당해진다. A가 참이고(그 작물은 충분한 비료를 공급받지 못했다) B도 참인(그 식물은 잘 자라지 않고 있다) 경우에, A는 B의 원인이라는 명제가 확실하게 참인지는 분명하지 않기 때문이다(만약 〈A가 B의 원인이다.〉라면, 〈A와 B는 모두 참이다.〉라는 명제는 확실하게 참이다).

사실 이것은 완전한 전체 논증이 아니며, 단지 하위 논증에 불과하다. 〈이 작물이 잘 자라지 않는 것은 충분한 비료를 공급받지 못했기 때문에 초래된 것이다.〉라는 최종적인 결론을 이끌어내기 위해서는 주어진 결론 다음에 〈만약 우리가 그 작물에 충분한 비료를 주었다면 그것은 충분한 비료를 공급받았을 것이다.〉라는 또 다른 전제를 덧붙여야 한다.

다음은 이 논증에 대한 올바른 재구성이 아니라는 점에 유의하자.

P1) 만약 어떤 작물이 병충해를 입거나, 충분한 물을 공급받지 못하거나, 햇빛이 충분하지 않거나, 비료가 충분히 공급되지 않는다면, 그 작물은 잘 자라지 않을 것이다.

P2) 이 작물은 충분한 비료를 공급받지 못했다.

C) **이 작물은 잘 자라지 않았다.**

이때, 논증자는 논증을 통해 설득하려는 대상자들이 그 작물이 잘 자라지 않았다는 데 동의한다고 가정하고 있다. 여기에는 의문의 여지가 없다. 이 논증은 원인에 대해 설명하고 있는 결론을 상대방이 받아들이게 하는 것이 목적이다. 물론 모든 논증이 사람들에 의해 이미 받아들여진 사실(명제)에서 시작하는 것은 아니다. 하지만 그런 경우에 논증자의 목적은 '이 사실에 대한 올바른 설명은 무엇인가?'라는 질문에 대해 답하는 것이다. 위의 예에서, 논증자는 이미 동의된 사실에 대하여 몇 가지 가능한 원인들이 있음을 인식하고, 원인들을 하나씩 제거함으로써 남은 한 원인을 올바른 설명으로 제시하려 한다. 그것을 형식화하면 다음과 같다.

P1) 동의된 사실.

P2) 동의된 사실은 A 또는 B(또는 C, D, ……)에 의해 초래되었다.

P3) B는 사실이 아니다(또는 C, D, ……는 사실이 아니다).

C) **동의된 사실은 A에 의해 초래되었다.***

일반적으로 P2는 〈그러그러한 일이 일어날 때마다, 그것은 ~에 의해 초래된다.〉와 같은 포섭적 일반화에 의해 뒷받침된다. 그러나 언제나 그렇지는 않다. 때때로 어떤 주어진 사실이나 사건이 일어나게 된 원인이 무엇인지 알지만, 그것으로부터 추론될 수 있는 일반화를 진술하지 못할 수도 있다. 하지만 적절한 일반화를 아는 경우라면, 논증의 재구성에 포함시켜야 한다. 앞의 잘 자라지 못한 작물의 예에서도 그러한 작업이 실시되었다. 물론 P2에 열거된 원인들에 대한 목록이 아주 길 수도 있다.**

---

*원인이 A 또는 B이고 A와 B가 모두 사실이지만, 어떤 것이 실제 원인인지는 모를 경우에는 논증이 좀더 복잡해진다. 예를 들어 우리는 환자가 심장 질환 또는 간장 질환 때문에 죽었다는 점과 그 환자가 심장과 간장에 질병이 있었다는 점을 안다고 하더라도, 정확하게 어느 질환이 죽음을 초래했는지는 알지 못할 수 있다. 이런 사례에 대해서는 이 책에서는 다루지 않겠다.

이런 종류의 논증에는 종종 보편적 일반화가 아닌 통계적 일반화가 등장하기도 한다. 예를 들어, 어떤 자동차 엔진의 냉각 시스템 온도가 갑자기 상승한 것은, 언제나 그런 것은 아니지만, 대부분의 경우에 냉각 시스템이 새거나 팬벨트가 고장나서 초래된 결과다. 그런 때에 우리는 P2의 적절한 자리에 '많은 경우', '아마도' 등을 비롯해 적절한 표현들을 넣어야 한다.

마찬가지로, P2에서 원인으로 제시된 여러 설명들 가운데 몇 가지를 P3에서 완전한 확신 아래 제거하는 일도 쉽지 않다. 그런 경우에도 P3의 적절한 자리에 '많은 경우', '아마도' 등의 표현을 추가해야 한다. 이때 논증은 연역적이 아니라 귀납적이다. 바로 다음과 같은 경우다.

P1) 엔진의 냉각 시스템 온도가 갑자기 상승했다.

P2) 거의 대부분의 경우에, 어떤 엔진의 냉각 시스템 온도가 갑작스럽게 상승한 것은 팬벨트의 고장 또는 냉각 시스템의 누수에 의해 초래된다.

P3) 팬벨트가 고장되었을 가능성은 거의 없다.

C) (아마도) 엔진의 냉각 시스템 온도가 갑자기 증가한 것은 냉각 시스템의 누수 때문에 초래되었다.

여기서 P3은 다른 논증의 결론이 될 수도 있다. 예를 들어, 팬벨트를 교체한 지 얼마 안 되었다는 사실로부터 추론된 것일 수 있다.

인과적 일반화

앞의 예에서 우리는 개별적 사건들 사이의 인과적 관계에 관심을 두었다. 즉, 우리는 어떤 자동차의 냉각 시스템에서 어떤 개별적인 사건이 또 다른 어떤 개별적 사건(예를 들어, 어떤 부품의 고장)에 의해 초래되었는지에 관심을 가졌다.

**사실 단지 하나의 항목만 가질 수도 있다. 그런 경우에 P3은 불필요하다. 예를 들어, 연기는 언제나 불에 의해 발생한다. 그러므로 만약 피어오르는 연기를 본다면, 연기는 언제나 화재에 의해 발생한다는 점을 알기 때문에, 우리가 보는 연기는 어떤 불에 의해 발생했다는 것을 즉시 알 수 있다. 물론 이런 경우는 그다지 흥미롭지 못하다.

하지만 인과적 진술들은 종종 사건의 유형들에 대한 일반화로 제시되기도 한다. 예를 들어보자.

전기 충격은 근육의 수축을 초래한다.

이러한 종류의 진술은 상대적으로 문제가 없다. 이것은 대략적으로 말하자면, 전기 충격이 살아 있는 사람의 육체에 가해지고, 만약 그 사람의 신경 체계에 이상이 없다면, 근육이 수축한다는 것을 의미한다. 따라서 이것은 사건들에 대한 보편적 일반화다. 하지만 '원인' 또는 '초래한다'와 같은 인과관계를 나타내는 표현들이 언제나 보편적 일반화를 의미하지는 않는다. 다음의 예를 보자.

흡연은 암을 유발한다.

이것은 사건이나 사람 또는 사태에 관한 보편적 일반화가 아니다. 흡연이 언제나 암을 발병시킨다는 것도 아니고 모든 흡연자에게 암이 발병한다는 것도 아니다. 또한 흡연이 일반적으로 암을 유발한다는 것을 의미하지도 않는다. 흡연자 대부분이 암에 걸리는 것은 아니기 때문이다. 그렇다면, 다음의 논증은 귀납적으로 합당하지 않다.

P1) 흡연은 암을 유발한다.

C) 만약 당신이 흡연자라면, 거의 아마도 암에 걸릴 것이다.

〈흡연이 암을 유발한다.〉는 무엇을 의미할까? 이것은 대략적으로 말해서, 각각의 사람이 흡연을 했을 때 암에 걸릴 확률이 흡연을 하지 않았을 때의 확률보다 크다는 것을 의미한다. 흡연은 암에 걸릴 확률을 높인다. 따라서 다음의 논증은 연역적으로 타당하다.

P1) 흡연은 암을 유발한다.

C) 만약 당신이 흡연을 한다면, 당신이 암에 걸릴 확률은 흡연하지 않을 때 암에 걸릴 확률보다 높을 것이다.

하지만 이것은 어느 정도의 흡연이 암의 발병 확률을 높이는지에 대해서는 아무 언급이 없다. 때문에 이 진술은 모호하다. 좀더 정확한 인과적 일반화는 〈흡연은 (   )퍼센트로 암의 발병 확률을 높인다.〉와 같은 형식이다. 이것은 일반화에 대한 또 다른 중요한 이슈와 연결된다.

초등학교 학생들에 대한 최근의 연구에서, 식단과 학업 성취도 사이에 강한 상관관계가 있음이 발견되었다. 학생들은 더 좋은 식단으로 식사를 할수록 더 높은 점수를 받는 경향이 강했다. 그렇다면 초등학교 학생의 학업 성취도를 개선시키는 가장 간단한 방법은 학교 급식을 개선하는 것이다.

X와 Y 사이의 '상관관계'를 발견하는 것은, X의 특성을 보이는 사물들 사이에서 Y의 특성을 보이는 사물의 비율이 X의 특성을 보이지 않은 사물들에서보다 높음을 발견하는 것이다. 위의 논증에서 논증자는 더 높은 시험 성적과 더 좋은 식단 사이의 상관관계에 인과적 관계가 있음을 추론하고 있다. 하지만 이것은, 제4장에서 살펴본 것처럼, 상관관계를 인과관계로 혼동하는 오류다. 이런 경우에 추론은 다음과 같은 형식으로 진행된다.

P1) X는 Y와 강한 상관관계가 있다.
_____
C)   **X는 Y의 원인이다.**

하지만 이것은 좋지 않은 추론이다. 비슷한 유형의 예를 보자.

P1) 높은 자전거 밀도는 대기 오염과 강한 상관관계가 있다.
_____
C)   **높은 자전거 밀도는 대기 오염의 원인이다.**

P1은 실제로 참이다. 자전거가 많은 지역과 대기 오염이 심각한 지역은 전형적으로 일치한다. 즉, 두 가지 특성은 공통적으로 대도시에서 발견된다. 그러나 C는 명백하게 거짓이다. 이러한 논증 유형은 타당하지 않으며, 귀납적으로 합당하지도 않다.

X와 Y 사이에 인과관계 없이 상관관계가 성립할 때, X와 Y의 공통 원인이 되는 사건이 일어날 때가 있다. 위의 사례에서, 한정된 지역에 수많은 사람들이 밀집한다는 것은 자전거의 밀도를 높이고 심각한 대기 오염을 불러온다. 즉, 높은 인구 밀도는 자동차와 같은 대기 오염원이 그만큼 많음을 뜻하고, 이것은 대기 오염을 불러온다. 초등학교 학생과 시험 성적의 사례에서, 식단이 학업 성취도에 영향을 미친다는 가정은 높은 개연성을 가지지만, 또 다른 공통적인 원인이 존재할 수 있다. 예를 들어, 교육 수준이 높은 집안일수록 자녀의 학업 성취에 많은 관심을 가지고 교육에도 많은 투자를 한다고 생각해볼 수 있다. 또, 교육 수준이 높은 가정은 좀더 질 좋은 식단을 차리는 경향이 있다. 아마도 그런 가정은 재산이 넉넉한 편일 테고, 따라서 좀더 질 좋은 식단이 가능할 것이다. 그에 반해, 가난한 가정의 학생들은 질 나쁜 식사를 하고, 여러 가정 문제 때문에 학업 성취도가 나빠지는 경향을 보일 수 있다.

그렇다면 인과관계가 있음을 올바로 추론하기 위해서는 어떻게 해야 할까? 대답은 다음의 대략적인 인과적 정의로부터 얻을 수 있다. 즉, X와 Y 사이의 상관관계로부터 인과관계를 추론하기 위해서는, Y를 일으킬 만한 다른 원인들이 없거나 없다고 가정했을 때조차 상관관계가 성립하는지 또는 성립할 것인지를 살펴봐야 한다. 다시 말해, 우리가 X를 발견하는 상황들과 상관 없이, X가 존재하지 않는 경우보다 X가 존재하는 경우에 Y가 더 빈번하게 존재한다는 것에 대해 알 필요가 있다. 따라서, 우리는 같은 결과를 이끌어올 만한 다른 가능한 원인들을 제거할 필요가 있다. 초등학교 학생들과 식단의 사례에서는, 유복한 가정의 학생들이 먹는 식단이 좋지 않은 경우에 그들의 학업 성취도도 낮은지에 대해 알 필요가 있다. 또, 교육 수준이 높지 않은 가정의 자녀들에 대해서도 그 점을 알 필요가 있으며, 학업 성취도에 영향을 미치는 그 밖의 요소들에 대해서도 조사가 필요하다.

이것은 매우 중요하다. 특히 상관관계에서 인과관계가 잘못 추론될 때에는 더욱 중요해진다. 그러나 상관관계로부터 인과관계를 합당하게 추론하는 경우에 대해 일반적인 지침을 제공하는 것은 여기서 다루기에는 지나치게 수준이 높다. 어쨌든 잊지 말아야 할 것은, 인과관계는 상관관계를 함축하지만 상관관계는 인과관계를 함축하지 않는다는 것이다.

축약 표현

논증을 재구성할 때 같은 문장을 두 번 쓰게 되는 경우가 있다. 이것은 다소 번잡스럽기도 하지만, 논증의 구조를 파악하는 데도 방해가 된다. 참치 산업에 관한 논증에서 첫 번째 하위 논증을 다시 한번 살펴보자.

P1) 참치 어획량이 지난 9년 동안 해마다 심각하게 감소해왔다.

P2) 만약 참치 어획량이 지난 9년 동안 해마다 심각하게 감소해왔다면, 그리고 만약 참치 조업이 더욱 엄격하게 규제되지 않는다면, 참치 어족은 자취를 감출 것이다.

C1) **만약 참치 조업이 더욱 엄격하게 규제되지 않는다면, 참치 어족은 자취를 감출 것이다.**

P2는 전건이 P1과 동일한 조건문이다. P1을 완전히 다시 쓰는 대신에, 'P1'로 간단하게 축약할 수 있다. 논증은 아래와 같이 재구성된다.

P1) 참치 어획량이 지난 9년 동안 해마다 심각하게 감소해왔다.
P2) 만약 P1이라면, 그리고 참치 조업이 더욱 엄격하게 규제되지 않는다면, 참치 어족은 자취를 감출 것이다.

C1) 만약 참치 조업이 더욱 엄격하게 규제되지 않는다면, 참치 어족은 자취를 감출 것이다.

이 편이 읽기 쉬우며, 불필요하게 다시 쓰는 수고도 줄일 수 있다. 예와 같이 전제가 조건문인 논증을 다시 쓸 때는 축약된 형태로 쓰는 것이 좋다.

요 약

　논증의 재구성 과정에서 만나게 되는 몇몇 주요한 논리적 문제들을 해결하는 방법 중 가장 일반적인 방법은 **수사의 제거**(수사를 제거하여 논증을 다시 씀으로써 명료성을 향상시킨다)와 **논리적 간결화**(조건 명제에 대해서는 '만약 ～이면 ……이다'와 같이 논리적으로 분명한 표현을 사용함으로써 논리적 연관성을 분명하게 한다)다. 많은 경우에 결론은 하나 또는 그 이상의 전제들에 **암묵적**으로 의존하고 있으며, 논증을 재구성할 때는 그러한 전제들을 **명시적**으로 표현해야 한다. 언제나 그렇지는 않지만 대개의 경우 암묵적 전제들은 **연결하는 전제**이며, 연결하는 전제들은 **조건문**이나 **일반화**인 경우가 많다. 전제가 조건문인 경우에, 논증자는 그 조건문이 **포섭적 일반화**에 의해 지지된다고 간주하는 경우가 많다. 따라서 우리는 적절한 자리에 적절한 포섭적 일반화를 추가하여 논증을 재구성해야 한다. 포섭적 일반화는 **보편적 일반화** 또는 **통계적 일반화**이다.

　논증자의 진술이 모두 논증과 **유관하지**는 않다. 논증자는 서로 아무 관련 없는 명제들을 제시하기도 한다. 이런 경우, 논증자는 결론을 지지하는 명제를 제시한 것이 아니며, 그러한 명제를 논증재구성에 포함해서는 안 된다. 또, 진술된 명제가 독립적으로 결론을 지지하지만, 그것이 없어도 결론이 다른 명제들에 의해 지지되는 논증도 있다. 이때, 해당 명제는 논증에서 제거되어야 한다. 만약 그럴 수 있다면, 해당 명제는 동일한 결론을 지지하는 별도의 논증에서 전제로 취급될 수 있다.

　애매하거나 모호한 표현은 그렇지 않은 표현으로 대체해야 한다. 전제나 결론이 애매하게 표현되고(두 가지 이상의 의미를 표현하는 것으로 보이고), 의도된 의미가 분명치 않다면, 원래의 논증은 각각의 의미를 반영하는 두 개 이상의 논증으로 재구성되어야 한다.

재구성된 논증에서 모든 **일반화**는 통계적이거나 보편적인 양화 표현을 명시적으로 포함하고 있어야 한다. 어떤 전제가 일반화라면 그것이 참일 가능성을 최대화하기 위해서는, 전제에서 결론으로의 추론이 부당해지지 않을 정도(또는 주어진 사례에 따라 귀납적으로 합당하지 않게 되지 않을 정도)로 일반화의 범위를 축소해야 한다.

실천적 추리, 또는 목표 수단 추리는 어떤 행동의 결과가 바람직하거나 바람직하지 않다고 진술하면서, 그 행동이 그런 결과를 초래하는 데 영향을 미친다는 논증을 형성한다. 이런 논증에는 여덟 가지 기본적 형태가 있다. 이 논증들을 연역적으로 타당하거나 귀납적으로 합당한 논증이 되도록 재구성하기 위해서는 제안된 행동이 그 결과를 불러오는 데 가장 효과적인 수단이라고 하는 전제가 추가되어야 한다. 그리고 그 결과의 편익이 어떤 행동의 비용보다 가치가 높다고 진술하는 전제가 추가되어야 한다.

행동의 결과들이 확률적인 경우가 있는데, 이런 경우에는 그 행동의 기대값을 계산해야 한다. 기대값에 기초하는 논증의 결론은 **도덕적 규범**들에 의해 조정되기도 한다.

논증은 **설명**과 구분되지만, **결론**이 설명의 형식을 띠는 경우가 있다. 이런 논증은 주어진 사실이나 사건에 대한 가능한 원인들 가운데 어떤 것이 실제 원인인지를 확인하기 위한 시도다.

인과적 일반화를 입증하려는 논증은 쉽지 않다. 때때로 단순한 **상관관계**로부터 인과적 일반화가 잘못 추론되곤 한다.

Issues in argument assessment

합리적 설득력

논증의 역할은 그 결론을 참으로 받아들일 만한 이유를 제공하는 것이다. 또, 상대방이 논증자의 의도대로 설득되도록 하는 것이 논증을 제공하는 목적이다. 이제까지 우리는 어떤 논증이 이러한 성격을 가지는지에 대해 정확한 규정을 내리지 않았다. 어떤 이들은 이러한 작업이 연역적 건전성이나 귀납적 건전성의 개념을 통해 이루어지지 않겠느냐고 생각할지도 모르지만, 반드시 그런 것만은 아니다. 우리가 어떤 논증을 정확하게 재구성했다고 해도, 그 논증이 건전한지에 대해 언제나 정확히 말할 수는 없기 때문이다. 이는 건전한 논증이 되려면 반드시 참인 전제들을 가져야 한다는 데에서 비롯한다. 연역적으로 건전한 논증은 참인 전제들을 가지면서 연역적으로 타당한 논증이며, 귀납적으로 건전한 논증은 참인 전제들을 가지면서 귀납적으로 타당한 논증이다. 우리가 어떤 명제가 참이고 어떤 명제가 거짓인지에 대해 언제나 알지는 못하기 때문에, 논증의 건전성 여부를 항상 구별해낼 수 있는 것은 아니다.

여기서 우리는 '우리에게 결론을 받아들일 만한 이유를 제공한다'는 것이 무엇인지에 대해 규정지을 필요가 있다. 어떤 논증들이 그러한 성질을 가지는지를 우리의 지식과 논증들에 대한 논리적 평가 능력을 동원하여 제대로 인식하기 위해서다. 논증이 우리에게 결론을 받아들일 만한 이유를 제공한다는 것은 타당성 또는 귀납적 합당성을 만족시킨다는 것과 같지 않다. 한 논증이 타당하거나 귀납적으로 합당하다고 해서 전제들을 받아들일 이유가 없는데도 결론을 받아들여야 하는 것은 아니다. 또 건전성과도 다른데, 건전성은 논증을 분석하거나 재구성하는 능력을 넘어 사실적 지식을 요구하기 때문이다.

내년에 이자율이 오른다고 기대해도 좋은지에 대해 누군가가 다음과 같은 논증을 제시했다고 하자.

P1) 이자율은 내년에 감소하지도 현재의 수준으로 유지되지도 않을 것이다.

C) 이자율은 내년에 증가할 것이다.

이 논증은 우리에게 아무 쓸모가 없다. 물론 이것은 논리적으로 옳으며, 연역적으로 타당하지만, 사람들이 결론을 받아들이도록 설득할 수 없다. 만약 우리가 내년의 이자율이 증가할지에 대해 모르고 있다면, 내년 이자율이 감소할지 아니면 현재의 수준으로 유지될지에 대해서도 모르고 있을 게 당연하기 때문이다. 만약 우리에게 P1을 받아들일 만한 이유가 있다면, C를 받아들일지 여부에 대해 조금도 고민할 필요가 없다.

또 다른 예를 살펴보자. 동전이 커피잔에 빠졌다. 떨어진 동전은 앞면이 위로 향해 있다. 하지만 영구나 땡칠은 동전의 앞면이 위로 향해 있는지는 물론이고, 어느 쪽이 위로 향하게 될지에 대해서도 알지 못한다. 이와 관련해서 영구와 땡칠이 다음과 같은 논증을 제시했다고 해보자.

P1) 만약 동전의 뒷면이 바닥으로 향해 있다면, 그 동전의 앞면은 위로 향해 있다.

P2) 동전의 뒷면이 바닥으로 향해 있다.

C) 동전의 앞면이 위로 향해 있다.

현재 가정된 상황 아래에서 논증은 연역적으로 건전하다. 논증은 연역적으로 타당하고 전제들이 모두 참이기 때문이다. 하지만 여기서 P2는 참이지만, 영구나 땡칠이 그렇게 생각할 만한 이유는 전혀 없다. 따라서 비록 논증이 연역적으로 건전하고, 영구와 땡칠도 그것이 연역적으로 타당하다는 것을 알고 있지만, 두 사람이 결론의 진리값을 알고 있다고 말할 수는 없다. 이런 때 우리는 논증에 **합리적 설득력이 없다**고 말한다. 좀더 정확하게 말하자면, 이 논증은 영구에게도 합리적인 설득력이 없으며, 땡칠에게도 마찬가지다. 어떤 논증의 합리적 설득력에 대해 상대화하여 정확하게 진술한 이유는 다음과 같이 이야기를 약간만 각색해도 쉽게 이해할 수 있다. 즉, 땡칠은 이 동전의 경우에 뒷면이 항상 아래로 향하게 되어 있다는 점을 알고 있다고 해보자. 반면에 영구는 아무것도 모른다. 그렇다면 땡칠은 P2를 받아들일 만한 좋은 이유를 가지고 있는 것이며, 영구는 그렇지 않은 셈이다. 그러므로 땡칠은 논증이 건전하다는 것을 받아들일 만한 좋은 이유를 갖지만, 영구는 그렇지 않다. 다시 말해, 이 논증이 땡칠에게는 합리적인 설득력을 갖지만, 영구에게는 그렇지 않다.

이야기를 조금만 더 바꾸어보자. 땡칠이 영구에게 동전의 비밀에 대해서 살짝 알려주었다. 그러기 전에 영구가 제시된 논증을 고려했다면, 논증은 영구에게 합리적인 설득력을 갖지 못한다. 하지만 땡칠이 동전의 비밀에 대해 알려준 이후, 논증은 영구에게 합리적인 설득력을 가진다. 그때부터 영구는 적절한 정보를 갖기 때문이다.

이처럼 합리적 설득력은 이중적으로 상대적이다. 한 논증은 어떤 사람에 대해서, 그리고 어떤 개별적인 시점에서 합리적인 설득력을 가질 수도 있고 그렇지 않을 수도 있다. 서로 다른 사람들은 서로 다른 시점에 서로 다른 상태의 정보를 가질 수 있기 때문에, 한 논증은 땡칠에게는 합리적인 설득력을 가지지만 영구에게는 그렇지 않을 수도 있다. 또한 한 시점에 영구에게 합리적인 설득력을 가졌던 것이 다른 시점에는 그렇지 않을 수도 있다. 이 문제에 대한 논의는 이쯤에서 그만두겠지만, 이것이 때때로 논증 분석과 관련이 있을 수 있다는 점을 알고 있을 필요가 있다.

합리적 설득력에 대한 정의를 내리기 전에, 검토해볼 만한 내용이 한 가지 더 있다. 이제까지의 예들을 살펴보면서, 논증이 (어떤 사람에 대해서, 그리고 어떤 시점에서) 합리적 설득력을 가지기 위한 조건을 다음과 같이 생각할 수도 있다. 즉 (1)그 논증이 귀납적으로 합당하거나 또는 연역적으로 타당하다. 그리고 (2) 그 사람이 (그 시점에서) 주어진 전제들에 대한 합당한 믿음을 가진다. 그러나 이것은 그다지 올바른 진단이 아니다. 다음과 같은 예를 고려해보자.

> P1) 거의 모든 대한민국의 국민들은 월드컵 대회에서 대한민국 축구 국가대표 팀을 응원한다.
> P2) 영희는 대한민국 국민이다.

C) (아마도) 영희는 월드컵 대회에서 대한민국 축구 국가대표팀을 응원할 것이다.

이것은 귀납적으로 합당한 논증이다. 우리에게 P1과 P2가 모두 참이라는 것을 받아들일 만한 좋은 이유가 있다고 가정하자. 사실상 우리는 두 전제가 모두 참임을 확신하고 있다. 그에 따라 우리가 C를 받아들여야 한다는 것이 따라 나올까? P1과 P2는 모두 참이지만 C를 합당하게 거부할 수 있는 상황도 가능하지 않을까? 그러한 상황은 얼마든지 가능하다. 가령 영희가 귀화한 사람이라서 대한민국의 축구 국가대표팀을 응원하기보다 태어난 조국의 국가대표팀을 응원할 수도 있다. 그러한 경우에 우리는 C가 거짓이라고 합당하게 기대할 수 있다.

P1과 P2가 참임은 알지만 영희에 대해서는 모르는 사람들은 C가 참이라고 기대하겠지만, 위의 가정된 상황에서는 그렇게 생각하기 어렵다. 따라서 이 논증은 영희에 대해 모르는 사람들에게는 합리적 설득력을 가질지 몰라도, 우리에게는 그렇지 않다. 이런 경우에 논증은 우리가 가지고 있는 다른 증거들에 의해 우리에게 **논박**된 것이다. 결과적으로 우리는 두 가지 논증을 갖게 되는데, 하나는 위에서 제시한 논증이고, 다른 하나는 첫 번째 논증의 결론이 거짓임을 보여주는 좀더 강력한 논증이다.

 귀납적으로 합당한 논증이 어떤 사람에게 **논박**되었다고 말하는 것은 다음과 같다: 그가 전제들에 대한 합당한 믿음을 갖지만 그 결론을 거부하는 합당한 믿음을 가진다.

어떤 논증이 귀납적으로 합당하고 전제들을 받아들일 만한 이유도 있다고 해보자. 그런 경우에, 그 논증에 합리적 설득력이 있기 위해서는, 논증이 총체적인 증거들에 의해 논박당하지 않아야 한다(증거에 대해서는 제7장에서 다시 다루겠다). 여기서 논박의 정의가 오직 귀납적 논증들에만 한정되고 있다는 데 주의하자. 그 이유는 잠시 후에 명백해진다. 어쨌든 **합리적 설득력**에 대해 다음과 같이 정의하겠다.

한 논증이 어떤 사람에게 (어떤 시점에서) **합리적 설득력**을 가진다는 것은 다음과 같다:

(1) 그 논증이 연역적으로 타당하거나 귀납적으로 합당하다.

(2) 그 사람이 (그 시점에서) 그 논증의 전제들에 대한 합당한 믿음을 가진다.

(3) 그 논증이 귀납적으로 합당한 경우, 그 사람에게 (그 시점에서) 논박되지 않는다.

합리적 설득력에 관하여 기억해야 할 내용은 다음의 여섯 가지다.

1. 연역적으로 타당한 논증의 결론은 어떤 사람이 가지고 있는 총체적 증거들에 의해 논박되지 않는다. 이것은 오직 귀납적으로 합당한 논증들의 경우에만 가능하다. 따라서 합리적 설득력의 정의 가운데 (3)의 조건은 귀납적으로 합당한 논증들에 대해서만 적용된다. 그 이유는 다음과 같다.

a. 연역적으로 타당한 논증의 전제들을 좋은 이유에 의해 받아들인다면, 반드시 결론도 받아들여야 한다. 타당한 연역 논증의 경우에 전제들이 참이라면 결론도 반드시 참이기 때문이다. 만약 어떤 사람이 연역적으로 타당한 논증의 전제들을 받아들일 만한 좋은 이유를 가지게 된다면, 더 이상의 고민 없이 논증이 합리적인 설득력을 가진다고 결론 내릴 수 있다. 만약 그 결론에 대하여 어떤 의심이 든다면, 전제에 대해서도 똑같은 의심이 적용되어야 한다. 그것은 만약 그 전제들이 참이라면, 결론도 반드시 참이어야 한다는 **타당**한 논증에 대한 **정의**로 설명된다. 제2장의 내용을 다시 떠올려보자. 타당성은 전제들이 실제로 참인지 여부와 아무 상관이 없다. 그러므로 만약 전제들이 참이고, 그 논증이 타당하다면, 결론은 필연적으로(예외 없이) 참이다. 따라서 만약 우리가 그 전제들을 받아들일 만한 이유를 가진다면, 그것은 결론을 받아들이기 위한 이유가 된다.

연역적으로 타당한 논증들이 합리적 설득력을 얻지 못하는 경우는, 어떤 사람이 어떤 논증의 전제들 중 하나 이상에 대해 받아들일 만한 이유를 가지지 못할(논증이 연역적으로 타당하기 때문에 (1)의 조건은 이미 충족되었음을 기억하

라) 때가 유일하다.

b. 귀납적으로 합당한 논증의 결론에 사용되는 '아마도'라는 표현(또는 비슷한 역할을 하는 표현)은 전제들이 참임에도 결론이 거짓일 수 있음을 허용한다. 귀납적으로 합당한 논증은 합리적 설득력에 관한 정의 가운데 세 번째 조건과 관련이 있다. 결론을 논박하는 증거는 곧바로 개연성의 균형을 움직이는 증거가 되기 때문이다. 논증이 귀납적으로 합당하다는 주장은, 전제들이 참이라면 그 결론이 실제로 참일 개연성이 높다는 점을 의미할 뿐이므로, 실제로는 결론이 거짓일 여지는 항상 남는다.

합리적 설득력에 관한 정의를 충족하기 위한 세 가지 조건들에 따르면, 귀납적으로 건전한 논증이 합리적 설득력을 갖지 못하는 경우는 두 가지로 나뉜다. 첫 번째는 피논증자에게 전제들 중 하나 또는 그 이상을 받아들일 만한 좋은 이유가 없는 경우다. 즉, (2)의 조건을 만족하지 못한다. 두 번째는 논증이 피논증자에게 논박되는 경우다. 이것은 피논증자가 비록 전제들이 참이고 그 논증이 귀납적으로 합당하다는 것을 알고 있지만, 피논증자에게는 결론을 받아들이지 못하게 하는 증거들이 있음을 뜻한다.

2. 논증의 건전성(귀납적이든 연역적이든)은 합리적 설득력에 대한 정의와 상관없다. 이유는 간단하다. 합리적 설득력의 개념은 논증에서 사람들에게 합리적인 주장이 되도록 하는 게 무엇인지를 밝혀내기 위해 고안된 것이다. 따라서 그것은 사람들이 논증의 결론을 받아들여야만 한다는 것이 무슨 의미인지를 설명한다. 또, 그것은 어떤 논증이 그 결론을 받아들이기에 좋은 이유를 특정인에게 제공한다는 것을 의미한다. 실제로, 어떤 논증은 전제가 거짓이므로 (연역적으로나 귀납적으로) 건전하지는 않지만, 어떤 사람에게는 합리적 설득력을 가지는 경우가 있다. 앞에서 다룬 동전의 두 번째 예로 돌아가 보겠다.

이 사례에서 동전은 컵 바닥에 앞면을 아래로 향한 채 떨어졌으며, 따라서 P2는 거짓이다. 그런데 여전히 땡칠은 P2가 참이라고 생각할 만한 합당한 이유를 가지고 있다(땡칠은 동전의 무게가 한쪽으로 치우쳐 있다는 것을 알고 있기 때문이다).

따라서 논증의 전제가 거짓이므로 논증은 건전하지 않다. 하지만, 땡칠에게는 여전히 합리적 설득력을 가진다. 논증의 결론이 사실상 거짓임에도 불구하고, 그 논증의 결론을 받아들이는 것이 땡칠에게는 합리적으로 정당화된다는 의미다.

이와 같은 합리적 설득력에 대한 요점은 우리가 나중에 좀더 자세하게 살펴볼 중요한 사실을 잘 보여준다. 즉, 어떤 사람은 비록 실제로는 거짓인 어떤 명제에 대해 합당한 믿음을 가질 수 있다는 것이다. 다시 말해서, 합당한 착오 또는 실수 같은 믿음이 있을 수 있다. 이것은 매우 기초적인 내용이지만, 자주 잊혀진다. 때문에 우리는 종종 이와 같은 실수를 한 사람을 부적절하게 비난하기도 한다. 사실, 그런 때에는 '실수'라는 단어가 애매하다는 것을 지적하는 방법이 유용하다.

어떤 사람이 '실수'하고 있다는 것은 다음의 두 가지 의미 중 하나다. 첫째, 그 사람은 잘못된 결론을 받아들였다. 둘째, 그 사람은 나쁜 이유들에 의해, 즉 사실상 그들에게 합리적 설득력이 없는 논증에 의해 설득당했다. 또는 그 사람은 좋은 이유들에 의해, 즉 그들에게 합리적 설득력이 있는 논증들에 의해 설득되지 못했다. 이 중 두 번째 유형과 같은 실수에 대해서는 당사자가 책임을 져야 한다. 즉, 우리는 좋은 이유들에 의해 설득되어야 하고, 나쁜 이유들에 의해 설득되어서는 안 된다. 만약 그러지 못한다면, 전형적인 경우에 우리는 비난받아 마땅하다.

우리가 첫 번째 유형의 실수를 저지를 때마다 책임을 져야 하는지는 분명하지 않다. 어떤 사람이 좋은 이유에 근거해서 어떤 명제를 받아들였는데, 즉 그들에게 합리적 설득력이 있는 명제들에 기초해서 그 명제를 받아들였는데, 그 명제가 실제로는 거짓임이 밝혀졌다면, 단지 운이 나쁜 것일 수도 있다. 이런 경우에는 실수를 범했다고 비난받을 필요가 없다.

의사인 경수는 약품 X가 어떤 위험한 질병을 성공적으로 치유한 사례가 매우 많을 뿐 아니라, 부작용도 전혀 없으며, 해로운 물질도 전혀 포함되어 있지 않다는 것을 알고 있다고 가정해보자. 그래서 그 질환을 앓고 있는 환자에게 X를 처방했는데, 불행하게도 치유되기는커녕 환자의 상태가 더 나빠졌다. 이런 경우에 경수는 X가 그 질병을 안전하게 치료할 것인지에 대해 어떤 유형의 실수를 저지른 것일까? 이것은 두 번째 유형의 실수가 아니며, 따라서 비난의 대상이 될 이유가 없다. 만약 경수가 X를 처방하지 않겠다고 결정했다면, 오히려 비난받았을 것이다. 그것은 수많은 증거들에 반하는 방향이기 때문이다.

3. 합리적 설득력이라는 이름은 어떻게 해서 지어진 것일까? 설득하려는 시도에는 여러 가지 종류가 있다. 이 책은 논증적 설득 시도와 비논증적, 특히 수사적인 설득 시도를 구분하여 각 설득 시도들을 평가하는 방법들에 관해 서술하고 있다. 논증에 의한 설득 시도는 합리적 설득으로, 이성에 호소한다. 그것은 감정이나 선입견에 호소하는 다른 종류의 설득에 반대되는 것이다. 합리적 설득 시도는 피논증자를 향해 합리적 설득력이 있는 논증을 제공하려 한다. 그렇다고 해서 반드시 건전한 논증이어야 하는 것은 아니다. 합리적 설득 시도는 우리가 합당하게 믿는 바에 의존하는 것이지, 그 합당한 믿음이 실제로 참인지 여부와는 무관하다.

4. 합리적 설득은 정도의 문제다. 이것은 전부 아니면 아무것도 아닌 것의 문제가 아니다. 그 이유는 귀납적 합당성이 정도의 문제라는 사실로부터 유추해볼 수 있다.

5. '합리적 설득력이 있는'이 단지 '설득력이 있는' 또는 '납득할 만한' 등을 의미하는 것은 아니다. 합리적 설득력이 있는 논증이 우리를 설득하지 못하기도 한다. 어떤 논증이 우리에게 합리적 설득력이 있느냐의 여부는 우리의 생각에 의존하지 않는다. 즉, 어떤 논증은 비록 우리를 설득하지는 못하더라도 합리적 설득력을 가질 수 있다. 하지만 이러한 성질을 역설적으로 받아들여서는 안 된다. 이것은 우리가 어떤 논증에 의해 설득되어야 하지만 설득되지 않는 경우도 있음을 의미하는 것뿐이다. 그런가 하면, 실제로는 우리에게 합리적 설득력이 없으므로 우리가 설득되어서는 안 되는 논증임에도 불구하고 설득되거나 이해되는 경우가 있다. 어떤 논증의 합리적 설득력을 과대평가하는 것, 즉 어떤 사람들에게 실제로는 좋은 이유를 제공하지 않음에도 불구하고 설득이나 이해를 이

끌어오는 것은 수사가 작용한 결과다.

〈그림 6.1〉을 살펴보자. 이것은 건전한 논증, 합리적 설득력이 있는 논증, 실제로 사람들을 설득시키는 논증 사이의 관계를 그려놓은 것이다. 어떤 논증은 이 가운데 한 가지 영역에만 해당할 수도 있고, 두 가지 또는 세 가지 모두에 해당할 수도 있다. 여기에서 주목할 만한 것은 어떤 논증이 가지고 있는 합리적 설득력과 건전성은 사람들이 그 논증에 대해 어떻게 생각하는지와 상관없는, 논증 자체의 성질이라는 것이다. 인간이 언제나 전적으로 합리적이지는 못하며, 여기서 정의한 방식대로의 합리적 설득력을 가진 논증을 완벽하게 표현해낼 수 있는 것도 아니다. 만약 합리적 설득력이 있는 모든 논증이 사람들을 실제로 설득해내야 한다는 식으로 정의한다면, 사람들이 때때로 설득되어야만 하는 논증에 설득되지 않기도 하고, 반대로 설득되어서는 안 되는 논증들에 설득되기도 한다는 것을 설명할 수 없게 된다.

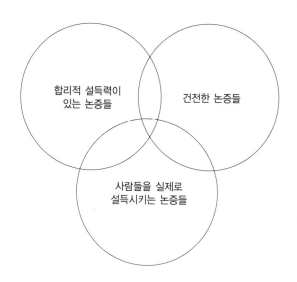

〈그림 6.1〉

우리는 어떤 논증의 합리적 설득력에 대해 다음의 세 가지 방식으로 실수를 저지르곤 한다. 첫 번째 방식은, 어떤 논증이 타당한지 또는 귀납적으로 합당한 지에 대해 실수를 저지르는 것이다. 특히 논리적으로 복잡한 논증인 경우에, 예를 들어, 효과적인 수사적 전략이 포함된 논증인 경우에 이런 실수가 쉽게 벌어진다(이에 대해서는 제4장을 참조하라). 만약 우리가 실제로 그렇지 않은데도 논증이 타당하다거나 귀납적으로 합당하다고 잘못 판단하였다면(또한 정당하거나 합당한 이유를 통해 전제들이 참임을 받아들였다고 하면), 그 논증은 우리에게 합리적 설득력이 있다고 생각하기 쉽다. 하지만, 실제로는 그 논증에 합리적 설득력이 없을 수 있다. 마찬가지로, 논증의 타당성이나 귀납적 합당성에 대해 잘못된 판단을 함으로써, 실제로는 합리적 설득력을 가진 논증이지만 그렇지 않다고 판단하기도 한다.

두 번째 방식은, 어떤 전제들을 받아들이기에 좋은 이유가 있는데도 그렇지 않다고 생각하는 것이다. 반대의 경우도 가능하다. 다음과 같은 논증을 생각해 보자.

P1) 내년 여름은 매우 무더울 것이다.

P2) 무더운 여름은 사과 재배에 이롭다.

C) (아마도) 내년의 사과 수확은 매우 좋을 것이다.

이것은 귀납적으로 합당한 논증처럼 보이며, P2는 참일 것이다. 여기서, 영희는 P2가 참임을 안다고 가정해보자. 그녀는 P1도 참이라고 생각하지만, 그 이유가 '동지에 비가 오면 그 다음 해의 여름은 무덥기 마련'이라는 미신적 믿음에서 비롯되었다고 하자(그녀가 P1을 받아들이는 것은 합당하지 않다고 가정하자. '미신'이라고 불리는 믿음들이 언제나 합당하지 않은 것은 아니다). 그녀는 동지에 비가 내렸음을 알고 있다. 따라서 영희는 P1에 대한 그녀의 믿음이 합당하거나 좋은 근거에 기초한다고 생각할 수도 있지만, 사실은 그렇지 않다. 이런 경우에, 논증의 귀납적 합당함을 알아차린 영희가 그녀 자신에게 이 논증은 합리적 설득력을 가진다고 생각하는 것도 당연하겠지만, 그것은 잘못된 생각이다. 그녀는 설득되었는지 모르지만, 합리적으로 설득된 것이 아니다.

논증의 합리적 설득력에 대해 실수를 저지르는 세 번째 방식, 어떤 논증이 우리에게 논박되었는지 여부에 대해 착오를 일으키는 것이다. 다른 한편으로는, 그 결론을 논박하는 데 필요한 정보가 충분하다는 것을 깨닫지 못한 채 논증을 있는 그대로 받아들이기도 한다(그럼으로써 그 논증이 합리적 설득력을 가진다고 받아들인다). 예를 들어, 우리는 미숙이 휴가 중이라는 사실을 잠시 잊고는 그녀가 오늘 회의에 참석할 것이라는 결론을 받아들일 수 있다. 다른 한편으로, 우리는 실제와 다르게 어떤 논증이 우리에게 논박되었다고 생각할 수도 있다. 즉, 실제로는 귀납적으로 합당하고 설득력이 있는 논증임에도 우리에게 그것을 거부할 만한 좋은 이유가 있다고 생각하는 것이다.

우리가 논증을 제시하는 것은 누군가를 속이는 것을 포함하여 다양한 목적을 이루기 위해서다. 그 중 논증을 제시하는 합리적 동기, 즉 비기만적인 동기는 아마도 자기 자신과 의도된 대상에게 합리적 설득력을 가지는 건전한 논증의 제시일 것이다.

서로 다른 대상에게는 서로 다른 형태의 논증이 요구된다. 어떤 논증이 건전한지에 대해 우리가 언제나 확실하게 알지는 못하지만, 그것은 단지 인간의 한계일 뿐이다. 또, 우리가 어떤 명제들이 참인지 거짓인지에 대해 언제나 확실하게 알지 못하는 것도 사실이다. 만약 우리가 논증의 건전성에 대해 늘 확신할 수 있다면, 아마도 논증 자체가 필요하지 않을 것이다.

6. 어떤 논증이 어떤 사람에 대해 합리적 설득력을 가지려면 그 사람에게 논증의 전제들에 대한 합당한 믿음이 있어야 한다. 그렇다고 해서 같은 전제들을 결론으로 가지는 또 다른 논증들마저도 그 사람이 반드시 받아들어야 하는 것은 아니다. 단지 논증의 대상자는 전제들을 받아들이는 것을 정당화해야 한다(이것은 제7장에서 다루게 될 비논증적 정당화와 관련해서 중요한 의미를 갖는다). 정당화는 합리적 설득보다 넓은 개념이다. 어떤 사람이 어떤 명제에 대해 합리적 설득력이 있는 논증을 가진다는 것은, 그가 그 논증을 받아들이는 것을 정당화한다는 의미다. 그러나 논증 이외의 방식으로 그 명제를 받아들이는 것을 정당화할 가능성도 있다. 어떤 믿음들, 특히 '나는 내 앞에 개 한 마리가 있다는 것을 본다.'

와 같은 지각적 믿음들은, 많은 경우 다른 믿음들에 의해 추론되지 않더라도 정당화된다. 이 점에 대해서는 제7장에서 살펴보기로 하겠다.

논증 평가를 위한 몇 가지 전략

일단 논증을 표준형식으로 바꾸었다면, 논증의 타당성 여부를 검토해야 한다. 만약 타당하지 않다면 귀납적으로는 합당한지를 살펴봐야 한다. 이를 위한 가장 기본적인 방법은 간단하다. 논증의 전제들이 참임에도 결론이 거짓일 수 있는가? 만약 그렇지 않다면 논증은 타당하다.

만약 논증의 전제들이 참이라 해도 결론이 거짓일 수 있다면, 이번에는 논증이 귀납적으로 합당한지를 봐야 한다. 만약 합당하다면, 귀납적 합당성이 어느 정도인지를 결정해야 한다. 이때 우리가 해야 할 일은 전제가 모두 참인 다양한 상황들을 상상하는 것이다. 그런 경우에, 어떤 상황들이 좀더 높은 개연성을 갖는지, 또는 어떠한 상황에서 결론이 참인지, 또는 전제들이 거짓인 상황은 무엇인지를 따져봐야 한다. 만약 전제들이 모두 참이라고 할 때, 결론이 참인 경우가 그 반대인 경우보다 좀더 높은 개연성을 갖는다면, 논증은 귀납적으로 합당하다. 그렇지 않다면 귀납적으로 합당하지 않다. 만약 귀납적으로 합당하다면, 어느 정도로 그러한지를 상세히 밝히는 일만 남는다. 다음의 예를 살펴보자.

P1) 그 보석 도둑은 뾰족 구두를 신었다.

C) 그 보석 도둑은 여성이다.

이것은 연역적으로 타당하지 않다. 도둑이 뾰족 구두를 신은 매우 작은 남성일 수도 있고, 심지어 어린 아이일 수도 있다. 그것은 쉽게 상상할 수 있다. 그렇다면 이 논증은 귀납적으로 합당한가? 그렇지 않다. 제시된 전제로는 어린 아이나 성인 남성이 보석을 훔쳤을 리가 없음을 우리로서는 알기 어렵기 때문이다. 그러나 이러한 것들은 전제에 추가할 수 있는 일반적 지식의 항목이므로, 다음과 같이 귀납적으로 합당한 논증으로 표현하는 것이 가능하다.

P1) 그 보석 도둑은 뾰족 구두를 신었다.

P2) 매우 적은 수의 남성들만 뾰족 구두를 신는다.

P3) 매우 적은 수의 어린 아이들만 뾰족 구두를 신는다.

(C) (아마도) 그 보석 도둑은 여성이다.

어떤 논증이 타당하지 않아 보인다면 (1)논증자가 알고 있다고 합당하게 기대할 수 있는 전제들 또는 우리들이 참임을 알 수 있는 전제들이 있는지, 아니면 (2)논증을 귀납적으로 합당하게 만드는 추가적 전제들이 있는지를 검토해봐야 한다.

결론이 조건문이거나 일반화인 논증

어떤 논증의 전제들이 참이지만 결론은 거짓인 경우가 가능한지에 대해 의문을 던지는 작업은 논증의 결론이 조건문이거나 일반화일 때는 꽤나 부담스러울 수 있다. 제5장에서 다룬 참치 산업에 대한 논증으로 되돌아가 보자.

> P1) 참치 어획량이 지난 9년 동안 해마다 심각하게 감소해왔다.
>
> P2) 만약 참치 어획량이 지난 9년 동안 해마다 심각하게 감소해왔다면, 그리
> 고 만약 참치 조업이 더욱 엄격하게 규제되지 않는다면, 참치 어족은 자취
> 를 감출 것이다.
> _____
> **C1) 만약 참치 조업이 더욱 엄격하게 규제되지 않는다면, 참치 어족은 자취를
> 감출 것이다.**
>
> P3) 만약 참치 어족이 자취를 감추게 된다면, 참치 산업은 붕괴할 것이다.
> _____
> **C2) 만약 참치 조업이 더욱 엄격하게 규제되지 않는다면, 참치 산업은 붕괴할
> 것이다.**

  C1과 P3에서 C2로의 논증을 보자. C1과 P3이 참일 때 C2가 거짓일 수 있는지
를 묻는 것은 다소 어렵다. 우리가 앞에서 이 논증에 대해 다룰 때도 좀더 쉬운
방법을 사용했다.

  우선, C2는 조건문이라는 데 주목하자. 어떤 조건문이 주장하는 바는, 간략하
게 말하자면 전건과 후건의 관계, 즉 〈만약 전건이 참이라면 후건도 참이다.〉에
관한 것이다. 따라서 우리는 만약 논증의 전제들이 참이라면, 주장된 관계가 성
립하는지에 대해 질문을 던져야 한다. 이에 대답하기 위해, 논증의 전제들이 참
일 뿐만 아니라 결론의 전건도 참인 상황을 떠올려보자. 이때 우리가 알고 싶은
것은, 그러한 가정 아래 논증의 결론의 후건 역시 참일까 하는 것이다. 만약 그
렇다면, 그 조건 명제는 전제들로부터 따라 나온 것이 된다. 여기서 '만약 ~이
면, ……이다'를 '→'를 사용하여 나타내보면 다음과 같은 형식의 논증이 된다.
이때 알파벳 대문자는 문장들을 나타낸다.

> P1) ……
>
> P2) ……

C) P→Q

이러한 논증이 타당한 경우는 다음의 논증 역시 타당할 때뿐이다(P1과 P2는 위의 논증과 동일하다).*

P1) ⋯⋯
P2) ⋯⋯
P3) P

C) Q

다시 말해서, P→Q가 몇몇 전제들로부터 따라 나오는지를 결정하기 위해서는 그 전제들과 P로부터 Q가 따라 나오는지를 살펴야 한다.**

참치 산업에 관련된 논증에서, C1과 P3이 참이고, 참치 산업이 엄격하게 통제되지 않는다(C2의 전건)고 가정한다면, 다음과 같은 추리가 가능하다. 참치 산업이 더욱 엄격하게 통제되지 않는다는 가정 아래, C1에 따르면 참치 어족은 급감할 것이다. 그 경우에, P3에 따르면 참치 산업은 붕괴할 것이며, 그것은 C2의 후건대로다. 따라서 우리는 만약 C1과 P3이 참임을 알고 있으며, 그런 경우에 C2의 전건이 참이라는 데에서, C2의 후건도 참임을 안다. 따라서 이 논증은 타당하다. 이런 기법은 논증의 결론이 일반화인 경우에 유용하다. 아래의 논증을 살펴보자.

P1) 이탈리아 축구대표팀의 모든 미드필더들은 훌륭한 수비수다.
P2) 태클을 잘하지 못하는 어떤 선수도 훌륭한 수비수가 아니다.

C) 이탈리아 축구대표팀의 모든 미드필더들은 태클을 잘한다.

---

* 보다 정확하게 말하자면, 이러한 논증이 타당한 경우 그리고 그 경우에만 다음의 논증은 타당하다.—옮긴이
** 여기서 몇몇 전제들과 P로부터 Q를 도출하는 논증이 타당함을 확인하면, 그 몇몇 전제들로부터 Q를 도출하는 논증도 타당하다고 결론 내릴 수 있다.—옮긴이

앞의 예에서와 마찬가지로 전제들이 참이라는 가정에서 논증을 검토해보자. 그런데, 결론이 일반화이므로, 그런 경우에 제5장에서 살펴본 것처럼 일반화된 조건문으로 간주될 수 있음을 떠올려보자. 따라서 (다소 조심스럽게) 조건문 C를 고쳐 쓴다면, 〈만약 어떤 사람이 이탈리아 축구대표팀의 미드필더라면, 그는 태클을 잘한다.〉 정도가 된다. 이때 P1과 P2는 참이라고 하자. 그런 경우, 우리가 할 일은 어떤 사람이 이탈리아 축구대표팀의 미드필더라고, 즉 이탈리아 축구대표팀에 소속된 임의의 미드필더라고 가정하자. 우리가 알고 싶은 것은 P1과 P2에 따르면 그가 태클을 잘한다는 결론이 반드시 뒤따르는가 하는 것이다. 대답은 '그렇다'이다.

P1에 따르면 임의의 그는 훌륭한 수비수이고, P2에 따르면 그는 태클을 잘한다. 그런데 이것은 이탈리아 축구대표팀에 소속된 임의의 미드필더에 대한 이야기이지, 특정 미드필더에만 해당하는 내용이 아니다. 따라서 우리는 만약 P1과 P2가 참이라면, 모든 이탈리아 축구대표팀의 미드필더들은 태클을 잘한다고 결론내릴 수 있다.

이제 다소 어려운 구조의 논증을 살펴보자.

P1) 이탈리아 축구대표팀의 모든 미드필더들은 훌륭한 수비수다.

P2) 태클을 잘하는 모든 선수들은 훌륭한 수비수다.

C) 이탈리아 축구대표팀의 모든 미드필더들은 태클을 잘한다.

우리가 상상한 이탈리아 축구대표팀 소속의 미드필더를 다시 떠올려보자. P1은 그가 훌륭한 수비수임을 내포한다. 하지만 P2는 그가 태클을 잘한다는 것을 내포하지 않는다. P2는 태클을 잘하는 모든 선수들이 훌륭한 수비수라고 말하고 있을 뿐이지, 만약 그가 훌륭한 수비수라면 태클도 잘할 것이라고 말하고 있지 않다. 따라서 P1과 P2로는 이탈리아 축구대표팀의 미드필더가 태클을 잘한다고 결론 내릴 수 없으며, 논증은 타당하지 않다.

결론을 거짓으로 가정하기

논증의 타당성을 평가하는 또 다른 방법은 전제들이 참이지만 결론이 거짓이라고 가정하는 것이다. 만약 이러한 가정이 불가능하다면, 타당성의 정의에 따라서 그 논증은 타당하다. 만약 그러한 가정이 가능하다면 그 논증은 타당하지 않다. 이탈리아 축구대표팀의 미드필더에 대한 첫 번째 논증을 다시 살펴보자. 결론이 거짓이라는 가정은, 이탈리아 축구대표팀의 미드필더이면서 태클을 잘하지 못하는 사람이 적어도 한 명은 있다고 가정하는 것이다. 만약 그러한 사람이 있다면, P2에 의해 그 선수는 훌륭한 수비수가 아니다. 하지만 그런 경우에, 그는 훌륭한 수비수가 아니면서 이탈리아 축구대표팀의 미드필더라는 것인데, 이것은 P1과 모순이다. 따라서 만약 조건문이 거짓이라면, 그 전제들이 참이 되는 것은 불가능하다. 따라서 논증은 타당하다.

이탈리아 축구대표팀의 미드필더들에 대한 두 번째 논증도 마찬가지다. 이번에는 태클을 잘하지 못하는 이탈리아 축구대표팀의 미드필더를 가정해보자. P1에 따르면, 그는 훌륭한 수비수임에 틀림없다. 그런데 P2에 따르면, 그가 태클을 잘한다면 훌륭한 수비수이겠지만, 태클을 잘하지 못한다면 훌륭한 수비수인지 아닌지에 대해 아무것도 알 수 없다. 하지만, 만약 그가 태클을 잘하지 못하더라도 훌륭한 수비수가 아닌 건 아니다. 따라서 결론을 거짓이라고 가정하는 것은 두 전제가 참이라는 것과 일관성을 가진다. 제시된 전제들은 우리가 상상한 미드필더가 다른 여러 가지 이유에 의해 훌륭한 수비수일 수도 있음을 말하기 때문이다. 예컨대, 그는 매우 빠르고 활력이 넘치며 외곽 처리 능력이 뛰어날 수 있다. 따라서 논증은 타당하지 않다.

이상의 방법은 결론이 조건문이나 일반화인 논증들 이외에도 적용이 가능하다. 특히, 결론이 조건문이나 일반화인 논증들에서 유용하다.

반례에 의한 반박

이제 어떤 논증이 타당하지 않거나 귀납적으로 합당하지 않음을 드러내주는 중

요한 기법을 살펴보기로 하겠다. 이것은 어떤 논증이 타당하지 않거나 귀납적으로 합당하지 않아 보일 때 주로 사용된다. 또 논증에 대해 해설하거나, 논증이 타당하지 않거나 귀납적으로 합당하지 않은 이유를 설명할 때도 사용된다. 다음의 예를 살펴보면, 그 방법을 쉽게 알 수 있다. 제시된 논증을 살펴보자.

P1) 거의 대부분의 마약 중독자들은 그 전에 먼저 대마초를 피웠다.

C) **대마초를 피우는 사람들은 마약 중독자가 되는 경향이 있다.**

때때로 이런 논증은 대마초를 합법화하지 않아야 하는 이유로 제시된다. 그러나 이것은 명백하게 나쁜 논증이다. 그 이유는 아래의 논증과 비교해보면 쉽게 이해된다.

P1) 거의 대부분의 마약 중독자들은 그 전에 먼저 우유를 마셨다.

C) **우유를 마시는 사람들은 마약 중독자가 되는 경향이 있다.**

이것은 우유를 마시는 것을 불법화하는 이유에 대해 아무 언급이 없다. 그러나 이 논증은 앞선 논증과 마찬가지로 참인 전제를 가지고 있고, 심지어 앞의 논증과 똑같은 추론을 진행하고 있다. 두 논증은 공통적으로 X를 하는 거의 대부분의 사람이 그 전에 Y를 했다면, Y를 하는 것은 X를 할 개연성을 높인다(또는 Y를 하는 사람은 X를 하는 사람이 되는 경향이 있다)고 가정한다. 두 번째 논증에서 볼 수 있듯이 이것은 명백하게 잘못이다.

만약 우리에게 첫 번째 논증이 제시된다면, 우리는 동일한 추론의 예로 두 번째 논증을 제시함으로써 첫 번째 논증이 나쁘다는 것을 보여줄 수 있다. 이것이 반례에 의한 논박이다. 두 번째 예는 이러한 형식의 추론을 받아들이는 데에 대한 반례가 된다.

이런 방법들을 통해 우리는 잘못된 추론이 의존하고 있는 잘못된 가정을 드러낼 수 있다. 이것은 논증 분석에 매우 유용하게 적용되곤 한다. 그리고 모든 것을 명료하게 하기 위해 두 논증을 다음과 같이 다시 써서 잘못된 가정을 명시화해야 한다.

> P1) 거의 대부분의 마약 중독자들은 그 전에 먼저 대마초를 피웠다.
>
> P2) 만약 X를 하는 거의 대부분의 사람이 X를 하기 이전에 Y를 했다면, Y를 하는 사람들은 X를 하는 사람이 되는 경향이 있다.
> _____
> C) **대마초를 피우는 사람들은 마약 중독자가 되는 경향이 있다.**

> P1) 거의 대부분의 마약 중독자들은 그 전에 먼저 우유를 마셨다.
>
> P2) 만약 X를 하는 거의 대부분의 사람이 X를 하기 이전에 Y를 했다면, Y를 하는 사람들은 X를 하는 사람이 되는 경향이 있다.
> _____
> C) **우유를 마시는 사람들은 마약 중독자가 되는 경향이 있다.**

일반화를 통해 원래 논증에서 잘못된 부분을 정확하게 명시화할 수 있다. 이것은 전제 P2가 거짓임을 보여줌으로써 원래 제시된 논증이 명백하게 건전하지 않음을 드러낸다. 특히 두 번째 논증을 통해 확실하게 알 수 있다. 두 번째 논증 자체는 타당하지만 P1은 참이고 C는 거짓이므로, 타당성의 정의에 따라서 P2는 거짓이 된다.

요약하자면 다음과 같다. 만약 어떤 논증이 암묵적으로 가정되었지만 거짓인 일반화 때문에 건전하지 않다면, 먼저 그 논증에서 연역적으로 타당한 방식으로 (또는 귀납적으로 합당한 방식으로) 가정된 일반화를 명시화하라. 그러고 나서 원래 논증의 전제와 결론에 적절하게 유비가 성립하는 참인 전제들과 거짓인 결론을 찾아내어, 그것들을 대체시킨 새로운 논증을 구성하라(위의 논증에서는 P1과 C가 예가 된다).

이제까지 이 책에서 서술한 방법을 적용한다면, 논증에서 가정되고 있으나 내용에 오류가 있는 일반화를 명시화하는 것이 어느 정도 가능할 것이다. 그러나 그것이 거짓이라는 것까지는 쉽게 발견되지 않는 경우가 있다. 여기에 그 예가 있다.

> 우리의 도로에서 지속적으로 늘어나는 학살은 이제 중단되어야 한다. 교통사고를 확실하게 줄이기 위해 최고 제한속도를 25퍼센트 축소해야 한다는 것이 내 생각이다.

숨겨진 일반화를 명시화하여 다음과 같이 재구성할 수 있다.

P1) 모든 최고 제안속도를 25퍼센트 축소함으로써 교통사고를 줄일 수 있다.

P2) 교통사고를 줄일 수 있는 어떠한 조치도 즉시 시행되어야 한다.

_____

C) **모든 최고 제한속도는 즉시 25퍼센트 축소되어야 한다.**

위의 논증은 연역적으로 타당하지만, 다음과 같은 반례에 의해 쉽게 논박된다.

P1) 모든 자동차 운행을 금지함으로써 교통사고를 줄일 수 있다.

P2) 교통사고를 줄일 수 있는 어떠한 조치도 즉시 시행되어야 한다.

_____

C) **모든 자동차 운행을 즉시 금지해야 한다.**

P1이 참이고 C가 거짓이고 논증이 타당하므로, P2는 거짓임에 틀림없다. P2가 동일하므로 원래의 논증은 건전하지 않음을 알 수 있다. 물론 그렇다고 해서 교통사고를 줄이기 위해 아무 조치도 취해서는 안 된다는 것은 아니다. 단지, 교통사고를 줄이기 위한 방책이 목적을 달성하기에 충분하지 않다는 것이다. 이런 때에는, 제5장의 실천적 논증에서 살펴본 것과 같이, 논증에서 제시된 방책들의 기대값이 전반적으로 긍정적임(즉, 그것이 다른 나쁜 문제를 일으키지 않는다는 것)을 보여주어야 한다. 또한, 더 높은 기대값을 가지는(더 실용적이고 더 효과적인) 다른 방책은 없다는 것도 보여주어야 한다.

논증 개입 1: '누가 그렇게 말할 수 있는가?'라고 비판하지 않기

어떤 논증은 참 여부를 확실히 알기 어려운 전제들로 구성된다. 예를 들자면, 지극히 개인적인 생각이라든지, 사람들의 경향성과 관련된 논증들이 그렇다. 또는 실업률이 증가할 것인가, 다음 선거에서 야당이 승리할 것인가 등과 같은 미래의 일과 관련된 논증들이 그렇다. 다음을 살펴보자.

> 만약 그들이 공장을 폐업해서 500명의 실업자를 만든다면, 곧바로 우리 고장의 실업률은 최소 두 배 정도 증가할 것이다. 이것은 가정의 갈등을 불러일으킬 것이며, 따라서 가정폭력으로 이어질 것이다. 학자들의 연구에 따르면 이러한 일늘은 실업률의 갑작스럽고 극적인 증가가 발생하는 경우에 매번 일어난다고 한다.

공장을 폐업한다면 가정폭력이 증가할 것이라는 게 결론이다. 복잡한 논증 분석을 진행하지 않더라도, 이 논증에 대해 이렇게 생각하기 쉽다. '글쎄? 무슨 일이 일어날지 누가 말할 수 있을까? 우리는 가정폭력이 증가할 것임을 알지 못한다. 그 고장 사람들이 그렇게 나쁜 사람들이라고 가정할 수는 없다.' 그러나 이것은 논증의 내용과 관련 없는 비판이다. 대상이 되는 고장 사람들이 다른 지역의 사람들과 다르다고 가정할 만한 이유가 제시되지 않았다. 따라서 서술된 비판은 논증을 무시하고 있는 것이지 논증을 분석한 것이 아니다.

제시된 논증으로 돌아가보자. 논증의 전제들이 참이라고 가정할 때, 실업률이 대규모로 증가함에 따라 가정폭력율이 증가하는 경향이 있다는 증거는 매우 강하다. 아마도 이런 일들은 실제로 발생하기 전까지는 반드시 그렇다고 말하기 어렵지만, 그것이 바로 귀납 추론의 본성이다. 이렇듯, 어떤 논증이 귀납적으로 합당하다면, 결론이 참이라고 '누가 말할 수 있는가'라고 묻는 사람은 아무도 하지 않는 의심(그 논증이 연역적으로 타당하지 않다는 것)을 하고 있거나, 합당치 않아 보이는 회의론을(겨울 뒤에는 봄이 온다는 가설이 과거의 사례에 대한 관찰에 의해 지지되고 있다는 믿음을 거부하는 사람처럼) 가지고 있는 것뿐이다.

'누가 그렇게 말할 수 있는가'와 비슷한 반응은 다음의 예에서 살펴볼 수 있다.

P1) 우리의 훌륭한 예술 작품은 대체될 수 없는 문화적 자산이다.

P2) 우리의 대체될 수 없는 문화적 자산을 보호하는 것은 정부의 책임이다.

C) 우리의 훌륭한 예술 작품을 보호하는 것은 정부의 책임이다.

여기서 '훌륭한 예술 작품'의 의미는 모호하다. 훌륭한 예술 작품과 그렇지 못한 예술 작품의 경계는 그다지 분명치 않다. 따라서 '가치적재적'이다. 다시 말해, 어떤 것을 훌륭한 예술 작품으로 만드는 것은 사람들이 실제로 그것을 가치 있다고 여기는가에 부분적으로 의존한다(가치적재적이란 어떤 사물에 대한 가치판단이 그것에 대한 우리의 태도에 달려 있음을 뜻한다. 예를 들어, '잡초'는 가치적재적인 단어다. 어떤 사물이 잡초냐 아니냐는 비슷한 식물들 가운데 그것을 우리가 좋아하거나 관용적으로 대하는가 하는 여부에 달려 있기 때문이다).

이런 이유로 위의 논증이 주장하는 결론과 의견이 다른 사람이 다음과 같이 반응할 수 있다. '글쎄요? 어떤 것이 우리의 훌륭한 예술 작품이라고 누가 말할 수 있죠? 그것은 단지 견해의 문제일 따름이에요.' 그러나 이것은 논증에 대한 효과적인 비판이 아니다. 그러한 문제에 대해 만장일치의 의견을 얻는 것은 어렵게 마련이다.

효과적으로 논증을 비판하기 위해서, 즉 논증에 개입하기 위해서 보여주거나 논증해야 할 사항은 다음과 같다. (1)논증이 타당하지 않거나 귀납적으로 합당하지 않다. (2)하나 이상의 전제들이 거짓이다. (3)만약 그 논증이 귀납적이라면, 다른 어떤 논증에 의해 논박된다. 이 중 하나 이상이 성립함을 보이면 된다.

논증을 비판하는 데 단지 논증에 사용된 어떤 단어가 모호하다거나 가치적재적이라는 지적만으로는 충분하지 않다. 예를 들어 '대머리'는 모호한 단어지만, '영희는 여성이다. 그러므로 영희는 대머리가 아니다.'라고 논증하는 것은 귀납적으로 합당하다. 가치적재적 단어가 있다고 언급하는 것도 비판으로 충분하지 않다. 다음 논증을 통해 좀더 자세히 살펴보겠다.

> P1) 무고한 어린이를 죽이는 것은 비도덕적이다.
> P2) 우리는 비도덕적인 행동을 해서는 안 된다.
> _____
> **C) 우리는 무고한 어린이를 죽여서는 안 된다.**

여기에는 '비도덕적'과 '무고한'이라는 표현이 등장한다. 이것은 가치적재적인 표현이다. 이에 대해 누군가 다음과 같이 말할 수 있다. '무엇이 비도덕적이며, 무엇이 무고한 것이라고 누가 말할 수 있겠는가?' 그러나 그런 표현들에 적용의 문제가 있다고 해서 논증의 건전성이 손상되지는 않는다.

위의 '훌륭한 예술 작품'에 관한 논증으로 돌아가겠다. 그 같은 논증에 의해 정부 정책이 제안된다면, '훌륭한' 예술 작품이 어떤 것인가에 대한 논란은 논증의 적용을 어렵게 할 수 있다. 이 점을 언급하여 정부 정책에 반대하는 논증을 구성할 수도 있겠지만, 정부 정책에 반대하는 논증을 실제로 만들어내야만이 제대로 된 비판이라고 할 수 있다. 이때, 그 논증이 '훌륭한 예술 작품'과 같이 문제가 있거나 모호한 용어를 사용하고 있음을 지적하는 것으로는 충분하지 않다. 이것은 위의 어린이에 관한 논증에서도 분명하게 알 수 있다.

논증 개입 2: 선입견에 의한 꼬리표 붙이지 않기

이에 대한 전형적인 예를 살펴보겠다.

프라이버그는 강간·피해자들이 정서적 괴로움에 '특히 취약하며', 따라서 변호인이 요청하면 특별한 보호 조치가 취해져야 한다고 주장한다. 이것은 일반적으로 여성이나 이른바 '소수자'에게 편의를 제공하는 '정치적으로 올바른' 입장이다. 강간으로 고소된 남성도, 피해를 입었다고 주장하는 피해자에게 항변할 수 있는 기회를 포함하여 다른 피고들과 동일한 권리를 가져야 한다.

이 글은 프라이버그의 논증에 전혀 개입하고 있지 않다. 글쓴이는 프라이버그의 논증이 건전하지 않다고 생각할 만한 이유를 전혀 제공하고 있지 않다. 그는 논증의 추론이나 전제 중 어느 쪽도 비판하지 않았다. 다만 프라이버그의 입장에 대해 '정치적으로 올바르다'고 함으로써, 일종의 선입견이 있는 꼬리표 달기에 몰두하고 있다. 어떤 입장에 대한 꼬리표는 프라이버그가 어떤 식으로든 편견에 빠져 있으며, 자기가 가지고 있는 통설을 무반성적으로 받아들이고 있는 것처럼 보이게 만든다. '보수적인', '자유주의적인' 등과 같은 꼬리표들도 비슷한 역할을 한다.

논증 해설

우리는 이제 논증 분석에 관한 우리의 기본적 개념들과 절차들에 대한 논의를 마쳤다. '논증 분석'이란, 다음의 두 단계 과정을 의미한다. 먼저 논증을 재구성하고, 다음으로 논증을 평가한다. 이 작업은 다음과 같은 세 부분으로 이루어진다.

(1) 제시된 그대로의 논증(들)
(2) 표준형식으로 표현된 논증(들)
(3) 논증(들)에 관한 해설

(1)에서 (2)로의 진행이 논증재구성이다. 이 단계에서 흔히 나타나는 여러 가지 어려움에 대해서는 제5장에서 주로 다루었다. 또 제2장과 제3장에서는 (1)에서 (2)로의 단계를 체계적으로 해명하는 데 필요한 기본 개념들을 살펴보았다.

논증을 가장 우호적인 방식으로 재구성하도록 요구하는 자비의 원리 같은 개념은 논증의 원래 의미를 정확하게 결정하기 위해서라도 반드시 필요하다.

(3)에 대해서는 이제까지 명시적으로 논의하지 못했다. 이것은 단순하게 말해서 다음과 같은 사항을 포괄하는 글쓰기로, 다음에 열거하고 있는 항목 모두를 포함해도 좋고, 개별적인 사례에 따라 적절하게 몇 가지만을 포함해도 좋다.

1. 논증에 대한 일반적 논의를 진행한다. 이때 다음의 사항을 적절하게 설명한다. 먼저, 논증이 제시된 문맥을 설명한다. 즉, 논증의 핵심을 이해하기 위해 알아둘 필요가 있는 여러 가지 사실들을 서술한다. 종종 상대방이 말하고 있거나 논증하고 있는 것에 대해 서술하기도 한다. 상대방의 논증을 논박하는 것이 논증자의 우선적인 의도일 때 그렇다. 만약 필요하다면, 논증의 구조에 대한 논의를 서술한다. 논증의 구조에 대해 서술하는 것은 논증자가 몇 가지 논증을 한꺼번에 제공하거나 논증보다는 설명 또는 수사에 집중할 때 특히 유용하다.

2. 원래의 논증을 표준형식으로 어떻게, 왜 재구성해야 하는가를 설명한다. 특히 논증을 표준형식으로 재구성하는 과정에서 나타나는 여러 가지 문제들에 서술의 초점을 맞춘다. 만약 암묵적 전제들(또는 암묵적 결론들)이 추가된다면, 그 이유를 설명한다. 또, 만약 결론이나 전제의 표현이 바뀌어야 한다면, 그 이유를 설명한다. 예를 들어, 어떤 애매한 문장을 왜 다시 써야 하는지, 어떤 모호한 단어 또는 수사적인 단어들이 다른 용어로 대체돼야 하는 이유에 대해 설명한다. 논증을 재구성하는 과정에서 나타난 중요한 구절들의 의미를 설명하기도 한다.

이상적으로 말하자면, 이 부분은 논증의 재구성을 정당화하는 데 필요한 모든 것을 포함해야 한다. 왜 그렇게 논증을 재구성했는지를 설명해야 한다. 그러나 너무나 분명한 사항들에 대해 굳이 진술할 필요는 없다. 많은 경우에, 논증자가 가지고 있는 의도나 논증이 제시된 맥락에 대해 언급하기도 한다.

3. 논증의 타당성 또는 귀납적 합당성의 정도에 대해 서술한다. 우선, 논증이 연역적으로 타당한지 여부를 밝힌다. 만약 연역적으로 타당하지 않다면, 그 이유를 설명한다. 이때, 반례에 의한 논박의 방법을 사용할 수도 있다. 또, 연역적으로 타당하지 않다면, 귀납적으로는 합당한지를 밝힌다. 만약 귀납적으로 합당

하다면 어느 정도인지를 설명해야 한다. 논증이 오류, 특히 형식적인 오류를 범하고 있다면, 그 오류를 식별해내야 한다.

4. 만약 논증이 타당하거나 귀납적으로 합당하다면, 전제들의 진리값을 따져보아야 한다. 그 결과에 따라 논증의 건전성이 결정난다. 어떤 전제가 논란의 주요 대상인지, 그 이유는 무엇인지에 대해 자세하게 설명한다. 어느 정도 분명한 경우를 제외한다면, 이러한 설명이야말로 논증 분석 과정 가운데 가장 실질적인 작업이 된다. 따라서 개별적인 전제들을 받아들이거나 의심하게 하는 실제적인 이유들이 제시되어야 한다. '누가 그렇게 말할 수 있겠는가?'와 같은 비판을 피해야 하며, 만약 논증이 실질적 오류를 범하고 있다면, 그에 대해서도 설명한다.

5. 귀납적으로 건전한 논증의 경우에는 그것이 우리에게 논박될 수 있는지를 밝힌다. 논증이 논박된다는 것은 논증 자체에 관한 사실이 아니라, 그 논증과 우리(논증 분석자) 사이의 관계에 관한 사실이다. 이와 대조적으로, 어떤 논증의 타당성(또는 타당하지 않음), 귀납적 합당성(또는 귀납적으로 합당하지 않음), 건전성(또는 건전하지 않음) 등은 각 개인이 가지고 있는 지식의 수준과 상관없이 성립하는, 논증 자체에 대한 사실이다. 또 유일하게 존재하는 하나의 올바른 대답에 관한 문제다. 그럼에도 불구하고, 우리가 궁극적으로는 어떤 논증의 결론이 참이냐 거짓이냐에 관해 궁금해할 때, 논증이 우리에게 논박되었다면 논증 해설에서 그에 대해 분명하게 밝히는 것은 적절하다. 그렇지만 우리의 관심이 논증의 결론이 참인지 여부에 있지 않고, 제시된 논증이 가지는 덕목에 있을 수 있다.

나폴레옹이 자신의 군대가 워털루에서 승리할 것이라는 결론을 가진, 귀납적으로 건전한 논증을 제시했다고 해보자. 하지만, 그 논증은 결국 그의 군대가 승리하지 못했기 때문에 우리에게 논박될 수 있다. 그러나 만약 우리의 관심이 나폴레옹의 추론을 평가하는 데 있다면, 그의 논증이 우리에게 논박되었다고 해서 추론에 잘못이 있다고 지적하지는 않을 것이다.

아마도 우리는 나폴레옹의 논증이 귀납적으로 건전하다는 것을 보일 수도 있을 것이다. 그렇다고 해도 그 논증이 나폴레옹에게 합리적 설득력을 가지는가 하는 물음에 대한 답은 여전히 열려 있다. 여기에 답하기 위해서는, 나폴레옹이 알았던 것 또는 알았음직한 것들에 대해 우리도 알 필요가 있다. 우리는 역사가들이나 군사 전략가들로서 이러한 문제에 대해 관심을 가질 수도 있다. 그리고 그 대답에 의존하여 나폴레옹이 다음 중 어느 한 가지 이유로 비판받을 수 있음을 깨달을 수도 있다. 첫째, 비록 그 논증이 귀납적으로 건전하고 나폴레옹에게 합리적 설득력을 가지더라도, 논증의 귀납적 합당성의 **정도**는 전투의 위험을 무릅쓰기에 충분하지 않았을지도 모른다. 다시 말해, 전투를 감행했을 때의 기대값이 부정적일 수도 있고, 또는 그 위험을 정당화하기에 충분하지 않았을 수도 있다. 둘째, 그 논증은 나폴레옹에게 논박되었을 수도 있으며, 따라서 비록 귀납적으로 건전했다고 해도, 그에게 합리적 설득력이 없었을 수도 있다. 즉, 나폴레옹의 논증은 그가 알고 있었음에도 미처 고려하지 못한 어떤 사실에 의해 논박되었을 수 있다.

만약 어떤 논증이 우리에게 논박된다면, '그 결론은 거짓이다.'라는 진술은 충분히 정당화될 수 있다. 만약 어떤 결론에 대한 논증이 우리의 좀더 강력한 반대논증에 의해 논박된다면, 우리는 그 결론이 거짓이라고 주장할 만한 좋은 이유를 가지는 것이다. 그런 경우에 우리는 '이 논증은 나에게 논박되었다.'라고 하기보다 '이 논증의 결론은 거짓이다.'라고 더욱 강하게 말할 수 있다.

타당하거나 귀납적으로 합당한 논증에 관해 확정적인 판결을 내리는 것이 언제나 불가능하지는 않다. 때로는 전제에 대한 우리의 믿음이 그 논증의 건전성을 확신하기에 충분치 않은 경우도 있다. 그런 때에 우리는, 우리가 생각하기에 그 논증은 아마도 건전하다고 말할 수도 있다. 또, 어떤 논증의 전제들이 참인지 거짓인지에 대하여 어떤 믿음도 가지지 못하는 경우가 있다. 그런 때에는 논증의 건전성에 관해 임의의 판결을 감행하기보다, 전제들의 진리값에 대해 너무나 무지하기 때문에 결정할 수 없다고 말해야 한다. 사실상, 그렇게 하면 논증에 합리적 설득력이 없음을 보여주는 것과 다름없다. 또 그러한 무지를 해소하거나 완화하기 위해서 무엇을 알아두어야 하는지에 대해 가능한 한 설명해야 한다.

1에서 2까지의 논의는 각각 분리하여 진행하는 것이 이상적이다. 하지만 늘 그렇게 되지는 않는다. 예를 들어, 우리는 주어진 논증의 어떤 재구성에 대해 다른 재구성보다 귀납적으로 합당하다면서 정당화할 수 있다(자비의 원리에 따라).

이런 경우에 우리는 2의 작업에서 4의 작업으로 곧장 진행할 수 있으며, 이것은 옳다. 가장 중요한 것은 가능한 한 명료하게 이러한 과제들이 완결될 수 있도록 보장하는 것이다.

논증 분석과 평가의 실제

다음은 『런던 타임스』 사설에 대응한 믹 흄Mick Hume의 논증을 재구성한 것이다. 영국의 많은 공화당원들과 언론은 15년형을 선고받은 강간범의 국영 복권이 700만 파운드에 당첨된 사실에 분노했다(그는 주말 귀가weekend furlough를 이용해 복권을 구입했으며, 다음해에 출소하기로 예정되어 있었다). 논의가 좀더 수월하도록 각 단락을 대문자로 표시하고, 문자에 숫자를 붙였다. 모든 논증 분석에 이런 조치가 필요한 것은 아니다.

〈1부〉 제시된 논증

(A) ①인생이란, 그들의 말에 의하면, 복권이다. ②그러나 인생은 우리들에게 죽음과 세금 말고도 어떤 것들은 완전히 확실한 것임을 가르쳐 주었다. ③예를 들어, 신문이 어떤 일에 대한 공공의 분노를 폭발시키자마자 내무장관이 그것을 법으로 금지시키겠다고 약속하는 것은 마치 보증된 내기처럼 보인다. ④새로운 입법에 관한 문제라면, 데이비드 블런켓David Blunkett의 무릎은 너무 빨리 너무 자주 움직여서 그의 안내견은 시위용 헬멧이라도 써야 할 것 같다.

(B) ①블런켓이 보여준 맞춤식 법과 질서에 관한 최근 사례는 다름 아니라 죄수가 감옥에서 복권에 당첨되어 상금을 수령하는 일을 금하고, 죄수들이 공무원 피해자 펀드에 배상금을 지급하도록 만들겠다는 서약이다. ②이것은 강간범으로 수감되어 있다가 개방교도소에서 출옥한 동안 700만 파운드에 당첨된 로워스 호어Iorworth Hoare에 대한 대중들의 소란에 뒤이어 생긴 일이다.

(C) ①내무장관은 이번 일이 대단히 중요하다고 판단하여 『선』지에 '다시는 이

런 일이 일어나지 않을 방법을 찾겠다.'고 약속한 기고문을 실었다. ②이전에 이런 일이 일어나지 않았다면, 앞으로도 이런 일이 일어날 것이라고 상상할 만한 이유는 없어 보인다. ③그러나 블런켓의 기고문은 '이것은 아무 생각 없는 즉각적인 반응knee–jerk reaction이 아니'라고 소리를 높이고 있다.

(D) ①호어는 분명히 공공적으로 경멸을 받을 만한 끔찍한 범죄의 표본이며, 나는 복권의 구매와 관련하여 그의 '인권'에 대해서는 거의 관심이 없다. ②그렇지만 이번처럼 국가적인 분노가 비이성적으로 폭발하는 것에 대해서는 우려를 감추기 어렵다.

(E) ①아마도 모든 사람들은 그렇게 나쁜 사람이 그렇게 운이 좋다는 데에 대해 격노하는 것 같다. '또, 그만이 받을 만한 자격이 없는 당첨자는 아니'라면서 어느 신문은 한탄했다. ②사실 그렇다. ③나도 받을 만한 자격이 없는 복권 당첨자다. ④그리고 만약 여러분이 나처럼 이따금씩 10파운드짜리 복권에 당첨된다면, 여러분 역시 받을 만한 자격이 없는 당첨자다. ⑤하지만 〈용서받지 못한 자〉에서 클린트 이스트우드가 진 핵크만에게 말한 것처럼, '받을 만한 자격이 있음, 그것과 아무런 상관이 없다.' ⑥인생은 복권일 수도 있고 그렇지 않을 수도 있지만, 로또는 틀림없이 복권이다. ⑦복권에 당첨되기 위해 도덕적 가치를 증명할 필요가 있는 사람은 아무도 없으며, 그는 단지 복권의 값만 치르면 된다.

(F) ①어떤 사람들은 좋은 목적에 돈을 보태기 위해서 복권을 사기 때문에 호어의 횡재에 화가 치솟는다고 불평한다. ②제발 그런 소리는 그만 하자. ③내가 복권을 사는 것은 개 경주나 축구 시합에 내기를 걸 때와 마찬가지로 자선 행위와 아무 관련이 없다. ④복권을 사는 것은 나에게 (그리고 그 숫자를 골라 준 나의 어린 딸에게) 토요일 저녁에 한 순간의 흥분을 선사한다. ⑤그런데 우리가 당첨되지 않았을 때, 다른 누가 당첨되었다는 것이 우리와 무슨 상관이란 말인가?

(G) ①블런켓은 피해자들이 고통 받고 있는 가운데 호어가 복권에 당첨될 수 있다면 '정의는 없다.'고 말한다. ②내무장관이 형사상의 정의를 복권 당첨자와 연관시킨 것이 도대체 언제부터의 일인가? ③나는 범법자들에 관한 정의는 그

들이 사회에 진 빚을 갚는 것이라고 생각해왔으며, 그들의 복권 당첨금을 내무부에 되돌려주는 것이라고는 조금도 생각해본 적이 없다. ④호어가 감옥에 수감된 것도 바로 그런 이유 때문이다. ⑤물론 그의 출옥이 마땅한 일이었는가에 대해서 논쟁이 제기될 수 있다는 것은 의심할 바가 없다. ⑥그러나 그의 피해자들이 그에게 보상금 청구 소송을 제기해야 한다는 광범위한 제안들은 문제를 더욱 악화시킬 가능성이 높다. ⑦여러분은 20년 전에 발생한 강간 사건에 대해 어느 정도의 가격을 매길 것인가? ⑧17세나 18세의 나이에 그에게 폭행을 당한 여성들이 이번에 일어난 사건에 심적인 고통을 느낄 것이라는 점은 전적으로 이해할 만하다. ⑨그러나 오늘날 전국적인 언론 매체들을 통해 끄집어 내어지는 과거의 고통을 다시 들여다보는 것이 정확하게 어떻게 보상받을 수 있단 말인가?

(H) ①로또는 엄청난 당첨금을 유죄 선고를 받은 강간범과 유죄 선고를 내린 정치가 중 누가 가져가는지에 따라 선한 힘이 되기도 하고 악한 힘이 되기도 하는 것이 아니다. ②그리고 우리가 인생에서 좋아하지 않는 모든 것을 법으로 금지하는 새로운 법은 존재할 수 없다.

〈2부〉 재구성된 논증

논증 1

P1) 만약 어떤 일이 일어날 것 같지 않으면, 그 일을 법으로 금지해서는 안 된다.

P2) 또 다른 수감된 범죄자가 복권에 당첨되는 일은 일어날 것 같지 않다.

C) **수감된 범죄자들이 복권에 당첨되는 것을 법으로 금지해서는 안 된다.**

논증 2

P1) 매우 적은 복권 당첨자들만이 그들의 당첨금을 받을 만한 자격이 있다.

P2) 대부분의 복권 당첨자들은 그들의 당첨금을 수령할 권리가 있다.

C1) **그들의 당첨금을 받을 만한 자격이 없는, 어떤 복권 당첨자들은 당첨금을**

수령할 권리가 있다.

C2) 복권 당첨금을 수령할 수 있기 위해서 그것을 받을 만할 자격이 필요하지
는 않다.

논증 3

P1) 대부분의 사람들이 복권을 사는 우선적인 동기가 좋은 목적에 있는 것은
아니다.

P2) 대부분의 복권 당첨자들은 그들의 당첨금을 수령할 권리가 있다.

C1) 그 동기가 좋은 목적에 있지 않은, 어떤 복권 당첨자들은 그들의 당첨금
을 수령할 권리가 있다.

C2) 복권 당첨금을 수령할 권리를 가지기 위해서, 복권을 사는 동기가 반드시
좋은 목적에 있을 필요는 없다.

논증 4

P1) 만약 어떤 사람이 범죄로 유죄 선고를 받고 실형을 살고 있다면, 그런 경
우에 그 선고가 그 범죄에 충분하다면, 그는 범죄에 대하여 충분한 처벌
을 받은 것이다.

P2) 호어는 그가 저지른 범죄에 대한 선고를 받고 실형을 살고 있다.

C) 호어에 대한 실형 선고는 그의 범죄에 대하여 충분하지 않거나, 아니면
그는 그 범죄에 대하여 충분한 처벌을 받았다.

〈3부〉 해설

강간으로 유죄 선고를 받은 로워스 호어는 교도소에서 주말 귀가를 나온 동
안 복권을 구입했다. 그는 15년 동안 수감 생활을 했고 매우 짧은 기간 동안 출
옥하도록 되어 있었다. 그가 산 복권은 700만 파운드에 당첨되었다. 흄은 호어
가 당첨금을 수령할 수 없다는 주장에 대하여 대응하고자 하는 것 같다. 그가

반대하는 주장은 다음과 같은 전제들을 가진 논증에 의해 지지되고 있다. 첫째, 그 범죄자가 복권 당첨자가 되는 것을 법으로 금지해야 했다. 둘째, 복권에 '당첨될 만한 자격이 있는' 사람만이 복권 당첨금을 수령할 권리가 있다. 셋째, '좋은 목적', 즉 복권 판매 기금을 조성하는 목적에 기여할 의도를 가지고 복권을 사는 사람만이 복권 당첨자가 될 권리를 가진다. 호어는 수감된 범죄자로, '받을 만한 자격이 있는' 사람이 아니며, 좋은 목적에 기여할 의도로 복권을 산 것도 아니다. 따라서 만약 이러한 전제들이 참이라면, 우리는 호어가 700만 파운드를 수령할 권리를 가지지 않는다는 결론에 대한 건전한 논증 세 가지를 가지게 된다. 흄은 이러한 세 전제 각각에 반대하는 독립된 논증을 제시했으며, 추가적인 논증도 제시했다. 각 논증들 사이의 유관성에 대해서는 아래에서 설명하겠다.

(C)에서 논증 1이 구성된다. (A)와 (B)는 주로 무대 설정의 역할과 수사로 이루어져 있다. 흄은 내무장관인 블런켓을 비판하고 있는데, 블런켓은 수감자가 복권 당첨금을 수령하지 못하게 하겠다고 약속함으로써 문제의 이슈에 대한 신문의 부추김에 지나치게 재빨리 반응하고 있다는 것이다. 그렇지만 흄은 (A)를 통해 블런켓이 종종 공공적인 소란에 대하여 성급하게 반응하고 있다고 주장하는 것 이외에는, 자신의 주장에 대한 근거를 제시하지 않고 있다. 이것은 블런켓이라는 사람에 대한 호소하기로, 수감자의 복권 당첨을 허용해야 하느냐 마느냐라는 흄의 중심 문제와 관련이 없어 보인다. 그렇지만 블런켓은, 아마도 그러한 일을 방지하는 법안을 통과시킴으로써 이후로는 그런 일을 허용하지 않겠다고 약속했다. (C)의 ③번 문장은 그러한 법안이 통과되어서는 안 된다고 논증하는 것처럼 보인다. P2는 ③번 문장에 명시적으로 나타난 진술을 반복하고 있다. P1은 암묵적 전제이고, C는 우리가 받아들이기를 원하는 흄의 결론이다.

(D)의 ①을 통해 흄은 호어가 '끔찍한 범죄의 표본'이라는 점에 대해 이의를 달지 않겠다는 것을 분명히 했다. ②는 '국가적인 분노가 비이성적으로 폭발하

는'이라는 모호한 표현을 사용하고 있지만, 그것이 무엇인지에 대해서는 분명하게 말하고 있지 않다.

(E)에서 논증 2가 구성된다. 흄에 따르면, 어떤 사람들은 호어가 '받을 만한 자격이 없는' 복권 당첨자라고 불평하고, 따라서 그는 당첨금을 수령할 권리가 없다고 생각한다. 그렇지만 흄은 자기도 '받을 만한 자격이 없는 복권 당첨자'의 한 명이라고 말한다. ④와 ⑤에서 분명히 했듯이, 그는 이 같은 일의 전형적인 사례로 자신을 제시하고자 의도하는 것이다. 전형적으로 복권 당첨자는 당첨된 돈을 받을 만한 자격이 없다. 따라서 재구성된 논증의 '받을 만한 자격'이라는 표현은 매우 중요하다. 어떤 것에 대해 '받을 만한 자격'이 있다는 것은 단지 그것에 대한 권리가 있음을 의미하지 않는다. 예를 들어, 길거리에 떨어진 돈을 발견한 사람에게 그것을 가질 권리가 있다고 해도, 돈을 발견했다고 해서 그것을 가질 만한 자격까지 생기는 것은 아니다. 한편 적절한 노동을 한 사람이 돈을 벌었다면, 그는 그 돈을 받을 자격이 있다. 우리는 수개월 동안 열심히 일한 사람에 대해 휴가를 받을 만한 '자격이 있다.'고 말한다. 이처럼 일반적으로 '그것을 받을 만한 자격이 있다.'고 하는 것은 '그것을 빌려 주었다.' 또는 '어떤 일이나 다른 가치 있는 행위를 함으로써 그것을 벌었다.' 등을 의미한다. 따라서 논증 2의 P1이 말하는 바와 같이, 매우 적은 복권 당첨자들만이 당첨금을 받을 만한 자격이 있다. 그러나 우리는 대부분의 당첨자들에게 당첨금을 받을 권리가 있음을 받아들인다. 전형적인 경우, 만약 우리의 복권이 당첨되었다면, 우리는 그 당첨금을 수령할 권리를 가진다. 즉, 논증 2의 C1이 따라 나온다. 실제로, 거의 모든 복권 당첨자들에게는 당첨금을 받을 권리가 있으며, 따라서 대부분의 복권 당첨자들은 당첨금을 받을 자격이 없음에도 불구하고 권리를 가진다는 것은 아마도 참일 것이다. 이것은 대부분의 사람들이 납득하는 바다. 그러나 여기서 필요로 하는 모든 것은 P2보다 약한 전제다. C2는 C1로부터 따라 나오는데, 여기서 C1은 흄의 요점을 제시하고 있다. 즉, 우리는 그가 복권 당첨금을 받을 자격이 없다는 전제로부터 호어가 복권 당첨금을 받을 권리가 없다고 논

증할 수 없다. 추가적으로 필요한 전제, 즉 복권 당첨자는 단지 그들이 그것을 받을 만한 자격이 있는 경우에만 당첨금을 받을 권리가 있다는 것은 거짓이기 때문이다.

논증 3은 (F)에서 구성된다. 논증 3은 논증 2와 유사하다. 좋은 목적에 기여할 의도를 가지고 복권을 사지 않았다면 복권 당첨금을 받을 권리가 없다고 주장하는 사람들이 있다. 그들에 따르면, 호어는 나쁜 사람이기 때문에 그러한 의도를 가질 수 없다. 따라서 당첨금을 받을 권리가 없다. 이 논증의 첫 번째 전제에 흄은 이의를 제기한다. 흄은 그와 딸이 복권을 살 때 그런 식의 동기를 가지지 않는다고 지적하면서, 이것은 매우 전형적인 상황이라고 가정하고 있다. 그러므로 P1은 참이다. P2는 논증 2와 마찬가지다. 이 전제들로부터 C1이 따라 나온다. 그리고 C1로부터 C2가 따라 나온다. C2는 좋은 목적을 지지하려는 의도를 가지고 복권을 사는 사람들만 당첨금을 받을 권리가 있다는 생각과 충돌을 일으킨다.

논증 4는, 만약 호어 같은 범죄자가 복권에 당첨된다면 '정의는 없다.'고 하는 블런켓의 주장에 반대하고 있다. 흄은 블런켓의 주장을 다음과 같은 의미로 해석한다. 만약 범죄자가 복권에 당첨된다면, 형사상 정의의 요구는 결코 실현될 수 없다. 즉, 범죄자들은 그들의 죄에 적절한 법률적 처벌을 받아왔다는 것이 사실이 될 수 없다. 이에 대해 흄은 재구성된 논증을 통해 P1과 같은 명제를 제시했으며, 이것은 (G)의 ②~④에서 서술되었다. 이에 대해 우리가 단순히 '만약 어떤 범죄로 유죄 선고를 받은 사람이 그 범죄에 의해 선고된 실형을 살고 있다면, 그는 그 범죄에 대해 충분히 처벌받았다.'라고 썼다고 해보자. 이것은 분명히 참이 아닌데, 적어도 어떤 유죄 판결은 지나치게 관대하기 때문이다. 흄의 요점은 아마도 형법상의 선고는 형사상의 정의를 실현하는 데 목적이 있다는 것인 듯하다. 유죄 선고가 범죄에 적절하다면, 선고된 형을 사는 범죄자는 형사적 정의의 요구를 만족시킨다. 비록 흄은 그렇게 생각하지 않지만, 다음과 같은 명제가 추가될 수도 있다. 범죄자가 이미 형사상 정의의 요구를 만족시키고 있다면, 그 범죄자에 대하여 추가적인 처벌을 가하는 것은 잘못이며, 따라서 그에게서 돈(복권 당첨금)을 법적으로 빼앗는 것은 적절치 않다. 흄은 호어가 받은 유죄 선고가 범죄에 적절하다고 주장하는 것이 아니기 때문에, 또한 그 문제에 대해 잘 알지 못하기 때문에, 결론적으로 다음과 같이 선언문을 결론으로 삼았다(이 결론은 암묵적이다). '호어에 대한 실형 선고는 그의 범죄에 대하여 충분하지 않거나, 아니면 그는 그 범죄에 대하여 충분한 처벌을 받았다.'

위의 네 논증은 모두 타당하며, 논증 2부터 논증 4까지는 건전해 보인다. 논증 1은 어떤 면에서는 건전하지 않아 보이는데, P1이 거짓일 수 있기 때문이다. 만약 어떤 것이 일어날 가능성이 거의 없다고 해도, 특히 그것의 결과가 극단적으로 나쁘다면 법으로 금지될 필요성이 제기될 수 있을 것이다. 또한, P2가 참인지 여부도 분명하지 않다. 아마도 다른 죄수가 700만 파운드에 당첨되는 일의 개연성은 낮아 보인다. 그러나 그런 일이 일어날 가능성이 대단히 낮다고 해서 다시는 일어날 수 없다고 단정 내릴 수는 없다. 또, 죄수들이 작은 액수의 복권에 당첨될 가능성이 그렇게 적은 것도 아니므로, 이것은 동일한 문제를 불러일으킬 수 있다.

마지막으로, (H)에 관해 몇 가지 사항이 언급되어야 한다. 흄의 반대자들은 악인이 복권에 당첨되는 일은 도덕적으로 악한 일이 발생한 것이라고 받아들인다. 하지만 흄은, '복권의 당첨자들은 순전히 운으로―도덕적인 고려를 포함하여 다른 어떤 고려에 의해서가 아니라―결정되어야 한다.'고 주장한다. 따라서 논증 2가 가장 중요하다. 그런데 논증 2가 건전하므로, 흄은 주요 과제를 성공적으로 수행했다고 볼 수 있다.

추가 해설

비판적 사고를 다루는 책의 경우에 주제에 대해 어느 정도로 자세히 다루어야 할지가 늘 골칫거리다. 이 책에서는 꽤 자세한 내용을 다루었으며, 특히 예로서 내용 이해를 도우려고 했다. 물론, 더 깊이 다루는 것이 불가능한 것은 아니다. 경우에 따라서, 가령 매우 중요한 내용이거나 그러는 편이 흥미를 높일 수 있다고 판단될 때는 비교적 깊이 있게 다루었으며, 마찬가지의 이유로 개략적으로만 다루기도 했다. 하지만 이 책에 소개된 기법과 이슈들이 비판적 사고와 관련된 내용의 전부가 아니다. 각 사례들은 관련된 기법과 이슈들 중 중요한 것만을 다루었으며, 소개된 모든 논증들은 해석과 재구성이라는 문제를 가지고 있다.

이 책에서 소개한 논증 분석의 방식들을 맹목적으로 흉내 낼 필요는 없다. 무엇보다도 중요한 것은 앞으로 우리가 시행할 논증의 재구성이 정보를 제대로 전달하도록, 명료하면서 수사적이지 않은 방식으로, 균형 잡힌 시각에 의해—다시 말해 사려 깊으며, 이해관계에 이끌리지 않고, 편견에 치우치지 않은—중립적인 방식으로 설명될 수 있고 정당화될 수 있어야 한다는 것이다. 그러기 위해서라면 어떤 기법이나, 접근 방식을 선택해도 적절하다. 또, 논증에 대한 분석력은 그 밖의 여러 분야에 적용되는 기법이기도 하다. 다시 말해 어떤 주제에 대해서도 적용될 수 있고, 특히 그 주제에 대한 전문적인 지식이 없어도 활용될 수 있다. 하지만 적지 않은 경우에 주제에 대한 지식은 논증 분석에 매우 유용하게 적용되며, 특히 논증이 주어진 맥락에 대한 이해는 큰 도움이 된다. 이것이 종종 논증 분석을 하는 과정에서 핵심적인 역할을 하는데, 논증의 핵심 요소들은 종종 암묵적이기 때문이다.

요 약

  합리적 설득력이 있는 논증은 반드시 연역적으로 타당하거나 귀납적으로 합당해야 한다. 연역적으로 타당한 논증은 만약 우리가 그것의 전제들을 (주어진 시점에서) 받아들이기에 좋은 이유를 가진다면, 우리에게 합리적 설득력을 가진다. 귀납적으로 합당한 논증은, 만약 우리가 전제들을 (주어진 시점에서) 받아들이기에 좋은 이유를 가지는 경우에 우리에게 합리적 설득력을 가지며, 그 논증은 우리에게 (그 시점에서) **논박**되지 않는다. 귀납적으로 합당한 논증 중에 어떤 논증에 대해 만약 우리가 그 결론을 거부하면서 원래의 논증보다 합리적 설득력이 좀더 높은 다른 논증을 제시할 수 있다면, 그 논증은 우리에게 (그 시점에) 논박된 것이다.

  타당성과 다르게 귀납적 합당성과 건전성, 합리적 설득력은 논증 자체의 성질이 아니다. 그것은 (어떤 시점에) 주어진 어떤 논증과 어떤 사람 사이에 성립하는 관계의 문제다. 한 논증은 어떤 사람에게는 합리적 설득력을 가질 수 있지만, 다른 사람에게는 그렇지 않을 수도 있다. 그리고 한 논증은 어떤 시점에서 어떤 사람에게 합리적 설득력을 갖지만, 다른 시점에서는 동일한 사람에게 설득력을 갖지 못할 수도 있다.

  건전하지만 우리에게 합리적 설득력을 갖지 못하는 논증도 있다. 비록 우리가 보기에 논증의 전제들을 받아들일 만한 좋은 이유가 없더라도 실제로는 참일 수 있기 때문이다. 또, 제시된 논증을 귀납적으로 건전하다고 판단하고 그 논증의 전제들도 참으로 받아들였음에도 불구하고, 그 논증이 우리에게 논박되는 경우도 있다. 게다가 우리에게 합리적 설득력을 가지지만 건전하지 않은 논증도 있을 수 있다. 일련의 전제들에 대해 그 중 하나가 실제로는 거짓임에도 불구하고, 그 전제들 모두는 우리가 받아들일 만한 좋은 이유들을 가질 수도 있기 때문이다. 그러나 어떤 논증이 우리에게 합리적 설득력을 가지느냐 그렇지 않느냐의 문제는, 단순하게 우리가 그 논증에 설득력이 있다고 생각하느냐, 또는 실제로 그 논증에 설득되느냐 하는 문제와 다르다. 우리가 실제로 그 논증에 대해 설득당하는가와 상관 없이 합리적 설득력에 대해서 착오나 실수를 일으킬 수 있기 때문이다. 심지어 어떤 논증들은 비록 우리가 합리적 설득력이 없다고 생각할 때조차 합리적 설득력을 가질 수 있으며, 우리가 합리적 설득력이 있다고 생각하는데도 그렇지 않을 수도 있다.

합리적 설득력 개념에 대한 이해는 논증의 의도를 알아차리는 것과 관련해서 매우 중요하다. 논증의 가장 중요한 목적은 사람들을 합리적으로 설득하는 것이다. 즉, 사람들에게 주어진 결론을 받아들일 만한 좋은 이유를 실제로 제공함으로써 사람들을 합리적으로 설득하는 것이다. 합리적 설득력이 있는 논증이라면 사람들이 비록 그 결론을 받아들이지 않으려 하더라도, 결국에는 그 결론을 받아들여야 한다.

논증에 대해 **논리적 평가**를 하고, 어떤 논증이 타당하지 않거나 또는 귀납적으로 합당하지 않음을 보여주기 위해 적용할 수 있는 방법들은 다양하다. 가장 주요한 과제는 논증에 연역적 타당성과 귀납적 합당성의 정의를 적용하는 것이다. 이것을 비교적 어려운 사례들에 적용하기 위한 몇 가지 전략이 있다. 가장 손쉽게 적용해볼 수 있는 전략은, 논증의 결론이 거짓이라는 가정 아래 전제들이 모두 참인 게 가능한지를 묻는 것이다. 다른 하나는 논증의 결론이 조건문인 경우에, 조건문의 전건이 참이라는 가정 아래 나머지 전제들이 조건문의 후건을 반드시 참으로 만드는지를 살펴보는 것이다. 논증의 결론이 일반화라면 앞의 전략과 유사한 전략을 적용할 수 있다. 즉, 그 일반화에 관한 임의의 사례를 설정하여 전건이 참이라고 가정하는 것이다. 마지막으로, 어떤 논증이 부당하거나 귀납적으로 합당하지 않음을 보여주는 효과적인 방법으로 **반례에 의해 논박**하는 것이 있다. 이것은 문제의 추론과 동일한 유형의 추론으로 이루어진 논증을 제시함으로써 논증이 명백하게 부당하거나 합당하지 않음을 보이는 방법이다.

 논증을 평가할 때는 '**누가 그렇게 말할 수 있는가?**'와 같은 비판을 하지 않아야 한다. 이것은 귀납적으로 합당한 어떤 논증의 결론이 아직 '증명'되지 않았으며, 거짓'일지도 모른다'고 불평하는 형식을 가진다. 또는, 어떤 논증이 가치적재적 용어를 포함하고 있다면서, 논증에 반대하는 형식이다. 합리적 관점에서 볼 때, 이것은 진정한 비판이 아니다. 또한 어떤 논증이나 입장에 대해, '정치적으로 올바른', '사회주의적인' 등과 같은 **꼬리표**를 붙여서 판단해서는 안 된다. 꼬리표만으로는 그 논증이나 입장을 거부하거나 받아들이는 이유로 적절치 못하다.

Truth, knowledge and belief

이 장에서는 비판적 사고의 원리들의 밑바탕을 이루고 있는 몇몇 철학적 주제에 대해 깊이 있게 다루려고 한다. 앞의 제1장과 제2장에서 다룬 참에 대한 논의를 확장하고, 우리에게 경험적으로 뿌리 깊게 자리 잡고 있는 신화, 즉 참인가 아닌가는 오직 개인적 견해나 취향에 의존할 뿐이라는 생각을 떨쳐내는 것으로 이번 장을 시작하려 한다.

가장 먼저, **모든 참은 상대적**이라는 신화에 대해 다루겠다. 그런 뒤에 어떤 것이 참임을 **믿는 것**, 어떤 것이 참임을 믿는 것이 **정당화되는 것**, 그리고 어떤 것이 참임을 **아는 것** 사이의 관계에 대해서 자세히 살펴보겠다. 이런 관계가 비판적 사고에서 중요한 이유는 믿음에 대한 **증거의 적절성**과 관련이 있기 때문이다. 그 관계들은 전제들이 참인지 아닌지, 귀납적으로 합당한 논증의 결론이 논박되는지 논박되지 않는지, 논증이 합리적인 설득력을 가지는지 가지지 않는지 등을 결정할 때 중요하다. 게다가, 참, 지식, 증거 등의 개념들은 논증에서 혼동을 불러오는 경우가 많으므로, 그 개념들을 명료하게 하는 것은 매우 중요하다.

참과 상대성

뭔가 말하거나 주장하는 경우에 우리는 어떤 것을 **단언**한다. 그리고 특정 믿음을 표현한다. 믿음은 우리가 **명제**에 대해 취하는 태도다. 명제를 믿는다는 것은 그것을 참으로 받아들인다는 것이다. 단언은 참 – 주장이고 믿음은 참 – 태도다. 이런 식으로 단언, 믿음, 참은 내적으로 연관되어 있다. 이 책의 서두부터 우리는 참을 직관적으로 이해하고 있는 듯 말해왔다. 참에 대한 직관적 이해에 따르면, 어떤 주장이 **참**이라는 것은 그 주장이 말하는 상황대로임을 의미한다. 어떤 명제가 참이라고 단언하는 것은 그 명제를 단언하는 것과 같다.* 이것은 아래와

---

*⟨P이다.⟩라는 명제와 ⟨P가 참이다.⟩라는 명제는 동치다. 마찬가지로 P가 참이라고 단언하는 것은 P라고 단언하는 것과 동치다.—옮긴이

같은 문장의 진리값이 서로 같음을 의미한다.

> 안현수가 2006년 동계 올림픽의 남자 쇼트트랙 부문에서 종합우승했다.
> 안현수가 2006년 동계 올림픽의 남자 쇼트트랙 부문에서 종합우승했다는 것은
> 참이다.

위의 두 문장 중 하나가 참이면 다른 하나도 참이다. 이것은 '참'이 갖는 일상적인 의미다. 즉, 위와 같은 문장들 사이에 동치관계가 필연적으로 성립한다는 것이 우리가 '참'이라는 말을 쓰면서 기대하는 가장 기초적인 의미다.

영수는 말하기를 안현수가 2006년 동계 올림픽의 남자 쇼트트랙 부문에서 종합우승했다고 했다. 영수의 주장이 참이라는 것은 단지 안현수가 2006년 동계 올림픽의 남자 쇼트트랙 부문에서 종합우승했음을 말한다. 그러므로, 참은 사람들의 몇몇 주장(모든 주장이 참은 아닐 테니까)이 갖는 특징 중 하나지만, 어떤 주장이 참인지 여부는 그 주장을 제기한 사람, 그의 믿음, 문화적 배경, 언어 등과는 상관 없다(명제가 명시적으로 그런 믿음, 문화, 언어에 대한 것일 때는 예외다). 안현수에 대한 영수의 주장이 참인지 아닌지는 오직 안현수가 2006년 동계 올림픽의 남자 쇼트트랙 부문에서 종합우승을 했는가 하는 것에만 의존하며, 영수에 대한 어떤 사실에도 의존하지 않는다. 특히 안현수가 종합우승했음을 영수가 믿거나 주장했다는 사실 자체는 그 내용이 참인지 여부와 아무 상관이 없다.

위에서 언급한 동치관계로부터 다음과 같은 귀결을 얻을 수 있다. 만약 영수의 주장에 대해 윤철이 "그것은 참이야."라고 말한다면, 결과적으로 윤철은 영수와 같은 내용을 단언한 셈이 된다.* 그는 영수에 동의한 것이며, 만약 안현수가 2006년 동계 올림픽의 남자 쇼트트랙 부문에서 종합우승했다면 영수의 주장은 참이고 그렇지 않다면 거짓이다. 윤철의 주장에 대해서도 마찬가지 방식으로

---

*〈p라는 것은 참이다.〉와 〈p이다.〉가 서로 동치라는 사실에 따르면, 윤철의 "그것은 참이다That's true."라는 주장은 '그것That'과 동치이다. 따라서 결국 윤철은 '그것'을 주장한 것이라 할 수 있다. 그런데 여기서 '그것'은 〈안현수가 남자 쇼트트랙 부문에서 종합우승했다는 것〉을 의미하므로, 결국 윤철은 〈안현수가 2006년 동계 올림픽의 남자 쇼트트랙 부문에서 종합우승했다는 것〉을 주장한 셈이 된다. 이것은 바로 영수가 주장한 바로 '그것'이다.—옮긴이

말할 수 있다.

　이러한 요점은 매우 직접적이고 당연한 것이지만, 맥락에 따라 쉽게 망각되기도 하며, 그런 경우에는 참에 대한 혼동이 발생하기도 한다. 참은 상대적이란 신화를 떨쳐버리기 위해, 먼저 **지표어**와 **암묵적인 화자 상대성**이라는 개념을 살펴보도록 하자. 세 가지로 분류된 다음의 주장을 살펴보자.

1	· 김대중은 노무현 바로 이전의 한국 대통령이었다. · 물은 H_2O다. · 목성은 금성보다 크다. · 부다페스트는 헝가리의 수도다.
2	· 이곳에 비가 오고 있다. · 그녀는 35세다. · 저 책은 대부분의 학생들이 사기엔 너무 비싸다. · 사장이 오늘 우리 사무실을 방문할 것이다.
3	· 기하학은 어렵다. · 초콜릿아이스크림이 바닐라아이스크림보다 더 맛있다. · 장동건이 강동원보다 더 잘 생겼다. · 〈올드보이〉는 매우 재미있는 영화다. · 축구하는 것보다 보드게임하는 게 훨씬 재밌다.

　위 주장들 각각은 모두 **단언하는 형식**이다. 일반적으로 단언은 그러저러한 것이 사실이라는 믿음을 표현하기 위해 사용된다(거짓말을 할 때를 제외하면). 그러나 누군가 어떤 것을 단언했다는 것이 그 단언이 참임을 보장하지는 않으며, 단지 말하는 이가 그렇게 믿고 있음을 보여줄 뿐이다. 누군가 '목성이 금성보다 크다.'고 단언한다면, 그는 어떤 행성이 다른 행성보다 크다는 것이 사실이라는 자신의 믿음을 표현한 것이다. 그 단언이 참인지 여부는 오직 실제로 목성이 금

성보다 큰지에 의존한다. '김대중은 노무현의 전임 한국 대통령이다.'와 '부다페스트는 헝가리의 수도다.'에 대해서도 마찬가지다. 즉, 자신의 믿음을 단언하는 진술이 화자 자신에 대해 뭔가를 말하고 있는 것은 아니다. 부다페스트가 헝가리의 수도라는 단언도 다만 부다페스트와 헝가리에 관한 진술이자 말하는 사람의 믿음일 뿐이다.(즉, 발언자 자신에 대한 사실을 표현한 것이 아니다.―옮긴이)

이제 두 번째 군의 주장을 보자. 이것들도 단언하는 형식이다. 각 주장은 '이곳', '그녀', '저', '오늘' 등과 같은 지표어를 포함하고 있다. **지표어**는 특정 대상을 지시하는 단어로(철학적 용어로는 '지시어'다) 정확히 어떤 것을 지시하는지는 발화의 맥락에, 때로는 화자의 의향에 의존한다. 때문에 지시하는 대상이 발화 때마다 달라지며, 문장의 진리값은 **맥락 상대적**이다. '이곳에 비가 오고 있다.'라는 문장이 서울에서 발화되면 참인데, 같은 순간에 강릉에서 발화되면 거짓일 수 있다. 따라서 '이곳'이 맥락상 어디를 지시하는지가 결정되어야 문장의 진리값이 결정된다. 마찬가지로 '그녀는 35세다.'가 영희에 대해 발화된 것이라면 참이지만, 은자에 대해 발화될 때는 거짓일 수 있다. '사장이 오늘 방문할 것'이란 진술에서도 '오늘'이 화요일을 가리킨다면 참이지만, 금요일을 가리킨다면 거짓일 수 있다. 또, 만약 '저 책'이 100쪽짜리로 가격이 5만 원이라면 대부분의 학생들에게 비싼 책이겠지만, 300쪽짜리로 가격이 5,000원이라면 대부분의 학생들이 살 수 있을 만한 책이 아니라는 주장은 거짓이다.

어떤 문장들은 명시적인 지표어가 없는데도 맥락 상대적인 경우가 있다. '이곳에 비가 오고 있다.'라는 문장을 보자. 그것이 오늘 서울에서 발화된 것이라면 참일지 모르지만, 내일 서울에서 발화된 것이라면 거짓일 수 있다. 이 문장은 '지금'이라는 지표어를 포함하고 있지 않지만, 발화의 시간에 대해 맥락 상대적이다. 다시 말해, 사실상 이 문장은 '지금 이곳에 비가 오고 있다.'라는 문장과 다름없다. 그리고 그것이 우리가 현재형을 사용하는 전형적인 방식이다. 예를 들어, 우리가 "나는 배고프다." 또는 "그 차, 세차 좀 해야겠다."라고 말한다면, 바로 지금 그렇다고 말하는 것이다("그녀는 한때 결혼 생활을 했었다." 등과 같이 과거나 미래형에 대해서도 유사한 방식으로 말할 수 있다). 위치도 종종 암묵적인 상태로 포함되어 문장을 맥락 상대적이게 한다. 예를 들면, 보통은 '비가 오고 있어.'

라고 말하지만, 화자와 청자가 서로 다른 장소에서 전화 통화를 하고 있는 경우에는 "이곳에 비가 오고 있다."고 말한다. 따라서 "비가 오고 있다."는 '이곳'과 '지금'이라는 두 개의 지표어를 암묵적으로 포함하고 있다.

좀더 일반적으로 말하면, (명시적이든 암묵적이든) 지표적 성질을 가진 문장은 서로 다른 발화의 맥락에서 서로 다른 명제를 표현한다. 맥락이란 어떤 요소들의 모음과 같은 것으로, 그 요소들은 발화가 표현하고 있는 내용을 결정한다. 여기에는 말한 이의 신원(누가 말하고 있느냐), 말하는 시간과 장소, 말한 이가 가리키고 있는 대상 등과 같은 요소들이 포함된다. 예를 들어, 철수가 3시에 "나는 배고프다."라고 하고, 영수가 5시에 "나는 배고프다."라고 한다면, 두 사람은 서로 다른 명제를 표현하고 있는 것이다. 철수의 말이 철수가 3시에 배가 고프다는 뜻이라면, 영수의 말은 영수가 5시에 배가 고프다는 의미다. 두 사람이 모두 참되게 말했다면, 그들은 서로 다른 사실을 진술한 것이다.

지표적 표현이 포함된 문장은 발화의 맥락에 의존하기 때문에, 문장의 진리값 역시 발화의 맥락에 의존한다. 어쨌든 그런 문장들이 사실에 대한 진술을 하고 있다는 판단 아래 맥락상 어떤 요소들이 유관한지를 결정하게 되면, 우리는 고정된 진리값을 가진 완전한 명제를 얻을 수 있다. 이때의 명제가 갖는 진리값은 맥락 상대적이지 않다. 앞의 예에서 철수가 3시에 정말로 배가 고팠다면 참이고, 그렇지 않다면 거짓이다. 그것으로 끝이다('배고프다'란 말의 모호성을 무시한다면).

그 밖의 지표어에는 인칭대명사인 '나', '그', '우리', '너', '그들' 등과 비인칭 대명사인 '이것', '저것' 등이 있다(종종 가리키는 동작과 함께 사용된다). 그리고 소유대명사를 포함한 표현들인 '내 집', '너의 차', '우리 개', '그들의 휴일' 등과 시간적 표현인 '내일'과 '어제' 등도 지표어다.

이제 세 번째 군의 주장들을 살펴보도록 하자.

기하학은 어렵다

이것은 기하학의 어려움에 대한 사실을 단언하는 듯 보인다. 그러나 기하학에 서툰 영희가 위의 문장을 경미에게 말했고, 경미는 "아니, 그렇지 않아! 그것은 쉬워."라고 답했다고 해보자. 이런 경우 두 사람의 의견은 서로 다른 것일까? 그렇지 않은 것 같다. 영희는 기하학이 그녀(영희)에게 어렵다는 것을 말하고, 경미는 기하학이 그녀(경미)에게는 쉽다는 것을 말한다(경미의 말이 영희는 너무 미련해 그렇게 쉬운 것도 못한다는 뜻은 아니라고 가정하자). 이 문장은 누가 말했는지에 의존하여 서로 다른 명제를 표현하기 때문에 **암묵적으로 지표적이며 맥락 상대적**이다. 이런 경우, 우리는 그 주장이 암묵적으로 상대적이라고 말한다. 어떤 주장이 암묵적으로 상대적이라는 것은, 어떤 것과의 비교나 관계에 대한 진술이지만 그것이 무엇인지에 대해 명시적으로 언급하지는 않고 있음을 가리킨다(여기에 대해서는 제1장을 참조하라). 예를 들어, 성인 남자에 대해 진술하는 가운데 '민수는 키가 크다.'고 하는 것은 민수와 다른 남자들 사이의 비교 또는 관계에 대해 말하고 있는 것이다. 즉, 민수가 평균 남자보다 키가 크다는 것을 의미한다.*

게다가 '기하학은 어렵다.'는 영희의 말은 암묵적으로 **화자 상대적**이다. 즉, '민수는 키가 크다.'의 경우와 달리 단언하는 사람에 관한 것을 암묵적으로 표현하고 있다. 따라서 영희가 표현하고 있는 것은 기하학이 영희에게 어렵다는 명제다. 마찬가지로, 매우 민감한 피부를 가진 철수가 해운대 모래사장을 거닐며 "햇빛이 너무 강하다."고 말한다면, 그는 화상의 위험에 대해 말하고 싶어한 것이다. 그런데 햇빛에 덜 민감한 피부를 가진 수미가 "아냐, 그렇지 않아."라고 대답한다면, 철수는 햇빛이 그에게 너무 강하다고 말하고 있는 것일 뿐이며, 수미는 햇빛이 그녀에게 그렇게 강하지 않다고 말하는 것이다.

암묵적인 화자 상대성은 일반적으로 태도나 선호 등을 표현할 때 나타난다. 이것은 세 번째 군의 예들을 통해서도 잘 알 수 있다. 만약 미숙이 "초콜릿아이스크림이 바닐라아이스크림보다 더 맛있다."고 말한다면, 그것은 그녀가 바닐라아이스크림보다 초콜릿아이스크림을 선호한다는 뜻이다. 마찬가지로, 동수가 똑같은 문장을 단언한다면 그에겐 초콜릿아이스크림이 바닐라아이스크림보다 더 맛있다는 것이다. 따라서 두 사람은 같은 말을 하지만, 실제로는 서로 다른

---

* 물론 '평균 남자'란 없다. 민수가 평균 남자보다 크다는 것은, 모든 남성의 키의 평균을 취한다면, 민수의 수치가 그것을 뛰어넘는다는 의미다.

것을 말하고 있는 셈이다. 두 화자의 단언은 각자의 선호에 대한 사실 진술이지, 누군가의 선호와는 독립적으로 초콜릿아이스크림이 바닐라아이스크림보다 우월하다는 사실 진술이 아니다.

세 번째 군에 대한 논의를 요약해보자. '초콜릿아이스크림은 바닐라아이스크림보다 더 맛있다.'와 같은 문장은 원래 말하고자 의도한 명제를 불완전하게 표현한 것이다. 즉, 실제로는 진술자에 대한 어떤 사실을 표현하지만 명시적으로 그것을 언급하지는 않는다. 이런 이유로 그 같은 진술을 **암묵적으로 화자 상대적**이라고 한다.*

이런 구분의 중요성을 알기 위해서는 암묵적으로 화자 상대적인 주장들이 서로 불일치하는 듯 보이는 경우를 사실적 불일치의 경우와 비교해볼 필요가 있다. 헝가리의 수도에 대한 영희와 철수의 의견이 서로 다르다고 해보자.

영희 : 헝가리의 수도는 부다페스트다.

그러나 철수는 이를 부정한다. 그는 '부다페스트는 헝가리의 수도가 아니다.'라고 말한다(철수는 부다페스트가 벨기에의 수도라고 생각하고 있다). 이런 경우에, 영희가 단언하는 것과 철수가 부정하는 것은 〈부다페스트는 헝가리의 수도이다.〉라는 하나의 명제이며, 이것이 진정한 사실적 불일치이다. 다시 말해, 진정한 사실적 불일치가 일어나는 경우는, 하나의 명제에 대해 한 사람은 그것을 단언하고 다른 사람은 부정할 때다. 만약 영희와 철수가 참을 중시한다면 그들은 누구의 주장이 참인지를 밝히려고 할 것이다.

반면에, 영희가 '나는 면양말을 신고 있다.'라고 말하고, 철수는 '나는 면양말을 신고 있지 않다.'라고 말하는 경우를 보자. 철수가 단언하는 문장은 영희가

---

*이것과 관련해 한 가지 복잡한 면이 있다. 이런 종류의 진술은 어떤 것이 대부분의 사람들에게 선호된다는 것을 의미하기 위해 사용되기도 한다. 예를 들어, '상한 우유는 맛이 좋지 않다.'와 같은 문장이 그렇다. 그러나 어쨌든 이런 진술은 암묵적으로 상대적이다. 진술이 참인지 여부는 여전히 사람들의 선호에 대한 지시에 암묵적으로 의존하기 때문이다. 그런 경우 이 진술은 한 개인의 선호에 대한 것이라기보다 사람들의 실제 선호에 대한 일반화다.

단언하는 문장의 부정이지만, 그들은 서로 불일치하지 않는다. '나'라는 지표어에 의해 맥락 상대성이 명시적으로 제시되어 있는 덕분에, 영희가 단언한 명제와 철수가 부정한 명제가 같지 않음을 알 수 있다.

맥락 상대성이 명시적이지 않고 암묵적일 때는 사실과 달리 진정한 불일치가 발생하는 듯 보일 때가 있다. 영희와 철수가 표면적으로는 초콜릿아이스크림의 상대적인 장점에 대해 서로 반대의 의견을 제기하고 있다고 해보자. 영희는 초콜릿아이스크림이 맛있다고 주장하는 반면 철수는 바닐라아이스크림이 맛있다고 한다. 영희는 의미하고자 하는 바를 더욱 명백하게 하기 위해서 '초콜릿아이스크림이 바닐라아이스크림보다 내게는 더 맛있다.'라고 말해야 하며, 그것은 철수도 마찬가지다. 그렇게 하면 영희의 말의 진정한 의미는 초콜릿아이스크림이 그녀에게 더 맛있다는 것이 되고, 철수의 경우에도 바닐라아이스크림이 그에게 더 맛있다는 것이 된다.

영희가 표현하는 명제는 다음과 같은 방식으로도 표현될 수 있다.

(1)초콜릿아이스크림은 바닐라아이스크림보다 영희에게 더 맛있다.

철수의 명제는 다음과 같다.

(2)바닐라아이스크림은 초콜릿아이스크림보다 철수에게 더 맛있다.

두 명제는 서로 다르다. 또 두 명제는 논리적으로 서로 충돌하지 않으며, 모두 참일 수 있다. 이 경우에 영희와 철수는 서로 반대의 의견을 가지고 있는 것이 아니다. 여기에는 영희나 철수 중 한 명은 단언하고 다른 사람은 부정하는 하나의 명제가 없다. 그들은 같은 명제의 진리값에 대해 불일치하고 있는 게 아니다. 즉, 그들은 사실의 문제에 대해 논쟁하고 있는 게 아니며, 단지 서로 다른 선호를 표현하고 있을 뿐이다. 이 주제를 가지고 더 논의하는 것은 시간 낭비일 것이다.

(1)과 (2)가 암묵적으로 화자 상대적이지 않다는 점에 주목하자. 두 문장은 명

시적으로 화자 상대적이다. 때문에 (1)이나 (2)가 참인지 여부가 발언자에 의존한다고 말할 이유가 없다. 만약 우리가 '초콜릿아이스크림이 바닐라아이스크림보다 더 맛있다.'라고 말한다면, 우리는 암묵적으로 자신에 대해 말하고 있는 것이며 참 여부는 우리(우리의 선호)와 관련한 사실에 의존한다. 그러나 만약 우리가 (1)을 단언한다면, 그것의 참 여부는 오로지 영희에 관한 사실에만 의존한다.

지표어 개념과 암묵적 화자 상대성 개념 등에 대해 이해가 된다면, 이제부터는 참은 상대적이란 신화를 좀더 직접적으로 다루어 보겠다.

나에게 참, 너에게 참

'참은 항상 상대적이다.'란 신화에 사로잡힌 사람들은 종종 사실적 불일치에 대해 이런 식으로 대응한다. "글쎄, 그건 당신에겐 참이겠지만 내게는 참이 아니야." 그들은 이런 흔한 전략을 사용해서 그 논증에 적절한 방식으로 참여하기를 회피한다. 아이스크림의 예와 같이 논의 중인 문제가 실제로 암묵적으로 화자 상대적이지 않다면, 이런 식의 대응은 합리적 설득의 관점에서 옳지 않다. 이는 논쟁하기를 거부하는 것이다. 비슷한 방식으로 누군가의 주장에 대해 "그건 단지 너의 의견일 뿐이지."라고 반응하는 것이 있다. 개인의 의견을 표현하는 것은 참인 주장을 하려는 게 아니라 바닐라보다 초콜릿을 좋아한다는 취향의 표현에 불과하다고 간주하는 것이다. 그러나 우리가 어떤 사안에 대해, 예컨대 범죄율을 낮추기 위한 최선의 방안에 대해 우리의 의견을 표현하는 것은 그 사안이 참임에 대한 우리의 믿음을 표현하고 있는 것이다. 우리가 의견을 표현하는 것은 참인 어떤 주장을 하고 있는 것과 다름없다. 이를 직시하지 않는 것은 일종의 자기 기만이다. 따라서 대화를 할 때 "그건 단지 의견의 문제일 뿐이야."라고 말하면서 상대방을 비판하는 것은, 합리적 설득이나 논쟁을 방해하는 태도이며 자신과 다른 의견이 있음을 부당한 방식으로 부정하는 것이다.

그러나 '내게는 참'이란 용어법이 단지 논증을 회피하기 위한 장치인 것만은 아니다. 이는 상대성 신화에 대한 매우 특징적인 표현이다(상대성 신화 자체가 원래 달갑지 않은 불일치 상황을 회피하기 위한 희망에서 비롯했을 수도 있다). 그러므로 우리가 그 신화를 물리치기 위해선 그것에 대해 더욱 자세히 살펴보아야 한다. 다시 다음의 문장을 보자.

초콜릿아이스크림은 바닐라아이스크림보다 더 맛있다.

이와 같은 문장이 내포한 암묵적인 화자 상대성은, 그 문장이 영희에게는 참이고 철수에게는 거짓이라고 말함으로써 드러날 수 있다. 영희의 단언을 들은 철수는 "좋아, 그것은 너에게는 참일지 몰라도 나에게는 참이 아니야."라고 말할지도 모른다. 이런 경우 철수는 단지 암묵적인 화자 상대성만 지적하고 있는 것일 수도 있다. 그렇다면 괜찮다. 철수가 그렇게 하는 것은 지극히 옳다. 그러나 암묵적인 화자 상대성과 전혀 상관 없는 상황에서도 '나에게는 참이다.'와 같은 식의 표현이 이따금 사용된다는 데 문제가 있다. 예컨대, 점성술을 믿는 영희가 다음과 같이 말했다고 해보자.

전갈자리 태생이 천칭자리 태생보다 운이 좋은 경향이 있다.

철수는 점성술을 믿지 않으며, 인간의 운명이 타고난 별자리에 따라 달라진다는 것도 믿지 않는다. 따라서 그는 위의 명제가 거짓이라고 생각한다. 그러나 철수는 반대의견을 제시하는 수고를 덜고 싶은 마음에 "좋아, 그건 너에게는 참일지 모르지만 나에게는 참이 아니야."라고 자신의 의사를 표현할 수도 있다.

암묵적인 화자 상대성을 내포한 발언에 대해서 '너에게 참'이라는 식의 표현을 사용하는 것은 완전히 적법하다. 그러나 위의 점성술의 경우에 그 같은 표현은 오도를 유도할 수도 있다. 위의 문장이 암묵적인 화자 상대성을 내포하고 있는가? 취향이나 믿음, 또는 다른 어떤 태도에 대해서 말하고 있는가? 확실히 그렇게 보이지는 않는다. 위의 문장은 부다페스트에 관한 문장과 비슷하다. 즉, 전갈자리 태생과 천칭자리 태생의 개인적인 운명에 관한 어떤 사실을 기술하려는 의도를 담고 있다. 부다페스트에 관한 단언은 진술자 자신의 부다페스트에 관한 믿음을 표현한 것이지, 네가 말하면 참이고 내가 말하면 거짓이라는 식으로 화

자에 관해 이야기하고 있는 것이 아니다. 그들은 오직 부다페스트와 헝가리에 관해서 이야기하고 있을 뿐이다. 이것은 다음과 같은 사실에 의해서도 입증된다. 즉, 그들의 말이 참인지의 여부는 오직 부다페스트와 헝가리와 관련한 사실들에 의존하고 있으며, 말하는 이의 믿음에 어떤 식으로든 의존하지 않는다. 마찬가지로, 점성술과 관련한 단언에서, 너(영희)에게는 참일지 몰라도 나(철수)에게는 참이 아니라는 철수의 말은 영희가 말할 때는 참이지만 자신이 말하면 거짓이라는 의미가 아니다. 즉 암묵적으로 화자 상대적이지 않다.

그렇다면 이 맥락에서 철수의 '너에게 참'이라는 표현은 무엇을 뜻하는가? 앞에서 보았듯이, 어떤 문장을 단언하는 것은 어떤 믿음을 표현하는 것이다. 따라서 철수의 '너에게 참'이란 표현은 단순히 영희에 의하면 그 문장은 참임을 뜻한다. 즉, 철수는 영희가 그 명제를 믿는다고, 영희는 전갈자리 태생이 천칭자리 태생보다 운이 좋다고 믿는다고 전달하고자 하는 것이다. 이것은 똑같은 명제를 두고 벌어지는 진정한 불일치의 직접적인 예다. 그 문장이 영희에게 참이고 자신에게는 아니라고 하는 철수의 의견은, 자신과 영희가 서로 의견의 불일치를 보이고 있다는 사실을 지적하고 있는 것이다. 같은 명제를 영희는 믿고, 철수는 믿지 않는 것이다. 안타까운 점은 그가 '너에게 참'과 같은 표현을 사용함으로써 그 문장을 마치 어떤 실질적인 반대 의견도 표명될 수 없는 암묵적인 화자 상대성을 내포한 문장처럼 만들어 버렸다는 것이다. 철수는 진정한 불일치가 없는 경우에는 '나에게 참'과 같은 표현이 적법하게 사용된다는 사실에 기대어, 마치 점성술의 예에도 실제적인 불일치가 없는 것처럼 보이게 만들었다. 그렇게 해서 그가 영희의 생각에 반대하고 있음을 은근슬쩍 덮어버린 것이다. 그는 예의를 챙긴 듯 보이지만, 실제로는 진실을 회피한 것에 불과하다.

이와 같이 '나에게 참'이란 표현과 관련된 사항들을 명심해야만 비로소 모든 참은 상대적인 것이라는 신화를 물리칠 수 있다. 그 신화는 일반적으로 다음과 같이 표현된다. 모든 참은 상대적이라는 신화는, 우리가 어떤 것에 대해 참이라고 단언하는 것은 어떤 경우든 적법하지 않다고 말한다. 그에 따르면, 오직 어떤 것이 '나에게 참이다.' 또는 '너에게 참이다.', '일반적으로 말해 X에게 참이다.'라고 하는 것만이 적법하다(여기서 X는 어떤 사람, 또는 문화권에 해당한다). 그러면 X에게 참이란 것은 어떻게 이해해야 할까? 만약 모든 진술이 암묵적으로 화자 상대적이라는 의미라면, 그 주장은 틀렸다. 부다페스트에 관한 진술을 비롯하여 유사한 진술들은 화자 상대적이지 않기 때문이다. 또한, 모든 참은 X에게 참이란 주장은 점성술의 예에서 철수가 사용한 '나에게 참'이란 표현과 연관해서 이해해볼 수 있다. 점성술의 예에 쓰인 'X에게 참'에 대한 해석에 따르면, 어떤 명제가 X에게 참이라고 하는 것은 X가 그 명제를 믿는다는 것을 뜻한다. 그렇다면, 이런 의미에서 모든 참이 X에게 참일 수 있을까? 만약 그렇다면 그로부터 우리가 어떤 함축을 얻을 수 있는지를 살펴보도록 하자. 다음의 두 문장을 보자.

(3) 전갈자리 태생은 천칭자리 태생보다 운이 더 좋은 경향이 있다.
(4) 전갈자리 태생은 천칭자리 태생보다 운이 더 좋은 경향이 있다는 말은 참이다.

제7장의 서두에서 살펴본 '참'에 관한 사실에 따르면, (3)과 (4)는 필연적으로

동치다. 두 문장 중 하나는 참이고 다른 하나는 거짓인 경우는 불가능하다. 우리가 어떤 주장에 찬성의사를 밝히기 위해 언제든지 그저 '그건 참이다.'라고 말할수 있는 이유도 거기에 있다. 그것이 '참'이란 단어의 기본 특징이고, 그것이 그말이 쓰이는 방식이다. 그런데 상대성 신화에 대한 해석에 따르면, 영희가 (4)의의견을 더욱 정확하게 단언하고자 했다면 이렇게 말했을 것이다. '전갈자리 태생은 천칭자리 태생보다 운이 더 좋은 경향이 있다는 것은 나에게 참이다.' 상대성 신화에 따르면 영희가 (4)를 통해 전달하고자 했던 말은 다음과 같다.

(5) 전갈자리 태생은 천칭자리 태생보다 운이 더 좋은 경향이 있다는 말은 영희에게 참이다.

이것을 좀더 정확하게 표현하면 이런 식일 것이다.

(6) 영희는 전갈자리 태생이 천칭자리 태생보다 운이 더 좋은 경향이 있다고 믿는다.

이와 같이 상대성 신화의 관점에 따르면 영희의 발언인 (4)는 (5)와 동치이고, (5)는 (6)과 동치이기 때문에, 결국 (4)와 (6)은 동치이다. 그러나 (3)과 (6)은확실히 동치가 아니다. (3)은 (6)과 달리 영희를 전혀 언급하지 않고 있다. 그리고 (3)이 참이더라도 (6)은 거짓일 수 있고, 그 반대일 수도 있다(실제로 (6)이 참이라면 아마도 (3)은 거짓이기 때문에, 그 둘은 서로 다른 진리값을 가진다).* 그러므로상대성 신화에 대한 현재의 해석에 따르면, (3)과 (4)는 동치가 아니어야 한다.그러나 그것은 옳지 않다. 이런 귀결은 '참'라는 말이 쓰이는 방법과 어긋난다.따라서 상대성 신화에 대한 이런 해석은 '참'이란 말의 실제적이고 일상적인 의미에—일상적 의미에 따르면 (3)과 (4)는 동치다—어긋난다. 그것의 일상적 의

---

* 결국 참에 대한 상대성 신화가 옳다면 (4)와 (5)와 (6)은 서로 동치이지만, (3)은 (6)과 서로 동치가아니어야 한다.—옮긴이

미에 의하면, 영희가 (3)이라고 하는 것이 옳은 경우에만 그리고 그 경우에만 영희가 (4)를 말하는 것이 옳다.* 그래서 발화자가 누구이든지 (3)과 (4)는 서로 다른 진리값을 가질 수 없다. 그렇다면, (5)와 (6)은 같은 것을 의미하므로** (5)는 (4)가 의미하는 것과 같을 수 없다. 이렇게 될 경우 '참'은 'x에게 참'을 의미할 수 없다.

　상대주의의 신화를 받아들이면서 이 문제를 빠져나갈 해결책은 없는 것 같다. 참에 대한 상대성 신화에 대해 만족스럽게 설명할 수 있는 방법은 없다. 따라서 참은 상대적이지 않으며, 참은 객관적이다. 그리고 명제의 참은 우리가 그것이 참이기를 욕구하거나 믿는 것과 독립적이다. 우리의 생각이나 욕구로 달을 치즈로 만들어진 것으로 할 수 없다. 믿는 것은 어떤 것이 참임을 믿는 것이지만, 참이 믿는 것을 뜻하지는 않는다. 이것은 참이 우리 모두와 독립적임을 의미한다. 이것은 누구도, 그 어떤 전능한 존재도, 세상의 모든 참에 대한 열쇠를 쥐고 있지 않다는 식의 주장이 아니다. 우리가 참은 객관적이라고 말할 때 분명히 해두어야 할 것은, 우리가 일종의 정치적 입장을 취하고 있지 않다는 것이다. 예컨대, 어떤 문화나 제도도 참에 대해 독점적이지 않다는 것이다. 훌륭한 추리와 논증의 목적은 참이 무엇인지를 밝히고 세계의 실제 모습이 어떠한지에 다다르고자 하는 것이지, 사람들이 어떻게 생각하고 느끼는가 하는 것과는 상관이 없다. 합리성이란 거대한 수평기와 같아서, 참을 추구하는 한 우리 모두는 세계 앞에서 동등하고 어떤 정치세력도 우위를 차지할 수 없다.

참, 가치, 도덕성

　이제까지 모든 **참**은 상대적이라는 신화를 무너뜨리는 작업을 진행해왔다. 그렇지만 여전히 도덕적 가치를 위시한 여러 **가치**들이 개인적 취향이나 문화적 선

＊명제로 표현하게 되면, 〈영희의 주장 (3)이 참인 경우에 오직 그 경우에만 영희의 주장 (4)가 참이다.〉 또는 〈영희의 주장 (3)이 참이면 영희의 주장 (4)가 참이고, 영희의 주장 (4)가 참이면 영희의 주장 (3)이 참이다.〉 또는 〈영희의 주장 (3)과 영희의 주장 (4)는 동치이다.〉 등이 된다.—옮긴이
＊＊그리고 (3)과 (6)은 서로 동치가 아니면서 (3)과 (4)는 서로 동치이므로.—옮긴이

호에 따라 상대적이라고 생각하고 싶은 유혹을 떨치지 못하는 사람이 있을지 모른다. 사람들은 가치가 상대적이라고 생각하기 때문에 참도 상대적이라고 생각하기 쉽다. 그러나 실제로 참의 비非상대성은 가치의 비상대성을 함축하지 않는다.(즉, 참이 상대적이지 않다는 데서 가치도 상대적이지 않다는 사실이 따라 나오는 것은 아니다.—옮긴이) 가치가 상대적인가 하는 물음은 다른 종류의 물음이다. 어떤 점에서 그런 것일까? 이것을 이해하는 것은 매우 중요하다. 예를 들면, 다음과 같은 주장을 생각해보자.

    의사조력자살은 비도덕적이다.

  상대주의적 견해에 따르면, 의사조력자살이 도덕적으로 허용될 수 없다고 주장하는 사람들과 도덕적으로 허용될 수 있다고 주장하는 사람들 사이에는 진정한 불일치가 없다. 단지 두 진영의 사람들은 서로 다른 도덕적 선호를 가지고 있을 뿐이다. 이렇듯 상대주의자에게 가치 진술은 명시적이든 암묵적이든 항상 화자 상대적이다.

  모든 참은 상대적이란 견해가 정합적이지 않다는 것이 모든 가치 진술은 상대적이지 않다는 것을 함축하지는 않는다.(즉, 앞에서 살펴본 대로 모든 참은 상대적이란 견해는 틀렸을지라도, 적어도 가치 진술들은 상대적이란 견해는 옳을 수도 있다.—옮긴이) 상대주의자가 모든 가치 진술이 화자 상대적임을 주장하기 위해 반드시 모든 진술이 화자 상대적이라고 주장할 필요는 없다. 어떤 가치를 두고 벌어지는 표면적인 의견의 불일치는 초콜릿아이스크림과 바닐라아이스크림에 대한 영희와 철수 사이의 불일치와 유사한 면이 있다.

  도덕적 사안에 대한 상대주의적 관점이 그토록 매력적인 한 가지 이유는 우리가 남들에게 도덕적인 명령을 내리는 듯이 보이는 것을 꺼려하기 때문이다. 우리는 다양한 의견들에 대한 관용이 중요하다고(그리고 그것이 옳기도 하다) 생각한다.*

-----

*여기서 비판의 초점이 되는 도덕적 상대주의는 매우 순진한 형태의 상대주의다. 여기서의 상대주의

우리는 도덕적 상대주의가 거짓임을 증명하지 못하고, 또 증명하기 위해 노력하지도 않을 것이다. 가치와 관련된 모든 주장은 암묵적으로 화자 상대적이거나 어쩌면 다른 방식으로 암묵적으로 상대적이라고 생각할 수 있다. 그럼에도 우리는 어떤 점에서 도덕적 상대주의를 거부할 만한 좋은 이유가 있는지를 설명해보려 한다.

도덕적 사안들은 복잡하고 합의를 이루기에 어려운 경우가 대부분이다. 그런 도덕적 사안들에 대해 단순화된 형태의 상대주의적인 접근을 하게 된다면, 서로가 진정으로 불일치할 수 있는 여지를 남겨놓지 않는다는 문제가 발생한다. 이런 접근 방식은 우리가 믿는 것이 참임을 서로 합리적으로 설득시키는 대신에, 그저 "당신은 의사가 환자의 죽음을 돕는 것에 대해 괜찮다고 생각하고, 나는 그렇지 않다고 생각하니까, 더는 할 말이 없다."라고 말하게 만든다. 도덕에 대한 그런 견해가 얼마나 허술한 것인지는 다음의 경우를 보면 알 수 있다. 인종이나 종교, 정치적 소신 등을 근거로 삼아 수백만 명을 학살한 끔찍한 파시스트 정권이 등장했다고 가정해보자. 상대주의자들은 그 파시스트들이 잘못되었다고 주장할 수 없다. 파시스트들이 잘못되었다고 다른 사람들을 설득할 수도 없다. 파시스트들 역시 희생자들의 인권이 존중되어야 한다는 설득에 대해서 그저 자신들의 선호와 다른 선호로 간주할 것이다. 파시스트 정권은 많은 사람들이 당근보다 아이스크림을 더 좋아하는 것과 똑같은 방식을 적용하여 (반대자의 선호와 달리) 타인을 용인하고 더불어 살려고 하기보다 반대자들을 죽이는 쪽을 선택할 것이다. 이것은 매우 극단적인 예이긴 하지만, 문제의 핵심을 잘 보여주고 있다. 도덕적인 문제에 순진한 상대주의를 적용하는 것은, 그 사안에 대해 서로 다른 견해들 중에 참인 견해가 있을 수 있음을 부정하는 것은, 고문은 옳지 못하다는 주장과 초콜릿아이스크림은 최고로 맛있다는 주장이 서로 다르지 않다고 하는 것은, 옳지 못한 도덕적 신념을 가진 사람들이 신념을 재고하고 다른 사람에게 피해를 주는 행동을 하지 않도록 합리적으로 설득할 수 있는 기회를 스스로 저버

는, 도덕적 물음은 단순히 개인적이거나 문화적인 선호의 문제이고 그래서 진정한 불일치의 대상이 되지 못한다는 견해다. 더욱 정교한 형태의 도덕적 상대주의도 다양하게 있지만, 여기서는 그런 이론들에 대해서까지 비판하지 않겠다.

리는 것이다. 그것은 근본적인 도덕의 문제들을 비판적 사고의 영역 밖으로 내모는 행위다.

그러나 희망의 여지가 없는 것은 아니다. 도덕적 상대주의자들이 자신들의 믿음을 고수한다면, 다른 한편으로 그 믿음에 대해 일관성을 유지해야 한다. 예를 들어, 살인자는 나쁜 사람이라고 주장하는 동시에 무자비한 범행을 저지른 칼잡이 잭이 나쁜 사람이 아니라고 주장하는 것은 합리적이지 않다. 따라서 우리는 상대주의자에게 논리적 일관성을 갖추라고 요구하고, 상대주의자가 수용하는 전제로부터 칼잡이 잭이 나쁘다는 결론이 도출되는 타당한 논증을 제시할 수 있다. 즉, 상대주의자의 견해가 정합적이지 못하다는 것을 드러냄으로써 그들의 도덕적 견해를 논박할 수 있다. 도덕적 논증에서는 상대주의자가 수용하는 일반적 원리를 찾아내어, 그것이 우리가 논박하고자 하는 그들의 믿음과 일관성을 유지하는지를 보여주는 방법이 있다. 예를 들어, 한 상대주의자가 낙태 찬성론자임에도 불구하고 모든 형태의 살인을 거부한다면, 우리는 낙태도 일종의 살인이라는 논증을 제시함으로써 그들이 자신의 믿음을 수정할 수밖에 없도록 할 수 있다.*

믿음, 정당화, 참

우리는 임의의 명제에 대해서 꼭 그 명제를 믿거나 또는 믿지 않거나 하는 것은 아니다(그 명제를 참 또는 거짓이라고 믿는 것은 아니다). 우리는 그 명제에 대해 어떤 태도도 취하지 않을 수 있다. 그것이 우리의 주의를 끌지 않기 때문일 수도 있고, 우리가 그 문제를 고려하지 않기로 작정했기 때문일 수도 있다. 또는 우리의 태도를 믿음과 믿지 않음의 갈림길에 둘 수도 있다. 즉, 우리는 충분한 증거가 없어 판단을 내릴 수 없다면서 판단을 유보할 수도 있다. 이런 일은 그 명제

---

*도덕적 상대주의에 대한 탁월한 비판적 분석과 도덕적 객관주의에 관한 강력한 형태의 해석이 궁금하다면 루이스 포지먼Louis Pojman의 『철학개론: 고전적 및 현대적 읽을거리Introduction to Philosophy: Classical and Contemporary Readings』에 수록된 「윤리적 상대주의 대 윤리적 객관주의」를 참조하라. 이 책은 철학에 입문하는 학생을 대상으로 썼다.

를 지지하든 반대하든 우리를 합리적으로 설득시킬 만한 논증이 부족할 때 생긴다. 세상을 창조했다는 유일신이 정말 존재하는가에 대한 논의가 대표적인 일례다. 다음의 주장을 보자.

> 세상은 어떤 전지전능한 존재자에 의해 창조되었다.

일부 사람들은 이것을 믿는다. 그들을 '유신론자'라고 한다. 그러나 무신론자들은 위의 명제를 믿지 않는다. 또 불가지론자들은 이 명제를 믿거나 믿지 말아야 하는 데 필요한 증거(또는 신념)를 충분하게 확보하기 전까지 판단을 유보한다. 아마도 성인들의 대부분은 이 세 가지 대표적인 태도들 가운데 한 가지를 취할 것이다. 그에 반해, 어린이의 대부분은 어떤 신이 세계를 만들었다고 믿지 않는다. 그들은 어떤 신이 세계를 만들지 않았다고도 믿지 않는다. 그렇다고 그들이 이 문제에 대해 판단을 유보했다고 말하는 것도 정확한 표현은 아니다. 그들은 이 문제에 대해 생각해본 적도 없을뿐더러, 너무 어린 탓에 논의의 주제가 되는 주장을 이해하지도 못할 것이기 때문이다.

물론 어떤 논증의 전제들이 참인가와 관련해서 아무 의견도 갖지 않는 것은 비판적 사고자가 취할 만한 태도는 아니다. 하지만 우리는 충분한 증거를 근거로 삼아서 전제(들)로 표현된 명제를 믿거나 믿지 않거나 할 수 있고, 때로는 그런 증거가 주어질 때까지 판단을 유보할 수 있다. 그리고 우리가 어떤 논증에 대해 귀납적으로 건전하다면서 논증의 전제들을 수용하더라도, 결론이 그 밖의 다른 증거에 의해 논박된다는 것을 근거로 하여 논증이 우리에게 합리적 설득력을 가지지 않는다고 생각할 수 있다.

어떤 이가 어떤 믿음을 가지고 있지 않다고 해서 반드시 반대의 믿음을 가지고 있는 것은 아니다. 만약 어떤 이가 대통령이 나쁜 사람임을 믿지 않는다고 해서, 그가 대통령이 나쁜 사람이 아님을(대통령이 좋은 사람이란 것은 차치하고) 믿는다는 것은 아니다. 그는 대통령에 대해 잘 모를 수도 있고, 판단을 내리기 전에 대통령에 대해 더 많이 알고 싶어할 수도 있으며, 또는 대통령의 도덕적 지위에 대해 신경 쓰거나 특정 믿음을 가질 의향이 없을 수도 있다. 또는 대통령에 대해서 아무것도 들은 바가 없을 수도 있다. 제4장에서 보았듯이, 어떤 명제를 믿지 않는 사람은 그 명제의 부정을 믿는 것이라는 논증은 **인식적 오류** 중 하나다.

우리가 명제에 대해서 취할 수 있는 네 가지 입장 가운데 두 가지 입장, 즉 믿음과 믿지 않음은 정도의 차이를 허용한다. 여기서 네 가지 입장은 **믿음, 믿지 않음, 판단 유보, 불개입** 등이다.

철수와 영수는 여당이 다음 총선에서 승리한다고 믿는 데에는 공통점을 보일 수 있지만, 그들이 가지고 있는 믿음의 정도는 동일하지 않을 수 있다. 철수의 믿음이 확신에 가깝다면, 투표 행위의 예측에 관한 한 회의론자인 영수는 철수보다는 약한 정도로만 믿을 수 있다. 마찬가지로, 영희와 경자는 둘 다 여당이 차기 정권을 장악할 것이라는 주장을 믿지 않는다고 하자. 이때, 영희가 가지는 불신의 정도가 여당이 패한다는 것에 20 대 1의 확률로 2주간의 급료를 걸 정도라면, 셈에 밝은 경자는 (동일한 확률에서) 그 정도의 위험을 감수하지 않을 수도 있다.

누군가 어떤 믿음을 가지고 있는 경우, 우리는 그 믿음의 정당성 여부와 참 여부에 대해 물을 수 있다. 예를 들어, 영수는 유력 여론조사기구에서 일한 덕분에 일급 비밀 여론조사 결과를 보게 되었다고 하자. 그것은 여당이 이번 선거에서 80퍼센트의 득표율을 얻을 것이라고 예측하고 있었다. 그런 예측을 뒤집을 만한 증거가 전혀 없는 상황에서 이 논증은 영수에게 매우 설득력을 갖는다. 따라서 그가 강한 정도의 확실성을 가지고 그 논증의 결론을 믿는 것은 정당하다. 그 자료가 신뢰할 만한가는 또 다른 문제다. 우리가 영수에게 그런 증거가 주어졌음을 안다면, 영수의 믿음이 합당하다고 또는 정당화된다고 결론 내릴 수 있다. 어떤 이의 믿음이 그에게 합리적 설득력을 가진 논증에 의해 뒷받침된다면, 그가

---

*이것은 어떤 믿음이 정당화되려면 그 믿음을 지지하는 합리적 설득력 있는 논증이 반드시 있어야 한다는 의미는 아니다. 이론가들에 따르면, 어떤 믿음들, 특히 지각적 믿음들은 정당화되기는 하지만, 추론적으로, 즉 논증이나 추리의 형태로 정당화되는 것은 아니라고 한다. 이를 부정하는 사람들은 지각적 믿음의 정당화도 결국에는 어떤 전제들이나 논증들에 의존한다고 주장한다. 이는 지식이론(인식론)에서 다루어지는, 근본적이면서 끝나지 않은 물음이기 때문에, 여기서는 이 정도로 그치도록 하겠다. 자세한 논의를 위해서는, 로버트 아우디Robert Audi의 『인식론: 현대지식이론 입문Epistemology: A Contemporary Introduction to the Theory of Knowledge』(2nd edition, Routledge, 2002)을 참조하라.

그 결론을 믿는 것이 정당화되는 정도는 그 논증이 그에게 합리적 설득력을 갖는 정도와 같다.*

그러나 영수의 믿음이 완전히 합리적이고 정당하다고 해서 그 믿음의 참 여부가 확립되지는 않는다. 참의 여부는 실제로 여당이 차기 총선에서 승리하느냐 마느냐에 달려 있다. 어떤 믿음이 참인지의 여부는 그것이 사실에 들어맞는지의 문제이지, 이러저러한 것이 사실이라고 생각하기에 좋은 이유가 있는가의 문제가 아니다.

이 점을 명확히 이해하기 위해서 실제로는 거짓인 믿음이 정당화되는 가능성을 고려해보자. 경수는 군사쿠데타에 의해 현 정권이 이양될 것이란 믿음을 갖게 되었다. 신빙성 있고 평판 좋은 인터넷 뉴스 사이트에서 몇몇 기사를 발견했기 때문이다. 경수는 한두 명의 동료에게 기사의 진위를 물었고, 그들은 똑같은 기사를 다룬 다른 인터넷 뉴스 사이트를 발견했다. 군사쿠데타를 예감케 만드는 머릿기사들과 저명한 소식통들이 전하는 몇 가지 사실들은 현 정부가 군사쿠데타로 무너질 것이라는 경수의 믿음에 정당성을 부여하기에 충분했다. 그러나 그 믿음은 사실상 거짓임이 드러났다고 해보자. 어느 영악한 컴퓨터 해커가 한국의 몇몇 저명한 인터넷 뉴스 서비스회사의 서버에 침투하여 배포한 것이었다. 이런 경우에 경수가 그 같은 믿음을 갖는 것은 정당화되지만 거짓인 믿음이었다. 이처럼 어떤 사람이 합리적 설득력이 있는 논증을 기반으로 해서 어떤 결론을 받아들였다고 하더라도 그 믿음이 반드시 참일 필요는 없다.

비논증적 정당화

어떤 믿음을 갖는 것이 정당화되려면 반드시 그 믿음을 뒷받침하는 (합리적 설득력이 있는) 논증이 필요할까? 그렇지 않다. 적어도 일반적인 의미에서는 그렇지 않다. 일상적인 의미에서 적절한 이유가 없어도 정당화되는 믿음들이 있다. **지각**에 대한 믿음이 대표적이다. 일상적 상황에서 고양이가 담요 위에 있는 것이 지각된다면, 고양이가 담요 위에 있다는 우리의 믿음은 정당화되는 게 보통이다. 만약 우리가 "고양이가 담요 위에 있네."라고 말한 것에 대해 누군가가 "어떻게 아는데?"라고 묻는다면, "내가 그걸 보니까."라고 말하는 것은 나무랄 데 없이 적절한 답변이다. 지각이 정당화와 정확히 어떻게 연관되는가는 복잡한 철학적 문제일 테지만, 현재의 목적에 비춰볼 때 정상적인 상황에서 정상적인 사람이 어떤 것을 지각하여 그것을 믿는 것은 지극히 당연하게 정당화된다. 달리 표현하면, 어떤 것을 지각하는 것은 그것을 믿기에 좋은 이유가 된다. 그렇기 때문에 제6장의 합리적 설득력에 대한 논의에서는, 어떤 논증이 누군가에게 합리적 설득력이 있다고 하려면 그 사람은 그 전제들을 수용하는 것과 관련해서 합리적 설득력이 있는 논증을 제시해야 한다고 말하지 않고, 그저 그 전제를 수용하는 것이 정당화되어야 한다고 말했다. 다시 말해, 그 전제들을 지지하는 합리적 설득력 있는 논증을 제시하는 것은 요구사항을 만족시키는 방식 중 하나이지, 유일한 방식은 아니다.

또한, 덜 분명한 비논증적 형태의 정당화는 내성, 즉 자기 자신의 생각, 감정, 정서에 대한 진술이 있다(물론 이런 것들은 넓은 의미의 '지각'으로 간주된다). 따라서 만약 우리가 배고프다, 행복하다, 시험에 떨어질까 두렵다고 진술한다면, 특별한 경우를 제외하면 배고프고, 행복하고, 시험에 떨어질까 두렵다는 우리의 믿음은 논증 없이도 정당화된다.

지식

참과 지식은 밀접히 연계되어 있다. 우리의 지식욕은 참에 도달하고자 하는 욕구에서 비롯한다. 그리고 누군가 어떤 명제를 '안다'면 그것은 참이어야 한다. 만약 고양이가 담요 위에 있지 않다면, 담요 위에 고양이가 있는 것을 안다고 말할 수 있는 사람은 아무도 없다. 어떤 믿음이 참이라는 것은 그 믿음이 지식이 되기 위한 필요조건이다. 그래서 아마도 다음과 같은 생각을 하고 있는 사람이 있을지도 모르겠다. 만약 철수가 현 정부는 쿠데타에 의해 전복되었다고 믿고, 실제로 현 정부가 쿠데타에 의해 전복되었다면, 철수는 현 정부가 쿠데타에 의해 전복되었음을 안다고 가정하는 것은 합당하다고 보는 것이다. 이러한 견해는 지식이 참인 믿음과 같다고 보는 입장이다.

어떤 것에 대한 지식을 가지는 것은 어떤 것에 대한 참인 믿음을 가지는 것을 뜻하는 듯 보인다. 그러나 그것은 옳지 않다. 참인 믿음을 가지는 것은 지식이기 위한 필요조건이지만 충분조건은 아니다. 영수가 강력한 성능의 환각제를 복용했다고 하자. 환각 상태에 빠진 그의 이성은 완전히 마비되었다. 그러다 불현듯 그는 망상에 사로잡혀 악마들이 무려 2만 킬로미터나 떨어져 있는 어머니 집에 불을 질러 집이 불타고 있다고 믿게 되었다. 사실상 영수는 매일 환각제를 복용해왔고, 그럴 때마다 어머니의 집이 불타고 있다고(물론 그에 대한 근거는 매번 다르더라도) 믿곤 했다. 그런데 이번에는 영수의 어머니 집에 진짜 불이 났다면, 비록 우연이지만 그의 믿음은 참이 된다. 이런 상황에서 영수가 어머니 집에 불이 났다는 것을 안다고 말할 사람은 아무도 없다. 그것은 참인 믿음이긴 하지만 지식은 아니다. 이런 경우에 영수는 눈을 가리고 과녁이 어디에 있는지도 모른 채 수십 개의 화살을 아무 데나 쏘아대다가 운 좋게 한 발 명중시킨 사람과 같다.

지식은 단순히 참인 믿음을 갖는 것과 동일시될 수 없다. 그것이 지식이 되려면 참인 믿음에 또 다른 요소가 추가되어야 한다. 참인 믿음이 지식이 되기 위해서는, 참인 믿음에 **올바른 경로**를 통해 도달해야 한다. 다시 말해, 참으로 판명된 어떤 믿음에 대해, 그렇게 믿기에 좋은 이유가 있을 때만 그 믿음은 지식이 된다. 우리가 갖는 지식이 **정당화**되어야 한다는 의미다. 즉, 우리는 지식과 관련해서 견고한 증거적 지지를 가질 필요가 있다. 운 좋게 참으로 판명된 믿음은 지식이 되지 못한다.

지식이 되기 위해서는 **삼조건설명**의 조건을 만족해야 한다. 구체적인 요건은 다음과 같다.

 어떤 주체 S와 어떤 명제 P에 대해, S가 P를 알 경우(P에 대한 지식을 가질 경우) 그리고 오직 그 경우에만 :
(1) S는 P를 믿는다.
(2) P는 참이다.
(3) S가 P를 믿는 것은 정당화된다.

P를 안다는 것은 정당화된 참인 믿음 P를 가진다는 것이다. 이는 결국 지식은

정당화된 참인 믿음과 동일시될 수 있다는 말이다. 우리가 노무현은 16대 한국 대통령이라는 정당화된 참인 믿음을 가진다면, 우리는 노무현이 한국의 16대 대통령임을 아는 것이다.

정당화의 실패

믿음이 지식이 되기 위해 필요한 정당화, 즉 증거적 지지가 부족한 경우에는 다음의 두 가지가 있다. 우선, 그 정당화가 진정한 정당화이기는 하지만 불충분한 경우다. 또 정당화가 애초에 진정한 정당화가 아닌, 즉 실수 또는 착오인 경우다.

불충분한 정당화

청과물 상점의 주인인 그린 부인은 손님이 두고 간 장바구니를 발견했다. 오늘 그린 부인이 상대한 손님은 레드 씨, 핑크 부인, 오렌지 씨, 옐로우 씨, 블루 부인 등 다섯 명이었다. 그녀는 다섯 명의 손님 중 장바구니를 놓고 다니는 습관을 가진 사람이 누구인지 몰랐다. 그럼에도 그린 부인은 남자 손님들 가운데 한 명이 장바구니를 놓고 갔다고 결론 내렸다. 그린 부인 나름의 정당화에 의한 결론이었다. 그린 부인은 다섯 명의 손님들 중에 세 명이 남성이므로 장바구니를 놓고 간 손님이 남성일 가능성이 높다고 생각했다. 다시 말해, 그린 부인은 자신의 결론을 지지하는 데 다소 **합리적 설득력이 있는** 나름의 논증을 가지고 있는 셈이다. 하지만 이것은 남자 손님의 비율이 너무 적어서 그린 부인의 믿음을 지지하기에는 너무 약한 정당화인 듯 보인다. 실제로 그 장바구니가 오렌지 씨의 것이라 해도 그린 부인이 옳은 경로를 통해 참인 믿음에 도달했다고, 즉 그녀의 참인 믿음이 실제로 **정당화된다**고 하기는 어려울 것 같다. 그래서 그린 부인의 말이 참이라고 하더라도, 그녀가 장바구니를 놓고 간 사람이 남자임을 안다고 할 수는 없다.

그녀가 고려한 확률 자체가 참인 믿음에 대한 정당화에서 배제되어야 한다는 것은 아니다. 문제는, 그 확률이 충분히 크지 않다는 데 있다. 만약 네 명의 남자 손님과 한 명의 여자 손님이 있었다면, 그린 부인의 믿음이 가지는 정당성은 조금 더 인정될 것이다. 또, 만약 아흔아홉 명의 남자 손님과 단 한 명의 여자 손님이 있었다면, 그린 부인의 믿음이 정당화된다고 믿기에 부족함이 없었을 것이다.

참인 믿음에 대한 적절한 정당화와 관련해서 단순히 누가 장바구니를 두고 갔는지를 확인하는 것보다 훨씬 위험한 경우들이 있다. 판결의 원칙과 관련한 경우가 그렇다. 이때는 단지 합당하게 의심해보는 것을 넘어 피고인의 혐의에 대해 그가 유죄임을 강력히 보여줄 만큼 강한 증거가 요구된다.

영철이 ○○동 노부부 살인 혐의로 기소되었다고 하자. 그리고 영철이 실제 범인이라고 하자. 이 사건과 관련해서 민수는 영철의 범행 목격자로 재판에 소환되었다. 그가 살해된 ○○동 노부부의 집에서 영철이 칼을 가지고 나오는 것을 보았다고 진술했기 때문이다. 만약 배심원들에게 주어진 증거가 민수의 진술밖에 없다면, 배심원들은 영철이 노부부의 살해범이란 참인 믿음을 갖기에 충분한 이유를 가진 것일까? 그렇지 않다. 영철이 진짜 범인이라도 마찬가지다. 따라서 배심원들이 민수의 진술에 기초해 영철은 유죄라는 참인 믿음에 도달하더라도, 그것은 영철의 유죄에 대한 정당화된 믿음이 아니다. 민수의 진술이 유일한 증거라면, 그들은 영철을 노부부 살해범으로 판결 내려서는 안 된다. 영철이 살해범인 것이 어쩌다 사실이라고 해도 말이다.

어떤 믿음이 정당화되려면 얼마나 강한 증거적 지지가 필요한 것일까? 참인 믿음이 지식이 되기 위해선 얼마나 강한 정당화가 필요할까? 안타깝게도 여기에 대한 정확한 답변은 없다. '정당화된' 또는 '지식'이란 용어는 '대머리'라는 용어처럼 다소 모호하다. 어느 부분의 머리카락이 얼마만큼 없어야 대머리인지에 대한 정확한 기준이 없는 것처럼, 어떤 믿음에 대한 증거가 얼마나 강해야 지식이 되는지에 대한 기준은 없다. 그러나 이런 사실에 우리가 크게 골치아파할 필요는 없다. 실제로 우리는 믿음에 대한 정당화의 정도가 경계에 있는 경우들을 잘 알아차린다. 그리고 지식이 되기에 필요한 증거의 강도가 모호하다는 사실이 비판적 사고자로서 우리가 해야 할 과업의 성격을 변화시키지 못한다. 우리의 과업은 자신에게 또는 청자에게 합리적 설득력이 있는 건전한 논증을 구축하는 것이다. 또한 우리는 참인 믿음이 되기 위한 조건은 무엇인지, 어떤 사안에 대해 '안다'고 주장하는 것이 정당화되기 위해 필요한 조건이 무엇인지를 분명하게 이해할 수 있다.

실수에 의한 정당화

앞에서 환각제를 먹은 영수의 예와 같이 극단적인 경우가 아니라도, 증거를 잘못 평가하여 **비합리적인 믿음**을 갖게 되는 경우가 종종 있다. 믿음을 지지해주는 증거를 과대평가하거나, 실제로는 그렇지 못한데도 그 증거가 믿음을 지지한다고 생각할 때 그렇다. 이것은 흔히 기만적인 수단으로 자신에게 유리하도록 타인을 설득하려는 사람들에 의해 이용된다(제4장에서 어떤 **오류**들은 **수사적 전략**으로 유용하다는 사실을 살펴보았다). 예를 들면, 그들은 어떤 현상에 대한 한두 개의 생생한 예들을 보여주는 방식으로, 사실상 그 예들에 의해 적절하게 지지되지 못하는 일반화를 유도한다.

보수주의를 표방하며 대북 지원에 대해 반대의 뜻을 가진 언론 매체가 있다고 해보자. 그들은 대북 지원물자에 관한 기사를 싣는 한편으로 북한의 핵무기 개발 상황이나 군수물품 비축 상황을 함께 다룸으로써, 대북 지원물자가 필요한 사람들에게 제대로 전달되지 못하고, 군사비용으로 전용된다는 자신들의 믿음을 지지하도록 유도한다고 해보자. 북한이 대북 지원을 이용하고 있음을 독자들이 믿게 하기 위해 계속해서 비슷한 예들이 생산되고 그 예들의 세부사항이나 전달 방식이 가지는 수사적 힘이 매우 강력해서 독자들은 주어진 증거의 중요성을 그 언론 매체의 의도대로 잘못 평가하게 될 수 있다. 특히 정당화되지 않는 **귀납 추론**(매우 적은 정도로 합당한 것이겠지만)을 이끌어낼 수 있다. 대북 지원의 옳고 그름에 대해서는 여러 의견이 있을 수 있지만, 어쨌든 잘못된 판단으로 비합리적인 믿음을 갖게 된 독자들은 좋은 추리의 원리가 아니라 다른 요소들에 휩쓸리게 될 위험이 있다.

다른 종류의 비합리적 믿음도 있다. 때때로 우리는 어떤 이익 때문에 거짓인 믿음을 수용하기도 한다. 그런 경우에는 그 믿음에 대한 증거가 부족하다는 것뿐 아니라, 우리가 그런 증거를 가지고 있다는 것조차 신경 쓰지 않기도 한다. 예를 들어, 점성술사의 예언이 실현가능하다고 믿는 사람들이 있다. 어떤 이들은 신앙요법이나 초능력, 사후세계를 믿는다. 성경의 모든 내용이 문자 그대로 참이어서 말기암을 앓고 있는 가족이 회복될 것이라고 믿는 사람도 있다. 그런 믿음이 비합리적이라고 지적하는 사람에 대해 피도 눈물도 없는 사람이라고 느끼는 경우도 종종 있다. 심지어 우리는 그런 믿음의 소유자들이 가진 신념이나 진실성에 경의를 표하기도 한다. 이런 경우에, 상대주의 진영으로 후퇴하여 그들의 믿음이 '그들에게 참'이라고 말하는 것은 잘못이다. 그 믿음은 거짓이지만, 그뿐이다. 사실 역설적이게도 위에 열거된 믿음을 갖고 있는 사람들 중에는 자신들이 믿는 것들이 거짓임을 알고 있다고 말하는 경우도 종종 있다.

우리가 인정머리 없는 냉혈한일 필요는 없다. 위에서 서술한 신념을 가진 사람들은 일부러 스스로를 기만하는 것이 아닌 경우가 대부분이다. 오히려 그들은 (아무리 적은 가능성일지라도) 희망이 실현되리라는 신념을 가짐으로써 직면한 역경에 대처하려고 노력하는 것이다.* 따라서 그런 사람들을 비합리적이라고 비난하는 것은 부당하고도 매몰찬 일이다. 엄밀히 말해 그들이 비합리적인 것이 사실이라도 말이다. 우리는 비합리적이지 않기 위해 노력하는 한편으로, 한 인간으로서 합리성이 부족한 믿음이나 행위가 오히려 심리적 위안을 줄 때도 있음을 받아들여야 할 필요가 있다.

지식과 합리적 설득력의 관계

어떤 논증이 합리적 설득력을 갖기 위해서는 그 논증의 전제를 수용하는 것이 정당화되어야 한다. 논증이 연역적으로 타당할 경우, 그 전제들을 수용하는 것이 정당화된다면 결론을 수용하는 것도 똑같이 정당화된다. 또, 그 논증의 전제들이 실제로 참이고, 우리가 그 사실을 알 경우, 그리고 우리가 논증이 타당함을 인지한다면, 우리는 그 결론이 참임을 아는 것이다.

---

*물론 실제로 자기 기만을 행하는 경우도 있다. 고전적 사례는 (몸에 옷이 꽉 끼어서) 살이 쪘다는 것을 스스로 알면서도 저울이 제대로 작동하고 있지 않는 것이라고 믿어버리는 경우다.

여기에는 곰곰이 따져보아야 할 두 가지의 복잡한 사항이 있다. 첫째, 합리적 설득력 있는 논증이 건전하지 않을 수 있다. 다시 말해, 합리적 설득력을 갖기 위해 논증의 전제들이 반드시 참일 필요는 없다. 물론 전제를 수용하는 것이 정당화되어야 한다. 하지만 앞서 보았듯이, 좋은 이유를 가지면서도 즉 정당화되면서도 거짓인 믿음을 가지는 것은 얼마든지 가능하다. 따라서 합리적 설득력이 있는 어떤 논증의 전제들이 참인지 거짓인지는 모를 수도 있다. 합리적 설득력을 가진 어떤 논증을 받아들이기는 하지만, 그럼으로써 지식을 획득하지는 못할 수 있는 것이다. 반면에 어떤 논증이 건전하다는 것을 알기 위해서는, 즉 그 논증의 건전성에 대한 지식을 얻기 위해서는 전제들과 인식론적으로 좀더 강한 관계를 가져야 한다. 어떤 논증이 건전하다는 것을 알기 위해서는 그 전제들에 대한 정당화된 참인 믿음이 필요하다. 반면에 합리적 설득력을 위해서 필요한 것은 정당화뿐이며, 그 믿음이 참일 필요는 없다.

둘째, 논박되지 않은 귀납적으로 합당한 논증의 경우에 알려진 전제들로부터 그 논증의 결론으로 전달되는 정당화의 정도가 결론을 지식으로 확립하기에 불충분한 경우가 있다. 귀납적 합당성의 정도가 너무 약한 경우다.

가방 안에 넣어둔 100개의 돌 가운데 51개가 검다는 것을 확실히 알고 있는 사람이 있다고 해보자. 아마도 그는 귀납적으로 건전하면서 합리적 설득력을 지닌 논증을 통해 가방에서 임의로 돌을 꺼내면 아마도 검은색일 것이라는 결론을 지지할 것이다. 그러나 그 논증은 아주 적은 정도로만 합리적 설득력을 가진다. 설사 그 결론이 참이더라도 그 믿음은 논증에 의해 정당화되기에 불충분하며, 따라서 지식이 될 수 없다. 더 일반적으로 말하면, 귀납적으로 합당하지만 연역적으로 건전하지 않은 논증의 결론에 대한 정당화의 정도는 전제들에 대한 정당화의 정도보다 낮다(물론 그 결론을 정당화할 만한 다른 근거들이 없다면).

마지막으로, '안다'라는 것이 무엇인지에 대해 살펴보도록 하겠다. 이 이야기는 '안다'고 하기 위한 세 가지 조건을 모두 갖추고 있다.

저널리스트 김 기자는 어느 날 저녁에 한 조개구이집에서 저명한 정치인이 어떤 여인과 함께 있는 것을 보았다. 그녀는 그의 부인이 분명히 아니었다. '이거

심상치 않은걸.' 하고 김 기자는 생각했다. 식사를 마치고 자신의 차 쪽으로 걸어가던 김 기자는 남녀 한 쌍을 목격하게 되었다. 그들은 가로등불 아래 주차된 차 안에서 격정적인 포옹을 하고 있었다. 조심스럽게 살펴보니 남녀는 식당 안의 정치인과 그 의문의 여인이었다. 김 기자는 그 정치인이 의문의 여인과 밀애를 즐기고 있다는 믿음을(이것은 실제로 참이기도 하다) 갖게 되었다. 사실상, 김 기자는 관련 기사가 다음날 신문의 머릿기사를 장식하도록 편집장을 설득할 수 있을 만큼 강한 증거라고 믿었다.

여기에는 '안다'라고 적법하게 주장하는 데 필요한 세 가지 요소가 모두 있다. 그 정치인이 밀애를 즐기고 있다는 믿음이 있고, 그 믿음은 참이다. 또, 김 기자가 조개구이집과 주차장에서 목격한 것에 기초한 합리적 정당화가 있다. 다시 말해, 지식에 대한 삼조건설명의 조건들을 모두 만족시키고 있다. 따라서 우리는 김 기자가 정치인과 의문의 여인이 밀애를(최소한 한 차례의 격정적인 포옹을) 즐기고 있다는 것을 '안다'고 합당하게 말할 수 있다.*

지식과 관련된 몇몇 철학적 주제

여기에서는 제7장의 중심 주제들로부터 자연스럽게 제기되는 몇몇 물음들과 그에 대한 답변들을 살펴보겠다. 이를 위해서는, 이 책에서 다루기에는 적절하지 않을지도 모르지만, 더 자세하고 꼼꼼한 철학적 분석이 필요하다. 그것은 철학적 탐구가 실제 생활과 항상 무관하지만은 않다는 것을 이해하는 데 도움이 된다. 철학적 탐구는 우리가 어떤 것들에 대해 비판적으로 사고하기 위해서 반드시 거치는 과정으로, 관련된 문제들이 정확히 무엇인가를 결정하는 것이다. 이제부터 이 주제들에 대해 간단히 살펴보고 더 읽을거리를 소개하겠다. 이것들은 모두 **인식론**, **지식이론**, 또는 지식학에서 다뤄지는 주제들이다.**

토대론/정합론

다른 종류의 믿음과 달리 지각에 기초한 믿음들은 일반적으로 이유, 즉 논증을 필요로 하지 않는다. 우리는 보통의 지각적 믿음은 지각 자체가 근거가 되므로 있는 그대로 정당화된다고 생각한다. 이것은 다른 믿음들도 궁극적으로는 지각에 기초해 있다는 생각에 자연스럽게 다다르게 한다. 예를 들어, 과학 이론들은 관찰, 즉 지각에 기초하는 듯 보인다. 따라서 각각의 비지각적 믿음 P에 대한 이유의 사슬을 거슬러가 보았더니 어떤 지각적 믿음 또는 지각적 믿음의 집합과 연계되어 있다면, 믿음 P 역시 정당화된다고 생각한다. 그래서 잠재적으로 믿음 P를 지식으로 받아들이는 것이 그럴 듯하다고 생각한다. 이렇듯, 지각적 믿음은 자기 정당화를 하며, 이유의 사슬에 의해 믿음 P에까지 정당화를 전달한다.

＊한편 에드문트 게티어Edmund Gettier는 그의 논문에서 정당화된 참인 믿음이지만 지식이 아닌 경우들을 소개함으로써, 지식은 정당화된 참인 믿음이라는 직관적 이론에 의문을 제기했다. 이에 대한 자세한 논의는 로버트 아우디의 *Epistemology: A Contemporary Introduction*(2nd edition ; Routledge, 2002)를 참조하라. 게티어의 원래 논문은 휴머Michael Huemer의 *Epistemology: Contemporary Readings* (Routledge, 2002)에 실려 있는데, 게티어 사례를 해결하려는 일련의 시도들도 포함되어 있다.
＊＊더 많은 주제들에 대해 궁금하다면 로버트 아우디의 *Epistemology: A Contemporary Introduction*(2nd edition ; Routledge, 2002) 휴머의 *Epistemology: Contemporary Readings*(Routledge, 2002)를 참조하라.

지식의 구조를 이런 식으로 생각하는 것은 우리의 상식과 맞아 떨어진다. 이 것이 **토대론**이다. 그런데 이상하게도, 이에 반대되는 견해 역시 우리의 상식에 호소하는 측면이 있다. 모두가 알고 있듯이, 지각은 100퍼센트 신뢰할 만한 것이 아니다. 우리는 일상적으로 시각적 착각에 빠지거나(기차 밖의 사람이 움직이는 것처럼 보이지만, 실제로는 기차가 움직이기 시작하는 것이다) 시각적 착오를 저지른다(정직한 축구 심판인데도 오프사이드 여부를 오판하는 일은 종종 벌어진다). 꿈을 꾸고 심지어 환영을 보기도 한다. 이 경우에 우리는 거짓인 지각을 갖는 게 아닌가? 아니면 최소한 참인 지각과 구분될 수 없는 경험을 갖는 게 아닌가? 물론 대부분의 경우에 우리의 지각은 올바르다. 우리는 대개 자신이 꿈꾸거나 착각하고 있지 않다는 것을 확신한다. 그렇다고 하더라도 우리는 암묵적으로 상황이 정상적이라고 가정하고 있는 것은 아닐까? 예를 들자면, 다음과 같이 추리하고 있는 것은 아닐까? 이것은 내가 정상적인 상황에서 정말로 담요 위의 고양이를 봤을 때 갖게 될 경험이라는 식으로 말이다. 그런데 상황은 정상적이다. 그러므로 정말로 담요 위의 고양이를 보고 있는 것이다!

그렇다면 다음과 같은 질문이 제기된다. 그 논증의 전제들은 무엇에 기초하고 있는가? **정합론**으로 알려져 있는 반토대론적 입장에서는, 우리가 자기 정당화하는 지각적 믿음만을 토대로 지식을 받아들이려고 한다면 결코 그 토대를 얻을 수 없다고 한다. 따라서 어떤 믿음도 정당화되지 않는다고 주장한다. 그런데 모든 믿음이 정당화되지 않는다는 것은 말도 안 되므로, 토대론적으로 어떤 믿음이 정당화되는 기초를 요구하는 것은 잘못이라고 말한다. 대신에 우리 믿음의 전체 구조망이 상호 지지관계에 있다고 생각해야 한다는 것이 정합론의 주장이다. 즉, 각각의 믿음이 지각적 믿음이더라도 그것이 우리가 이미 가지고 있는 구조망에 잘 들어맞거나 정합적일 때는 정당화된다는 것이다. 이 시험에 지각적 믿음의 대부분이 통과하지만, 항상 그런 것은 아니다. 예를 들어, 마술사가 한 여자를 톱으로 두 동강 내는 것처럼 보이지만, 그것은 우리가 이미 가지고 있는 다른 믿음(마술사가 살인을 저지르려 하는 것은 분명히 아니라는 믿음 등—옮긴이)들과 정합적이지 않다. 때문에 우리는 그것을 믿지 않는다.

정합론에도 문제가 있긴 하다. 가장 중요하게는, 믿음들의 전체 집합이 대부분 거짓일 수도 있다는 것이다. 즉, 그 사람은 거의 모든 것에 대해 속고 있는 것일 수 있다. 이런 경우 어떤 다른 믿음이 이미 가지고 있는 믿음의 집합에 정합적이라고 해서 정당화될 수 있을까? 그렇지 않다.

정합론과 토대론은 각각 문제를 가진다. 하지만 다른 대안이 있는 것도 아니다.

내재적 정당화/외재적 정당화

어떻게 지각적 믿음이 정당화되는 것일까? 우선, 지각은 신빙성이 있다는 데서 대답을 구할 수 있다. 즉, 정상적인 상황에서 정상적이면서 적절하게 지각이 작동하는 사람에게서 생성된 지각적 믿음이라면 거의 항상 올바르다. 지각은 이런 식으로 참된 조력자 역할을 한다. 따라서 우리는 이렇게 가정할 수 있다. 만약 어떤 사람이 지각적 믿음을 가질 경우, 그 사람의 지각이 정상적으로 기능하고 그 지각적 상황이 정상적인 한 그의 믿음은 정당화되며, 그렇지 않으면 정당화되지 않는다.

다른 한편, 이런 의구심이 생길 수도 있다. 지각적 상황이 정상적이라는 것으로는 충분치 않다. 그는 그 상황이 정상적인지 여부를 알고 있어야 하지 않을까? 그렇지 않다면 그가 어떤 권리로 그 믿음을 수용한다는 말인가? 이것은 합당한 요구인 듯하지만, 매우 엄격한 요구임을 깨닫는 것은 어렵지 않다.

지각적 상황이 정상적이란 것을 지각이 아니라면 어떻게 알 수 있는가? 만약 어떤 지각이 정당화되기 위해서는 그 밖의 더 많은 다른 지각에 의해 정당화되어야 하고, 더 많은 다른 지각은 또 다른 지각에 의해 정당화되어야 하지 않을까? 거기에 또 다른 지각이 요구되고, 또 다른 지각이 또 요구되고……. 이것은 철학자들이 말하는, 악퇴행으로의 귀착이다. 그것에 따르면 어떤 지각적 믿음도 정당화될 수 없다.

우리의 믿음이 정당화되는 이유에 대해 단순히 우리가 그 믿음을 올바른 방식으로 획득했기 때문이라고—우리가 그 믿음을 그런 식으로 획득했다는 것을 알든 모르든 간에—주장하는 견해를 **외재주의**라고 한다. 다른 한편, 인식 주체가 항상 정당화의 방식을 알고 있어야 한다는 견해를 **내재주의**라고 한다. 이 두 진영 사이의 논쟁은 단지 학술적인 영역에 그치지 않으며, 양쪽 주장 모두 장단점을 가지고 있다.

2002년에 영국군은 미국이 주도한 이라크 전쟁에 가담했다. 그것은 최소한 부분적으로는 이라크가 소위 대량살상무기를 숨기고 있다는 것을 근거로 삼았다. 하지만 실제로는 그런 무기는 없었다. 블레어 영국 수상은 자신의 결정을 옹호했는데, 이라크를 공격할 당시에 그에게 주어진 증거는 이라크가 대량살상무기를 숨기고 있음을 암시했다고 했다. 많은 사람들은 블레어 수상의 진실성을 의심하지 않으면서도 불만족스러워했다. 블레어 영국 수상을 비판하는 사람들은 수상의 결정이 내재적 차원에서는 정당화되더라도 외재적 관점에서는 정당화되지 않는다고 보았다. 정당화의 수단에 사실상 신빙성이 없었기 때문이다.

개연성과 정당성

우리가 어떤 것을 믿고 있고, 그 믿음이 귀납적 합당성을 가진 논증에 의해 지지되고 있는 경우에, 논증이 우리에게 어느 정도로 합리적 설득력을 갖는가에 따라 믿음의 정당성에 대해 판단해도 될까? 대부분의 경우에 그렇게 가정하는 것이 옳다. 하지만, 모든 경우에 그렇지는 않다.

우리가 몇 분 전에 전기주전자에 물을 붓고 전원을 켰다고 해보자. 이 경우 우리는 전기주전자 안에 뜨거운 물이 있다는 것을 안다고 볼 수 있다. 한편, 동생이 복권을 샀으며, 그 복권의 당첨 확률이 1천만 분의 1임을 알게 되었다고 해보자. 복권 추첨은 이미 이뤄졌고, 동생의 복권은 당첨되지 못했다. 하지만 이 사실에 대해 아직 모른다면, 우리는 자연스럽게 동생의 복권은 당첨되지 않을 것이라고 믿는다. 그리고 이 믿음은 실제로 참이며, 그 믿음이 참일 개연성(확률)은 매우 높다. 그렇다고 해서 우리가 동생의 복권이 당첨되지 않음을 '안다'고 볼 수 있을까? 그렇지 않다. 그런데, 복권 사례에서 동생의 복권이 허탕일 것이라는 믿음이 참일 개연성(확률)은 전기주전자 안에 뜨거운 물이 있을 것이라는 믿음이 참일 개연성(확률)보다 훨씬 크다! 전기주전자가 고장 났을 확률은 1천만 분의 1보다 훨씬 크다. 다시 말해, 전기주전자 안에 뜨거운 물이 있을 것이라는 믿음과 동생의 복권이 당첨되지 않을 것이라는 믿음은 모두 참이다. 하지만 전기주전자의 예에서의 믿음은 '안다'고 하기에 충분하지만 복권의 예에서의 믿음은 그렇지 못하다. 사실상 전기주전자 예에서의 믿음이 틀릴 개연성이 복권예에서의 믿음이 틀릴 개연성보다 훨씬 큰 데도 말이다.

이 상황에 약간은 다른 방식으로 대응할 수도 있다. 먼저, 어쩌면 우리는 동생의 복권이 당첨되지 않는다는 것을 '안다'고 생각할지도 모른다. 그렇지만 그것은 틀렸다. 복권을 사는 모든 사람은 정확히 같은 처지에 놓여 있다. 그들은 복권이 당첨될지 아닐지에 대해 정확히 같은 증거를 가지고 있다. 그들은 자신들의 복권이 당첨될 확률이 극히 낮음을, 즉 1천만 분의 1이라는 것을 안다. 때문에 복권이 허탕이라는 주장은 똑같이 정당화된다. 그러나 그 중 한 사람이 나서서 자신의 복권이 허탕이라고 주장한다면, 그 주장은 틀렸다.(한 사람은 당첨될 테니까. 그래서 그 한 사람의 믿음은 지식이 되지 못한다.—옮긴이) 따라서, 만약 당첨되지 않은 사람들은 자신의 복권이 허탕임을 '안다'고 한다면, 지식은 단지 운의 문제가 되어버린다. 하지만 그것은 옳지 않다. 또한 그렇게 된다면, 복권을 사는 행위 자체가 완전히 비합리적인 일이 된다. 만약 당첨되지 않는다는 것을 미리 안다면 복권을 살 이유가 없다.

정당화 척도(정당화 기준)가 중심 주제에 따라 달라진다고 가정해볼 수도 있다. 그래서 우리는 몇몇 경우에 대해 다른 경우보다 더 높은 참일 개연성(확률)을 요구한다는 것이다. 또는 개연성(확률)은 정당화를 위한 조건으로 충분하지 않다고 대응할 수도 있다. 따라서 만약 어떤 명제를 수용하는 유일한 이유가 그 명제가 참일 개연성(확률)이라면, 그 믿음이 사실상 참인 경우에도 그것을 믿는 것이 정당화되지 못할 수 있다. 그러나 그런 시도는 우리가 합리적 기대값의 정도로 설명했던 개연성(확률) 개념에 의해 배제된다. 개연성(확률)은 어떤 것에 대한 믿음이 얼마나 합당한지에 관한 정도를 수치로 나타낸 것이다.

오직 확실한 것, 즉 개연성(확률)이 100퍼센트인 것만이 지식이 될 수 있다는 주장도 가능하다. 하지만, 이런 주장은 철학적 회의주의, 즉 인간은 아무것도 또는 매우 적은 수만을 알 수 있다는 견해로 빠질 위험이 있다. 회의주의로 귀착되지 않는 일관적인 지식 이론을 정식화하는 것은 철학이 일궈내야 할 과제 중 하나다.

요 약

비판적 사고자가 반드시 알아야 할 점은 **참은 객관적**이지 **상대적인 게 아니**라는 것이다. 그렇지 않다면, 어떤 문제의 참에 도달하기 위해 논증을 분석하고 평가하려는 우리들의 목적은 뿌리째 와해될 것이다. 직접적으로 단언하는 것처럼 보이는 몇몇 문장들은 사실상 암묵적으로 주관적 선호나 취향에 대한 상대적 표현인 경우가 많다. 즉, 그런 문장들은 **암묵적으로 화자 상대적**이다. 그런 경우에는 어떤 사실에 대한 진정한 불일치가 있을 수 없다. 반면에 화자 상대적이지 않은 명제가 단언될 때는 참이 문제가 되기 때문에 진정한 불일치가 발생할 수 있다. 모든 참은 상대적이란 신화를 받아들이는 것은 결국 자가당착적인 오류를 저지르는 일이 된다.

도덕적 믿음의 경우, 또는 가치에 관한 믿음의 경우에 상대주의는 쉽게 논박되지 않는다. 그러나 그 같은 영역에 참이 있음을 부정하는 것은 (1)지극히 극악한 귀결을 낳으며, (2)오류를 저지르는 상대주의자에게 일관적인 태도를 요구함으로써 모순을 드러낼 수 있다. 그렇기 때문에, 상대주의는 합리적 설득으로 가는 문을 완전히 닫아버리지 못한다.

우리의 입장이 합리적 설득을 고려하지 않으려 하거나 그러기를 거부하는 게 아니라면, 임의의 명제에 대해 어떤 **입장**을 취할지는 우리가 얻을 수 있는 증거에 의존한다. 우리는 어떤 명제를 믿거나 수용하는 것을 정당화하기 위해, 그 명제의 참이나 거짓 여부를 지지하는 충분한 증거를 요구한다. 그런 증거가 없다면 판단을 유보해야 한다.

거짓인 믿음에 대한 정당화는 얼마든지 가능하다. 우리가 얻을 수 있는 증거로부터 거짓임이 판명난 명제임에도 불구하고 우리는 그 명제를 합리적으로 수용할 수 있다.

어떤 형태의 정당화는 논증이나 추리를 포함하지 않는다. 지각이 바로 대표적인 경우다. 어떤 명제에 대해 단지 참인 믿음을 가지는 것은 그 명제를 **아는** 데 필요한 조건이지만 그것으로 충분하지는 않다. 철학자들의 전통적인 결론에 따르면, 지식은 **올바른 경로**를 통해, 즉 충분한 증거에 기초한 좋은 추리를 통해 도달된 참인 믿음이어야 한다. 이로부터 **삼조건설명**으로 알려진 지식이 되기 위한 조건을 얻을 수 있다. 그에 따르면 P를 아는 것은 정당화된 참인 믿음 P를 가지는 것이다. 지식에는 합리적 설득력이 있는 논증을 가지는 것보다 더욱 엄격한 제약조건이 따른다. 어떤 명제에 대해 합리적 설득력이 있는 논증을 가지더라도, 그 정도가 충분치 못하다면 그 명제를 지식으로서 받아들이지 못할 수도 있다.

연습문제와 해답

Exercises and Answer

1. 다음의 글이 논증을 포함하고 있는지를 판단하라. 포함하지 않는다면 '논증 없음'으로 표시하라. 포함하고 있다면, 전제들과 결론에 밑줄을 긋고 전제는 'P', 결론은 'C'로 나타내고, 전제에는 번호를 매기라. 전제지시어와 결론지시어는 명제의 요소가 아니라는 것에 유의하라.(※오직 명제에만 밑줄을 그으라.)

> 「보기」
> <u>바둑이는 개이고</u> <u>모든 개는 검은색이다.</u> 그러므로 <u>바둑이는 검은 개이다.</u>
>   P1   P2   C

   a. 모든 고양이들이 성가신 동물이라는 점으로부터, 이 고양이도 성가신 동물이라는 점이 따라 나온다.

   b. 이런 교통 상황이 계속된다면 나는 결코 제시간에 출근할 수 없을 것이다.

   c. 인스턴트커피를 마시는 사람은 아침에 일어날 때마다 복통이 있다. 그리고 철수는 인스턴트커피를 한 잔 마셨기 때문에 복통이 생길 것이다.

   d. 아침에 서리가 올 것이다. 왜냐하면 기온이 영하로 떨어졌기 때문이다.

   e. 과자 상자가 비어 있다. 아이들이 과자를 다 먹었기 때문에 그렇다.

   f. 기독교도들은 가난한 사람을 보살핀다. 보수당은 가난한 사람들을 차별하는 정책을 추구한다. 그렇다면 보수당의 당원들은 기독교도일 리 없다.

   g. 이 동물은 물고기이기 때문에 포유류일 가능성은 없다.

   h. 미국의 이라크 침공은 세계 평화를 지난 세기 수준으로 후퇴시킨 원인이다.

   i. 평양은 개성의 북쪽에 있고 개성은 수원의 북쪽에 있다. 따라서 평양은 수원의 북쪽에 있다.

   j. 나의 옛 애인은 항상 내게 옷차림을 바꾸라고 말해서 나는 애인을 바꿨다.

   k. 만약 저 화학 약품들이 강물에 유출된다면, 수천 마리의 물고기들이 죽게 될 것이다.

   l. 인플레이션이 점차 심해지고 있으므로, 가계대출도 많아질 게 틀림없다.

m. 이 강의의 참석자 모두가 지루해하고 있다. 지루해하는 사람은 모두 강의 내용에 귀 기울이지 않는다. 그러므로 강의 내용에 귀 기울이는 사람은 아무도 없다.

n. 그는 사고로 부상을 당했기 때문에 그 이후로 계속 목발을 짚고 다닌다.

o. 약물 남용에 관한 장면이 들어 있다는 사실을 고려한다면, 그 영화는 많은 사람들이 시청하는 시간대에 방영되어서는 안 된다.

p. 만약 우리가 현재의 교통 문제를 개선하기 위해 무언가 조치를 취하지 않는다면, 대기오염이 심각한 지경이 되어 우리의 후손들은 호흡장애로 인한 질식사를 두려워하여 거리를 걷지 못하게 될 것이다.

q. 정부는 실업수당 체계의 개선책을 제시했다. 이러한 개선책이 제시될 때마다 어떤 사람은 손해를 보게 된다. 그러므로 정부의 이번 정책 개선안은 불공정하다.

r. 유전자 조작 식품의 생산을 규제하기 위한 조치가 취해져야 한다. 이런 농산물들이 아무 규제도 없이 마구 생산되면 생태계가 파괴될 것이다.

s. 만약 부모가 아이들을 때린다면, 그 아이들은 폭력행위를 수용할 수 있다고 배울 것이다. 그러므로 부모는 아이들을 때려서는 안 된다.

t. 그러므로 그것은 노숙자 문제의 해결 방안으로 현실적이지 않다.

2. 다음을 표준형식으로 나타내라. 문장의 의미를 유지하는 데 절대적으로 필요한 경우가 아니라면 숨은 전제를 포함시키거나 표현들을 바꾸지 말라. 지시어들은 생략하라.

「 보기 」

정부는 사냥을 금지시켜야 한다. 사냥은 동물들을 고통에 빠뜨리며, 동물을 고통에 빠뜨리는 것은 무엇이든지 금지되어야 한다.

P1) 사냥은 동물을 고통에 빠뜨린다.
P2) 동물을 고통에 빠뜨리는 것은 무엇이든지 금지되어야 한다.
─────────────────────────────────
C) 정부는 사냥을 금지시켜야 한다.

a. 만약 중국 축구대표팀이 일본 축구대표팀과의 경기에서 이긴다면 한국 축구대표팀이 이번 축구리그에서 우승을 차지할 것이다. 중국 축구대표팀은 일본 축구대표팀과의 경기에서 승리했다. 그러므로 한국 축구대표팀이 우승을 차지할 것이다.

b. 어린이는 교육적 효과가 별로 없는 텔레비전 프로그램을 시청하면 안 된다. 포켓몬 만화 시리즈는 언어와 인지 발달을 돕지 못하며, 교육적 효과는 언어와 인지 발달을 촉진시키는 프로그램에서만 얻을 수 있다. 어린이는 포켓몬 만화 시리즈를 보면 안 된다.

c. 나는 용의자가 A를 노래방에서 마이크로 살해했다고 말했다. 내가 이렇게 말하는 이유는 A가 죽은 날 밤에 노래방에서 용의자가 마이크로 A의 뒤통수를 때리는 것을 B가 목격했고, 이후에 마이크에서 용의자의 지문과 A의 피가 발견되었기 때문이다.

d. 한국 축구대표팀 감독은 교체되어야 한다. 한국 축구대표팀 감독이 교체될 때마다 팀의 사기가 다시 살아났으며 이번에도 팀의 사기가 다시 살아날 것임에 틀림없다.

e. 선진국 소비자들의 과도한 소비 활동은 후진국의 빈곤과 질병의 원인이 된다. 이것은 정의롭지 못하다. 그러므로 만약 우리가 세계의 나머지 국가들을 염려한다면, 우리의 소비를 줄여야 한다.

f. 결국 역사는 부시 미국 대통령이 성공적인 대통령이라고 평가할 것이다. 그 이유는, 부시는 초강대국이라는 미국의 명성을 유지해왔으며, 그것이야말로 미국 대통령을 판단하는 가장 중요한 기준이 되기 때문이다.

3. 사전적 애매성과 구문적 애매성 사이의 차이점을 짧게 설명하라. 각각에 대한 예문을 제시하고 가능한 해석들에 대해서 설명하라.

4. 다음의 문장들은 구문적으로 애매하다. 가장 개연성 있는 해석을 찾고, 그에 따라 문장을 다시 쓰라. 만약 두 가지 이상의 해석이 모두 의미 있다면 모두 제시하라. 낱말의 순서를 바꾸거나 새로 첨가할 필요가 있다면 그렇게 하라.

a. 철수는 영희에게 빌린 신발 한 켤레와 슬리퍼 한 켤레를 가지고 있다.

b. 한국 최초의 상업적 정자 은행이 스테인리스 철강 탱크 안에서 냉동된 20명의 남성에서 얻은 정액을 가지고 지난 금요일에 문을 열었다.

c. 그들은 1주일 전에 바이러스에 감염된 어떤 사람에게 노출된 채 있었다.

d. 경찰은 사고 현장에서 도주한 2명의 여성과 트럭 운전사를 조사하고자 한다.

5. 모호성과 애매성의 차이를 짧게 설명하라. 그 설명에 대한 적절한 예문을 작성하라.

6. 다음의 문장들에서 양화 표현들을 찾아내고, 보편적 일반화인지 통계적 일반화인지를 구분하라.

> 「 보기 」
>
> 거의 모든 학생들이 시험에서 커닝할 생각을 한다.
>
> ✎ 거의 모든(통계적 일반화)

a. 범인이 자백할 때까지는 아무도 그 방을 나갈 수 없다.

b. 지원자 가운데 그 일에 적합한 자격을 충분히 가지고 있는 사람이 거의 없다.

c. 국회의원의 대부분은 국민들을 위해 헌신한다.

d. 조합원들 대부분은 임금 인상 요구안을 지지하기 위한 파업을 실행할 준비가 되어 있다.

e. 모든 탑승객들은 이륙과 착륙에 대비하여 좌석의 안전띠를 단단히 매야 한다.

f. 일반적으로 새들은 날 수 있다.

g. 거의 모든 환자들이 퇴원할 준비가 되어 있다.

h. 여론조사에 응한 사람들 중 그 법률 개정안에 찬성하는 사람은 아무도 없다.

i. 의사는 모두 히포크라테스의 선서를 지켜야 한다.

j. 후보자들 중 거의 누구도 그 정책을 계속 이어나갈 만한 리더십을 가지고 있지 않다.

7. 다음의 문장들은 양화 표현은 없지만 일반화를 표현하고 있다. 각각의 문장들이 보편적 일반화이면 적절한 양화 표현을 첨가하여 보편적 일반화임을 드러내고, 통계적 일반화이면 적절한 양화 표현을 첨가하여 통계적 일반화임을 드러내라.

┌─ 「 보기 」
│
│   탑승객은 열차를 타기 전에 유효한 차표를 소지해야 한다.
│
│ ✎ 모든 탑승객들은 열차를 타기 전에 유효한 차표를 소지해야 한다.
└─

   a. 고양이는 꼬리를 가지고 있다.

   b. 아이들은 아이스크림을 좋아한다.

   c. 유권자들은 지난 총선에서 A당 후보에게 투표했다.

   d. 올빼미는 포유동물이다.

   e. 자동차는 휘발유 엔진이나 디젤 엔진으로 움직인다.

   f. 민주국가의 국민은 원하는 곳으로 자유롭게 이동할 수 있어야 한다.

   g. 국회의원들은 남성이다.

   h. 한국의 대학들에는 부학장이 있다.

   i. 사람들은 삶을 변화시킬 수 있는 환경에 충분한 관심을 가지고 있다.

   j. 한국 사람들은 외국어를 할 줄 안다.

〈해답〉

1.

a. 논증 b. 논증 없음, 조건문 c. 논증 d. 논증 e. 논증 없음, 설명 f. 논증 g. 논증 h. 논증 없음, 지지하는 이유가 없는 주장 i. 논증 j. 논증 없음, 어떤 사건이 일어났다는 진술 k. 논증 없음, 조건문 l. 논증 m. 논증 n. 논증 없음, 진술 o. 논증 p. 논증 없음, 조건문 q. 논증 r. 논증 s. 논증 t. 논증 없음, 결론만 있음

4.

b. 한국 최초의 상업적 정자 은행이 스테인리스 철강 탱크 안에서 냉동된, 20명의 남성에서 얻은 정액을 가지고 지난 금요일에 문을 열었다.(반점이 없으면 20명의 남성이 스테인리스 철강 탱크 안에서 냉동되었다고 해석도 가능하지만, 이 해석의 개연성은 매우 낮다.)

d. 경찰은 트럭 운전사와 사고 현장에서 도주한 2명의 여성을 조사하려 한다. 또는 경찰은 사고 현장에서 도주한 2명의 여성 그리고 역시 도주한 트럭 운전사를 조사하려 한다.

6.

a. 아무도 ~없다, 보편적 일반화 b. 거의 없다, 통계적 일반화 c. 대부분, 통계적 일반화 d. 대부분, 통계적 일반화 e. 모든, 통계적 일반화 f. 일반적으로, 통계적 일반화 g. 거의 모든, 통계적 일반화 h. 아무도 ~없다, 보편적 일반화 i. 모두, 보편적 일반화 j. 거의 누구도 ~않다, 통계적 일반화

7.

오직 d만이 보편적 일반화로서 논쟁의 여지 없이 참이다. 따라서 d에는 '모든' 이란 양화 표현을 첨가할 필요가 있다. 나머지는 적절한 양화 표현을 사용하여 통계적 일반화로 만들어야 한다.

1. 자비의 원리에 대해 설명하라. 또, 자비의 원리를 지켜야 하는 이유에 관해서 간략하게 답하라.

2. '논증의 목적은 상대방과 싸워 이기는 데에 있다.'는 주장에 대해 짧은 논평문을 작성하라.

3. 논증을 재구성하는 목적에 대해 설명하라. 제2장에서 배운 타당성과 같은 용어를 사용하라.

4. 다음의 논증을 비판하라.

저명한 경제학자가 올해의 실업률이 높아질 것이라고 말했다. 그러나 이미 설명했듯이, 이 논증은 명백히 부당하다. 게다가 우리는 이 논증의 전제들이 거짓이라는 것을 확인했다. 그러므로 그는 틀렸다. 올해의 실업률은 높아지지 않을 것이다.

5. 다음은 삼순의 말이다. 삼순의 요점은 무엇이며, 삼순의 생각에 혼동이 있는 것은 아닌지에 관해 자신의 견해를 설명하라.

금순은 매우 건방지다. 물론 그녀는 얼마든지 의견을 내세울 수 있다. 그녀는 토지의 소유자들에게 주민이나 행인이 자신의 소유지에 접근하지 못하게 할 권리가 있다고 말하고 있지만, 나는 그녀의 말에 전혀 신경 쓰지 않는다. 그것은 단지 그녀의 견해일 뿐이다. 그러나 그녀는 자신의 견해가 참이라는 것을 말해야 한다. 그녀는 언제나 자신이 옳다고 생각하고 있다. 그녀는 자신의 의견이 언제나 참이라고 생각한다.

6. 다음의 각 논증들은 연역적으로 타당한가? 만약 타당하지 않다면, 이유를 간단히 설명하라. 필요하다면, 전제들이 참이지만 결론은 거짓인 상황에 대해 쓰라.

「보기」

P1) 콘스탄티누스 황제 이전의 모든 로마 황제들은 이교도였다.

P2) 줄리앙은 로마의 황제였다.

C) 줄리앙은 이교도였다.

🖉 타당하지 않다. P2는 줄리앙이 로마 황제였다고 말한다. 그러나 그는 콘스탄티누스 이전에 통치하지 않았다. 만약 줄리앙이 콘스탄티누스 이후의 황제이면서도 이교도가 아니라면, 전제가 참이면서 결론이 거짓일 가능성이 존재한다.

a.

P1) 남편이 부엌에 있거나, 아니면 부인이 부엌에 있다.

P2) 남편은 부엌에 있지 않다.

C) 부인이 부엌에 있다.

b.

P1) 인플레이션이 심화되거나, 아니면 가계 부채가 증가할 것이다.

P2) 만약 중앙은행이 금리를 높이지 않으면, 인플레이션이 심화되지 않을 것이다.

P3) 중앙은행은 금리를 높이지 않을 것이다.

C) 가계 부채가 증가할 것이다.

c.

P1) 만약 시위대가 그 지역을 떠났다면, 도로 교통은 원활할 것이다.

P2) 도로 교통은 원활하지 않다.

C) 시위대가 그 지역을 떠나지 않았다.

d.

P1) △△당의 어떤 당원도 세금 감축안에 찬성표를 던지지 않았다.

P2) 삼순은 세금 감축안에 찬성표를 던지지 않았다.

C) 삼순은 △△당의 당원이다.

e.

P1) △△당의 어떤 당원도 세금 감축안에 찬성표를 던지지 않았다.

P2) 삼순은 세금 감축안에 찬성표를 던졌다.

C) 삼순은 △△당의 당원이 아니다.

f.

P1) ㅁㅁ당의 모든 당원은 세금 감축안에 찬성표를 던졌다.

P2) 삼식은 세금 감축안에 찬성표를 던졌다.

C) 삼식은 ㅁㅁ당의 당원이다.

g.

P1) ㅇㅇ당의 어떤 당원들은 세금 감축안에 찬성표를 던졌다.

P2) 세금 감축안에 찬성표를 던진 어떤 사람들은 새 국방비 지출안에 찬성표를 던졌다.

C) ㅇㅇ당의 어떤 당원들은 새 국방비 지출안에 찬성표를 던졌다.

h.

P1) 만약 낙태가 윤리적으로 허용된다면, 유아 살해도 윤리적으로 허용된다.

C) 낙태는 윤리적으로 허용될 수 없다.

i.

P1) 만약 낙태가 살인 행위가 아니면, 태아 살해도 살인 행위가 아니다.

P2) 만약 태아 살해가 살인 행위가 아니면, 죄 없는 아이를 죽이는 것도 살인 행위가 아니다.

P3) 죄 없는 아이를 죽이는 것은 살인 행위다.

C) 낙태는 살인행위다.

j.

P1) 만약 각 개인이 자신의 신체에 관한 일을 스스로 결정할 권리를 갖는다면, 자살은 위법이 아니다.

P2) 자살은 위법이다.

C) 어느 누구도 자신의 신체에 관한 일을 스스로 결정할 권리를 갖지 않는다.

k.

    P1) 모든 정권은 붕괴되거나 비효율적이다.

    P2) 북한 정권은 비효율적이다.

    C) 북한 정권은 붕괴되지 않았다.

l.

    P1) 만약 그 장치에 변압기가 없다면, 전원이 공급되지 않을 것이다.

    P2) 그 장치에 변압기가 있다.

    C) 그 장치에 전원이 공급될 것이다.

m.

    P1) 태조는 태종 이전의 조선을 통치했다.

    P2) 태종은 세종 이전의 조선을 통치했다.

    C) 태조는 세종 이전의 조선을 통치했다.

n.

    P1) 오직 민주주의 체제만이 정의로운 정치 체제다.

    P2) 로마의 정치 체제는 정의롭지 못했다.

    C) 로마의 정치 체제는 민주주의 체제가 아니었다.

o.

    P1) 정의로운 정치 체제는 오직 민주주의 체제뿐이다.

    P2) 로마의 정치 체제는 정의롭지 못했다.

    C) 로마의 정치 체제는 민주주의 체제가 아니었다.

p.

    P1) 일부 역사가들이 거짓말을 하지 않았다면, 1세기에는 기적이 있었다.

    P2) 1세기에는 기적이 없었다.

    C) 일부 역사가들은 거짓말을 했다.

q.

    P1) 분석 결과 삼식이 연루된 교통 사건은, 음주 운전에 의한 것이 아니라, 브레이크의 오작동 때문이었다.

    P2) 만약 삼식이 사건 당시 술을 마시지 않았다면, 음주 운전 혐의를 벗겨주어야

한다.

C) 삼식의 음주 운전 혐의는 벗겨주어야 한다.

r.

P1) 만약 콘스탄티누스가 자신은 진실된 기독교인이라고 고백했다면, 역사는 그를 불공정하게 평가했을 것이다.

P2) 콘스탄티누스가 자신은 진실된 기독교인이라고 고백했다는 확실한 증거는 없다.

C) 역사는 콘스탄티누스를 불공정하게 평가했다.

s.

P1) 만약 게르마니쿠스가 전선에서 죽지 않았다면, 그는 황제가 되었을 것이다.

P2) 만약 게르마니쿠스가 황제가 되었다면, 티베리우스는 황제가 되지 않았을 것이다.

P3) 만약 티베리우스가 황제가 되지 않았다면, 칼리굴라는 황제가 되지 않았을 것이다.

P4) 만약 칼리굴라가 황제가 되지 않았다면, 그는 살해당하지 않았을 것이다.

P5) 만약 칼리굴라가 살해당하지 않았다면, 클라디우스는 황제가 되지 않았을 것이다.

C) 만약 게르마니쿠스가 전선에서 죽지 않았다면, 클라디우스는 황제가 되지 않았을 것이다.

t.

P1) 만약 어떤 로마 황제가 현명했다면, 마르쿠스 아우렐리우스는 현명했다.

P2) 아우구스투스는 로마 황제였다.

P3) 만약 아우구스투스가 현명했다면, 마르쿠스 아우렐리우스는 현명하지 않았다.

C) 아우구스투스는 현명했다.

u.

P1) 만약 어떤 로마 황제가 현명했다면, 마르쿠스 아우렐리우스는 현명했다.

P2) 아우구스투스는 로마 황제였다.

P3) 만약 아우구스투스가 현명했다면, 마르쿠스 아우렐리우스는 현명하지 않

았다.

C)   아우구스투스는 현명하지 않았다.

v.

P1) 만약 철수와 영희가 늦는다면, 선생님은 실망할 것이다.

P2) 철수는 늦는다.

P3) 영희는 늦는다.

C)   선생님은 실망할 것이다.

w.

P1) 만약 철수와 영희가 늦으면, 선생님은 실망할 것이다.

P2) 철수는 늦는다.

C)   선생님은 실망할 것이다.

x.

P1) 만약 철수와 영희가 늦으면, 선생님은 실망할 것이다.

P2) 철수는 늦는다.

P3) 영희는 늦지 않는다.

C)   선생님은 실망하지 않을 것이다.

y.

P1) 만약 갑순과 갑돌이 결혼하면, 병돌은 실망할 것이다.

P2) 갑순은 결혼한다.

P3) 갑돌은 결혼한다.

C)   병돌은 실망할 것이다.

z.

P1) 만약 총리가 여론은 국민들의 원하는 바를 말해준다고 한다면, 그는 겁쟁이다.

P2) 만약 총리가 여론은 국민들의 원하는 바를 말해준다고 하지 않으면, 그는 오만하다.

C)   만약 총리가 오만하지 않다면, 겁쟁이다.

7. 다음 문장들이 참인지 거짓인지를 밝히라.

    a. 타당한 논증의 전제 모두가 거짓일 수는 없다.

    b. 타당한 논증의 결론은 거짓일 수 있다.

    c. 연역적으로 건전한 논증은 거짓인 결론을 가질 수 있다.

    d. 타당한 논증은 전제가 모두 참이면서 거짓인 결론을 가질 수 없다.

    e. 타당한 논증은 전제가 모두 거짓이면서 참인 결론을 가질 수 없다.

    f. 타당한 논증의 결론이 거짓이라면, 그 논증의 모든 전제들이 동시에 참일 수 없다.

    g. 타당한 논증은 반드시 참인 전제를 가진다.

    h. 만약 타당한 논증의 결론이 거짓이면, 모든 전제들은 거짓임에 틀림없다.

    i. 만약 어떤 논증이 하나 이상의 전제를 가지고 있다면, 그리고 전제들 중 하나는 참이라면, 다른 전제들도 참임에 틀림없다.

    j. 만약 타당한 논증이 건전하다면, 전제들 중 하나는 거짓임에 틀림없다.

    k. 건전한 논증은 거짓인 전제를 가질 수 없다.

    l. 논증이 타당하면서 동시에 건전할 수는 없다.

    m. 만약 한 논증이 참인 전제들과 참인 결론을 가진다면, 그 논증은 타당하다.

    n. 만약 한 논증의 전제 모두가 참이고 결론은 거짓이 아니라면, 그 논증은 타당하다.

    o. 전제가 모두 참이고 결론은 거짓인 논증이 있을 수 있다.

    p. 만약 타당한 논증이 거짓인 결론을 가진다면, 전제들은 모두 거짓임에 틀림없다.

    q. 만약 타당한 논증이 거짓인 결론을 가진다면, 전제들 중 적어도 하나는 거짓임에 틀림없다.

8. 다음의 문장들을 '만약 ~이면,……이다'와 '~가 아니다'라는 표현을 사용하여 명제들 사이의 관계가 동일하게 진술되도록 다시 써보라 즉, 동치인 명제를 만들라. 경우에 따라서는 '~가 아니다'를 삽입하기보다 제거해야 할 수도 있

다는 점에 유의하라.

    a. 박찬호가 위대하거나 박지성이 위대하다.

    b. 넥타이를 매고 있어야만, 당신의 입장이 허락될 것이다.

    c. 당신의 개가 짖을 때에만, 나의 개는 짖을 것이다.

    d. 당신은 매일 밤마다 술을 마시지 않을 때에만 시험에 통과할 것이다.

    e. 당신이 공부할 때에만 시험에 통과할 수 있을 것이다.

    f. 오직 공격적으로 싸울 때에만, 챔피언은 승리할 수 있을 것이다.

9. 동일한 결론에 대하여 연역적으로 건전한 논증이 하나 이상 있는 것이 가능한가? 만약 가능하다면, 예를 적어보라. 만약 가능하지 않다면, 그 이유를 설명하라.

10. 아래의 두 명제와 관련해서 앞의 명제를 결론으로 하는 논증과 뒤의 명제를 결론으로 하는 논증을 고려해보라. 두 논증은 모두 타당한가? 두 논증이 모두 연역적으로 건전한 논증이 될 수 있는가? 될 수 있다면 그 이유는 무엇인가? 될 수 없다면 그 이유는 무엇인가?

    오스왈드는 케네디를 살해했다.

    오스왈드는 케네디를 살해하지 않았다.

11. 〈연습문제 8〉에 제시된 문장들을 〈보기〉와 같이 '자리표시' 문자들을 사용해서 다시 써보라. 그 대답에 대해서도 같은 방식으로 적으라.

┌ **보기** ┐

    a. 박찬호가 위대하거나 박지성이 위대하다.

✎ P이거나 Q이다. 만약 P가 아니면, Q이다.

12. 〈연습문제 6〉의 a, b, f~j, p~w의 문제들을 〈보기〉와 같이 논증 형식으로 구성해보라. 이때 명제에 대해서는 'P', 'Q', 'R', 일반 용어들에 대해서는 'F', 'G', 고유명사에 대해서는 'x', 'y' 등의 자리표시 문자들을 사용하라.

「 보기 」

P1) 오직 어리석은 사람들만이 약물을 복용한다.

P2) 맹순은 약물 복용자이다.
_____
C) **맹순은 어리석은 사람이다.**

P1) 오직 F만이 G이다.

P2) x는 G이다.
_____
C) **x는 F이다.**

13. 91~92쪽에 제시된 표준형식의 논증에 대하여 논증나무를 그리라. 제시된 논증들을 위한 논증나무는 두 개의 전제를 가진다는 것에 주의하라. 그것들의 공통점은 무엇인지, 그리고 그 이유에 대해 설명하라.

〈해답〉

4.

※건전성의 정의에 따르면, 건전하지 않은 논증은 참인 결론을 가질 수 있다.

5.

※참의 개념에 관한 내용을 다시 살펴보라.

6.

a. 타당

b. 타당 ; P2와 P3으로부터 〈인플레이션이 심화될 것이다.〉라는 명제가 따라 나오고 이 명제와 P1로부터 C가 따라 나온다.

c. 타당

d. 부당 ; P1은 △△당의 모든 당원들이 세금 감축안에 찬성표를 던지지 않았다고 말한다. 그런데 이것이 △△당의 당원이 아닌 사람이 세금 감축안에 찬성표를 던지지 않았다고 말한 것은 아니다. 따라서 세금 감축안에 찬성표를 던지지 않은 삼순은 △△당의 당원이 아닐 수도 있다.

e. 타당

f. 부당 ; ㅁㅁ당의 모든 당원들이 세금 감축안에 찬성표를 던졌다고 하더라도, ㅁㅁ당의 당원이 아닌 사람들이 세금 감축안에 찬성표를 던질 수도 있다.

g. 부당 ; P2는 세금 감축안에 찬성표를 던진 어떤 사람들이 새 국방비 지출 안에 찬성표를 던졌다고 말하고 있다. 그런데 이것이 세금 감축안에 찬성표를 던진 모든 사람들이 새 국방비 지출안에 찬성표를 던졌다고 말하는 것은 아니다. 따라서 세금 감축안에 찬성표를 던졌지만 새 국방비 지출안에 찬성표를 던지지 않은 어떤 사람들이 있을 수도 있다. 만약 그렇다면, 그러한 집단에 ○○당원 중 세금 감축안에 찬성표를 던진 사람들이 모두 포함될 수도 있다. 그러한 경우라면 결론 C는 거짓일 것이다.

h. 부당 ; 이 논증을 타당하게 만들기 위해서는 〈유아 살해가 윤리적으로 허용될 수 없다.〉는 전제가 추가되어야 한다. 이 전제가 추가되기 이전이라면 결론은 참일 수도 있고 거짓일 수도 있다.

i. 타당

j. 부당 ; P1과 P2에 의해 따라 나오는 결론은 〈각 개인이 자신의 신체에 관한 일을 스스로 결정할 권리를 가지는 것은 아니다.〉는 명제다. 이것은 다시 〈모든 개인이 그러한 권리를 가지는 것은 아니다.〉라는 명제를 의미하고, 이것은 〈어떤 개인은 그러한 권리를 가지고, 어떤 개인은 그러한 권리를 가지지 않는다.〉라는 것을 허용한다. 그런데 결론은 〈모든 개인이 그러한 권리를 가지지 않는다.〉이다. 그러므로 전제들이 모두 참이라고 해도, 결론은 거짓일 수 있다.

k. 부당 ; P1은 〈북한 정권이 붕괴되었고 동시에 비효율적이다.〉를 허용한다.

l. 부당 ; P1은 〈만약 그 장치에 변압기가 있다면, 전원이 공급될 것이다.〉고 말하지는 않는다. 가령 P1이 참인 상황에서, P2에 의해 변압기가 있음에도 불구하고 전기

회로에 문제가 있다면 전원이 공급되지 않을 것이다. 즉 P1과 P2가 참이라고 해도 결론 C의 참이 보장되지 않는다.

m. 타당

n. 부당 ; P1이 말하는 바는, 만약 〈어떤 것이 정의로운 정치 체제라면, 그것은 민주주의 체제다.〉라는 명제다. 즉 P1에 따르면, 〈모든 정의로운 정치 체제가 민주주의 체제다.〉 그렇다고 해서, 〈모든 정의롭지 못한 정치 체제가 민주주의 체제가 아니다.〉라는 것은 아니다. 다시 말해서 P1이 참이라고 해도, 정의롭지 못한 체제지만 민주주의 체제인 것이 얼마든지 가능하다.

o. 부당 ; 이 논증의 P1은 n번 문제의 P1과 동일한 명제를 표현한다.

p. 타당

q. 부당 ; P1에 따라 삼식은 사건 당시 술을 마신 상태였지만 그의 음주 상태가 사건의 원인이 아니었다고 가정하고, P2가 참이라고 인정할 만하다고 해도, 삼식이 음주 운전을 했다면 그의 음주 운전 혐의를 벗겨주어서는 안 될 것이다.

r. 부당 ; 결론 C를 조건문인 P1로부터 도출하기 위해서는 P1의 전건 〈콘스탄티누스가 자신은 진실된 기독교인이라고 고백했다.〉가 참임이 밝혀져야 한다. 그런데 P2는 기껏해야 그렇지 않다는 증거가 없다고 말하고 있을 뿐이다. 그 정도의 진술은 〈콘스탄티누스가 자신은 진실된 기독교인이라고 고백했다.〉라는 것이 참임을 뜻하지 않는다.

s. 타당

t. 부당 ; 만약 로마의 황제들이 모두 현명하지 않았다면, P1, P2, P3 모두 참이 되며, 마르쿠스 아우렐리우스는 현명하지 않았을 수도 있다.

u. 타당 ; 이 논증이 타당하다는 것을 보이기 위해 전제들이 참인데 결론이 거짓인 상황을 가정해보자. C1이 거짓이므로, 아우구스투스는 현명했음을 알 수 있다. 그렇다면 P3에 따라서, 아우렐리우스는 현명하지 않았다. 이것과 P1로부터, 후건 부정에 의해, 〈어떤 로마 황제가 현명했다는 것은 거짓이다.〉라는 것이 따라 나온다. 다시 말해서 〈모든 로마 황제는 현명하지 않았다.〉가 따라 나온다. 그런데 P2에 다르면 아우구스투스는 황제이고 현명하다. 따라서 전제들이 참이고 결론이 거짓이라고 가정하는 것은 불가능하다. 그러므로 이 논증은 타당하다.

v. 타당

w. 부당 ; P1은 〈철수와 영희가 둘 다 모두 늦을 경우, 선생님이 실망할 것이다.〉라는 명제를 말하고 있다. 철수만 늦을 경우에 선생님은 실망하지 않을 수도 있다.

x. 부당 ; P1, P2, P3이 참이지만, 결론이 거짓일 수 있다. 아마도 선생님은 다른 이유 때문에 실망할 수 있다. 가령 철수가 늦었기 때문에 선생님은 실망할 수도 있을 것이다. 여기서 P1이 〈철수와 영희가 늦을 경우에만, 선생님은 실망할 것이다.〉라고 말한 것은 아님에 주의해야 한다.

y. 부당 ; 이 논증에서는 조건문인 전제 P1의 전건이 애매하다는 점에 주의해야 한다. 아마도 P1의 전건은 〈갑순과 갑돌이 부부가 되었다.〉라는 명제를 의미한다고 해석될 수 있다. 그런데 P2와 P3이 참이라고 해도, 〈갑순과 갑돌이 부부가 되었다.〉는 것을 의미하지 않는다. 이러한 경우라면 병돌은 실망하지 않을 수도 있다. 따라서 전제들이 모두 참이어도 결론이 거짓일 수 있으므로, 논증은 부당하다.

z. 타당

7.

a. 거짓 b. 참 c. 거짓 d. 참 e. 거짓 f. 참 g. 거짓 h. 거짓 i. 거짓 j. 거짓 k. 참 l. 거짓 m. 거짓 n. 거짓 o. 참 p. 거짓 q. 참.

8.

※정답이 하나 이상 있을 수 있다. a를 예로 들자면, 〈박찬호가 위대하지 않다면, 박지성이 위대하다.〉와 〈박지성이 위대하지 않다면, 박찬호가 위대하다.〉가 모두 정답으로 가능하다.

a. 박찬호가 위대하지 않다면, 박지성이 위대하다.

b. 당신이 넥타이를 매지 않는다면, 당신의 입장은 허락되지 않을 것이다.

c. 나의 개가 짖는다면, 당신의 개가 짖고 있을 것이다. 또는, 당신의 개가 짖지 않는다면, 나의 개가 짖지 않을 것이다.

d. 당신이 매일 밤 술을 마신다면, 당신은 시험에 통과할 수 없을 것이다.

e. 당신이 공부를 하지 않는다면, 당신은 시험에 통과할 수 없을 것이다.

f. 챔피언이 공격적으로 싸우지 않는다면, 그는 승리할 수 없을 것이다.

1. 아래의 각 논증은 양화 표현을 빠뜨린 전제를 적어도 하나 이상 포함하고 있다. (A)적절한 양화 표현을 추가하여 각 논증을 재구성하라. 논증의 원래 의도대로 전제들을 드러나게 해주는 가장 알맞은 양화 표현을 사용하라. 가능하다면, 가장 강한 양화 표현을 사용하라. 다시 말해서, 만약 논증자가 '모든'이나 '거의 모든' 또는 그와 비슷한 것을 의도하고 있다면, '대부분'이라는 양화 표현을 사용하지 말라. (B)만약 재구성한 논증이 연역적으로 타당하다면, '연역적으로 타당'이라고 표시하라. 만약 논증이 귀납적으로 합당하다면, '귀납적으로 합당'이라고 표시하고 결론 앞에 '아마도'를 넣으라.

> a. 성범죄는 아동 학대의 희생자였던 사람들에 의해 저질러진다. 피고는 성범죄를 저질렀다. 그러므로 피고는 아동 학대의 희생자다.
>
> b. 아이들은 『해리 포터』시리즈를 사랑한다. 그러므로 여러분의 아이는 『해리 포터』시리즈를 사랑할 것이다.
>
> c. 만약 우리나라의 의사들이 과로한다면, 전체 인구의 일반적인 건강 상태가 나빠질 것이다. 우리나라의 의사들은 과로한다. 그러므로 전체 인구의 건강 상태는 나빠질 것이다.
>
> d. 노인들은 시력이 좋지 않다. 시력이 나쁜 사람들은 운전을 하면 안 된다. 그러므로 노인들은 운전을 하면 안 된다.
>
> e. 스페인이 식민통치한 나라들에서는 스페인계 사람이 많다. 라오스에서는 스페인계 사람이 매우 적다. 그러므로 라오스는 스페인의 식민통치를 받지 않았다.

2. 다음의 두 논증을 살펴보고 아래의 질문에 답하라.

> P1) 캘리포니아에 사는 대부분의 에이즈 환자들은 동성애자다.
>
> P2) X는 캘리포니아에 사는 에이즈 환자다.

C)	**X는 동성애자다.**
P1)	캘리포니아 오렌지카운티에 사는 대부분의 사람들은 동성애자가 아니다.
P2)	X는 캘리포니아 오렌지카운티에 산다.
C)	**X는 동성애자가 아니다.**

각 논증에서 언급하고 있는 X가 동일 인물이라고 가정했을 때, (A)논증들은 귀납적으로 합당한가? (B)논증들은 귀납적으로 건전한가? 만약 아니라면, 이유를 설명하라. 귀납적으로 건전하다면, 두 논증 모두를 건전하다고 볼 수 있는 예문을 만들라. (C)만약 우리가 두 논증의 전제가 참이라는 것을 알았다면, X가 동성애자라는 것을 믿어야 하는가, 믿지 말아야 하는가? 그 이유도 제시하라.

3. 두 진술이 동시에 참임이 불가능하다면, 그 진술들은 양립 불가능하다고 말한다. 만약 두 진술이 양립 불가능하다면, 두 진술은 동시에 거짓일 수도 있고 그렇지 않을 수도 있다. 다음의 진술들 중 어느 것이 양립 불가능한지 답하라.

   a. 어떤 햄스터는 검은색이다. 모든 햄스터는 흰색이다.

   b. 어떤 햄스터는 검은색이다. 어떤 햄스터는 흰색이다.

   c. 어떤 햄스터 검은색이다. 대부분의 햄스터는 검은색이 아니다.

   d. 어떤 햄스터는 검은색이다. 모든 햄스터는 검은색이다.

   e. 많은 햄스터는 검은색이다. 많은 햄스터는 흰색이다.

   f. 모든 햄스터는 검은색이다. 이 햄스터는 흰색이다.

   g. 이 햄스터는 검은색이다. 어떤 햄스터는 흰색이다.

   h. 모든 햄스터는 검은색이다. 어떤 햄스터도 검은색이 아니다.

   i. 어떤 햄스터는 검은색이다. 어떤 햄스터도 흰색이 아니다.

   j. 검은색인 햄스터는 거의 없다. 많은 검은 햄스터는 작다.

   k. 대부분의 햄스터는 검은색이다. 많은 햄스터는 흰색이다.

   l. 대부분의 햄스터는 검은색이다. 모든 나의 햄스터는 흰색이다.

  m. 대부분의 햄스터는 검은색이다. 모든 대한민국의 햄스터는 흰색이다.

4. 다음 글을 세 가지 분리된 논증 또는 하나의 논증으로 재구성하라. 이때 어느 전략이 더 합당할지를 고려하여 재구성하라. 그리고 제시한 논증에 대해 논증나무를 그리라.

아마도 루이스는 100미터 경주에서 새 금메달을 따지 못할 것이다. 지금 그는 이전의 어떤 우승자보다도 나이가 많다. 금년 내내 그의 달리기 자세는 좋지 않았고, 그는 허벅지 근육을 부상 당한 상태다.

5. (A)다음의 논증들을 재구성하라. (B)그것들이 타당한지 혹은 귀납적으로 합당한지를 말하라. (C)논증이 타당하지도 않고 귀납적으로 합당하지도 않다면, 전제를 수정하거나 새로운 전제를 추가하거나 혹은 결론을 수정하여서 타당하거나 귀납적으로 합당한 논증으로 만들라. 이때 적절한 대답이 하나 이상 존재할 수 있다는 것에 유의하라. (D)필요하다면, 논증 평가와 관련해서 적절하게 서술하라.

　a. 만약 술광고가 금지된다면, 아마도 음주가 줄어들 것이다. 만약 음주가 줄어든다면, 가정 폭력이 줄어들 것이다. 그러므로, 만약 술광고가 금지된다면, 아마도 가정 폭력이 줄어들 것이다.

　b. 만약 술광고가 금지된다면, 아마도 음주가 줄어든다면, 아마도 가정 폭력이 줄어들 것이다. 그러므로, 만약 술광고가 금지된다면, 아마도 가정 폭력이 줄어들 것이다.

　c. 아침식사를 거르는 대부분의 어린이들은 오전 수업시간에 집중을 잘 하지 못하는 문제를 보인다. 금순은 오전 수업시간에 집중을 잘 한다. 그러므로, 아마도 금순은 아침식사를 거르지 않고 있을 것이다.

　d. 만약 이것이 스코틀랜드에서 사육된 소의 고기라면, 광우병에 감염되었을 가능성이 극히 적다. 그리고 설사 감염된 고기라 하더라도, 그것을 먹고 병에 걸릴 가능성은 매우 적다. 그러므로, 만약 이 고기가 스코틀랜드에서 사육된 소의 것이라면, 그것을 먹었을 때 병에 걸리지 않을 것이다.

　e. 브라질은 아르헨티나보다 월드컵 대회에서 우승할 가능성이 높다. 그러므로,

아마도 브라질이 월드컵 대회에서 우승할 것이다.

f. 스코틀랜드는 월드컵 대회에서 우승한 적이 없다. 그러므로, 아마도 스코틀랜드는 월드컵 대회에서 절대로 우승하지 못할 것이다.

g. 아마도 잉글랜드 축구팬들은 다음 월드컵 대회에서 난동을 부릴 것이다. 만약 잉글랜드 축구팬들이 다음 월드컵 대회에서 난동을 부린다면, 잉글랜드는 월드컵 대회의 참가 자격을 박탈당한 것이다. 그러므로, 잉글랜드는 월드컵 대회의 참가 자격을 박탈당할 것이다.

h. 만약 살인자가 이곳을 지나갔다면, 아마도 피살자의 머리카락이 양탄자에 남아 있을 것이다. 그러나 양탄자에는 피살자의 머리카락이 없다. 그러므로 살인자는 이곳을 지나가지 않았다.

i. 습관적으로 대마초를 피우는 사람들이 폭력적인 경우는 거의 없다. 그 살인자들은 분명히 매우 폭력적이다. X는 습관적으로 대마초를 피우는 사람이다. 그러므로, 아마도 X는 살인자가 아닐 것이다.

j. 국지적 분쟁에 유엔이 개입하는 것은 보통 더욱 안정적인 정치적 상황을 가져온다. 더 안정적인 정치적 상황은 보통 경제 성장을 가져온다. 그러므로, 아마도 이 국지적 분쟁에 유엔이 개입하는 것은 경제 성장을 가져올 것이다.

k. 성공한 운동선수들 거의 모두는 성공하기 위해 오랫동안 고된 훈련을 받았다. 그러므로, 만약 여러분이 오랫동안 고된 훈련을 받는다면, 여러분은 성공적인 운동선수가 될 것이다.

l. 렌만 중학교의 많은 교사들은 대마초를 피우는 것으로 알려져 있다. X는 렌만 중학교의 교사이다. 그러므로, 아마도 X는 대마초를 피울 것이다.

m. 대부분의 채식주의자들은 계란을 먹는다. 버클리에 사는 아주 많은 사람들은 채식주의자다. 로저는 버클리 출신이다. 그러므로, 아마도 로저는 계란을 먹을 것이다.

n. 만약 한센이 내일 일찍 떠난다면, 아마도 그는 지금 술집에 있지 않을 것이다. 그는 지금 술집에 있지 않다. 따라서 아마도 그는 내일 일찍 떠날 것이다.

6. 다음 문장들은 귀납 추론을 포함하고 있다. (A)이 문장들을 표준형식으로

다시 쓰라. 부족한 양화 표현은 보충하라. (B)만약 표본들이 대표적이지 않다면, 이유에 대해 설명하라. 만약 대표적이라면, 그 이유를 말하라.

a. 학교 점심 메뉴에서 단것과 즉석 조리 식품을 배제한 결과 전국적으로 학생들의 학업 성적이 향상되었으며, 모든 실험 결과에서 성적이 향상된 것으로 나타났다. 그렇다면, 만약 우리 학교에서도 이것을 시행한다면, 우리는 성적 향상을 기대할 수 있다.

b. 어떤 공산주의 체제도 성공할 수 없다. 20세기 초반에 공산주의 정권이 수립된 이래, 모든 공산주의 정권은 붕괴되었거나 붕괴되기 직전이다.

c. 놀랍게도 음악가들은 의사나 변호사보다 평균 지능지수가 높다. 주요 오케스트라의 지휘자 17명에 관한 연구를 실시한 결과, 그들의 평균 지능지수는 영국의 의사들보다 17점 높고 영국의 변호사들보다 18점 높은 것으로 나타났다.

d. 환각제를 복용하는 대부분의 십대들은 심각한 가정 문제를 지니고 있다. 나는 이 사실을 안다. 왜냐하면, 나는 십대들을 위한 카운슬러인데, 나에게 찾아와서 환각제를 복용하고 있다고 고백한 십대들 중 대부분이 심각한 가정 문제를 지니고 있음을 발견했기 때문이다.

e. 맨체스터유나이티드는 한 차례 3관왕을 차지한 바 있는 잉글랜드 축구팀이지만, 다시는 3관왕이 될 수 없을 것이다. 어떤 잉글랜드 축구팀도 두 번이나 3관왕이 된 적은 없다.

f. 연구 결과를 보면, 정기적으로 비타민을 복용하는 사람들은 평균 수명보다 오래 산다. J는 비타민을 정기적으로 복용한다. 그러므로 아마도 J는 평균 수명보다 오래 살 것이다.

〈해답〉

1.

a. (A) P1) 대부분의 성범죄는 아동 학대의 희생자였던 사람들에 의해 저질러진다.

P2) 피고는 성범죄를 저질렀다.

C) (아마도) 피고는 아동 학생의 희생자이다.

 (B) 귀납적으로 합당

d. (A) P1) 대부분의 노인들은 시력이 좋지 않다.

P2) 시력이 나쁜 사람들은 모두 운전을 하면 안 된다.

C) (아마도) 대부분의 노인들은 운전을 하면 안 된다.

 (B) 귀납적으로 합당

2.

(A)모두 귀납적으로 합당하다. (B)모두 건전할 수 있다. 만약 X가 캘리포니아 오렌지카운티에 살고 있고 동성애자가 아니지만 에이즈 환자라면, 두 논증의 전제들이 모두 참일 수 있다. (C)네 개의 전제들이 함께 모여서 X가 동성애자라는 결론을 내릴 만한 이유를 제시하지는 않으며, 또한 X가 동성애자가 아니라는 결론을 내릴 만한 이유를 제공하지도 않는다.

3.

a. 양립 불가능 b. 양립 가능 c. 양립 가능 d. 양립 가능 e. 양립 가능 f. 양립 불가능 g. 양립 가능 h. 양립 불가능 i. 양립 가능 j. 양립 가능 k. 양립 가능 l. 양립 가능 m. 양립 가능

4.

※단일한 논증으로 재구성하라. 논증나무는 세 전제들이 독립적으로 〈아마도, 루이스는 100미터 경주에서 새 금메달을 따지 못할 것이다.〉라는 결론을 지시하도록 그려질 것이다.

5.

d. (A) P1) 만약 이것이 스코틀랜드에서 사육된 소의 고기라면, 광우병에 감염되었을 가능성이 극히 적다.

P2) 만약 이 고기가 감염되었다면, 그것을 먹고 병에 걸릴 가능성은 매우 적다.

C) 만약 이것이 스코틀랜드에서 사육된 소의 고기라면, 그것을 먹었을 때 병에 걸리지 않을 것이다.

 (B) 부당하다.

(C) 논증을 다음과 같이 타당하게 만들 수 있다.

> P1) 만약 이것이 스코틀랜드에서 사육된 소의 고기라면, 광우병에 감염되었을 가능성이 극히 적다.
>
> P2) 만약 이 고기가 감염되었다면, 그것을 먹었을 때 병에 걸릴 가능성은 매우 적다.
>
> ─────────────────────────────────
>
> **C) 만약 이것이 스코틀랜드에서 사육된 소의 고기라면, 아마도, 그것을 먹었을 때 병에 걸릴 가능성은 매우 적다.**

(D) 전제에서 사용된 '극히 적다'와 '매우 적다'라는 표현은 결론의 후건에 있는 '아마도'라는 표현을 충분히 강하게 정당화한다.

e. (A) P1) 브라질은 아르헨티나보다 월드컵 대회에서 우승할 가능성이 높다.

> ─────────────────────────────────
>
> **C) 아마도 브라질이 월드컵 대회에서 우승할 것이다.**

(B) 부당하다. 귀납적으로 합당하지도 않다.

(D) 논증자는 브라질이 월드컵 대회에서 우승할 가능성이 가장 높다고 생각하고 있는 듯하다. 그러나 그것은 브라질의 우승 확률이 1/2보다 낮은 경우에도 얼마든지 참일 수 있다.

g. (A) P1) 아마도, 잉글랜드 축구팬들은 다음 월드컵 대회에서 난동을 부릴 것이다.

> P2) 만약 잉글랜드 축구팬들이 다음 월드컵 대회에서 난동을 부린다면, 잉글랜드는 월드컵 대회의 참가 자격을 박탈당할 것이다.
>
> ─────────────────────────────────
>
> **C) 잉글랜드는 월드컵 대회의 참가 자격을 박탈당할 것이다.**

(B) 부당하다. 귀납적으로 합당하지도 않다.

(C) 다음과 같이 연역적으로 타당한 논증으로 만들 수 있다.

> P1) 아마도, 잉글랜드 축구팬들은 다음 월드컵 대회에서 난동을 부릴 것이다.
>
> P2) 만약 잉글랜드 축구팬들이 다음 월드컵 대회에서 난동을 부린다면, 잉글랜드는 월드컵 대회의 참가 자격을 박탈당할 것이다.
>
> ─────────────────────────────────
>
> **C) 잉글랜드는 월드컵 대회의 참가 자격을 박탈당할 가능성이 있다.**

또는, 다음과 같이 귀납적으로 합당한 논증으로 만들 수도 있다.

> P1) 아마도, 잉글랜드 축구팬들은 다음 월드컵 대회에서 난동을 부릴 것이다.
>
> P2) 만약 잉글랜드 축구팬들이 다음 월드컵 대회에서 난동을 부린다면, 잉글랜드

는 월드컵 대회의 참가 자격을 박탈당할 것이다.

C) (아마도) 잉글랜드는 월드컵 대회의 참가 자격을 박탈당할 것이다.

h. (A)P1) 만약 살인자가 이곳을 지나갔다면, 아마도, 피살자의 머리카락이 양탄자에

남아 있을 것이다.

P2) 양탄자에는 피살자의 머리카락이 없다.

C) (아마도) 살인자는 이곳을 지나가지 않았다.

(B) 부당하다. 그렇지만 귀납적으로 합당하다.

l. ※어떤 주어진 집단에서 대부분의 사람들이 그렇지 않은데도 '많은' 사람들이 이 런저런 속성을 가질 수 있다. 예를 들어 많은 사람들은 헬스클럽 회원권을 가지고 있지만 대부분의 사람들이 그런 것은 아니다.

6.

※a와 b는 귀납적으로 합당한 것처럼 보인다. a는 귀납적으로 합당한 정도가 매우 높다. 왜냐하면 표본이 대표성을 가지고 있는 것처럼 보이기 때문이다. b는 귀납적 합당성의 정도가 다소 낮다. 왜냐하면 공산주의 체제라도 만약 다른 역사적 상황에 서라면 성공했을 가능성도 있기 때문이다.

c. (A) 논증을 재구성하기가 약간 까다로울지도 모르겠다. 논증재구성의 일례는 다음과 같다.

P1) 주요 오케스트라의 지휘자 17명의 평균 지능지수가 영국의 의사들의 평균 지능지수보다 17점 높았으며, 영국의 변호사들의 평균 지능지수보다 18점 높았다.

C) (아마도) 음악가의 평균 지능지수가 의사나 변호사의 평균 지능지수보다 높다.

(B) 이 논증은 귀납적으로 합당하지 않다. 왜냐하면 표본에 대표성이 없기 때문이다. 결론에서 언급된 유관한 모집단은 음악가다. 그런데 전제에서 언급된 표본은 주요 오케스트라의 지휘자들로 이루어진 표본일 뿐이다. 그들은 가장 지적인 음악가들일 가능성이 매우 높다. 따라서 그들이 높은 지능지수를 가지고 있다는 것은 그리 놀라운 사실이 아니라고 볼 수 있다.

d. (A)P1) 나에게 상담하러 온, 환각제를 복용하는 대부분의 십대들은 심각한 가정 문제를 지니고 있다.

C) (아마도) 환각제를 복용하는 대부분의 십대들은 심각한 가정 문제를 지니고 있다.

(B) 귀납적으로 합당하지 않다. 왜냐하면 표본에 대표성이 없기 때문이다. 환각제를 복용하는 대부분의 십대들은 심각한 가정 문제를 지니고 있지 않으며 또한 카운슬러의 상담도 구하지 않을 가능성은 얼마든지 있다. 카운슬러는 단지 상담을 받아야 할 정도로 심각한 문제를 가진 십대들만을 보았을 뿐인지 모른다.

e. (A) P1) 잉글랜드의 어떤 축구팀도 두 번 3관왕이 된 적이 없다.

   P2) 맨체스터유나이티드는 잉글랜드의 축구팀이다.

   C) 맨체스터유나이티드는 또다시 3관왕이 되지 않을 것이다.

(B) 귀납적으로 합당하지 않다. 만약 어떤 팀이 3관왕을 한 번 이루었다면, 그 팀이 또다시 3관왕을 이룰 개연성은 얼마든지 있다. 다시 말해서 잉글랜드의 어떤 축구팀이 한번 3관왕을 이루었다는 상황에서 다시 한번 3관왕을 이룰 조건적 개연성은 매우 높지만, P1은 여전히 참일 수 있다. 여기서 〈맨체스터유나이티드는 3관왕을 한 번 이루었다.〉라는 명제를 전제에 추가하고 싶은 사람도 있을 것이다. 하지만 이 명제는 결론을 지지하지 않으므로, 논증의 일부로 간주하면 안 된다는 것에 유의하자.

f. (A) P1) 정기적으로 비타민을 복용하는 사람들은 평균 수명보다 오래 산다.

   P2) J는 비타민을 정기적으로 복용한다.

   C) (아마도) J는 평균 수명보다 오래 살 것이다.

(B) 귀납적으로 합당하다. 그렇지 않다고 생각하는 사람들은 아마도 다음과 같은 추리를 했을 것이다. '우리는 P1로부터 비타민을 정기적으로 복용하는 것이 사람들을 평균 수명보다 더 오래 살도록 한다고 결론 내릴 수는 없다. 왜냐하면, 이미 건강한 사람들은 비타민을 정기적으로 복용할 개연성이 높고(아마도 경제적 형편이 좋은 사람들이 비타민을 더 많이 복용할 것이고, 따라서 그들은 경제적 형편이 좋기 때문에 건강한 것이지, 비타민을 더 많이 복용하기 때문에 건강한 것은 아닐 것이다), 그러므로, 우리는 J가 비타민을 정기적으로 복용하기 때문에 더 오래 살 가능성이 많다고 결론 내릴 수는 없다.' P1은 인과관계에 대한 진술을 하고 있는 것은 아니다. 하지만 C 역시 인과관계에 대해 말하고 있지 않다. 그렇지만 이 논증은 여전히 귀납적으로 합당하다.

1. 다음의 논증에 사용된 수사적 전략이 무엇인지 밝히라.

「 보기 」

> 유전자 조작 식품의 재배가 허용된다면, 우리의 아이들 그리고 그 아이들의 아이들은 유전적 돌연변이와 환경파괴의 재앙이란 위험에 그대로 노출될 것이다.

🖋 두려움에 호소하기(공포술)

a. 동성애자들의 '서약'은 결혼 서약으로 이해될 수 없다. 결혼은 신의 가호 아래 남성과 여성이 맺어지는 것이기 때문이다.

b. 푸조자동차사의 최신형 스포츠카 : 신형 푸조 1004

c. 점점 더 많은 애견인들이 사랑스러운 애완견에 바로 이 '통통해' 사료를 먹입니다. 사랑스럽고 귀여운 개의 먹이에서, 여러분이라고 뒤질 수는 없겠죠?

d. 사람들은 우리에게 유엔 서약서에 따라 난민들에게 피난처를 제공할 도덕적 의무가 있다고 말하는군요. 하지만 제 생각은 이렇습니다. 여기 와서 각종 보조금을 요구하고 있는 이 사람들을 보세요. 이들은 우리 나라의 혈세를 빨아먹는 자들입니다.

e. 차가 고장 나서 한밤중에 외딴 곳에 홀로 서 있다고 생각해 보세요. 아니면 여러분의 자녀에게 그런 일이 생겼다고 생각해 보세요. 아찔하죠? 인적도 드물어 도움을 청하기도 쉽지 않을 겁니다. 하지만, 그렇게 고생할 필요가 없습니다. '언제나 휴대폰'만 있으면 만사형통입니다.

f. 푸석푸석한 머리가 고민이시라고요? 부드럼 회사의 '윤기나 샴푸'를 써보세요. 샴푸 중에는 최신상품이죠.

g. 야당 의원들 : 그 비밀 법안들은 민주주의에 대한 위협으로, 완강히 저지되어야 합니다.

여당 의원 : 이 문제에 대한 공론화가 해당 공무원이 관련 문건을 누설한 데

서 비롯했다는 것은 문제가 있습니다. 기밀 누설은 일종의 배반이자 의무를 망각한 행위입니다.

2. 두 가지 유형의 속임수 추리의 이름을 말해보라. 그 차이를 설명하고, 각각의 예를 제시하라.

3. 다음 논증에는 어떤 오류가 있는지를 밝히라. 오류가 없다면 '오류 없음'이라고 답하라.

「 보기 」

　누구도 초감각적 지각의 존재를 증명하지 못했다. 따라서 우리는 초감각적 지각은 하나의 착각에 불과하다고 결론 내려야 한다.

✎ 무지에 호소

---

a. 직원들은 휴식 시간을 보낼 휴게실을 만들어 달라고 요구하고 있다. 그런 요구는 절대 들어주어선 안 된다. 휴게실을 만들어주면 그들은 수영장과 사우나도 만들어 달라고 할 것이다. 그리고 테니스 코트며 축구장 등등, 요구가 끝이 없을 것이다.

b. 정부 각료가 서울시청에서 연설한 지 몇 분 뒤에 엄청난 폭발 사고가 발생했다. 서울시 시민의 안전을 위해 정부 각료가 더는 여기서 연설을 하지 못하도록 해야 한다.

c. 악랄한 범죄자들의 신상명세를 우리 신문에 싣는 건 분명히 옳은 일이다. 우리의 방침을 지지하는 독자들의 지지 전화와 팩스가 쇄도하고 있으니 말이다.

d. 그녀가 그 숙제를 제때 마치지 못하면, 낙제할 것이다. 그녀는 낙제했다. 따라서 분명히 그녀는 그 숙제를 제때 마치지 못했다.

e. 우리의 선택권은 단순하다. 유전자 조작 농산물을 개발하든지, 개발도상국의 수많은 사람들이 기아와 영양실조로 죽어가는 것을 계속 지켜보든지.

f. 내 고객이 지적했듯이 탈세는 불법이 아니다. 따라서 그녀는 부도덕한 일을

저지른 것이 아니다.

g. 일본 식품에는 유제품의 비율이 낮다. 그런데 일본에서는 위암 발생률이 현저히 낮다. 따라서 위암에 걸리지 않으려면 우유와 유제품을 먹지 말아야 한다.

h. 교사들은 업무가 점점 힘들어지고 있어서 더 많은 급여를 받아야 한다고 말한다. 하지만 정부는 그들의 주장을 귀담아 들어선 안 된다. 그들은 단지 불평만 일삼는 자유주의 무리에 지나지 않는다.

i. 우리가 개발도상국에 더 많은 원조를 제공해야 한다고 참견하기 좋아하는 중산층 사람들은 말한다. 옳은 말이다. 하지만 그들 대부분은 잘 차려진 식탁에 둘러 앉아서 우리에게 따분한 설교를 하고 있는 것임을 기억해야 한다.

j. 그렇게 많은 학생들이 시험 때 부정행위를 하고 있으니 시험을 폐지하고 대신 수업평가를 해야 한다.

4. (A)각각의 논증이 범하고 있는 오류가 무엇인지를 밝히라. (B)그것이 오류임을 보여드러낼 수 있도록 재구성하라.

「 보기 」

민주주의는 가장 훌륭한 정치 체제다. 전 세계 대부분의 사람들이 민주주의 체제의 우월성을 믿고 있다.

(A) 다수 믿음의 오류
(B) P1) 대부분의 사람이 민주주의 체제의 우월성을 믿고 있다.
P2) 다수가 가지고 있는 믿음은 모두 참이다.
_____
C) 민주주의는 가장 훌륭한 정치 체제다.

a. 강사들은 항상 비판적 사고의 덕목을 칭송한다. 그렇게 말해야 할 게다. 그렇지 않은가? 가르칠 학생이 있기만 하면 밥줄을 유지할 수 있을 테니까.

b. 이력서를 조금 과장하여 작성하는 것은 불법이 아니다. 따라서 그건 부도덕한 것도 아니다.

c. 내 주치의는 하이힐을 신는 것이 무릎에 좋지 않다고 말한다. 하지만 의사도

하이힐을 신는다. 그래서 나는 의사의 말을 믿지 않는다.

d. 흡연은 폐암을 유발한다. 그래서 비흡연자는 폐암에 걸리지 않을 것이다.

e. 철수는 이광수 소설이 지루하다고 믿는다. 따라서 철수는 춘원의 소설이 지루하다고 믿는다.

f. 벚꽃이 다 질 무렵이면 더위가 찾아온다. 따라서 벚꽃 지는 게 더위를 불러오는 것이다.

g. 박지성은 최고의 미드필더이다. 그런데 그는 킹버거를 가장 좋아한다고 말한다. 킹버거는 틀림없이 최고의 햄버거일 것이다.

h. 아이들이 포켓몬스터를 보게 해서는 안 된다. 그렇게 하면 아이들은 곧바로 농장동물들을 모아서 누가 가장 힘센 돼지를 가지고 있는지를 시합할 것이기 때문이다. 그러면 눈 깜빡할 새에 아이들은 동물의 생명을 우습게 여기게 될 것이다.

i. 가끔 술에 취하는 것은 나쁠 게 없다. 내가 아는 사람들 모두 맥주에 완전히 취할 때가 종종 있다.

j. 음주 운전자에게 엄중한 처벌을 내리는 것은 아무 실효성도 없다. 왜냐하면 어떤 처벌을 가하더라도 음주 운전할 사람은 항상 있을 것이기 때문이다.

k. 차가 길에서 고장났을 때, 지나가던 수리공이 응급 수리를 시행할 의무를 가진다고 생각하는 사람은 아무도 없다. 그런데 왜 의사들에 대해서는 그런 상황에 처한 사람이라면 누구든 응급 의료 처치를 해주어야 한다고 기대하는 걸까?

5. 다음 오류들의 예를 각각 만들라. 그 예가 앞에서 제시된 예들과는 확연히 다른 예가 되도록 주의하라.

「 보기 」

전건 부정

✎ 만약 그가 약을 모두 먹는다면, 그의 기분은 더 나아질 것이다. 그는 약의 절반을 변기에 버렸다. 따라서 그는 기분이 더 나아질 수 없다.

a. 논점 선취

b. 청어 미끼

c. 허수아비

d. 상관관계를 인과관계로 혼동하기

e. 완벽주의 오류

f. 사람에 호소하기

g. '〜이다'에서 '〜이어야 한다'를 도출하기

h. 약한 유비

I. 기초 비율의 오류

j. 피장파장

〈해답〉

1.

a. 의구심 유발 인용 b. 참신함에 호소하기 c. 대중적 인기에 호소하기 d. 연막 작전(우리의 도덕적 의무에 대한 논의를 회피하기) e. 두려움에 호소하기 f. 참신함에 호소하기 또는 허영에 호소하기 g. 연막 작전(그 법안이 민주주의에 대한 위협이 되는가 하는 논의를 회피하기)

3.

a. 미끄러운 비탈길 b. 선후관계를 인과관계로 혼동 c. 다수 믿음의 오류 d. 후건 긍정 e. 거짓 딜레마 f. 도덕성과 합법성의 혼동 g. 상관관계를 인과관계로 혼동 h. 사람에 호소하기 i. 피장파장(잘 먹고 잘 사는 중산층은 그들 자신이 제시한 의무사항을 따르지 않는다는 것이 함의되고 있다.) j. 완벽주의 오류

4.

※실질적 오류를 재구성할 때 가장 중요한 것은 그 오류를 드러내는 전제를—즉, 그 오류에 해당하는 모든 사례들에서 보통 숨어서 작동하는 전제를—추가하는 것임을 기억하라.

a. (A)정황상 사람에 호소하기 :

  (B) P1) 강사들은 항상 비판적 사고의 덕목에 대해 칭송한다. (B)

    P2) 강사들은 그들이 가르칠 학생이 있을 경우에만 밥줄을 유지할 수 있다.

    P3) 누군가가 어떤 것을 지지할 때 그것으로부터 어떤 이익을 얻는다면 우리는
      그것을 지지하는 그의 논증을 거부해야만 한다.

    C) 우리는 비판적 사고를 지지하는 강사들의 논증을 거부해야만 한다.

b. (A)도덕성과 합법성의 혼동 :

  (B) P1) 내가 이력서에 나의 자질을 과장하는 것은 불법이 아니다.

    P2) 불법적이지 않은 어떤 것도 부도덕한 것이 아니다.

    C) 내가 이력서에 나의 자질을 과장하는 것은 도덕적으로 허용된다.

c. (A)피장파장 :

  (B) P1) 한 의사는 하이힐을 신는 것은 무릎에 좋지 않으므로 신는 것을 자제해야 한
      다고 주장한다.

    P2) 그 의사는 하이힐을 신는다.

    P3) 어떤 이의 행동이 그의 주장과 일관되지 않으면 우리는 그의 주장을 신중하
      게 받아들여선 안 된다.

    C) 우리는 그 의사의 주장을 신중하게 받아들여선 안 된다.

d. (A)인과 전도 :

  (B) P1) 흡연은 폐암을 야기한다.

    P2) X가 Y를 야기한다면 X의 부재는 Y의 부재를 야기할 것이다.

    C) 흡연을 하지 않는 사람들은 폐암에 걸리지 않을 것이다.

e. (A)인식적 오류 :

  (B) P1) 철수는 이광수의 소설이 지루하다고 믿는다.(P)

    P2) 이광수는 춘원이다.(Q)

    P3) 어떤 이가 P를 믿는다면 그는 또한 Q를 믿는 것이다.

    C) 철수는 춘원의 소설이 지루하다고 믿는다.

1. 아래에 제시된 논증은 부당하다. 각 논증에는 암묵적 전제, 즉 논증자가 가정하고 있지만 명시적으로 진술하지는 않은 명제가 일반화 또는 조건문으로 포함되어 있다. 각 논증은 암묵적 전제를 명시화하여 연역적으로 타당하게 만들 수 있다. (A)결론과 명시적 전제를 찾으라. 그런 뒤 논증을 타당하게 만들기 위해 필요한 전제를 추가하라. (B)논증을 표준형식으로 구성하라. 각 사례에 따라 적절하게 일반화 또는 조건문을 사용하라. 조건문인 경우에 '만약 ~이면, ……이다'의 형식을 사용하라.

    a. 삼식은 멍청하다. 당신은 그와 결혼해서는 안 된다.

    b. 모든 남자는 멍청이다. 당신은 그와 결혼해서는 안 된다.

    c. 삼순은 일본 영화를 좋아할 것이다. 그녀는 일본 애니메이션을 좋아하기 때문이다.

    d. 앙드레 선생님께서 저 의자에 앉으시려고 하네요. 의자가 부서질 겁니다.

    e. 물가는 오르지 않을 겁니다. 왜냐하면 저축률이 감소하고 있지 않거든요.

    f. 미하엘 슈마허의 레이싱자동차가 고장 나지 않는다면, 페르난도 알론소가 이길 수 없다. 따라서 슈마허의 기술자들이 제대로 일한다면, 알론소는 이길 수 없다.

    g. 베르디는 로시니보다 위대했다. 따라서 베르디는 푸치니보다 위대한 게 분명하다.

    h. 민주주의만이 정의롭기 때문에, 모든 사회주의 국가에는 정의가 없다.

    i. 만약 그 회사가 우리 회사의 제안을 받아들이지 않는다면, 우리 회사는 제안을 철회하거나 더 높은 가격을 제안할 것이다. 만약 우리 회사가 더 높은 가격을 제안한다면, 우리 회사는 재정적 위험을 감수해야 한다. 그러므로 만약 그 회사가 우리의 제안을 받아들이지 않는다면, 우리 회사는 이류 기업으로 남거나 재정적 위험을 감수해야만 한다.

j. 담배 광고는 사람들의 흡연을 부추기는 것이 아닐까? 글쎄? 나는 초콜릿 광고가 사람들이 초콜릿을 먹도록 부추긴다고 말하는 편이 차라리 더 말이 된다고 생각해.

2. 다음 논증을 수사를 제거하여 다시 쓰라.

   a. 이번 이슈에 대한 여당 후보의 정책은 한마디로 자기도 한 번 떠보겠다는 심산이다.
   b. 이라크 침공 : 모든 오판의 어머니
   c. 그는 칙북chick book 스타일로 작품을 쓴 이래로 돈을 긁어모으고 있다.
   d. 생명공학회사 주식들은 금칠이라도 되어 있다는 말인가? 그저 바보들의 황금일 뿐이다.
   e. 정크 푸드 장사치들에 대한 우리의 십자군 원정은 정크 푸드 광고가 어린이들의 텔레비전에서 사라지는 날까지 결코 중단되지 않을 것이다.
   f. 비틀거리는 의사들이 올해만 4만 명의 환자들을 죽였다.

3. 다음 문장을 '만약 ~라면, ……이다', '모든' 등과 같은 단순한 논리적 표현들을 사용하여 간결하게 다시 쓰라.

   a. 이번 사면에서 자네가 제외될지도 모른다네. 그렇다면 휴전은 없을 걸세.
   b. 가장 공격적인 발언도 언제나 받아들여질 수 있다고 여겨지는 곳이 있어. 그곳이 바로 대학이지.
   c. 나뭇잎 흡입기가 건초 레이크보다 시끄럽다.
   d. 마지막에 웃는 자가 가장 오래 웃는다.

4. 다음 조건문에 대하여 적절한 포섭적 일반화를 찾으라.

   a. 존이 18세 이하라면, 그는 영국에서 법률적으로 술을 구입할 수 없다.

b. 그 벌레가 전갈이라면, 그건 독이 있어.

c. 그 와인이 프랑스산이 아니라면, 그건 아마도 비싸지 않을 거야.

d. 그 그림이 1500년 이후에 그려졌거나 네덜란드나 플랑드르에서 그려진 것이 아니라면, 아마도 유화가 아닐 거야.

e. 만약 그가 성공한 변호사라면, 논증 분석을 대단히 잘 할 것 같은데.

5-a. 우리는 김 사장이 벤츠를 소유하거나 운전하지 않는다는 것을 알고 있다고 가정하라. 아래의 논증을 자비의 원리에 따라 재구성하라.

이번 선거의 후보자인 김 사장은 국내 굴지의 대기업의 대주주다. 더군다나 그는 신형 벤츠를 몰고 다닌다. 물론 그는 부자다.

5-b. 아래의 주장이 완전히 거짓임을 알고 있다(피고인은 마약을 전혀 한 적이 없다)는 가정 아래 자비의 원리에 따라 아래의 논증을 재구성하라(몇몇 문장은 다시 쓰고, 어떤 자료들은 무시하고, 암묵적인 전제들은 명시화하라. 결론은 암묵적이다).

증거는 확고합니다. 피고인은 지난 2년 동안 마약에 중독 되어 있었습니다. 그녀의 혈흔과 지문이 살인에 사용된 흉기에서 발견되었습니다. 그녀가 살인이 일어난 후 한 시간 반 이내에 희생자의 아파트에서 나오는 모습도 목격되었습니다. 그녀는 살인 이후 12시간 내에 그리스 행 항공편에 탑승했습니다. 그리고 최종적으로 희생자는 최근에 피고와의 내연관계를 그만두었습니다.

6. 우리는 어떤 주장이나 행동이 정치적 동기를 가지고 있음을 근거로 내세운 비판을 자주 접한다. 그런 주장이나 행동을 하는 사람들을 향해 '정치적 술책을 부리고 있다.'고 하거나 '정치적 게임을 하고 있다.'고 하는데, 이 말들은 어떤 의미를 갖는가? 왜 그러한 주장이나 행동이 비판의 대상이 되는 것인가? 신문이나 잡지 등에서 '정치적인' 사례들을 찾아서 그 요점에 대해 설명하라.

7. 다음의 예들을 애매하거나 모호한 용어를 제거하여 재구성하라. 필요하다면 어떤 문장은 다시 쓰고, 어떤 자료는 무시하고, 암묵적 명제들은 명시화하라.

    a. 낸시 여사는 대졸 여성들에 대한 전면적인 임금 인상안을 지지함으로써 페미니즘에 대한 그녀의 헌신을 보여주었다. 따라서 의심할 바 없이 그녀는 강간범의 유죄를 입증하기 위한 증거 기준을 낮추자는 의견에 지지를 보낼 것이다.

    b. 이른바 '길들여진' 늑대들은, 주인이 뭐라고 주장하든지 간에 야생동물임에 분명하다. 야생 동물은 애완동물로 기르기에는 너무나 위험하다.

    c. 최근의 연구에서, 10대들의 마약 복용은 우울증 병력이 있는 부모와 관련 있음이 발견되었다. 그러므로 우울증에 대한 정신과 치료를 받고 있는 부모들은 자녀들이 마약을 복용하게 되는 전조라는 경고를 들어야만 한다.

8. 다음 논증을 두 번 재구성하라. 먼저 '정치적으로 올바른'이란 모호한 표현을 그대로 둔 채 재구성하라. 다음으로는 그 표현을 제거하고 재구성하라.

번버리 여성회가 여성 회관에 남성들이 출입하지 못하도록 하는 법안을 의회에서 제정해줄 것을 요구했을 때, 우리는 그녀들이 의회에 영향력을 행사하지 못하도록 막아야만 한다는 것을 깨달았다. 왜냐하면 '정치적으로 올바른'이란 바이러스가 그 부녀회를 감염시켰음이 분명하며, 또한 우리는 '정치적으로 올바른' 것이 무엇인지를 알기 때문이다. 그녀들은 동성애를 학교에서 가르친다거나, '바르지 않은' 언어를 법적으로 금지하는 따위의 혐오스러운 일들을 조장한다.

9. 다음 논증을 재구성하라. 필요하다면 암묵적 명제를 명시화하라. 만약 논증이 연역적으로 타당하지 않다면, 일반화의 범위를 좁혀서 귀납적인 합당성의 정도를 높이라. 만약 논증이 연역적으로 타당하다면, 일반화의 범위를 좁혀서 연역적 건전성의 가능성을 높이라.

    a. 물론 당신의 개는 어렵지 않게 훈련될 수 있습니다. 대부분의 건강한 개가 그러니까요.

    b. 대부분의 남성은 결혼한다. 그러므로 대부분의 남성에게는 장모가 있고, 있었고, 있을 것이다.

    c. 어떤 영장류도 말하는 것을 배울 수 없다. 보보는 침팬지이므로, 영장류다. 그러므로 보보는 말하는 것을 배울 수 없다.

    d. 모든 국가는 바다를 통해서 공격받을 수 있다. 그러므로 모든 나라에 해군이 필요하다.

10. 220쪽의 군 의무복무제에 관한 사례를 논증으로 재구성하라. 261쪽의 실천적 추리에 관해 배운 내용을 고려하라.

11. 262쪽의 (1)번 논증 유형이 타당하기 위해서는 〈초콜릿 양을 증가시키는 편익이 X를 실행하는 비용보다 크다. X는 초콜릿 양을 증가시키는 가장 효과적인 방법이다.〉라는 두 가지 전제를 추가할 필요가 있다. 그렇다면 262~263쪽의 (3), (6), (8)을 타당하게 만들기 위해서 필요한 전제들은 무엇인가?

12. 아래 논증을 재구성하라. (그러기 위해서는 몇 개의 논증 외적 자료들을 제거하고 약간의 수사도 없애야 한다. 또 결론을 정확하게 말하는 것은 쉽지 않으며, 아마도 결론은 암묵적일 것이다. 일단 결론이 무엇인지 결정했다면, 암묵적 전제들을 추가할 필요가 있을지도 모른다. 또한 '정상이 아닌'이라는 표현의 역할에 대해서 고려해야 한다. 이 표현은 모호성을 갖는가, 아니면 애매성을 갖는가. 논증의 재구성에서는 어떻게 처리해야 하는가?)

    결혼이 언제나 남성과 여성의 결합을 의미하는 이유는 무엇일까? 왜냐하면 그 밖의 성적인 관계는 정상이 아니기 때문이다. 동성애 관계는 분명히 정상이 아니다. 그것은 생물학적 사실이다. 또한 동성 결혼의 합법화는 정상이 아닌 성적 관계에 대한 법적 보호를 의미하는데, 다시 말해서 종류에 상관없이 모든 성적 관계에 대한 법적 보호를 의미하는 것이다. 그렇다면 근친상간이나 수간이 안 될 까닭은 무엇인가?

13. 다음 논증에는 수사, 무대 설정, 설명, 실천적 논증 등이 포함되어 있다. 중심 논증을 찾아서 실천적 추리의 여덟 가지 유형 중 어느 것에 해당하는지를 결정하고 재구성하라. 관련 있어 보이는 모든 명제를 포함하려 하지 말라. 여기서의 과제는 단지 중심 논증을 찾아서 재구성하는 것(일단 중심 논증을 찾았다면, 다음 단계로 하위 논증들을 추가할 수도 있다)임에 유의하라. 첫 번째 단락의 일부는 글에서 언급되고 있는 투고자의 요점에 대해서 대답을 제시하는 데 관심을 두고 있다. 과연 이것이 글쓴이가 의도하고 있는 논증에 기여하는지, 만약 그렇다면 어떤 방식으로 기여하는지에 대해 서술하라.

나는 수달과 밍크에 관한 기사에 대한 독자투고에 절망을 느낀다. 밍크는 쾌활하고 유쾌한 동물이 분명히 아니다. 투고자는 틀림없이 밍크를 흰족제비와 혼동하고 있다. 그것이 우리와 함께 사는 것은 그 동물의 잘못이 아니라는 것에는 나도 동의하지만, 그것은 생존의 문제가 아니다. 이곳의 야생은 밍크의 낙원이다. 여기에는 모진 겨울도 없으며, 천적도 없으며, 먹잇감은 너무나 풍부하다. 족제비과의 밍크들은 수중 생활 능력이 있는 수달과 공격성이 강한 솔담비 사이의 중간 지점에서 어떤 생태적 지위를 발견했다. 이에 따라 밍크는 오리와 바닷새들의 서식지에 도달할 수 있었다. 이전에는 포식의 위협에서 벗어나 있었던 오리와 바닷새들은 밍크에게 쫓겨 섬의 조류보호구역에서 내몰렸다. 나는 아르길의 사정을 직접 볼 수 있도록 투고자를 초청할 수도 있다. 밍크는 우리 환경의 재앙이며, 기회가 있는 대로 제거되어야만 한다.*

14. 친구가 다음과 같은 내기를 제의했다. 만약 우리가 한 벌의 카드에서 에이스 카드를 뽑는다면, 친구는 10파운드를 우리에게 주고, 만약 에이스 카드를 뽑

---

*Michael Murray, *Independent*, 16 July 2000.

지 못하면, 우리가 1파운드를 줘야 한다. 내기의 기대값은 얼마인가? 우리는 이 내기를 해야 하는가?

15. 단지 이름과 주소를 적은 응모지를 제출하기만 하면 되는 경품 행사가 있다고 하자. 40만 명의 응시자 중 1명의 당첨자는 1억 원의 상품을 받게 된다. 그런데 응모지를 발송하는 데 2,600원의 우편비가 필요하다면 추첨 행사에 응시하여 얻을 수 있는 기대값은 얼마인가?

16. 다음 글에는 비용, 편익, 확률 등을 따짐으로써 합당성 여부를 평가할 수 있는 논증이 포함되어 있다. 논증을 찾아서 재구성하라.

> 전 세계적인 기아를 없애고, 영양 결핍으로 인한 질병을 예방하고, 위협받고 있는 세계의 환경을 보호하기 위해서는 생명공학과 유전자 조작 식품의 연구가 발전해야만 한다.
>
> 식량 생산에 관한 논쟁은 새로운 첨단 기술을 선호하는 쪽으로 진행되어 왔다. 새로운 첨단 기술에서 비롯되는 소비자, 생산자, 환경에 대한 편익은 점진적으로 증가하고 있으며, 그로 인한 위험부담을 크게 압도하고 있다. 매년 수백만 명의 사람들이 영양실조로 죽어가고 있다. 또한 수천만 헥타르의 소중한 농림지들이 비효율적인 방법, 즉 전통적 농사법으로 인해 식량 생산이라는 투쟁에서 낙오되고 있다.
>
> 예를 들어, 비타민 A의 결핍은 전 세계적으로 심각한 문제다. 따라서 유전자 조작이 가해진 '황금쌀'의 시험 작물들을 파괴하는 환경테러주의자들에게서 어떤 공로를 찾아내기는 거의 불가능하다. 유전자가 조작된 '황금쌀'에는 개발도상국에 만연한 비타민 A의 결핍과 그로 인한 야맹증을 퇴치하는 데 도움이 되는 베타카로틴이 매우 많이 함유되어 있다.
>
> 한편, 유전자 조작 작물들이 본질적으로는 전혀 새로운 것이 아님을 이해하지 못하는 사람이 너무나 많기 때문에 끔찍할 정도로 그 위험성만이 과대평가되고 있다. 유전자 개량의 역사는 길고도 길 뿐만 아니라 큰 성과를 이루었으며,

야생 동물이나 야생 과일 등을 제외한 우리 식단을 구성하는 거의 모든 음식들이 사실상 유전적으로 개선된 생물체에서 얻어진 것이다. 세계 각국의 과학자들은 식물에 유전자를 추가하는 것으로는 환경이나 인간이 먹는 음식이 더 불안전해지지 않는다는 데 동의한다. 잡종 교배나 여타의 전통적인 유전자 개선 방법을 통하여 생산된 많은 새로운 변종 식물들이 매년 아무런 과학적 검증이나 평가도 없이 시장에 등장한다. 그러한 작물들은 자연에서 존재하지도 않고 존재할 수도 없는 변종 식물들이다!

여기에는 과학적으로 분명한 합의가 존재한다. 유전자 결합 기술은 '전통적인' 또는 '관습적인' 기술보다 정확하며, 더욱 잘 통제되고, 더 예측가능하다는 것이다. 예를 들어, 유전자 결합 기술에 의해 만들어진 병충해 저항 작물들은 병균과 해충들에 의한 감염의 정도가 전통적인 작물들보다 훨씬 낮다. 그러므로, 유전자 결합 작물들을 생산하는 데 필요한 비용이 비교적 적을 뿐만 아니라 인간의 건강에도 잠재적으로 더욱 이롭다. 게다가, 이러한 작물들은 농작물에 화학 살충제를 뿌려야 하는 필요성을 줄임으로써 환경에도 더욱 친화적이다.

케냐 출신의 농학자인 플로렌스 왐부는 케냐의 모든 농법이 얼마나 '유기적'이며 낮은 생산량과 배고픈 사람들을 만들어내는지에 대해 서술했다. 그녀는 자국의 농부들을 돕기 위해 미국의 몬산토에서 3년 동안 유전자 조작 고구마를 개발해왔다. 케나의 농작물들은 어떤 바이러스 때문에 거의 멸종에 이르른 상황이었다. 유전 공학으로 만들어낸 고구마는 항바이러스 성질을 가지고 있으며, 농약이 필요 없었다. 왐부는 환경 '훌리건들'을 경멸했다. 그녀가 보기에 그들은 낭만적 관념과 나쁜 과학을 등에 업고 자신이 이루어놓은 수년 동안의 작업 성과를 갈가리 찢으려고 노력하는 존재들이었다.

17. 다음은 설명을 결론으로 가지는 논증이다. 논증 외적 자료들을 제거하고 필요하다면 암묵적인 전제나 결론을 명시화하여 논증들을 재구성하라.

  a. 저는 지난번 진찰에서 당신의 복통이 신장의 감염, 또는 근골격의 손상, 또는 췌장염, 또는 간암 때문에 초래된 것이라고 말씀드렸습니다. 그러나 소변

을 검사해본 결과, 신장 감염의 징후는 없었으며, 만약 근골격 손상이 원인이라면 지금쯤 복통도 더 강해지는 게 아니라 사라졌어야 합니다. 그래서 저는 암이 발병한 것이 아닌가 하고 걱정하고 있습니다.

b. 현대 생활의 스트레스는 우리가 부모 세대보다 일을 많이 해서라기보다는—실제로 우리는 일을 더 많이 하지 않는다—우리가 더는 교회에 나가지 않기 때문이다. 대신 우리는 쇼핑을 한다. 세상에서 스트레스를 가장 많이 주는 활동을 하는 것이다.

c. 니체가 돌이킬 수 없는 광인이 된 것은 그의 번민에 가득 찬 지적인 삶 때문이거나—낭만적인 심성을 가진 사람들은 그렇게 믿고 싶을 것이다—아니면 그가 젊은 시절에 감염되었던 매독 때문일 것이다. 그러나 만약 그의 지적 기질이 원인이라면, 우리는 다른 수많은 저명한 지성인들도 돌이킬 수 없는 광인이 되었을 것이라고 기대해야만 한다. 그러나 사실은, 낭만주의자들의 환상과는 달리, 그러한 지성인은 거의 없다.

d. 우리는 소녀들의 사춘기가 시작되는 나이가 갈수록 낮아지고 있다는 당혹스런 기사를 읽었다. 우리는 이런 사태가 우유를 비롯한 유제품에 들어 있는 인공 호르몬과 관련이 있다고 생각하지 않는다. 환경에 대한 관심이 매우 높은 시대를 사는 우리가 먹는 음식에는 인공 호르몬이나 그와 유사한 성분이 20년 전보다 훨씬 적게 들어 있다. 그보다는 아이들의 눈을 사로잡는 성적인 이미지들, 특히 텔레비전에 등장하는 선정적인 이미지들의 전례 없는 범람이 진짜 이유다.

e. 젠킨스는 영국의 높은 실업률이 높은 이자율 때문이라고 성토한다. 이것은 파운드화의 강세를 불러오고, 영국의 수출 경쟁력을 낮게 하며, 결과적으로 영국의 공장들이 비용 절감을 위해 인력을 감축할 수밖에 없도록 만든다. 그러나 우리는 젠킨스의 주장과 달리, 영국의 높은 실업률이 실업 수당을 받기가 너무 쉽다는 데서 비롯되었다고 본다. 젠킨스의 논증은 비제조업 부문이 제조업 부문의 위축 속도만큼 빠르게 성장하지 않는다고 가정하고 있다. 분명한 점은 (그의 가정과 달리) 그만큼 빠르게 성장한다는 것이다.

18. 아래의 예가 (A)와 (B) 중 어디에 속하는지를 판단하고, 그에 대해 설명해 보라. (A)와 (B)는 다음과 같다. (A)인과관계가 보편적 일반화 또는 '대부분의' 유형의 일반화를 함축한다고 가정하고 있다. (B)통계적 상관관계로부터 너무나 쉽게 인과관계가 추론되고 있다.

a. 햇빛에 대한 장시간 피부 노출이 피부암을 초래한다는 것은 사실이 아니다. 만약 그렇다면, 선탠을 하거나 햇볕에 탄 경험이 있는 사람들은 모두 피부암 에 걸릴 것이다.

b. 나는 사회경제적 빈곤이 10대 범죄의 '원인'이라는 말을 듣는 데 지쳤다. 많 은 10대들이 사회경제적 빈곤으로 고통 받지만 범죄의 유혹에 빠지지는 않 는다.

c. 비타민 C를 많이 복용해서 내 감기가 나았다. 나는 감기에 걸릴 때마다 비타 민 C를 먹었으며, 언제나 감기가 나았다.

d. 폭력적 비디오 게임들과 청소년 폭력의 인과적 연관성은 이미 입증되었다. 한 연구에 따르면, 정기적으로 폭력적 비디오 게임을 하는 10대 소년들 사이 에 폭력 사건이 벌어지는 빈도가 그렇지 않은 경우보다 높았다.

e. 옥스퍼드 대학과 케임브리지 대학은 입학 절차가 가난한 학생들에게 불리하 지 않다고 주장한다. 그렇지만 두 대학에서 가난한 학부생의 비율이 가난한 지원자의 비율보다 훨씬 낮다는 점으로 볼 때, 그 주장은 명백히 거짓이다. 옥스퍼드 대학과 케임브리지 대학은 가난한 학생들을 가난하다는 이유로 계 속해서 배제해오고 있다.

19. (A)다음의 논증에 대하여 논증나무를 그리시오. (B)논증을 철저하게 재구 성하고, 재구성된 논증에 대하여 논증나무를 그리시오. (C)각 논증이 타당한지, 귀납적으로 합당한지, 아니면 어느 쪽도 아닌지를 말하시오.

a. 서기 364년 고대 안티오크에서 사망률이 급격하게 치솟은 적이 있는데, 그 원인에 대하여 몇 가지 가설이 제기되어 왔다. 대표적 가설들로 기근, 페르

시아 원정에서 돌아온 군인들을 통한 질병의 유입, 도시의 식수 공급에 문제 발생 등이 있다. 이 중 식수 공급에 문제가 생겼을 것이라는 가설이 옳을 가능성이 가장 높다. 만약 기근 때문이라면, 다음과 같은 두 가지 사실이 동시에 성립할 개연성은 매우 적다. 즉, 현대의 역사가들 중 아무도 그 점을 언급하지 않고 있으며, 인근의 좀더 작은 도시나 시골 지역에서 유사한 고통을 겪었다는 기록이 전혀 없다. 또, 만약 군인들이 메소포타미아에서 병에 걸렸다면, 그들은 장기간의 고된 원정으로 인한 기아와 혹사로 심각하게 병약해져 있었을 것이기 때문에, 상당히 많은 수의 군인들이 죽었을 것이며, 만약 그랬다면 당시를 살던 역사가인 암미아누스가 쇠약해진 군인들이 전투에서 당한 굴욕과 패배들을 포함하여 이후에 벌어진 매우 혹독한 사건들에 대해 기록했을 것이다. 그러나 그는 이러한 점에 대하여 침묵했다.

b. 제프슨 신경 증후군(JNS)은 체내에 중금속이 과도하게 축적된 돌고래들에서 주로 발견된다. 유전적 원인은 배제되는데, 왜냐하면, 만약 그 원인이 유전적이라면, JNS와 돌고래의 비정상적으로 높은 수준의 중금속 농도 사이에 상관관계가 성립하기는 거의 불가능해 보이기 때문이다. 그런데 사실상 JNS와 비정상적으로 높은 수준의 중금속 농도 사이에서 성립하는 상관관계는, JNS와 대규모의 오징어 소비 사이의 상관관계보다 크지 않다. 우리는 오징어가 오래 살수록 체내에 쌓이는 중금속의 농도가 더 높아지는 경향이 있음을 안다. 돌고래는 더 큰, 따라서 더 나이 많은 오징어를 잡아먹는 경향이 있다. 그런데 오징어에 중금속이 함유되지 않았다면, JNS와 오징어 소비 사이에 상관관계는 없을 것이다. 그 밖에 JNS와 의미가 있는 상관관계가 더는 없기 때문에, 중금속 농도 가설의 개연성은 매우 높아 보인다.

c. 만약 부모의 알코올 섭취 행태—유전적 성향과 반대되는 의미에서—가 아이들의 알코올 중독의 원인이라면, 친부모가 알코올 중독이 아니면서 어린 나이에 알코올 중독인 양부모에게 입양된 아이들은 알코올 중독자가 될 가능성이 매우 클 것이다. 그러나 연구에 따르면 사실은 그렇지 않다. 그러므로 단순히 심하게 술을 마시는 부모가, 잘 알려진 상관관계에도 불구하고, 아이들이 성장했을 때 알코올 중독자가 되게 만드는 원인이 아니다.

〈해답〉

1.

※j의 경우를 제외하고 숨은 전제들만을 제시할 수 있다.

a. 〈당신은 멍청이와 결혼해서는 안 된다.〉 이것은 보편적 일반화로 이해되어야 한다. 또는 〈만약 어떤 사람이 멍청하다면, 당신은 그 사람과 결혼해서는 안 된다.〉

b. 위와 동일

c. 〈일본 애니메이션을 좋아하는 모든 사람은 일본 영화를 좋아한다.〉

d. 〈만약 앙드레 선생님이 저 의자에 앉는다면, 그 의자는 부서질 것이다.〉 또는 두 가지 전제를 추가할 수도 있을 것이다. 〈만약 무거운 사람이 저 의자에 앉는다면, 그 의자는 부서질 것이다.〉 그리고 〈앙드레 선생님은 무거운 사람이다.〉

e. 〈저축률이 감소하지 않는다면, 물가는 오르지 않을 것이다.〉 또는 〈물가는 저축률이 감소하는 경우에만 오른다.〉 이 두 전제는 보편적 일반화로 의도되었다. 아니면 다음과 같은 통계적 일반화를 사용할 수도 있을 것이다. 〈일반적으로, 저축률이 감소하지 않는다면, 물가는 오르지 않는다.〉

f. 〈미하헬 슈마허의 기술자들이 제대로 일한다면, 슈마허의 레이싱자동차는 고장 나지 않을 것이다.〉

g. 〈로시니는 푸치니보다 위대하다.〉

h. 〈어떤 사회주의 국가도 민주주의 국가가 아니다.〉

i. 〈만약 우리 회사가 제안을 철회한다면, 우리 회사는 이류 기업으로 남을 것이다.〉

j. 〈담배 광고는 사람들의 흡연을 부추긴다.〉라는 결론이 명시적으로 제시되어 있지는 않다. 암묵적 전제는 다음과 같은 조건문일 것이다. 〈만약 초콜릿 광고가 사람들이 초콜릿을 먹도록 부추기지 않는다면, 담배 광고는 사람들의 흡연을 부추기지 않는다.〉 이러한 전제는 다음과 같은 포섭적 일반화의 일례로 생각해볼 수 있을 것이다. 〈어떤 상품에 대한 광고는 사람들이 그 상품을 소비하도록 부추긴다.〉 이 일반화는 범위가 너무 넓은 듯하다. 하지만 제안된 조건문은 이 일반화에 의해 동기를 가지게 된 것은 분명한 것 같다(그렇지 않다면 어떻게 초콜릿과 담배 사이에 어떤 연관성이 있다고 가정할 수 있겠는가?). 이것보다 더 적절한 일반화를 찾아보거나 아니면

다른 답안을 생각해 보아도 좋다.

2.

※이 문장들이 재진술될 수 있는 방식은 매우 많다. 다음은 하나의 예시다.

a. 여당 후보는 이번 이슈에 대하여 대중적인 정책을 제안하였다.

b. 이라크 침공은 큰 오판이었다.

c. 그는 젊은 성인 여성들을 독자로 겨냥한 소설을 쓰기 시작하면서, 큰 돈을 벌고 있다.

d. 많은 사람들이 생명공학회사의 주식이 매우 가치가 높다고 생각하지만, 사실은 그렇지 않다.

e. 어린이들에게 텔레비전을 통해 영양가 없는 편의 식품을 광고하는 것이 중단될 때까지 그러한 광고를 금지시키기 위해 우리는 계속 노력할 것이다.

f. 작년에 의사들의 실수로 인해 4만 명의 환자들의 죽음이 초래되었다.

3.

a. 만약 당신이 이번 사면에서 제외된다면, 휴전은 없을 것이다.

b. 모든 대학은 가장 공격적인 형태의 발언을 허용한다.

c. 모든 나뭇잎 흡입기는 건초 레이크보다 시끄럽다.

d. 마지막에 웃는 사람들은 모두 가장 오래 웃는다.

4.

※적절한 포섭적 일반화는 다양한 방식으로 제시될 수 있다. 다음의 하나의 예시다.

a. 18세 미만의 모든 사람들은 영국에서 법률적으로 술을 구입할 수 없다.

b. 모든 전갈들은 독이 있다.

c. 프랑스산이 아닌 대부분의 와인은 비싸지 않다.

d. 1500년 이전에 그려진 대부분의 유화는 네덜란드나 플랑드르에서 그려진 것이다.

e. 성공한 변호사 대부분은 논증 분석을 대단히 잘 한다.

7.

a.　　P1)　대졸 여성들에 대한 전면적인 임금 인상안을 지지하는 모든 사람들은 강간범의 유죄를 입증하기 위한 증거 기준을 낮추자는 의견에 지지를 보낼 것이다.

　　　　P2)　낸시 여사는 여성들에 대한 전면적인 임금 인상안을 지지하였다.

C) 낸시 여사는 강간범의 유죄를 입증하기 위한 증거 기준을 낮추자는 의견에 지지를 보낼 것이다.

9.

a.

P1) 대부분의 건강한 개는 어렵지 않게 훈련될 수 있다.

P2) 당신의 개는 건강하다.

C) 당신의 개는 어렵지 않게 훈련될 수 있다.

b. P1) 대부분의 남성은 결혼한다.

P2) 결혼한 모든 여성은 결혼식 당일에, 어머니가 있다.

C) 대부분의 남성은 장모가 있었거나, 있거나, 있을 것이다.

c. 모든 인간은 영장류이기 때문에, 일반화의 범위를 좁혀야 한다. 논증은 여러 가지 방식으로 제시될 수 있겠으나, 일단 제시되었을 때, 몇몇 암묵적 전제들이 명시적으로 표현될 필요가 있다.

P1) 모든 침팬지는 영장류다.

P2) 어떤 침팬지도 인간이 아니다.

P3) 보보는 침팬지다.

C1) 보보는 인간이 아닌 영장류다.

P4) 인간을 제외한 어떤 영장류도 말하는 것을 배울 수 없다.

C2) 보보는 말하는 것을 배울 수 없다.

d. 모든 국가가 바다를 통해 공격을 받을 수 있다는 말은 사실이 아니다. 예를 들어 파라과이, 라오스, 스위스 등은 대륙 안쪽에서 다른 국가들에 둘러 싸여 있기 때문에 바다를 통해 공격을 받을 수 없다. 그러나 대부분의 나라는 바다에 접해 있다.

P1) 대부분의 국가는 바다를 통해 공격받을 수 있다.

P2) 바다를 통해 공격받을 수 있는 모든 국가는 해군이 필요하다.

C) 대부분의 국가는 해군이 필요하다.

12.

이 논증의 결론은 〈동성 결혼이 합법화되어서는 안 된다.〉라는 명제다. 다음과 같은 논증재구성은 적절하지 않다는 점을 유의하자.

P1) 모든 비정상적 성적 관계는 법적으로 허용되어서는 안 된다.

P2) 동성 결혼의 합법화는 동성애적 관계를 법적으로 보호하는 것이다.

P3) 동성애 관계는 비정상적 성적 관계이다.

C) 동성 결혼은 합법화되어서는 안 된다.

이 논증재구성이 적절하지 않은 이유는 다음과 같다. 먼저, 이 논증재구성은 제시된 문장의 마지막 문장에서 호소하고 있는 미끄러운 비탈길 논증을 무시하고 있다. 제시된 비탈길 논증에 따르면 만약 동성애 관계에 법적 보호를 받을 자격을 부여하게 되면, 그것은 비정상적이기 때문에, 다른 모든 비정상적 성적 관계들 또한 법적 보호를 받을 자격을 부여받아야 한다. 하지만 이것은 논증자에 따르면 받아들일 수 없는 귀결이다. 위의 논증재구성은 이러한 비탈길 논증의 논리를 표현하고 있지 않다. 둘째, 이 논증재구성에는 '비정상적'이라는 표현이 사용되고 있다. 그런데 이 표현은 적어도 세 가지 서로 다른 의미를 가질 수 있다. 단순하게 '표준에서 벗어난'을 의미할 수도 있고, '생물학적으로 전형적이지 않은' 또는 '사회적으로 전형적이지 않은'을 의미할 수도 있다. 그런데 우리가 '사회적으로 전형적이지 않은'의 의미로 사용할 때, 이러한 표현들은 모종의 병이나 건강하지 않게 비정상적이라는 경멸적인 내포를 전달한다. 이러한 용어들을 제거함으로써 논증의 사실적인 기초들을 명료하게 드러낼 수 있을 것이다.

14.

여기서 유관한 결과는 두 가지밖에 없다. 당신이 에이스 카드를 뽑거나 뽑지 않거나. 한 벌의 카드에는 52장의 카드가 있으며, 그 중 4장이 에이스 카드다. 따라서 에이스 카드를 뽑을 확률은 4/52=1/13이며, 에이스 카드를 뽑지 않을 확률은 12/13이다. 따라서 기대값은 다음과 같다.

$$E = \left(\frac{1}{13} \times 10\right) + \left(\frac{12}{13} \times -1\right)$$
$$= -0.15$$

기대값이 음의 값(부정적)이므로, 우리는 이 내기를 받아들여서는 안 된다.

17.

b. 결론은 아마도 〈현대 생활의 스트레스는 우리가 부모 세대보다 일을 많이 해서라

기보다는 우리가 더는 교회에 나가지 않기 때문에 초래된다.〉는 명제이거나 아니면 〈우리의 삶이 우리 부모 세대보다 스트레스가 더 많은 이유는 우리가 쇼핑을 더 많이 하고 교회를 덜 나가기 때문이다.〉라는 명제 정도일 것이다. 후자를 결론으로 삼아서 다음과 같이 논증을 재구성해볼 수 있다.

P1) 우리의 삶이 우리 부모 세대보다 스트레스가 더 많은 이유는 우리가 쇼핑을 더 많이 하고 교회를 덜 나가기 때문이거나, 아니면 우리가 우리 부모 세대보다 일을 더 많이 하기 때문일 것이다.

P2) 우리는 우리 부모 세대보다 일을 더 많이 하지 않는다.

C) 우리의 삶이 우리 부모 세대보다 스트레스가 더 많은 이유는 우리가 쇼핑을 더 많이 하고 교회를 덜 나가기 때문이다.

1. 다음의 논증을 살펴보라.

> P1) 만약 비룡축구단이 이번 경기에서 승리한다면, 그 가게는 오늘밤에 맥주를 무료로 제공할 것이다.
>
> P2) 비룡축구단은 K리그에서 전반전을 승리로 마칠 때마다, 거의 언제나 그 경기에서 승리했다.
>
> P3) 비룡축구단은 이번 경기에서 전반전을 승리로 마쳤으며, 이번 경기는 K리그 시합이다.
>
> **C)   (거의 아마도) 그 가게는 오늘밤에 맥주를 무료로 제공할 것이다.**

모든 전제들은 참이며, 영수와 철수는 전제들이 모두 참임을 안다. 그들은 그 가게에 '오늘밤 경기에서 비룡축구단이 승리하는 경우에 맥주 무료'라는 안내문이 붙어 있는 것을 보았고, 마침 가게 안에 비치된 텔레비전에서 K리그에 출전한 비룡축구단이 전반전을 승리하는 모습을 보았다. 또, 지난 수년 간의 K리그 경기에서 비룡축구단이 전반전을 승리하면, 그 경기는 비룡축구단의 승리로 끝난다는 사실을 알고 있다. 그 밖에 영수는 결론의 참 여부와 관련 있는 어떤 정보도 가지지 않았다. 하지만 철수는 텔레비전을 통해 상대팀이 후반전에서 두 골을 연속으로 넣어 2 대 1로 앞서가고 있음을 보았다. 위의 내용에 근거하여 아래의 물음에 답하라.

a. 논증은 연역적으로 타당한가?

b. 논증은 연역적으로 건전한가?

c. 논증은 귀납적으로 합당한가?

d. 논증은 귀납적으로 건전한가?

e. 논증은 영수에게 합리적 설득력을 가지는가?

f. 논증은 철수에게 합리적 설득력을 가지는가?

g. 영수는 논증에 의해 설득되어야 하는가?

h. 철수는 논증에 의해 설득되어야 하는가?

I. 논증이 영수 또는 철수에게 합리적 설득력이 없다면, 그 이유를 설명하라.

2. 아래의 논증을 살펴보라.

P1) 교육 수준이 높은 독일인의 대대수는 영어로 말할 수 있다.

P2) 제이콥은 교육 수준이 높은 독일인이다.

C) (아마도) 제이콥은 영어로 말할 수 있다.

여기서 P1은 참이고 결론도 참이지만, P2가 거짓이라고 가정하자. 즉, 제이콥은 오스트리아인이며 교육 수준이 그다지 높지 않다. 그렇지만 그는 영어에 능숙한데, 그 이유는 어머니가 미국인이기 때문이다.

캐서린, 제인, 메리, 안나 등은 P1이 참임을 안다. 캐서린은 P2가 참임을 믿는데, 그 이유는 데이빗이 그녀에게 그렇게 말해주었기 때문이다. 캐서린이 보기에 데이빗은 제이콥에 대해 잘 알며, 신뢰할 만한 사람이라서, 의심할 만한 이유가 조금도 없다. 그런데 사실 데이빗은 잘못 알고 있고, 거기에는 그럴 만한 이유가 있다. 데이빗에게 제이콥은 정규 대학의 역사학과를 졸업했다고 거짓말을 했고, 제이콥의 억양은 독일 사람으로 보이기에 충분했기 때문이다. 캐서린은 제이콥에 대해 아는 것이 없지만, 결론 C를 참이라고 받아들였다.

제인은 P2가 참임을 믿지만, 이유는 약간 달랐다. 제인은 제이콥을 과대평가하고 있는데, 어느 날 파티에서 매우 멋진 안경과 넥타이를 착용한 그를 보고는 교육 수준이 매우 높다고 믿기 시작했던 것이다. 결국 제인은 결론 C를 참이라고 받아들였지만, 실제로는 C의 진리값과 관련된 어떤 정보도 가지고 있지 않다.

메리는 캐서린과 동일한 이유에 의해 P1과 P2를 모두 믿지만, 결론 C를 받아들이지 않았다. 메리는 파티에서 제이콥과 데이빗의 대화를 듣고는 제이콥이 영어로 말하지 못한다고 생각했기 때문이다. 메리는 결론 C와 관련 있는 다른 어떤 정보도 가지고 있지 않다.

안나는 P2를 믿지 않았다. 안나는 데이빗이 캐서린에게 한 말을 들었으며, 데이빗이 솔직하며 거짓말을 하지 않는다고 믿었다. 하지만 안나는 잘생긴 운동선수는 머리가 나쁘며 따라서 교육 수준이 높지 않다는 비합리적인 믿음을 가지고 있다. 안나가 보기에 제이콥은 운동선수이자 미남이었다. 그녀는 결론 C의 진리값과 관련 있는 다른 어떤 정보도 가지고 있지 않다.

위의 내용에 근거하여 아래의 물음에 답하라.

    a. 논증은 귀납적으로 합당한가?

    b. 논증은 귀납적으로 건전한가?

    c. 논증은 캐서린에게 합리적 설득력이 있는가? 이유는 무엇인가?

    d. 논증은 제인에게 합리적 설득력이 있는가? 이유는 무엇인가?

    e. 논증은 메리에게 합리적 설득력이 있는가? 이유는 무엇인가?

    f. 논증은 안나에게 합리적 설득력이 있는가? 이유는 무엇인가?

3. 다음의 논증을 살펴보라.

> 사람 후세인에 대한 부시 미국대통령의 겉으로 드러나 보이는 강박적 집착은 편집증적 정신분열증—즉 누군가가 우리를 붙잡기 위해 혈안이 되어 있다는 공포(편집증)와 더불어 우리가 세계를 구할 수 있다는 믿음(과대망상증)—의 징후로 보인다. 그러나 그러한 부시의 믿음들은 그것들이 옳지 않은 경우에만 위험한 정신적 영역을 거닐게 될 것이다. 만약 그가 생각하는 사담 후세인이 만드는 위험과 그 위험을 끝내는 우리의 역할이 옳다면, 그는 완벽하게 합리적이다.
>
>   —해리 소렌슨, 『샌프란시스코 크로니클』, 2003. 3. 17일자

    a. 마지막 두 문장은 심각한 혼동을 안고 있다. 이러한 혼동을 논증의 합리적

설득력과 논증의 결론의 참을 구분함으로써 설명하라.

   b. 논증이 의도하는 결론은 무엇인가? 논증을 재구성하라. 재구성한 논증이 건
전한가를 밝히고, 그 이유에 대해 서술하라.

4. 다음 논증들의 결론은 조건문이거나 일반화다. 논증들을 재구성하라. 그런
뒤에 결론의 조건문에서 전건이 참이라고 가정함으로써 논증이 타당한지를 밝
히고, 그 이유를 설명하라.

┌ 「 보기 」

그는 러시아 스파이이거나 범죄자다. 어떤 러시아 스파이도 롤렉스 시계를 차
고 있지 않다. 이 가게에 들어간 모든 사람은 롤렉스 시계를 차고 있다. 그러므
로 만약 이 사람이 이 가게에 들어갔다면, 그는 범죄자다.

> P1) 어떤 러시아 스파이도 롤렉스 시계를 차고 있지 않다.
> P2) 이 가게에 들어간 모든 사람은 롤렉스 시계를 차고 있다.
> P3) 만약 그가 러시아 스파이가 아니라면, 그는 범죄자다.
> ───
> **C) 만약 그가 이 가게에 들어갔다면, 그는 범죄자다.**

그가 그 가게에 들어갔다고 가정하자. P2에 따르면, 그는 롤렉스 시계를 차고
있다. 따라서 P1에 의해 그는 러시아 스파이가 아니다. 이때, P3에 의해 그는
범죄자다. 따라서 만약 그가 그 가게에 들어갔다면, 그는 범죄자다.

   a. 만약 한강이 오염되었다면, 남한강이 오염되었다. 만약 남한강이 오염되었다
면, 섬진강이 오염되었다. 그러므로 만약 한강이 오염되었다면, 섬진강이 오
염되었다.

   b. 한강은 섬진강보다 오래되었다. 그러므로 만약 낙동강이 한강보다 오래되었
다면, 낙동강은 섬진강보다 오래되었다.

   c. 모든 러시아 스파이는 롤렉스 시계를 차고 있다. 이 가게에 들어온 모든 사
람은 롤렉스 시계를 차고 있다. 그러므로 만약 이 남자가 이 가게에 들어 왔
다면, 그는 러시아 스파이다.

d. 만약 그 남자가 스파이가 아니라면, 그는 형사이다. 모든 형사는 트렌치코트를 입고 있는데, 그는 트렌치코트를 입고 있지 않다. 만약 그가 스파이라면, 그는 러시아인이거나 미국인이다. 그런데 어떤 미국인도, 만약 그가 뉴욕에서 오지 않았다면, 후식으로 와인을 주문하는 법을 모른다. 뉴욕에서 온 모든 스파이들은 트렌치코트를 입고 있다. 그러므로 만약 그 남자가 후식으로 와인을 주문하는 법을 안다면, 그는 러시아 스파이다.

e. 만약 고대의 말갈족이 용맹스러우면서도 충성심이 높았다면, 고대 중국인들은 그들을 제후국으로 삼았을 것이다. 만약 고대 중국인들이 그랬다면, 발해인들은 말갈족을 복속하지 않았을 것이다. 그런데 고구려인들은 말갈족을 복속했다. 그러므로 만약 고대 말갈족이 용맹했다면, 그들은 충성심이 높지 않다.

f. 모든 발해인은 용맹했다. 그러므로 만약 어떤 고대 말갈족이 용맹했다면, 어떤 고대 말갈인은 발해인이다.

g. 모든 발해인은 용맹했다. 그러므로 만약 어떤 고대 말갈인이 발해인이라면, 어떤 고대 말갈인은 용맹했다.

h. 모든 용맹한 발해인은 발해의 시조 고왕을 알았다. 그런데 발해의 시조 고왕을 안 사람들은 모두 그 왕의 본명이 '대조영'임을 알았다. 그러므로 모든 발해인들은 발해의 시조 고왕의 본명이 '대조영'임을 알았다.

i. 만약 신이 악을 막는 것을 바라지 않는다면, 신은 지선至善하지 않다. 만약 신이 악이 창궐하는 것을 막을 수 없다면, 신은 전능하지 않다. 신은 지선한 동시에 전능할 때에만 존재한다. 만약 신이 악을 막는 것을 바라고 또한 악을 막을 수 있다면, 악은 존재하지 않을 것이다. 그러므로 만약 악이 존재한다면, 신은 존재하지 않는다.

5. 〈연습문제 4〉에서 a~e와 i의 논증은 결론이 조건문이다. 이 조건문들을 전건과 후건으로 나누라. 그런 뒤, 전건을 다른 전제들에 추가하여 전제로 삼고 후건을 결론으로 가지는 논증을 구성하여, 표준형식으로 나타내라.

P1) 모든 발해인들은 용맹했다.

C) 그러므로 만약 어떤 말갈족이 발해인이라면, 어떤 고대 말갈인은 용맹했다.

P1) 모든 발해인들은 용맹했다.

P2) 어떤 고대 말갈인은 발해인이다.

C) 어떤 고대 말갈인은 용맹했다.

6. 다음 논증을 재구성하고, 반례를 들어 논박하라. 즉, 원래의 논증과 같은 유형을 가지면서 전제들을 참으로 하고 결론을 거짓으로 하는 논증을 구성하라. (제2장에서 다루었던 논증의 논리적 형식을 추출하는 방식이 도움이 될 것이다.)

    a. 토끼 개체수의 급격한 증가는 여우 개체수를 증가시킬 것이다. 그런데 최근에 여우의 개체수가 급격하게 증가했다. 그러므로 틀림없이 토끼 개체수가 급격하게 증가했기 때문이다.

    b. 많은 사람들은 백두산 괴물이 존재하지 않는다는 것을 증명하려고 시도했다. 그런데 그들은 실패했다. 그렇다면 당신은 그것을 인정해야 한다. 백두산 괴물은 실재한다.

    c. 당신은 백두산 괴물이 최근 몇 년 동안 보이지 않고 있다는 점을 받아들이고 있다. 만약 그렇다면, 백두산 괴물에 관한 정보가 비밀에 부쳐지고 있음이 틀림없다. 사정이 그와 같다면, 백두산 괴물은 명백하게 존재한다. 그러므로 당신은 백두산 괴물이 존재한다는 점을 인정해야 한다.

    d. 우리가 아는 것을 바탕으로 이러한 악을 중단시키자. 우리는 마약사범과 아동성폭력범들을 종신형에 처해야 한다.

7. 〈연습문제 4〉의 a, c~i에서 논리적 형식을 추출하라. 각각의 논리적 형식이 타당한지 부당한지 검토하라. 문장이나 일반 용어에 대해서는 알파벳 대문자를 사용하라. (논리적 형식의 추출이 쉽지 않은 문제들에 대해서는 그 문장을 떠올

리기 쉽도록 알파벳 문자들을 선택하는 것이 좋다. 예를 들어, '스파이'가 사용된 문장에 대해서는 'S'를, '트렌치코트를 입은'에 대해서는 'T'를, 러시아인에 대해서는 'R', '뉴욕에서 온'에 대해서는 'N'를 사용하는 식이다.)

8. 〈연습문제 4〉의 논증들에 대해서 논증나무를 그리라.

9. 제5장의 〈연습문제 12, 16, 17〉에 나타난 논증의 명시적 전제들과 결론들을 열거하라. 이것들에 대해서 명시적 전제들만을 포함하여 논증나무를 그리라. 그런 뒤에 열거된 목록에 필요한 암묵적 전제들을 추가하여 새로운 논증나무를 그리고, 완전한 논증으로 구성하라.

〈해답〉

1.
a. 아니오 b. 아니오 c. 예 d. 예 e. 예 f. 아니오 g. 예 h. 아니오 i. 논증은 철수에게 논박된다. 왜냐하면 철수는 결론이 거짓임을 보여주는 더욱 강한 증거를 가지고 있기 때문이다(사실, 철수는 결론이 거짓임을 안다).

2.
a. 예 b. 아니오 c~f. 만약 우리가 캐서린이 데이빗이 그녀에게 말한 내용을 정당화할 수 있다고 가정한다면, 논증은 캐서린에게 합리적인 설득력을 가진다. 아마도 캐서린은 그렇게 정당화할 수 있을 것이다. 제인의 경우는 그렇게 분명하지 않지만, 제인에게는 합리적 설득력이 없는 것으로 보인다. 왜냐하면 논증은 제인이 P2를 받아들이는 이유가 좋지 않기 때문이다. 논증은 메리에게 논박되므로, 그녀에게는 합리적 설득력이 없다. 안나는 논증의 결론을 받아들이지 않지만, 논증은 그녀에게 합리적 설득력이 있는 것으로 보인다. 왜냐하면 결론을 거부하는 안나의 이유가 매우 좋지 않기 때문이다.

3.

a. ※거짓 믿음들도 합당할 수 있다는 점을 기억하라. 다시 말해서 거짓 믿음들도 잘 지지되거나 정당화될 수 있다. '옳지 않은' 이라는 표현은 아마도 문제의 맥락에서 애매한 것 같다. 그것은 '거짓'을 의미하는가, 아니면 '정당하지 않은'을 의미하는가?

4.

h.   P1) 모든 용맹한 발해인은 발해의 시조 고왕을 알았다.

    P2) 발해의 시조 고왕을 안 사람들은 모두 그 왕의 본명이 '대조영'임을 알았다.

    C) 모든 발해인들은 발해의 시조 고왕의 본명이 '대조영'임을 알았다.

X가 임의의 발해인이라고 가정하자. P1에 따르면, X는 발해의 시조 고왕을 알았다. 그렇다면, P2에 따라 그는 그 왕의 본명이 '대조영'임을 알았다. 따라서 X가 어떤 발해인이든 간에, 그는 발해의 시조 고왕의 본명이 '대조영'임을 알았다. 따라서 모든 발해인들은 발해의 시조 고왕의 본명이 '대조영'임을 알았다.

7.

a.   P1) 만약 P이면, Q이다.

    P2) 만약 Q이면, R이다.

    C) 만약 P이면, R이다.

d.   P1) 만약 a가 S가 아니면, a는 D이다.

    P2) 모든 D는 T이고, a는 T가 아니다.

    P3) 만약 a가 S이면, a는 R이거나 a는 A이다.

    P4) 모든 W는 A가 아니거나 Y이다.

    P5) S이고 Y인 모든 것들은 T이다.

    C) 만약 a가 W이면, a는 R이고 S이다.

이 논증의 논리적 형식만을 이용하여 타당한지 검사할 수 있다. a가 W라고 가정하자. 그리고 전제들에 따르면, 반드시 a가 R이고 S인지 알아보자. 먼저 P2로부터 a는 T가 아님을 안다. 그러므로 P2로부터 a는 D일 수 없다(만약 a가 D라면, 그것은 T일 텐데, 그럴 수는 없다). 그렇다면 P1에 따르면, a는 S이다. 따라서 우리는 a가 S임을 안다. 이제 a가 R임을 보여주는 일이 남았다. P4에 따르면, a는 A가 아니거나 Y이다. a가 Y라고 가정해보자. 우리는 a가 S임을 알기 때문에, P5에 따라서, a가 T임을 안다. 그런데 P2에서 a는 T가 아님을 안다. 따라서 a는 Y일 수 없다. 그렇다면 a는 A가 아니다(왜냐하면, a는 A가 아니거나 Y라고 했는데, a는 Y일 수 없음이 밝혀졌으므로, 결국 a는 A가 아닐 수 밖에 없다). 이제 a는 A가 아니므로, P3에 따라서, 만약 a가 S이면, a는 R이다. P1에 따르면, 만약 a가 S가 아니면, a는 D이다. 따라서 a는 R이거나 D이다. 그런데 우리는 a는 D가 아님을 안다. 따라서 a는 R이다. 만약 a가 W이면, a는 S이고 R이며, 따라서 이러한 논증 형식은 타당하다.

1. 지표적 문장과 암묵적으로 화자 상대적 문장의 차이를 설명하라. 그리고 각각의 예를 제시하라.

2. 다음 문장들 각각이 지표적인지, 암묵적으로 화자 상대적인지, 어느 쪽도 아닌지에 대해 답하라. 만약 문장이 암묵적으로 화자 상대적이면, 그것을 단언하는 사람의 선호에 암묵적으로 상대적일 수 있는지를 설명하라. 각각에 대해 설명하다 보면, 어떤 경우 정답으로 제시될 수 있는 의견들이 각각 합당하면서도 서로 상충할 수도 있음에 주의하라. 중요한 것은 제시한 답변을 설명하려고 노력하는 것이므로 어떻게 답해야 할지 확신이 서지 않는다고 걱정할 필요는 없다.

a. 강변도로의 최고 제한속도는 시속 80km이다.

b. 근처에 용문사가 있다.

c. 샤라포바는 2004년 미국 오픈 테니스 챔피언컵에서 우승하지 않았다.

d. 그곳에 비가 오고 있다.

e. 안락사는 도덕적으로 허용될 수 있다.

f. 이태리 남부의 기후는 너무 덥다.

g. 불고기는 맛있다.

h. 김대중은 뛰어난 대통령이었다.

i. 나는 아프다.

j. 음주 운전에 대해서는 실형을 선고해야 한다.

k. 정부는 양도세를 올려야 한다.

l. 병맥주가 생맥주보다 더 맛있다.

m. 나는 생맥주보다 병맥주를 더 좋아한다.

n. 비틀스가 퀸보다 음반을 더 많이 팔았다.

o. 비틀스의 음악이 퀸의 음악보다 더 낫다.

p. 과일과 야채를 더 많이 섭취하면 더 건강해질 것이다.

q. 내일 눈이 올 것이다.

r. 차이코프스키는 1812년에 서곡을 작곡했다.

s. 우리는 모두 노란 잠수함 속에서 살고 있다.

t. 아파!

u. 프랑스와 영국은 제2차 세계대전에서 연합국을 이루었다.

v. 10은 100의 제곱근이다.

w. 모든 팝/록 음악은 우스꽝스런 소음이고, 그것을 듣는 것은 지성인들에게 시간낭비일 뿐이다.

x. 모든 삼각형은 내각의 합이 180도이다.

y. 피는 물보다 진하다.

z. 이것이 저것보다 낫다.

3. 지식에 대한 삼조건설명을 설명하라. 왜 단순히 참인 믿음 P를 가지는 것이 지식 P가 되기에 충분하지 않은지를 설명할 수 있는 예를 제시하라.

4. 실제로는 거짓인 어떤 명제를 우리가 믿는 것이 정당화된다고 할 때, 그 명제를 지지하면서 합리적 설득력이 있는 논증을 제시하는 것이 가능한가? 그 명제가 거짓이 아니라 참이라면, 상황이 달라지는가?

5. 사람들이 우리에게 말하는 것, 즉 증언에 의해 명제를 수용하는 것은 그것을 지지하는 논증 없이도 정당화된다는 점에서 지각과 같다고 주장하는 사람들이 있다. 반면에, 증언에 기초하여 어떤 명제를 수용하는 사람들은 사실 암묵적으로 어떤 추리를 하거나 어떤 논증에 의존하고 있다는 주장도 있다. 어떤 논증이 이런 주장들에 속하는지를 설명하라.

〈해답〉

2.

b, d, i, m, q, s, t, z는 지표적이다. 만약 그 의미가 〈내가 아파.〉라는 것이라면 t도 암묵적으로 화자 상대적일 수 있다. 그 의미가 〈나는 이것이 그것보다 더 낫다고 생각한다.〉와 같은 것이라면 z도 암묵적으로 화자 상대적일 수 있다. z는 또한 암묵적으로 화자의 선호에 상대적일 수 있다(하지만 꼭 그럴 필요는 없다).

g, h, l, o, w는 암묵적으로 화자 상대적이고, 각각 음식, 대통령, 맥주, 음악에 대해 암묵적으로 화자의 선호에 상대적이다.

f는 맥락에 의존한다. 만약 말하는 사람이, 예를 들어, 왜 주말에 이태리 남부로 가기 싫은지를 설명하고 있는 중이라면 그 문장은 암묵적으로 화자 상대적이면서 동시에 (기후에 대해) 화자의 선호에 상대적일 수 있다. 반면에 화자가 예를 들어 어떤 곡물이 자라는 데 있어서 기후의 적합함에 대해서 말하고 있는 것일지도 모른다. 만약 그렇다면 그 문장은 암묵적으로 화자 상대적인 것도 화자의 선호에 상대적인 것도 아니다. 제1장에서 다른 의미에서 암묵적으로 화자 상대적이라고 말할 수 있음에 유의하라.

e, j, k는 규범적인 주장을 하고 있다(e, j는 구체적으로는 도덕적 주장들이고 k도 논쟁의 여지가 있기는 하지만 도덕적 주장이다). 이 문장들은 다루기 까다로운 측면이 있다. 만약 우리가 도덕적 가치는 개인, 집단 또는 문화의 선호에 상대적이란 철학적 견해를 취한다면(이 장에서 논의되었듯이 이 입장은 도덕적 상대주의라 불린다) 우리는 이 문장들이 암묵적으로 화자 상대적이고 또 그 문장을 단언하는 화자의 선호에 암묵적으로 상대적이라고 말해야 한다. 반면에 우리가 만약 도덕적 가치는 개인이나 집합적 선호와 독립적이라는 철학적 견해를 취한다면(이 입장은 도덕적 객관주의라고 불린다) 우리는 그 문장은 암묵적으로 화자 상대적이지도 화자의 선호에 상대적이지도 않다고 말해야 한다.

4.

예시 답변 : 그렇다. 내가 사실상 거짓인 명제를 믿는 것이 정당화된다면 어쨌든 그 명제를 지지하면서 내게는 합리적으로 설득력 있는 논증이 있을 수 있다. 그 이유는

418 ● 비판적 사고, 논리를 잡아라

합리적 설득력을 가지기 위해 요구하는 것은 오직 (a)그 논증이 타당하거나 귀납적으로 합당하고 (b)나는 그 논증의 전제들을 수용할 좋은 이유를 가지고 있고 (c) 그 결론이 내게는 논박되지 않는다는 것이기 때문이다. 따라서 이런 조건을 만족한다면 그 결론이 거짓이라고 해서 내게 그 논증이 합리적 설득력을 지닌다는 것이 손상되지 않는다. 그 명제가 실제로 참이었다고 해서 그 상황이 달라지지는 않을 것이다. 이 경우와 무관한 (c)를 차치하고, 합리적 설득력의 기준을 말할 때 그 논증의 결론이 실제로 어떤 진리값을 가지는가에 대해서는 어떤 것도 언급되지 않고 있기 때문이다.

〈예〉 P1) 호섭이는 9살 난 아이다.

P2) 대부분의 9살 난 아이는 축구하는 걸 좋아한다.

C) (아마도) 호섭이는 축구하는 걸 좋아한다.

나는 호섭이가 축구하기를 좋아한다고 믿을 만한 좋은 이유를 가지고 있다. 왜냐하면 나는 자주 그가 축구하고 있는 걸 보고 그의 방에는 박지성 사진이 걸려 있고, 그는 축구 만화를 읽는 것 등등을 하기 때문이다. 하지만 사실 그 명제는 거짓이다. 호섭이는 축구하는 걸 그다지 좋아하지 않는다. 그는 단지 열성 축구팬인 아버지를 생각해서 그러는 것뿐이다. 위 논증은 귀납적으로 합당하고 나는 P1과 P2를 수용할 좋은 이유를 가지고 있다. 즉, 나는 호섭이를 알고 있고 9살 난 아이들이 좋아하는 것과 싫어하는 것들에 대해 충분히 잘 알고 있다. 다시 말해 기준 (a), (b)는 만족되고 있다. 그리고 (c)를 거부해야 할 어떤 증거도 내게는 없다. 즉, 나는 호섭이가 축구에 대해 보이고 있는 열성이 실제론 아버지 좋으라고 그러는 것이란 걸 모른다. 따라서 그 결론은 내게 합리적 설득력이 있다. 만약 호섭이가 축구하기를 정말로 좋아하는 게 참으로 판명된다고 해도 위 논증은 여전히 내게는 합리적 설득력이 있을 것이다.

용어 해설

(※굵은 표시를 한 단어는 용어 해설에 포함된 관련 용어다.)

개연성(확률) 어떤 명제가 참인 정도를 나타내는 수치로, 0과 1 사이의 분수나 소수로 표현된다. 개연성을 설명하는 데에는 여러 방식(예를 들어, 비율, 빈도 등)이 있지만, 이 책에서는 명제가 참임을 기대하는 것이 완전히 합리적인 정도를 가리킨다. 이것은 어떤 이가 분명하게 가지고 있는 증거에 의존하므로 중심 개념은 조건적 개연성(조건부 확률), 즉 이런 저런 증거가 주어졌을 때 어떤 명제가 참이라고 기대하는 것이 합리적인 정도다.

건전성 어떤 논증이 건전할 경우에 오직 그 경우에만 그 전제들 모두가 참이다. 또, 그 논증은 연역적으로 타당하거나 귀납적으로 합당하다.

게티어 사례 어떤 사람이 지식에 대한 삼조건설명에서 제시된 지식 조건을 모두 만족하지만 지식을 가지지 못하는 경우를 말한다. 대부분의 경우, 이것은 그 사람이 참인 그 명제를 믿는 것이 오직 우연적으로 정당화될 때 발생한다.

결론 어떤 논증의 전제들이 지지하고자 하는 명제다. 논증은 듣는 이를 합리적으로 설득해 그 결론이 참임을 받아들도록 하기 위해 제시된다.

결론지시어 '그러므로', '그래서', '따라서' 등과 같이 어떤 논증의 결론을 지시하기 위해 사용되는 표현. 이러한 표현들은 때때로 다른 방식으로, 예를 들어 인과관계를 지시하는 기능을 하기도 한다.

구문적 애매성 단어의 배열 상태로 보아 어떤 문장이 두 가지 이상으로 이해될 수 있을 때(둘 이상의 명제를 표현하고 있는 것으로 이해될 수 있을 때) 구문적 애매성을 갖는다고 말한다. 사전적 애매성 참조.

귀납 추론 어떤 모집단에서 특정 비율의 표본이 어떤 특징을 가지고 있다는 데 기초하여 전체 모집단이 그 특징을 가지고 있다고 결론 내리는 것. 이런 추론은 표본이 그 모집단을 대표하는 정도만큼 귀납적으로 합당하다.

귀납적 건전성 건전성 참조.

귀납적 합당성 전제들에 대해 결론이 가지는 조건적 개연성(조건부 확률).

기대값 어떤 행위의 기대값은 가능한 결과의 가치와 개연성(확률)에 의존한다. O_1, O_2 등이 어떤 행위의 가능한 결과이고, $V(O)$는 어떤 결과의 가치이고, $Pr(O)$는 어떤 결과가 나타날 개연성(확률)일 경우, 그 행위에 대한 기대값은 다음과 같이 계산할 수 있다.

$$[V(O_1) \times Pr(O_1)] + [V(O_2) \times Pr(O_2)] + \cdots\cdots$$

각 결과의 가치는 수치화되어야 하는데, 그것은 가능한 결과의 가치들을 비교하기 위해서다. 그렇기 때문에, 예를 들어 A의 결과가 그 다음 B의 결과보다 두 배만큼 좋다고 판단될 때, 비율만 유지한다면 각 결과의 수치에 어떤 수를 할당해도 좋다. 기대값은 비용/편익 분석에서 중요하게 사용되는 개념이다. 가능한 선택지들의 범위가 주어질 때는 기대값이 가장 높은 선택지를 택해야 한다.

내포(1차 내포/2차 내포) 1차 내포란 그 용어의 외연에 포함되기 위한 필요충분조건이다. 1차 내포는 어떤 것이 그 용어에 의해 올바르게 지시되었는지를 결정하는 규칙이 된다. 2차 내포란 어떤 것이 그 용어에 의해 올바로 지시되었다면 그 대상이 일반적으로 가지고 있을 것이라고 가정되는 추가적 특성들의 범위다. 예를 들어, '밍크코트'의 1차 내포는 '밍크 가죽으로 만들어진 코트'이고, 2차 내포는 '값비쌈', '호화로움', '따뜻함', '부도덕함' 등을 포함할 수도 있다. 1차 내포와는 달리, 2차 내포는 사람마다 다를 수 있다.

논리학 논증, 특히 연역적 타당성과 귀납적 합당성에 대한 체계적 연구.

논리적 평가 논증의 타당성 여부와 부당한 논증의 경우에 귀납적 합당성의 정도가 결정되는 논증 평가 단계. 귀납 추론의 경우가 아니라면, 논리적 평가는 사실적 평가와 구분되어야 한다.

논박 귀납적으로 합당한 논증에 대해 어떤 이가 그 결론이 거짓이라고 생각할 좋은 이유를 가진다면, 그 논증은 그에게 논박된 것이다.

논증 어떤 결론을 지지하기 위해 논증하는 사람이 제시한 하나 이상의 전제들과 결론 하나로 구성된 명제들의 체계. 논증은 타당한 논증, 귀납적으로 합당한 논증 또는 어느 쪽도 아닌 논증 등으로 평가될 수 있다. 하지만 참 또는 거짓으로 평가되지는 않는다.

논증 해설 논증재구성에 대한 서술로, 다음의 사항들을 포함해야 한다. (1)그 논증이 어떻게 왜 그런 식으로 재구성되었는가. (2)논증은 타당한가. 또는 어느 정도의 귀납적 합당성을 가지는가. (3)전제들의 진리값은 무엇인가. (4)이 논증이 어떤 사람에게 어느 정도의 합리적 설득력을 가지는가.

논증나무 논증 구조를 그림으로 표현한 것.

논증재구성 논증을 표준형식으로 나타내는 것. 어떤 논증을 타당하거나 귀납적으로 합당하게 만들기 위해 전제들을 추가시키기도 하고, 숨은 전제를 명시적으로 드러내기도 하고, 명제를 더 명료하고 분명하게 만들기도 한다.

대표성 표본 참조.

맥락 논증자에 의해 실제로 논증이 제시되는 상황들의 집합. 어떤 논증을 재구성할 때 논증자가 암묵적으로 가정하고 있는 전제들에 대해 알기 위해서는 맥락을 알고 있어야만 한다. 논증자가 가정하고 있는 것이 무엇인지를 결정하기 위해서는 그 논증이 제시된 상황을 알 필요가 있다. (맥락 상대적인) 지표적 표현의 의미를 알기 위해서도 맥락에 대한 정보가 필요하다.

명제 직설적 문장을 통해 표현되는 사실적 내용으로, 참 또는 거짓으로 구분된다. 같은 명제가 서로 다른 문장에 의해 표현될 수 있다. 예를 들어, 〈철수가 영희를 안았다.〉는 〈영희는 철수에게 안겼다.〉와 같은 명제를 표현한다. 같은 문장을 사용해 다른 명제를 표현할 수도 있다. 예를 들어, 철수와 영희가 각각 "나는 배가 고프다."고 말한다면, 누가 말하는가에 따라 '나'가 철수도 되고 영희도 되기 때문에, 두 사람의 말은 서로 다른 명제가 된다. 문장의 명제적 내용은 그 문장의 수사적 또는 정서적 내용과 독립적이다.

모호성 다음의 항목 중 하나라도 성립할 때 그 표현은 모호성을 갖는다고 한다. (1)그 표현의 외연의 경계가 분명치 않다(예를 들어, '대머리다', '크다' 등). (2)임의의 맥락에서 표현이 의미하는 바가 무엇인지 분명치 않다. (1)의 경우, 용어의 의미는 분명하지만 그 외연은 불분명하다. 왜냐하면 그 용어에 의해 지시되는 성질을 가지는 경계선과 그렇지 않은 경계선이 명확하지 않는 경우들(어느 정도 머리숱이 없어야 대머리인가)이 있기 때문이다. (2)의 경우, 예를 들어 '정치적인'과 같은 용어의 사용은 모호하다. 임의의 맥락에서 어떤 것이 정치적인지가 분명치 않을 수 있기 때문이다. '정치적인'의 경우에는 단어의 의미가 모호하므로, 그 외연 또한 모호하다.

반례 (1)어떤 일반화에 대한 반례는 그 일반화의 사례를 부정하는 개별(즉, 일반화가 아닌) 진술이다. 예를 들어, 〈미셀위는 키 큰 한국 여자 골프 선수이다.〉는 〈어떤 한국 여자 골프 선수도 키가 크지 않다.〉에 대한 반례가 된다. (2)원래 논증과 형식이나 유형은 같지만 타당치 않거나 귀납적으로 합당치 않은 논증도 반례가 된다. 이것은 원래 논증이 타당하지 않거나 귀납적으로 합당하지 않음을 보여주기 위해 사용된다.

범위 예를 들어, 〈모든 X는 Y이다.〉 식의 일반화의 범위에 대한 논의는 집합 X의 크기에 대한 논의로 이해될 수 있다. 즉, 〈모든 개는 충직하다.〉의 범위는 〈모든 진돗개는 충직하다.〉의 범위보다 더 넓다고 할 수 있다. 유관성 참조.

보편적 일반화 '모든', '각각의', '어떤 것도' 등과 같은 양화 표현으로써 표현된 일반화. 통계적 일반화와 달리 보편적 일반화는 어떤 반례도 없을 경우에만 참이다.

부당함 연역적으로 타당하지 않음. 논증은 부당하지만 귀납적으로 합당할 수 있으며, 반면에 부당하면서 귀납적으로 합당하지도 않을 수도 있다.

사례 어떤 일반화에 의해 직접적으로 함축되는 명제. 보통 조건문의 형식을 취한다. 예를 들어, 〈만약 소크라테스가 철학자면 그는 현명하다.〉는 〈모든 철학자는 현명하다.〉의 사례가 된다. 보편적 일반화로부터 그 사례를 추론하는 것은 항상 연역적으로 타당하다. 그리고 통계적 일반화로부터 그 사례를 추론하는 것은 귀납적으로 합당하다.

사실적 평가 어떤 논증의 전제들의 참 여부를 결정하는 논증 평가 단계. 그 논증이 타당하거나 귀납적으로 합당할 때, 그 논증이 건전할 경우 오직 그 경우에만 그 전제들 모두가 참이다.

사전적 애매성 애매한 단어를 포함하고 있는 문장.

설명 우리는 어떤 명제가 참임을 설득하려 할 때 논증을 제시한다. 그런가 하면, 어떤 명제에 대한 설명을 제시할 때, 상대방이 이미 그 명제를 참으로 생각한다는 것을 알고 있거나 가정하는 경우가 있다. 설명의 목적은 그 명제를 믿어야 하는 이유를 제시하는 데 있지 않다. 그것은, 예를 들어, 그 명제가 나타내는 사건의 원인을 밝히기 위한 것이다. 논증이나 설명은 모두 '왜'라는 물음에 답하는 것으로 생각하기 쉽지만, 둘 사이에는 중요한 차이점이 있다. 설명은 "그건 왜 그런가?", "그게 왜 발생했는가?" 등에 대한 답을 제시하는 것이지만, 논증은 "내가 왜 그걸 믿어야 하는가?"에 대한 답을 제시하는 것이다. 그런데, 어떤 설명이 옳음을 보여주기 위해서는 그 설명을 믿어야 하는 이유, 즉 논증을 제시해야 한다는 데서 혼동이 빚어지곤 한다. 다시 말해, 때때로 우리는 설명을 지지하기 위해서 논증을 한다.

속임수 추리 어떤 주장을 수용 또는 거부하기 위한 이유를 제시하는 것처럼 보이나 실제로는 그에 관한 어떤 이유도 제시되지 않는다면 속임수 추리의 일종이다. 오류와 수사적 전략은 모두 속임수 추리의 유형으로, 오류는 논증적 속임수 추리이고 수사적 전략은 비논증적 속임수 추리다.

수사 말이나 글을 통해 어떤 믿음이나 욕구를 가지게 하거나 행위를 하도록 설득하려는 시도. 특히 믿음, 욕구, 행위에 대한 좋은 이유를 주지 않고, 사용된 말을 통해서만 그것들을 유도하려는 시도를 가리킨다.

수사적 의문 어떤 대답을 바라고 제기하는 일반적인 물음이 아니다. 보통 어떤 명제에 대한 의문을 표시할 때 사용되며, 대부분의 경우에 상대방이 그 물음에 동의할 것이라는 가정 아래 쓰인다.

수사적 전략 우리가 흔하게 접할 수 있는 수사적 전략으로는 다음의 것들이 있다 ; 참신함에 호소하기, 대중적 인기에 호소하기, 연민, 불쌍함, 양심의 가책에 호소하기, 귀여움에 호소하기, 섹시함에 호소하기, 부, 지위, 권력, 세련됨, 멋짐 등에 호소하기, 두려움에 호소하기(일명 공포술), 직접 공격하기와 집중 판매 전략, 고상한 문자 사용, 의구심 유발 인용, 애매성 이용하기, 연막 작전(주제 바꾸기) 등등.

수사적 힘 명제의 부분이 아니라, 그 명제를 둘러싼 정서적인 보조 장식물. 우리의 감정이나 정서에 호소하여 어떤 것을 믿거나 행하도록 설득하기 위해 사용된다.

신뢰성 어떤 이의 말이 참이라고 생각할 만한 정도. 비판적 추리에서는 논증을 제시한 사람이 아니라 논증에 초점을 맞추어야 하지만, 사람의 성격이나 행위는 그에 대한 신뢰성과 관련이 있다.

실천적 추리 논증으로써 어떤 행동을 권유하는 결론을 이끌어낸다. 기대값 참조.

암묵적 어떤 전제가 논증에서 가정되었지만 실제로 진술되지 않는 경우. 흔하지는 않지만 결론도 암묵적일 수 있다. 어떤 전제가 논증자에 의해 가정되었는지의 여부는 종종 심리적 사실의 문제가 되어 논쟁의 초점이 되지 못한다. 일반적으로 암묵적 명제는 논증자에 의해 진술되지 않지만, 자비의 원리에 따라 논증을 재구성할 때는 포함된다.

암묵적 상대성 어떤 진술이 명시적으로 언급하지 않은 것과의 관계에 대해 표현할 때, 암묵적으로 상대적이라고 한다. 예를 들어, '철수는 키가 크다.'라는 진술은 암묵적으로 상대적이다. 이 진술에서 (철수가 사람이라면) 철수와 보통 사람들과의 관계에 대해 명시적으로 드러나 있지 않음에도 불구하고, 〈철수가 보통 사람보다 더 크다.〉는 것을 의미하기 때문이다.

암묵적인 화자 상대성 암묵적으로 상대적인 진술. 특히 진술자에 의해 명제의 참 여부가 결정되는 경우를 가리킨다. '초콜릿아이스크림이 딸기아이스크림보다 더 맛있다.'는 진술은 암묵적으로 화자 상대적인데, 이 진술이 진정 의미하는 바는 〈초콜릿아이스크림이 내게는(화자의 입장에서는) 딸기 아이스크림보다 더 맛있다.〉이기 때문이다.

애매성 어떤 문장 또는 단어가 임의의 맥락에서 두 가지 이상의 방식으로 해석될 수 있을 경우, 그 문장 또는 단어는 그 맥락에서 애매하다. 사전적 애매성, 구문적 애매성을 참조하라. 그리고 모호성과 구분하라.

양화 표현(양화사) 일반화 진술에서 사용되는 '모든', '어떤', '각각의', '많은', '열두 개의', '그렇게 많지 않은', '어떤 것도' 등과 같은 표현들. 보편적 일반화와 통계적 일반화 모두에서 양화 표현은 종종 암묵적으로 제시된다.

연결하는 전제 결론을 추론하기 위해 논증자가 암묵적으로 가정하는 조건문 또는 일반화. '금자는 의사다. 그러므로 금자는 대학 학위를 가지고 있다.'라는 논증을 예로 들자면, 연결하는 전제는 〈모든 의사는 대학 학위를 가지고 있다.〉이다.

연역적 타당성 이것은 다음 중 한 가지 방식으로 정의될 수 있다. (1)논증이 타당한 경우 그리고 오직 그 경우에만 그 전제들이 참이면서 그 결론은 거짓인 것이 불가능하다. (2)논증이 타당한 경우 그리고 오직 그 경우에만 필연적으로 그 전제들이 참이라면 그 결론은 참이다.

오류 이것은 잘못된 논증을 포괄한다. 또한 이것은 수사적 전략만큼 효과를 발휘하곤 한다. 형식적 오류는 단순한 논리적 착오로, 어떤 특정한 방식으로 타당하지 못하거나 귀납적으로 합당하지 못한 논증을 가리킨다. 실질적 오류는 암묵적인 전제를 가정하고 있는데, 이 전제는 매우 일반적으로 보이지만 명시화하면 거짓임이 드러난다. 논증하는 과정에서 나타나는 결함 중에는 정확하게 분류하기는 힘든 것들도 있지만, 어쨌든 논증의 맥락에서 듣는 이를 속이는 데 사용된다는 점에서 오류로 분류하는 것이 적절하다.

외연 '고양이', '붉은 고양이'와 같은 일반 용어의 외연은 그 용어에 의해 지시되는 것들의 집합이다.

유관성 논증의 결론을 지지하거나 반대하는 이유를 찾아내려고 할 때 전제가 거짓이라는 것도 어느 정도로 유관할 수 있다. 때때로 거짓인 전제를 논증에서 빼버리더라도 논증의 타당성이나 귀납적 합당성의 정도에는 아무 변동이 없고, 논증도 건전하게 되는 경우가 있다. 또, 거짓인 전제를 그와 비슷한 참인 전제로 대체해도 논증의 타당성이나 귀납적 합당성은 변함없는 경우가 있다. 예를 들어, 일반화의 범위를 축소할 때 그렇다.

인과적 일반화 A가 B를 야기하는 경향이 있다는 일반화. A가 있으면, 다른 가능한 원인이 없을 경우에도 B가 발생할 개연성(확률)이 높아질 경우, 이 일반화는 참이 된다.

일반화 어떤 것들의 집합에 관한 명제. 명시적으로 혹은 암묵적으로 '모든', '각각의', '어떤', '몇몇의', '대부분의', '열두 개의', '최소한 열두 개의' 등과 같은 양화 표현을 포함한다. 예를 들어, "저 개는 검다."는 일반화가 아니지만, '저 개는' 대신에 '각각의 개는', '어떤 개는', '최소한 두 마리의 개는' 등으로 바꾸면 일반화를 얻을 수 있다.

(명제에 대한) 입장 어떤 명제에 대해 취할 수 있는 입장에는 네 가지가 있다. 믿기,

믿지 않기, 판단 유보, 개입 않기. 어떤 명제를 어느 정도 믿거나 믿지 않는가는 그 믿음을 정당화하기 위해 적용된 증거에 따라 다르다.

자비의 원리 우리가 임의의 사안에 대해 참을 발견하려는 목적을 가지고 있다면, 어떤 논증을 재구성할 때 가장 높은 합리적 설득력을 갖도록 해야 한다는 원리.

전건 조건문은 두 명제, 즉 전건과 후건 사이의 관계에 대해 단언한다. 어떤 조건 진술이 참이라면 그것의 전건이 참일 때 후건 또한 반드시 참이어야 한다. 〈만약 철수가 이긴다면, 영희는 울 것이다.〉의 전건은 〈철수가 이긴다.〉이다. 만약 이 조건문과 그것의 전건을 참으로 받아들인다면 〈영희가 울 것이다.〉도 받아들여야 한다.

전제 논증에서 결론을 지지하는 이유.

전제지시어 '왜냐하면, ~', '그 이유는 ~'와 같이 논증에서 전제를 지시하기 위해 사용되는 표현. 그러나 다른 목적으로, 예를 들어 인과관계를 지시하기 위해 사용되기도 한다.

정당화 어떤 이가 어떤 명제를 믿는 것이 합리적으로 정당화되는 정도는, 그가 그렇게 생각할 만한 좋은 이유, 즉 합리적 설득력이 있는 논증을 가지고 있는가에 달려 있다. 그 밖에, 지각에 의해 획득된 믿음도 추가적인 이유 없이 정당화될 수 있다. 합리적 정당화는 실용적 정당화와 구분되는데, 실용적 정당화에 따르면 그 명제를 믿는 것이 정당화되는 것은 원하는 귀결을 가져올 때에만 성립한다. 합리적 정당화와 실용적 정당화가 항상 일치하는 것은 아니다.

조건문 전건과 후건을 연결하는 단일한 명제. 일반적으로, 전건이 참이라면 후건도 참이라고 단언하는 데 사용된다. 주로 '만약 ~라면, ……이다.' 등의 형식으로 표현된다. 논증과 달리, 조건문은 참이나 거짓으로 평가된다.

조건적 개연성(조건부 확률) 증거(전제들의 집합) A가 주어졌을 때 명제 P의 조건적 개연성(조건부 확률)은, A가 성립할 때(즉, A안에 포함된 모든 전제가 참이라면) P가 참일 개연성(확률)이다. 조건적 개연성(조건부 확률)을 평가할 때는 A에 포함되지 않은 증거는 무시되어야 한다. 그 증거가 P의 진리값과 유관할지 모르더라도 말이다.

좋은 이유 어떤 사람이 어떤 명제를 믿기에 좋은 이유를 가지고 있다는 것은 그가 그 명제를 지지하는, 그리고 합리적 설득력이 있는 논증을 가지고 있다는 의미다.

중간 결론 확장된 논증에서 중간 결론은 어떤 전제들에서 추론된 결론인 동시에 그 논증으로부터 확장된 추론에서 전제로 사용된다.

지식 지식에 대한 삼조건설명을 참조.

지식에 대한 삼조건설명 어떤 이가 어떤 명제를 안다고 할 수 있을 경우 오직 그 경우에 (1)그는 그 명제를 믿고 (2)그 명제는 참이고 (3)그가 그 명제를 믿는 것이 정당화된다. 게티어 사례 참조.

진리값 〈눈은 희다.〉와 같이 참인 명제의 진리값은 '참'이고, 〈눈은 초록색이다.〉와 같은 거짓 명제의 진리값은 '거짓'이다.

참 그 명제가 말하는 대로라는 의미. 예를 들어, 〈눈이 희다.〉가 참이라는 것은, 눈이 그 명제가 말하는 대로 희다는 의미다. 또한, 〈눈이 희다가 참이다.〉는 〈눈이 희다.〉와 동치다. 화자 상대적인 진술 이외에는, 한 명제가 어떤 사람에게는 참이고 다른 사람에게는 거짓일 수는 없다.

추론 하나 이상의 전제에서 결론으로 나아가는 추리의 단계. 모든 논증은 최소한 하나의 추론을 포함한다. 추론은 참/거짓으로 평가되지 않고 타당/타당치 않음, 귀납적으로 합당함/귀납적으로 합당치 않음으로 평가된다.

추론 막대 표준형식에서 전제와 결론 사이에 그어지는 선. 추론 막대 아래의 명제는 그 위의 명제로부터 추론되었음을 나타내며, '그러므로'의 의미를 가진다. 표준형식은 최소한 하나의 추론 막대를 포함하고 있다.

타당성 연역적 타당성 참조.

통계적 일반화 통계적 일반화(예를 들자면, 〈대부분의 개는 충직하다.〉)는 보편적 일반화(〈모든 개는 충직하다.〉)와 구별된다. 통계적 일반화는 단일한 반례에 의해 논박되지 않으며, 보편적 일반화는 〈풍산개는 너무 자주 짖는다.〉와 같이 명시적인 양화 표현 없이 표현되곤 한다.

포섭적 일반화 논증의 전제가 조건문의 형식(예를 들어 〈금자가 의사면 금자는 대학 학위를 가지고 있다.〉)을 가진다면, 이 조건문은 **암묵적으로** 가정된 **일반화**(이 경우 〈모든 의사는 대학학위를 가지고 있다.〉)의 예 중 하나가 된다.(예로 든 일반화는 이렇게 표현하면 이해가 쉽다. 〈임의의 사람에 대해서, 만약 그 사람이 의사면, 그 사람은 대학학위를 가지고 있다.〉)

표본 귀납 추론이 귀납적으로 합당할 경우 오직 그 경우에 그 추론의 전제에서 언급된 표본이 결론에서 언급된 모집단에 대해 대표성을 가진다. 어떤 특징을 가지는 것으로 알려진 표본의 비율이 n이라고 하자. 이런 경우에 그 특징을 가지는 표본의 비율이 n이 되도록 야기한 무언가가 따로 있고 그것이 모집단 전체에는 아무 영향을 미치지 않는다면, 그 특징을 가진 모집단의 비율이 n이라는 결론은 옳지 않다. 오직 그런 종류의 원인이 없다고 생각할 만한 좋은 이유를 가질 경우에만, 그 특징을 가진 모집단의 비율이 n이라는 결론이 합리적이다.

표준형식 어떤 논증의 전제, 결론, 추론을 배열하는 형식. 전제인 명제와 결론인 명제가 열거되고 추론은 추론 막대에 의해 표시된다.

> P1)   만약 금자가 살해되었다면, 저항의 흔적이 있었을 것이다.
> P2)   저항의 흔적이 없다.
> ___
> **C1)   금자는 살해되지 않았다.**
> P3)   만약 금자가 살해되지 않았다면 김형사의 판단은 틀렸다.
> ___
> **C2)   김형사의 판단은 틀렸다.**

함의(대화적 함축) 어떤 진술이 다음의 조건을 모두 만족시킬 때 어떤 명제를 함의한다 또는 대화적으로 함축한다고 말한다. (1)그 발화에서 그 명제가 명시적으로 진술되지 않았고 (2)듣는 이가 그 발화의 맥락 요소들을 알고 있다. 이 조건들을 만족시킬 때 말한 이가 그 진술을 통해 그 명제를 표현하고자 의도했다고 합당하게 간주할 만하다. 예를 들어, 재단사가 어떤 천을 가리키며 이 천으로 외투를 만들길 원하느냐고 물었다고 하자. 이 질문에 우리가 "보기 안 좋은데요."라고 대답했다고 하자. 이때 재단사가 우리는 그 천으로 외투를 만들길 원하지 않는다고 간주하는 것은 합당하다.

합리적 설득력 어떤 사람이 결론을 수용하는 데에 좋은 이유를 가지고 있음을 나타내기 위해 사용되는 개념. 어떤 논증이 어떤 사람에게 합리적 설득력이 있는 경우, 오직 그 경우에 (1)그 사람이 논증의 전제들을 수용하는 것이 정당화되고 (2)논증이 연역적으로 타당하거나 귀납적으로 합당하고 (3)논증이 귀납적으로 합당한 경우라면, 그 논증은 그에게 논박되지 않는다.

화자 상대성 어떤 진술이 누가 말하는가에 따라 다른 명제를 표현하게 되는 경우에 그 진술은 화자 상대적이다. 예를 들어, 만약 철수가 "나는 왼손잡이야."라고 말한다면 철수 자신이 왼손잡이임을 말하고 있는 것이지만, 같은 말을 금자가 한다면 금자 자신이 왼손잡이임을 말하고 있는 것이다. 따라서 두 명제는 서로 다른 **진리값**을 가질 수 있다.

확장된 논증 어떤 명제에 대해 두 가지 이상의 추론을 포함하는 논증. 처음 추론의 결론은 그 다음 추론의 전제로 사용될 수도 있고, 또 그 추론의 결론은 또 그 다음 추론의 전제로 사용될 수 있다. 이전 추론의 결론이자 추가된 추론에서 전제로 사용되는 결론은 중간 결론이라고 한다.

후건 전건, 조건문 참조.

비판적 사고, 논리를 잡아라
—논술의 기본 가이드

초판 1쇄 인쇄일 · 2006년 10월 31일
초판 2쇄 발행일 · 2007년 9월 7일

지은이 · 트레이시 보웰, 게리 켐프
옮긴이 · 하상용, 한성일
펴낸이 · 양미자
펴낸곳 · 도서출판 **모티브북**
본문디자인 · 이춘희

등록번호 · 제 313-2004-00084호
주소 · 서울시 마포구 동교동 156-2 마젤란21빌딩 1104호
전화 · 02-3141-6921, 6924 / 팩스 · 02-3141-5822
이메일 · motivebook@naver.com

ISBN 89-91195-12-1 03170